고대 이스라엘 역사 ❶
이스라엘 태동기부터 통일왕국 시대까지

고대 이스라엘 역사 ❶

이스라엘 태동기부터 통일왕국 시대까지

헤르베르트 돈너(Herbert Donner) 지음
배희숙 옮김

한국문화사

알브레흐트 알트(Albrecht Alt)
그리고
지그프리트 모렌즈(Siegfried Morenz)
선생님께 바칩니다.

‖ 제3판 서문 ‖

제3판은 오자를 수정하고 참고문헌을 보충하는 정도로 이루어졌다. 나머지 본문은 변경하지 않았다.

2000년 4월 킬에서
헤르베르트 돈너

‖ 제2판 서문 ‖

구약학계나 다른 학계에서나 10년이란 긴 시간이다. 새로운 자료들이 밝혀지고, 지금까지 알지 못했던 것이 드러나며, 알려진 것들을 정리정돈하고 해석했던 것들이 새로운 방법과 관찰방법의 영향 아래 변경되고, 새로운 가설들과 이론들이 나왔다. 이는 마치 서동의 디반에 대한 부록에서 괴테가 자신만의 시각을 추가해 놓고 있는 것과 마찬가지다. "전승이란 일종의 주사위 게임이며, 놀이꾼의 놀이 방법이 결과를 낳는다"(Insel-Gesamtausgabe, 1949, 325). 무엇보다도 총론과 각론을 위한 참고문헌이 계속하여 늘어나고, 가능하고 합당하다면 고려되어야 하고 최소한 언급은 되어야 할 것이다.

그래서 책의 제2판을 내는 일은 다반사다. 필자는 지난 세기 동안에 여러 편에서 또 다양한 관점들로부터 수정을 받기도 하고 지지를 받기도 하고 배우기도 하였다. 이에 대해 필자는 감사하게 생각한다. 전체적으로 이것은, 특히 이스라엘의 선사와 초기사를 다루는 첫 번째 두 주요 단원에 해당된다. 본문은 전체적으로 검토하고 면밀하게 개정하였다. 하지만 전체적인 서술의 성격에는 변경을 가하지 않았다. 필자는 이스라엘의 새 역사를 기술하려고 의도하지 않았다. 구할 수 있고 연구를 진흥시키는 참고문헌을 추가하였다. 이러한 개입으로 분량과 각주가 변경되었는데, 그 결과 제1판의 색인을 제2판에는 사용할 수 없어서 제2판의 끝부분에 새로운 색인을 넣었다. 이 색인에서는 우선 환영받을 만한 새로운 것을 지시해 주었다. 지명의 색인에는 그 사이에 아랍어 지명에서 좌표를 찾은 두 권의 1:100000의 대지도(팔레스티나의 16장, 남레반트의 20장)를 넣어 지명 찾기를 용이하게 하였다.

필자는 많이 부족하고 "사건의 역사"로서의 성격을 보유하고 있음에도 불구하고 다소 유익을 가져다 줄 수 있기를 희망하며 제2판을 내놓는다.

1994년 10월 킬에서

헤르베르트 돈너

┃제1판 서문┃

현재 시점에서 이스라엘 백성의 새로운 역사를 기술한다는 것은 지난 마지막 두 세기가 흐르는 동안 상당히 변하고, 불확실과 유보적 자세의 특징을 지닌 연구상황을 고려할 때만 의미가 있다. 이것은 특히 배타적은 아닐지라도 이스라엘의 선사와 초기사에 적용된다. 이러한 특징을 사용할 때 오해를 처음부터 배제하기 위하여, "그리고 이웃 민족"(*und seiner*

Nachbarn)[1]이라는 표현은 당연히, 여기서 소위 하는 김에 기원전 제2천년 기와 제1천년기의 이집트와 메소포타미아의 역사와 시로팔레스티나의 좁은 지역의 민족과 왕국의 역사와 또 가능하다면 소아시아의 역사도 포함되어야 한다는 것을 의미하지 않는다. 이 책의 명칭은 이스라엘 역사가 고대 오리엔트 세계와 독립적으로 취급될 수 있는 것이 아니라 모든 관점에서 그것과 뗄 수 없는 일부라는 역사적으로 의심할 수 없는 사실을 가리키는 것 이상을 의미하지 않는다. 이 역사는 두 권으로 나누어 기술되었다. 제1권에서는 초기사부터 왕국 시대 말까지, 제2권에서는 소위 "왕국 분열"에서 알렉산더 대제까지, 그러니까 기원전 332년에서 135년까지의 헬라 로마 시대를 조망한다. 이러한 조망은 지중해 지역의 전 역사와 밀접하게 얽힌 유다 역사의 전체를 관찰하지 않고 제2차 유다 항쟁까지의 주요 흐름의 지속적 작용을 보여준다.

참고문헌은 후속 연구를 돕기 위하여 비교적 자세하게 제공하였다. 필자는 연구 결과들이 여러 본문에서 대표적인 이해와 일치하지 않으면 가끔 그에 대해 어떤 코멘트를 하지 않고 언급하였다. 셈어 단어의 음역은 약간 벗어나긴 하지만 *Zeitschrift des Deutschen Palästina-Vereins*에서 통용되는 체계를 따랐다. 이집트어에 대해서는, 많은 의구심에도 불구하고 베를린에서 나온 이집트어 사전(*Berliner Ägyptisches Wörterbuch*)의 고전 음역을 따랐다. 우리가 많은 고대 셈어와 이집트어의 발음을 정확하게 알기도 하지만 또 전혀 알지 못한다는 것을 기억해야 한다. 이는 고대 본문에서는 모음으로 쓰인 것이 아니라 주로 자음으로만 쓰였기 때문이다. 그래서 음역은 종종 모음 없이 "발음할 수 없는" 자음구조만 제공하였다. 가능하거나 의미

---

[1] [역주] 독일어 원서의 제목은 *Geschichte des Volkes Israel und seiner Nachbarn in Grundzügen*이며 이를 저자의 의도를 따라 옮기면 "이웃 민족과 함께 하는 이스라엘 역사 개요"가 될 것이다.

가 있다고 보일 때 필자는 통념적인 학계 발음에 대한 지시를 제공하였다. 가령 이집트어로 *Ššsw* = 대강 <샤슈>이며, *'pr.w* = 대략 <아피루>와 같다는 것이다. 그러한 지시들은 어떤 발음을 가능하게 할 뿐이지 해당 단어의 정확한 발음형태를 제공해준 것은 아니다. 지명의 경우 알려져 있거나 개연성이 있을 경우에는 괄호 안에 그 지역의 위치를, 즉 주로 아랍 이름인 오늘날의 지명을 넣었다. 첨부한 지도는 개관을 제공할 정도이다. 역사의 지리적 측면을 더 공부하고 싶을 경우 다음의 책을 권장한다. *Palästina, historisch-archäologische Karte. Zwei vierzehnfarbige Blätter 1:300000 mit Einführung und Register, bearbeitet von Ernst Höhne* (Göttingen 1981).

이 두 권의 책은 필자의 구약학과 이집트학 스승님이신 알브레흐트 알트(Albrecht Alt)와 지그프리트 모렌즈(Siegfried Morenz)께 헌정한다. 필자는 이 두 분께 말로 다 할 수 없는 감사를 드린다.

1983년 킬(Kiel)에서
헤르베르트 돈너

┃역자 서문┃

헤르베르트 돈너(1930-2016)는 일찍이 라이프치히에서 신학과 고대근동학을 공부하고 '철기시대 이스라엘과 유다 왕국의 법과 행정 역사'에 대한 연구로 신학박사학위(Dr. theol.)를, 쐐기문자로 된 '북시리아 도시국가 알랄라흐의 경제 및 행정문서'에 대한 연구로 철학박사학위(Dr. phil.)를 받았다. 1958년 동독을 떠나 괴팅엔에서 '기원전 8세기 고전예언자의 위치'에 대한 주제로 교수자격논문을 썼다. 요르단 메다바의 비잔틴 시대 성지 모자이크 지도를 복구해낸 학자이기도 하다. 돈너는 괴팅엔 대학과 튀빙엔 대학에서 교수하였고, 특히 킬 대학에서는 1983년부터 은퇴한 이후까지 게제니우스 사전(*Hebräische und aramäische Handwörterbuch über das Alte Testament von Wilhelm Gesenius*)의 전정판 출간을 주도하기도 하였다. 돈너가 처음 신학을 공부한 라이프치히 대학은 2000년 그에게 명예신학박사학위를 수여하였다(Dr. theol. h.c.).

두 권으로 이루어진 '이스라엘 역사'(*Geschichte des Volkes Israel und seiner Nachbarn in Grundzügen*)는 헤르베르트 돈너 교수가, 1877년에 설립된 독일 팔레스틴 학회(Deutschen Vereins zur Erforschung Palästinas)의 회장으로 봉사한 시기(1974-1992년)에 연구, 저작한 책이다. 이미 제4판까지 나왔으며 독일에서는 대학 필독서에 속한다. 이 책이 고전이 될 정도로 정평이 난 이유는 구약성서와 고고학과 고대 오리엔트에 대한 저자의 해박한 지식에다 4-7세기의 헬라어와 라틴어로 된 순례 보고서를 기초하여, 그간의 방대한 연구 결과들을 꼼꼼히 분석하고 다각도로 고찰하여 이스라엘 역사를 실증적으로 기술해내었기 때문일 것이다. 2010년에 출판된 고대 오리엔트 역사 서문에서 저자 클라아스 빈호프는 자신의 책을 돈너의 이스라엘 역사와 함께 읽기를 권장하고 있다(Klaas R. Veenhof, *Geschichte des*

Alten Orients bis zur Zeit Alexanders des Grossen, 배희숙 옮김,『고대 오리엔트 역사: 알렉산더 대왕까지』, 서울: 한국문화사, 2015).

　역자가 신학교를 다닐 때만 해도 성서학 분야의 역서는 극히 제한적이었다. 그 사이 '이스라엘 역사'라는 제목의 책도 많이 번역되어 나와 있다. 돈너의 이스라엘 역사서는 그 어떤 책보다 이스라엘의 역사를 종합적이면서도 포괄적으로 다루고 있어 독자들은 더불어 구약성서와의 끊임없는 대화를 놓치지 않게 될 것이다. 모쪼록 이 책이 신학을 공부하는 이들이나 성서를 이해하기 원하는 이들에게 도움이 되길 기대해본다.

2019년 8월 광나루에서
배희숙

　2쇄에서는 오탈자 및 눈에 띄는 오역을 바로 잡고 미숙한 문장을 다듬고자 하였다. 히브리어 성경 마소라본문에 대한 저자의 '본문비평'은 해당 구절에 별도의 각주를 달았고 이에 따라 각주가 늘어났다. 오역과 부족한 번역에 대하여 너그러운 양해를 바란다.

2022년 2월
배희숙

❙차례❙

‖ 개론적 참고문헌 ‖

1. 개론서와 논문집

J. Wellhausen, Israelitische und jüdische Geschichte (1894, 1914[7], repr. 1958)

H. Guthe, Geschichte des Volkes Israel (1899, 1914[3])

A. Schlatter, Geschichte Israels von Alexander dem Großen bis Hadrian (1901, 1925[3], repr. 1977)

E. Schürer, Geschichte des jüdischen Volkes im Zeitalter Jesu Christi I (1901[3,4]), II (1907[4]), III (1909[4]); 개정판: G. Vermes – F. Millar – E. Schürer, History of the Jewish People in the Time of Jesus Christ (1973년부터)

S. Oettli, Geschichte Israels bis auf Alexander den Großen (1905)

M. Weber, Das antike Judentum (1921); engl.: Ancient Judaism (1921, repr. 1952)

E. Sellin, Geschichte des israelitisch-jüdischen Volkes I (1924, 1935[2]), II (1932)

R. Kittel, Geschichte des Volkes Israel I (1932[7]), II (1925[7]), III/1 (1927[1,2]), III/2 (1929[1,2])

E. Meyer, Geschichte des Altertums 11/1 (1928[2]), 11/2 (1931[2])

A. Lods, Israel des origines au milieu du VIIIe siècle (1930; 영어 1946[2])

A. Jirku, Geschichte des Volkes Israel (1931)

A. T. E. Olmstead, History of Palestine and Syria to the Macedonian Conquest (1931)

Th. H. Robinson – W. O. E. Oesterley, A History of Israel 1/11 (1932)

E. Auerbach, Wüste und gelobtes Land I (1932, 1938[2]), II (1936)

G. Ricciotti, Storia d'Israele 1/11 (1932, 1934[2]); 독일어: Geschichte Israels 1/11 (1953-1955), 영어: The History of Israel (1955)

M. Noth, Geschichte Israels (1950, 1986[10])

A. Alt, Kleine Schriften zur Geschichte des Volkes Israel 1/11 (1953), III (1959)

H. M. Orlinsky, Ancient Israel (1954, 1960[2])

E. L. Ehrlich, Geschichte Israels von den Anfängen bis zur Zerstörung des Tempels (70 n. Chr.) (1958, 1980[2]); 영어: A Concise History of Israel (1963)

K. Galling, Studien zur Geschichte Israels im persischen Zeitalter (1964)

J. Bright, A History of Israel (1959, 1981[3]); 독일어: Geschichte Israels (1966)

G. Buccellati, Cities and Nations of Ancient Syria. Studia Semitica 26 (1967)

M. A. Beek, Geschiedenis van Israel (1957, 1983[5]); 독일어: Geschichte Israels von Abraham bis Bar Kochba (1961, 1983[5])

W. F. Albright, The Biblical Period from Abraham to Ezra (1963)

F. F. Bruce, Israel and the Nations. The History of Israel from the Exodus to the Fall of the Second Temple (1963)

M. Metzger, Grundriß der Geschichte Israels (1963, 1988⁷)

A. Jirku, Geschichte Palästina-Syriens im orientalischen Altertum (1963)

B. Mazar (ed.), The World History of Jewish People 1-VIII (1964-1984)

G. W. Anderson, The History and Religion of Israel (1966)

H. H. Ben-Sasson (ed.), History of the Jewish People I (히브리어 1969, 영어 1976); 독일어: Geschichte des jüdischen Volkes I (1978)

R. de Vaux, Histoire ancienne d'Israel. 1. Des origines à l'installation en Canaan (1971), II. La période des Juges (1973) [= R. de Vaux, Histoire]; 영어: The Early History of Israel (1978)

A. H. J. Gunneweg, Geschichte Israels bis Bar Kochba (1972, 1989⁶)

S. Herrmann, Geschichte Israels in ad Zeit (1973, 1980², 영어 1981²) [= S. Herrmann, Geschichte]

P. Sacchi, Storia del mondo giudaico (1976)

G. Fohrer, Geschichte Israels. Von den Anfängen bis zur Gegenwart (1977, 1990⁵)

J. H. Hayes – J. M. Miller (ed.), Israelite and Judaean History (1977)

J. J. Davies – J. C. Whitecomb, A History of Israel, from Conquest to Exile (1980)

A. Lemaire, Histoire du peuple hébreu (1981)

H. Jagersma, Geschiedenis van Israël in het oudtestamentische tijdvak (1981), Geschiedenis van Israël van Alexander de Grote tot Bar Kochba (1985); 영어: A History of Israel in the OT Period (1982), 독일어: Israels Geschichte zur ad. Zeit I (1982), II (1987)

H. Cazelles, Histoire politique d'Israël des origines à Alexandre le Grand (1982)

A. Malamat, Israel in Bibilical Times. Historical Essays (히브리어 1983)

A. D. H. Mayes, The Story of Israel between Settlement and Exile. A Redactional Study of the Deuteronomistic History (1983)

J. A. Soggin, A History of Israel from the Beginnings to the Bar Kochba Revolt, AD 135 (1984); 이탈리아어: Storia d'Israele dalle origini alla rivolta di Bar-Kochba, 135 d. C. (1985)

N. P. Lemche, Early Israel. Anthropological and Historical Studies on the Israelite Society before the Monarchy. SVT 37 (1985)

G. Garbini, Storia e ideologia nell'antico Israele (1986, 영어 1988)

J. M. Miller – J. H. Hayes, A History of Ancient Israel and Judah (1986)

P. R. Davies – D. M. Gunn (ed.), A History of Ancient Israel and Judah: A Discussion of Miller – Hayes (1986). JSOT 39 (1987) 3-63

N. P. Lemche, Ancient Israel. A New History of Israelite Society (1988)

M. Liverani, Antico Griente – Storia, societa, economia (1988)

H. Shanks (ed.), Ancient Israel. A Short History from Abraham to the Roman Destruction
　　of the Temple (1988)

M. Görg, Beiträge zur Zeitgeschichte der Anfänge Israels (1989)

J. A. Soggin, Einführung in die Geschichte Israels und Judas. Von den Ursprüngen bis
　　zum Aufstand Bar Kochbas (1991)

H.-A. Wilcke, Grundzüge der Geschichte Israels (1990)

Ph. R. Davies, In Search of "Ancient Israel". JSOT, Suppl. Ser. 148 (1992)

E. A. Knauf, Die Umwelt des Alten Testaments. Neuer Stuttgarter Kommentar AT 29
　　(1994).

2. 보조 자료

A. Bertholet, Kulturgeschichte Israels (1919)

H. Guthe, Bibelatlas (1926^2)

W. F. Albright, From the Stone Age to Christianity (1940, 1957^2); 독일어: Von der Steinzeit
　　zum Christentum (1949)

G. E. Wright – F. V. Filson – W. F. Albright (ed.), The Westminster Historical Atlas
　　of the Bible (1946, 1956^2)

L. H. Grollenberg, Atlas of the Bible (1956); 독일어: Bildatlas zur Bibel (1965^5); idem,
　　Kleiner Bildatlas zur Bibel (1960, 1966^3)

D. Baly, The Geography of the Bible (1959)

R. de Vaux, Les Institutions de l'Ancien Testament (1958/1960); 독일어: Das AT und
　　seine Lebensordnungen, 2 Bde. (1960-1964)

H. Schmökel (ed.), Kulturgeschichte des Alten Orient (1961)

B. Reicke – L. Rost (ed.), Biblisch-Historisches Handwörterbuch, 4 Bde. (1963-1979);
　　Bd. 4 (별책으로): E. Höhne – H. Wahle, Palästina. Historisch-archäologische Karte.
　　Zwei vierzehnfarbige Blätter 1:300000 (1981)

G. Comfeld – G. J. Botterweck (ed.), Die Bibel und ihre Welt, 2 Bde. (1969)

K. Galling (ed.), Biblisches Reallexikon. HAT I 1 (1977^2)

Y. Aharoni, The Land of the Bible (1979^2); 독일어: Das Land der Bibel (1984)

O. Keel – H. Küchler, Orte und Landschaften der Bibel I (1985), II (1982)

M. Görg – B. Lang (ed.), Neues Bibellexikon (1987ff.)

H. Weippert, Palästina in vorhellenistischer Zeit. Handbuch der Archäologie, Vorderasien II,

Bd. I (1988)

J. Rogerson – P. Davies, The OT World (1989).

수많은 화보 중에 특히나 빼어난 항공사진으로 두각을 나타내는 것: Das Land der Bibel
erleben. Eine faszinierende Bildreise aus noch nie gesehener Perspektive.
Photographien und Satellitenbilder von R. Cleave (1992).

3. 서평

다음은 이 책의 제1판에 대한 서평들 가운데 비판적 입장을 표명하면서도 단순한 출판
안내 이상의 것으로 눈에 띄는 것이다.

H. Engel, Theologie und Philosophie 62 (1987) 253-257.

R. Wenning, Theologische Revue 83,6 (1987) 450-453.

R. Stahl, OLZ 83 (1988) 168-170; OLZ 85 (1990) 176-178.

K. Limburg, Scripta Theologica 21 (1989) 921-923.

H.-J. Zobel, ThLZ 112 (1987) 424-427.

근본적이면서 모든 면에서 유익한 M. Weippert, Geschichte Israels am Scheideweg.
Theologische Rundschau 58 (1993) 71-103 [= Weippert, Scheideweg]의 서평은 당연히
특별한 주목을 받을 만하다. 그의 서평은 제2판에 일종의 비평적 참고서로 추가하였다.

▌ 약어표 ▐

1. 저널, 총서, 논문집, 학위 논문

ABLAK	M. Noth, Aufsätze zur biblischen Landes- und Altertumskunde 1/2 (1971)
ADAJ	Annual of the Department of Antiquities of Jordan (Amman)
ADAIK	Abhandlungen des Deutschen Archäologischen Instituts Kairo (Glückstadt e. a.)
ADPV	Abhandlungen des Deutschen Palästina-Vereins (Wiesbaden)
ÄA	Ägyptologische Abhandlungen (Wiesbaden)
ÄAT	Ägypten und Altes Testament. Studien zu Geschichte, Kultur und Religion Ägyptens und des Alten Testaments (Wiesbaden)
ÄF	Ägyptologische Forschungen (Glückstadt e. a.)
AFLNW	Arbeitsgemeinschaft für Forschung des Landes Nordrhein-Westfalen (Köln und Opladen)
AfO	Archiv für Orientforschung (Graz)
AION	Annali dell'Istituto Universitario di Napoli (Neapel)
AIPh	Annuaire de l'Institut de Philologie et d'Histoire Orientales et Slaves (Brüssel)
AJBA	Australian Journal of Biblical Archaeology (Sydney)
AJBI	Annual of the Japanese Biblical Institute (Tokyo)
AJSL	American Journal of Semitic Languages and Literatures (Chicago)
AnBib	Analecta Biblica (Rom)
ANET	J. B. Pritchard, Ancient Near Eastern Texts Relating to the Old Testament (1969³)
AnOr	Analecta Orientalia (Rom)
AO	Der Alte Orient (Leipzig)
AOAT (S)	Alter Orient und Altes Testament (Sonderreihe) (Kevelaer-Neukirchen)
AOT	H. Gressmann, Altorientalische Texte zum Alten Testament (1926², Nachdruck 1970)
APAW	Abhandlungen der Preußischen Akademie der Wissenschaften (Berlin)
ArOr	Archiv Orientální (Prag)
ASAE	Annales du Service des Antiquites de l'Égypte (Kairo)

ASOR.DS	American Schools of Oriental Research, Dissertation Series (Missoula, Mt.)
ATD	Das Alte Testament Deutsch (Göttingen)
ATD.E	Das Alte Testament Deutsch. Ergänzungsreihe (Göttingen)
AThANT	Abhandlungen zur Theologie des Alten und Neuen Testaments (Zürich)
AUSS	Andrews University Seminary Studies (Berrien Springs, Mich.)
BA	The Biblical Archaeologist (New Haven, Conn.)
BAR	Biblical Archaeology Review (New Haven, Conn.)
BASOR	Bulletin of the American Schools of Oriental Research (Cambridge, Mass. e. a.)
BBB	Bonner Biblische Beiträge
BEATAJ	Beiträge zur Erforschung des Alten Testaments und des antiken Judentums Frankfurt/M. e. a.)
BeO	Bibbia e Oriente (Rom)
BETL	Bibliotheca Ephemeridum Theologicarum Lovaniensium (Louvain)
BHTh	Beiträge zur Historischen Theologie (Tubingen)
BIFAO	Bulletin de l'Institut français d'Archéologie Orientale (Kairo)
BK	Biblischer Kommentar (Neukirchen-Vluyn)
BN	Biblische Notizen (Bamberg, München)
BRL	K. Galling, Biblisches Reallexikon (1937, 1977²)
BTAVO	Beihefte zum Tübinger Atlas des Vorderen Orients (Wiesbaden)
BTS	Bible et Terre Sainte (Paris)
BWANT	Beiträge zur Wissenschaft vom Alten und Neuen Testament (Stuttgart)
BZAW	Beihefte zur Zeitschrift für die alttestamentliche Wissenschaft (Berlin)
BZ.NF	Biblische Zeitschrift, Neue Folge (Paderborn)
CAD	The Assyrian Dictionary of the Oriental Institute of the University of Chicago (Chicago Assytian Dictionary)
CAH	Tue Cambridge Ancient History
CBQ	Catholic Biblical Quarterly (Washington, D. C.)
CTCA	A. Herdner, Corpus des tablettes en cunéiformes alphabétiques découvertes à Ras Shamra – Ugarit de 1929 à 1939, 2 Bde. (1963)
CV	Communio Viatorum (Prag)

DAI	Deutsches Archäologisches Institut
DBAT	Dielheimer Blätter zum Alten Testament
Diss.Abstr.Intern.	
	Dissertation Abstracts International (Ann Arbor, Mich. – London)
EH	Europäische Hochschulschriften (Frankfurt/M. e. a.)
ETL	Ephemerides Theologicae Lovanienses (Louvain)
EvTheol	Evangelische Theologie (München)
FRLANT	Forschungen zur Religion und Literatur des Alten und Neuen Testaments (Göttingen)
GGA	Göttingische Gelehrte Anzeigen
GM	Göttinger Miszellen. Beiträge zur ägyptologischen Diskussion (Göttingen)
GS	Gesammelte Studien
HAT	Handbuch zum Alten Testament (Tübingen)
HdO	Handbuch der Orientalistik (Leiden)
HKAT	Handkommentar zum Alten Testament (Göttingen)
HKAT	Harvard Semitic Monographs (Cambridge, Mass.)
HSS	Harvard Semitic Series (Cambridge, Mass.)
HThR	Harvard Theological Review (Cambridge, Mass.)
HUCA	Hebrew Union College Annual (Cincinnati)
IEJ	Israel Exploration Journal (Jerusalem)
JANES	Journal of the Ancient Near Eastern Society of Columbia University (New York)
JBL	Journal of Biblical Literature (Missoula, Mt.)
JCS	Journal of Cuneiform Studies (Cambridge, Mass.)
JDI	Jahrbuch des Deutschen Archäologischen Instituts (Berlin)
JEA	Journal of Egyptian Archaeology (London)
JEOL	Jaarbericht … van het Vooraziatisch-Egyptisch Genootschap "Ex Oriente Lux" (Leiden)
JESHO	Journal of Economic and Social History of the Orient (Leiden)

JEThS	Journal of the Evangelical Theological Society (Wheaton, III.)
	Journal of Jewish Studies (London)
JNES	Journal of Near Eastern Studies (Chicago)
JNSL	Journal of Northwest Semitic Languages (Leiden)
JPOS	Journal of the Palestine Oriental Society (Jerusalem)
JQR	Jewish Quarterly Review (London e. a.)
JSOR	Journal of the Society of Oriental Research
JSOT	Journal for the Study of the Old Testament (Sheffield)
JThSt.NS	Journal of Theological Studies, New Series (Oxford, London)
KAI	H. Donner – W. Röllig, Kanaanäische und aramäische Inschriften, 3 Bde. (1971-1976³)
KS	Kleine Schriften
MDOG	Mitteilungen der Deutschen Orientgesellschaft (Berlin)
MUSJ	Mélanges de l'Université Saint-Joseph (Beirut)
MVAeG	Mitteilungen der Vorderasiatisch-Ägyptischen Gesellschaft (Leipzig, Berlin)
NESE	Neue Ephemeris für semitische Epigraphik (Wiesbaden)
NTT	Nederlands Theologisch Tijdschrift (Wageningen)
Noth; PN	M. Noth, Die israelitischen Personennamen im Rahmen der gemeinsemitischen Namengebung. BWANT III, 10 (1928, repr. 1966)
OBO	Orbis Biblicus et Orientalis (Freiburg/Schweiz, Göttingen)
Or	Orientalia (Rom)
OrAnt	Oriens Antiquus (Rom)
OTS	Oudtestamentische Studiën (Leiden)
OTWSA	Die Ou-Testamentiese Werkgemeenskap in Suider Afrika (Pretoria)
PEFQSt	The Palestine Exploration Fund, Quarterly Statements (London)
PEQ	The Palestine Exploration Quarterly (London)
PIAP	R. Zadok, The Pre-Hellenistic Israelite Anthroponomy and Prosopography. Orientalia Lovaniensia Analecta 28 (1988)

PJB	Palästina-Jahrbuch (Berlin, Nachdruck Hildesheim, New York)
PRU	Le Palais royal d'Ugarit (Paris)
PVZ	H. Weippert, Palästina in vorhellenistischer Zeit. Handbuch der Archäologie, Vorderasien II, 1 (1988)
PW	Pauly-Wissowa, Realencyclopädie der classischen Altertumswissenschaft
RA	Revue d'Assyriologie et d'Archéologie orientale (Paris)
RB	Revue Biblique (Paris)
RiBi	Rivista Biblica (Brescia)
RSLR	Rivista di Storia e Letteratura Religiosa (Florenz)
RSO	Rivista degli Studi orientali (Rom)
Saec	Saeculum (Freiburg, München)
SBL	Society of Biblical Literature (Missoula, Mt.)
SBS	Stuttgarter Bibelstudien
ScrH	Scripta Hierosolymitana (Jerusalem)
SJOT	Scandinavian Journal of the Old Testament (Aarhus)
SVT	Supplemente zu Vetus Testamentum (Leiden)
TGI3	K. Galling (ed.), Textbuch zur Geschichte Israels (1979³)
ThHAT	E. Jenni – C. Westermann (ed.), Theologisches Handwörterbuch zum Alten Testament, 2 Bde. (1971, 1976)
ThLZ	Theologische Literaturzeitung (Berlin)
ThR	Theologische Rundschau (Tübingen)
ThSt	Theologische Studien (Zürich)
ThZ	Theologische Zeitschrift (Basel)
TRE	Theologische Realenzyklopädie (Berlin e. a.)
TUAT	Texte aus der Umwelt des Alten Testaments, ed. O. Kaiser (Gütersloh 1982ff.)
UT	Ugarit-Forschungen(Neukirchen/Vluyn, Kevelaer)
VD	Verbum Domini (Rom)
VT	Vetus Testamentum (Leiden)

WdO	Die Welt des Orients (Göttingen)
Weippert, Edom	
	M. Weippert, Edom. Studien und Materialien zur Geschichte der Edomiter auf Grund schriftlicher und archäologischer Quellen (Diss. Tübingen 1971)
Weippert, Scheideweg	
	M. Weippert, Geschichte Israels am Scheideweg. Theologische Rundschau 58 (1993) 71-103
WHJP	The World History of Jewish People
WMANT	Wissenschaftliche Monographien zum Alten und Neuen Testament (Neukirchen/Vluyn)

ZA	Zeitschrift für Assyriologie und vorderasiatische Archäologie (Berlin)
ZÄS	Zeitschrift für ägyptische Sprache und Altertumskunde (Berlin)
ZAW	Zeitschrift für die alttestamentliche Wissenschaft (Berlin)
ZDMG	Zeitschrift der Deutschen Morgenländischen Gesellschaft (Wiesbaden)
ZDPV	Zeitschrift des Deutschen Palästina-Vereins (Wiesbaden)
ZPE	Zeitschrift für Papyrologie und Epigraphik (Bonn)
ZThK	Zeitschrift für Theologie und Kirche (Tübingen)

2. 기타 약어

AT	구약성서
atl	구약성서의
Dtn	신명기
Dtr	신명기 사가(들)
dtr	신명기 사가의, 신명기적, 신명기계, 신명기 전통의
E	엘로힘문서 (저자)
EA	엘 아마르나 토판
ed.	편집자, 편집한 (편집인, ~에 의해 편집된)
ff.	이하
Fs	기념논문집
J	야훼문서 (저자)
OT	구약성서
P, P^s	제사장문서 (이차적 요소)
히.	히브리어 성경

3. 셈어 음역 발음 안내

ʾ	후음 ㅇ = 후두에서 나는 약한 파열음 독일어 *beachten*에서 *a*
t̲	드 = 영어 *thing*의 th와 같은 무성음
ǧ	즈 = 영어 *journal*의 dsch와 같은 유성음
ḥ	흐 = 마찰하는 소리를 가진 강한 h
ḫ	흐 = 마찰하는 소리를 가진 강한 h
ḏ	드 = 영어 *father*의 th와 같은 유성음
z	즈 = *Rose*의 s와 같은 유성음 (프랑스어와 영어의 z)
š	쉬 = 독일어 *Schule*의 sch
ṣ	츠 = 독일어 *ß*와 유사한 급한 강조 *s*
ś	스 = 일반적인 무성음 *s*
ḍ	드 = 구개음 *d*
ṭ	트 = 구개음 *t*
ʿ	후음 ㅇ = 후두에서 나는 강한 파열음
ġ	그 = 독일어 목젖의 *r*과 유사한 후두에서 나는 마찰음
q	크 = 낮은 강조 *k*
y	= <이>와 같음, 독일어의 *j*
ā, ī, ū	= 장모음 <아, 이, 우>
a, i, u	= 단모음 <아, 이, 우>
e	= 목구멍에서 나는 개음 <애> *e* (독일어 *ä*과 유사)
ẹ	= <에>, 폐음 e, 독일어 *See*와 같음
bᵉ, kᵃ	= 매우 짧은 반모음

제**1**부

전제들

제1장 자료

　이스라엘 역사는 자료를 바탕으로 기술해야 한다. 그렇게 하자면 먼저 자료 상황과 기초 자료의 해석에 관한 근본적인 고찰이 필요하다. 역사가가 사용 가능한 모든 자료에 기초하여 역사를 서술해야 한다는 데는 논란이나 논쟁의 여지가 없다. 구약성서가 주된 자료이며 또 상당히 많은 구간의 역사에 대해서 이용할 수 있는 유일한 자료라 할지라도 결코 구약성서만 사용해서는 안 된다. 그뿐만 아니라 구약성서 외의 자료는 물론 구약성서의 자료들을 이용하고 해석하기 위해서는 유형, 중량, 가치, 정보력과 방법론에 대한 명징성을 확보해야 한다. 이스라엘 역사를 연구하는 역사가는 다른 지역과 다른 민족의 역사를 연구하는 여느 역사가와 결코 다르지 않다. 유럽의 계몽주의 시대에 근대의 역사학이 생겨난 이후로 역사가가 자료를 다루는 방법에 대한 타당성은 더 이상 그에게 위임되어 있지 않다. 그 이전의 방식과는 전혀 다르게, 자료에 대한 역사비평적 해석의 엄격한 요구에 따라 종교와 철학의 유착은 해체되었다. 이에 관해 성서 밖의 원천 자료들은 쉽게 동의할 수 있다. 이러한 동의에 대한 어려움과 저항은 구약성서에 집중되어 있다. 이는 구약성서가 유대교 성서이자 기독교 성서의 첫 부분이라는 정경적 성격이 강제적이지는 않지만 다른 성격의 해석을 암시하기 때문이다. 이에 대하여 역사가가 비판적으로 평가하는 세속 자료와 종교 또는 신학적으로 평가되는 성문 자료와 같이 질적으로 서로 다른 자료에 기초하여 역사가 기술되어서는 안 된다는 것을 항상 상기해야 한다. 이스라엘 역사 연구를 위해 구약성서는 다른 유형의 것이지만 이와는 매우 다른 성격의 역사적 자료들과 다른 방식으로 다루어져서는 안 된다. 구약 성서는 고대의 다른 문서와 같이 역사비평적 해석의 대상이 되어야 하는 것이다.[1]

두 번째 견해도 이와 연관된다. 고대 이스라엘은 독특하고 다른 것으로 는 대체될 수 없는 특성과 성격과 스타일을 지녔다. 그러나 이것은 고대 오리엔트의 이집트인, 바빌로니아인, 아시리아인, 페니키아인, 또 우리가 생각할 수 있는 다른 민족에게도 적용된다. 역사가는 이스라엘 민족을 다른 여타의 민족과 근본적으로 구별하고 또 무엇과도 누구와도 비교할 수 없는 독특한 민족으로 만드는 소위 이스라엘의 "독특성"을 찾는 데 관여할 수도 관여해서도 안 된다.[2] 이 "독특성"은 역사적 범주가 아니라 종교적 범주이며, 경우에 따라서는 구약성서의 정경성과 마찬가지로 역사적 탐구 의 대상이다.

이스라엘 역사 서술은 자료 면에서 두 개의 큰 영역을 고려해야 한다. 하나는 문학적, 즉 문서로 된 자료이며 다른 하나는 고고학 자료이다. 이 둘은 각각 독립적으로 다루어져서는 안 되며 무엇보다도 정도가 다른 비평 을 통해 서로 연관되어서도 안 된다. 이 둘은 서로 교체, 보충, 상호 설명할 수 있는 관계에 있다.[3] 문서 자료에 대해서는 한 민족의 역사에 대한 문학

---

[1] Cf. A. Momigliani, Biblical Studies and Classical Studies. Annali della Scuola Normale Superiore di Pisa III, 11 (1981) 25-32.

[2] C. F. Whitley, The Genius of Ancient Israel. The Distinctive Nature of the Basic Concepts of Israel Studies against the Culture of the Ancient Near East (1969)에 반대 한다.

[3] Cf. E. Noort, Klio und die Welt des Alten Testaments. Überlegungen zur Benutzung literarischer und feldarchäologischer Quellen bei der Darstellung der Geschichte Israel. Ernten, was man sät, Fs K. Koch (1991) 533-560; Sammelband SJOT 8 (1994)도 보라.

자료들이 고고학 자료들보다 대체로 분명하고 생생하게 말한다는 것을 지적하는 것으로 충분할 것이다. 문학은 비록 즉각적으로 아니더라도 후대의 사람에게 스스로 말을 건다. 반면에 물질적 유적들은 먼저 말하지 않고 말을 걸어주어야 한다. 일반적으로 인간의 역사는 문자 사용으로 시작되었으며, 그 이전에 존재한 모든 것은 선사 역사에 귀속시킨다.

1. 문서 자료

여기서 이스라엘 역사와 관계되는 수많은 문학 자료 전체를 펼쳐놓을 수 없다는 것은 자명하다. 기본적인 주의사항과 방향 설정을 위해 도움이 되는 것 몇 가지를 언급하는 것으로 충분할 것이다. 이스라엘과 이웃한 고대 오리엔트의 문명들이 알려진 이후로 우리는 이스라엘에서 유래한 자료 외에도 비이스라엘 자료들도 소유하게 되어 이스라엘 역사를 다룸에 있어 고무적인 상황이다. 자료의 양은 매년 증가한다. 이러한 상황은 이스라엘 역사 내부는 물론 외부도 관찰하게 해준다. 두 증거 자료 중 하나가 부족했던 역사 분야를 탐구하고자 했던 이에게는 이 두 가지 방향이 상호 보완되어야 함을 분명히 느낄 것이다. 이때 ―어디서나 그렇듯이― 이스라엘 역사의 경우에도 직접, 간접 자료들이 구별되어야 한다는 것에 특히나 주의해야 한다. 직접적인 문서 자료는 이스라엘 역사의 경과, 사건, 상태, 사람들과 직접 관련되며 또 시간적으로 가깝다. 만약에 문헌 자료들이 시로팔레스티나 지역의 보편적인 상황, 즉 지리적 특성, 주민의 생활양식, 정신, 종교에 대해 기술하거나 역사적인 흐름과 상황을 가능한 한 고려하면서도 상당한 시간적 거리를 두고 기술한다면 그것은 간접 자료이다. 지역적으로 개관해보면 다음과 같다.

1.1. 이집트

나일강 지역에서 유래한 자료들로는 기원전 제3천년기[4]부터 상형문자, 성용문자, 민중문자로 돌, 나무, 오스트라카, 파피루스에 기록된 여러 유형과 장르의 수많은 본문이 있다.[5] 그 가운데 기원전 제2천년기 이후의 자료들이 이스라엘 역사에 중요하다. 다량의 문서 중에서 두드러지는 것은 다음과 같다.

이집트의 잠재적 대적, 그중에서도 팔레스티나와 시리아 출신의 이름을 언급하는 제12왕조의 저주문서(기원전 1900년경)[6], 이집트 신전의 벽에 새겨진 신왕국(제18-20왕조) 파라오들의 원정 보도와 거기에 속하거나 독립된 지명 목록과 전리품 목록[7], 조상들의 무덤에다 이상화한 전기 비문들, 이야기 형태로 된 소위 "정치 문학 작품"[8]으로 가령 시누헤(기원전 약 1962년경)의 생애[9]와 웬아문의 여행 보도(기원전 약 1076년경), 성현의 가르침[10], 기념비, 편지,

---

[4] [역주] 서력기원에서 시작하여 천 년 단위의 기간을 가리키는 표현으로서 제1천년기는 기원전 1000년부터 기원전 1년 사이의 기간을 말한다.

[5] 이러한 상황에 대한 개관은 E. Hornung, Einführung in die Ägyptologie. Wissenschaftl. Buchgesellschaft, Darmstadt (1967)에 있다.

[6] K. Sethe, Die Ächtung feindlicher Fürsten, Völker und Dinge auf altägyptischen Tongefäßscherben des Mitteleren Reiches. APAW, phil.-hist. Kl. 5 (1926); G. Posener, Princes et pays d'Asie et de Nubie. Textes hiératiques sur des figurines d'envoûtement du Moyen Empire (1940); 자세한 설명은 다음을 참고하라. A. Alt, Die asiatischen Gefahrenzonen in den Ächtungstexten der 11. Dynastie [1927]. KS 3, 49-56; idem, Herren und Herrensitze Palästinas im Anfang des 2. Jt. v. Chr. [1941]. Ebd, 57-71; W. Helck, Beziehungen (1971) 44-67.

[7] J. Simons, Handbook for the Study of the Egyptian Topographical Lists Relating to Western Asia (1937); M. Görg, Untersuchungen zur hieroglyphischen Wiedergabe palästinischer Ortsnamen (Diss. Bonn 1974); 풀이에 대하여는 ABLAK 2, 1-132에 있는 M. Noth의 여러 논문을 참고하라.

[8] R. B. Williams, Literature as a Medium of Political Propaganda in Ancient Egypt. The Seed of Wisdom, Fs T. J. Meek (1964) 14-30.

[9] Cf. A. Alt, Die älteste Schilderung Palästinas im Lichte neuer Funde. PJB 37 (1941) 19-49; A. F. Rainey, The World of Sinuhe. Israel Oriental Studies II (1972) 369-408.

[10] F. W. v. Bissing, Altägyptische Lebensweisheit (1955); H. Brunner, Altägyptischen Weisheit. Lehren für das Leben (1988).

일기, 다량의 종교문학 문서이다.[11]

1.2. 메소포타미아

두 개의 강 지역에서 유래하는 것도 마찬가지로 기원전 제3천년기 이후부터 돌과 토기에 수메르어와 아카드어로 기록된 쐐기문자 텍스트가 수없이 많다.[12] 기원전 제1천년기 이후의 본문들도 아람어로 된 본문들이 있고, 또 돌과 오스트라카에 기록된 문서들도 있다. 가령 중부 유프라테스강 유역 마리 도서관에 축적된 본문들(기원전 18세기)[13], 키르쿠크의 누지-아라파에서(기원전 15세기)[14] 나온 서신, 법문서, 경제문서, 행정문서, 법전(함무라비 코덱스, 에쉬눈나 법, 중기 아시리아 법전), 신바빌로니아 연대기(7/6세기)[15], 왕의 칙령, 기념석비, 수많은 종교문서[16]가 두드러진다.

---

[11] 전체적으로 다음도 참고하라. J. H. Breasted, Ancient Records of Egypt, 5 Bde. (1906/07); A. Erman, Die Literatur der Ägypter (1923); H. Brunner, Grundzüge einer Geschichte der altägyptischen Literatur (1980³).

[12] R. Borger, Handbuch der Keilschriftliteratur, 3 Bde. (1967-1975).

[13] Archives royales de Mari [= ARM]. Textes cunéiformes du Musee du Louvre, 6 Bde. (1946-1953). 번역서: W. v. Soden, WdO 1,3 (1948) 187-204. 다음도 참고하라. J. R. Kupper (ed.), La civilisation de Mari. XVᵉ Rencontre Assyriologique Internationale (1967) und A. Malamat, Mari and the Bible. A Collection of Studies (1980²); G. D. Young (ed.), Mari in Retrospect. Fifty Years of Mari and Mari Studies (1992).

[14] E. Chiera – T. J. Meek – E.-R. Lacheman, HSS 5. 10. 14-16. 19 (1929-1962); E. Chiera et al., Joint Expedition with the Iraq Museum at Nuzi 1-6 (1927-1939); E. Cassin, L'adoption a Nuzi (1938); M. Dietrich – O. Loretz – W. Mayer, Nuzi-Bibliographe. AOATS 11 (1972).

[15] A. K. Grayson, Assyrian and Babylonian Chronicles. TCS 5 (1975).

[16] 전체적으로 다음도 참고하라. B. Meissner, Die babylonisch-assyrische Literatur (1930).

1.3. 시리아와 팔레스티나

시로팔레스티나 지역에서는 아카드어, 에블라어, 우가리트어, 아람어, 히브리어, 마지막으로 고대 북아라비아어로 된 문서들이 발굴되었는데, 이들은 돌과 토기와 오스트라카, 나중에는 파피루스와 가죽에 기록된 것이다. 이들은 여러 내용의 비문과 낙서, 서신, 법문서, 경제문서, 행정문서, 문학적 종교적 본문 등이다. 이러한 자료 가운데 눈에 띄는 것은 다음과 같다. 중부 시리아 에블라(텔 마르딕) 아카이브(기원전 제3천년기)[17], 북부 시리아 알랄라흐(텔 아트샤네) (18세기와 15세기)[18], 이집트의 텔 엘-아마르나(14세기)[19]와 북부 시리아 해안의 우가리트(라스 에쉬-샴라)[20], 기원전 제1천년기의 가나안어와

---

[17] 지금까지도 해독하지 못한 난해한 본문들, 또 가끔 잘못 해석한 본문들에 대한 출판과 해석이 진행되고 있다. 학술지 Studi eblaiti(1979년부터)는 특집 연구를 내놓고 있다. 우선은 다음을 참고하라. P. Matthiae, Ebla. Un impero ritrovato (1977); H.-P. Müller, Die Texte aus Ebla. Eine Herausforderung an die alt Wissenschaft. BZ.NF 24 (1980) 161-179; idem, Religionsgeschichtliche Beobachtungen zu den Texten von Ebla. ZDPV 96 (1980) 1-19.

[18] D. J. Wiseman, The Alalakh Tablets. Occasional Publications of the British Institute of Archaeology at Ankara 2 (1953); 보완한 것으로 idem, JCS 8 (1954) 1-30.

[19] J. A. Knudtzon, Die El-Amarna-Tafeln, 2 Bde. Vorderasiatische Bibliothek 2 (1915, repr. 1964); F. Thureau-Dangin, RA 19 (1922) 91-108; A. F. Rainey, El-Amarna-Tablets 359-379. Supplement to J. A. Knudtzon, Die El-Amarna-Tafeln, 2nd edition, revised. AOAT 8 (1978²). 해석에 대하여, E. F. Campbell, The Amarna Letters and the Amarna Period. BA 23 (1960) 2-22; Ch. F. Pfeiffer, Tell el-Amarna and the Bible (1963); E. F. Campbell, The Chronology of the Amarna Letters (1964); P. Artzi, Some Unrecognized Syrian Amarna Letters (EA 260, 317, 318). JNES 27 (1968) 163-171; C. Kühne, Die Chronologie der internationalen Korrespondenz von El-Amarna. AOAT 17 (1973); M. Liverani, Political Ideology in the Amarna Letters. Berets 31 (1983) 41-56; W. L. Moran, Les lettres d'El-Amarna. Correspondence diplomatique du pharaon (1987).

[20] Ch. Virolleaud – J. Nougayrol, Le Palais royal d'Ugarit [= PRU] 2-6 (1955-1970); A. Herdner, Corpus des tablettes en cunéiformes alphabétiques découvertes à Ras Shamra – Ugarit de 1929 à 1939 [= CTCA], 2 Bde. (1963); C. H. Gordon, Ugaritic Textbook. AnOr 38 (1965); M. Dietrich – O. Loretz – J. Sanmartín, Die keilalphabetischen Texe aus Ugarit. Teil I: Transkription. AOAT 24,1 (1976). 우가리트 문헌은 지속적으로 늘고 있다. 1969년부터 학술지 Ugarit-Forschungen [= UF]이

아람어로 된 석비문[21], 이 지역에서 유래한 것은 아니지만 이 지역과 연관된 상이집트의 유대 군사식민지 엘레판틴 아카이브(기원전 5세기)[22], 사마리아 와 라키시의 오스트라카[23] 등이 두드러진다.

간추린 문헌 자료 가운데 독일어 또는 영어로 번역된 것은 다음의 논문집에 있다. H. Gressmann, Altorientalische Texte zum AT (1926[2], repr. 1970) [=AOT[2]]; J. B. Pritchard, Ancient Near Eastern Texts Relating to the AT (1969) [=ANET]; K. Galling, Textbuch zur Geschichte Israels (1950, 1979[3]) [TGI[1, 3]];

특집 연구를 진행하고 있다. 다음도 참고하라. C. H. Gordon, Ugaritic Literature. Scripta Pontificii Instituti Biblici 98 (1949); G. R. Driver, Canaanite Myths and Legends (1956, 개정판 J. C. L. Gibson 1978[2]); J. Gray, The Legacy of Canaan. SVT 5 (19652); M. Dietrich – O. Lorety – P. R. Berger – J. Sanmartín, Ugarit–Bibliographie, 4 Bde. AOAT 20,1-4 (1973); G. Saadé, Ougarit. Métropole Cananénne[sic!] (1979); Colloque internationale des études ugaritiques … à … Lattaquié … 1979. Annales Archéologiques Arbes Syriennes 29/30 (1979/80); D. Kinet, Ugarit – Geschichte und Kultur einer Stadt in der Umwelt des AT. SBS 104 (1981); P. C. Craigie, Canaan and Israel. Tyndalle Bulletin 34 (1983) 145-167; P. Bordreuig – D. Pardee, La trouvaille épigraphique de l'Ougarit. 1. Concordance (1989); O. Loretz, Ugarit und die Bibel. Kanaanäische Götter und Religion im AT (1990).

[21] H. Donner – W. Völlig, Kanaanäische und aramäische Inschriften [=KAI], 3 Bde. (1971-1976[3]); D. Pardee, Literart Sources for the History of Palestine and Syria II. Hebrew, Moabite, Ammonite, and Edomite Inscriptions. AUSS (197)) 47-69; G. I. Davies et al., Ancient Hebrew Inscriptions. Corpus and Concordance (1991); J. Renz – W. Röllig, Die althebräischen Inschriften. Handbuch der althebräischen Epigraphik, Bd. I, II/1 (1995).

[22] E. Sachau, Aramäische Papyrus und Ostrava aus einer jüdischen Militärkolonie zu Elephantine (1911); A. E. Cowley, Aramaic Papyri of the 5th Century B.C. (1923); E. G. Kraeling, The Brooklyn Museum Aramaic Papyri (1953). 이집트에서 나온 다음 의 본문들도 인용할 수 있다. G. R. Driver, Aramaic Documents of the 5th Century B. C. (1954); E. Bresciani – M. Kamil, Le lettere aramaiche di Hermopoli. Attidella Accademia Nazionale dei Lincei, Memorie XII, 5 (1966). 1976년까지의 모든 파피루스들의 증거들은 W. Kornfeld, Onomastica Aramaica aus Ägypten. Sitzungsberichte der Österr. Akademie d. Wissenschaften, phil-hist. KI. 333 (1978). 해석에 대하여, E. Meyer, Der Papyrusfund von Elephantine (1912); B. Porten, Archives from Elephantine. The Life of an Ancient Military Colony (1968).

[23] 이에 대하여 제2부를 보라.

A. Jepsen, Von Sinuhe bis Nebukadnezar. Dokumente aus der Umwelt der AT (1975); W. Beyerlin, Religionsgeschichtliches Textbuch zum AT. ATD.E1 (1975, 1985²); O. Kaiser (ed.), Texte aus der Umwelt des AT (1982ff.) [=TUAT]; K. A. D. Smelik, Historische Dokumente aus dem alten Israel (1987).

자료 상황은 여러 면에서, 적어도 이스라엘 역사의 특정 시점과 관련된 자료는 상당히 양호한 편이다. 그렇다고 해서 이러한 자료들이 문헌적 원천 자료들이 역사적 탐구와 상이한 점이 드러날 때 그다지 많은 것을 말해 주는 것은 아니다. 왜냐하면 이 모든 문서는 직접적으로, 또 소위 검증 없이 역사 기술을 위한 자료로 쓸 수 있다는 의미에서의 역사적 증서는 아니기 때문이다. 오히려 한 서류가 무엇을 말하고자 하는지, 실제로 무엇인가를 말할 수 있는지는 모든 경우마다 자세히 검토되어야 한다. 이때 여러 요소가 고려되어야 한다. 당대의 역사적 상황, 사건들, 사람들과 다소 긴 시간적 거리를 지니고 있는 후대의 문서보다는 그 당대의 문서가 선호된다는 것은 분명하다. 당연히 역사적 문서의 저자나 저자들의 정신, 전제들, 이상적인 사상, 어느 편에 가담하는지가 가능한 한 정확하게 검토되어야 한다. 비록 그러한 노력이 한계에 부딪히고 항상 만족할 만한 결과에 이르지 못한다 할지라도 말이다. 그뿐만 아니라 당대 또는 시대적으로 가까운 역사를 서술하는 단편, 목록, 서신, 비문이 갖는 자료적 가치가 역사와 관련된 민담, 노래, 잠언, 종교적 성찰을 담고 있는 문서가 갖는 자료적 가치보다 훨씬 더 높다는 것은 자명하다. 여기에 많은 경우 타당한 근거를 토대로 가정되는 구전 전승도 추가된다. 구전 전승은 한 자료가 문학적으로 고정된 것보다 앞선다. 이런저런 검토들을 통해 문헌 자료의 가치와 그 가용 상태를 면밀히 구별해야 한다. 이는 다음과 같은 비유를 통해 분명히 확인할 수 있다. 나폴레옹 전쟁사를 기술할 때, 프랑스 국무실 서류와 또 나폴레옹에게 동조하거나 아니면 그에 맞서 싸운 유럽 왕조들의 국무실 서류들, 외교

서신 자료, 레오폴드 폰 랑케의 "프랑스사"와 "독일사", 톨스토이의 "전쟁과 평화", 쾨르너의 노래 "뤼초프의 거칠고 대담한 사냥(Lötzows wilder, verwegener Jagd)"[24], 빌헬름 폰 퀴겔겐의 "한 늙은이의 어린 시절 회상(Jugenderinnerungen eines alten Mannes)"[25], 동시대인의 전쟁 묘사, 아른트[26]의 시 "나팔은 무엇을 불고 있는가? 경기병들, 만세!(Was blasen the Trompeten? Husaren, heraus!)", 슈테판 츠바이크의 "워털루의 세계시간(Die Weltminute von Waterloo)"과 같은 자료들을 차별을 두지 않고 기초로 삼겠다고 진지하게 생각하는 사람은 없다. 여기에 언급된 모든 텍스트는 이런저런 의미로, 직접 또는 간접적인 의미로, 직접 또는 파생된 의미로 "역사적" 문서이다. 그럼에도 불구하고 이들이 함축하고 있는 사실성과 그 파급 효과는 매우 다르다. 이들은 동일한 차원에서 투영되거나 또는 차별 없이 역사적인 자료로 사용할 수도 없고, 사용해서도 안 된다.

마찬가지로 이스라엘 역사의 경우에도 자료에 대한, 즉 구약성서나 구약성서 외의 자료에 대한 역사비평적인 검토가 요구된다. 여기서 고전적인 방법론이나 구약성서학의 연구 방법의 자리는 본문비평, 문학비평, 양식 및 장르비평,[27] 전승사, 편집사, 영향사이며, 이들을 통해 자료들을 먼저 볼 수 있고 평가할 수 있게 된다. 질문의 여지 없이 이러한 예비적 형태의 역사적 분리는 구약성서 이외의 자료에도 필요하다. 그러나 지금까지도 이집트학에서나 고대 오리엔트학에서 이에 대한 연구는 아직도 초기 단계에

---

[24] [역주] Carl Theodor Körner(1791-1813)가 반 나폴레옹 해방전쟁 참전 당시 쓴 시.
[25] [역주] 독일 드레스덴 출신의 화가 Wilhelm v. Kügelgen(1802-1867)의 자서전. 그의 사후 필립 폰 나투시우스(Philipp von Nathusius)가 1870년에 출판하여 1922년 230판이 나옴.
[26] [역주] Ernst Moritz Arndt(1769-1860): 독일 민족주의 역사가, 작가, 시인.
[27] K. Koch, Was ist Formgeschichte? (1981⁴); G. W. Coats (ed.), Saga, Legend, Tale, Novella, Fable. Narrative Forms in OT Literature. JSOT, Suppl. Ser. 35 (1985).

머물러 있다. 주된 이유는 끊임없이 증가하는 다량의 본문에 대한 문헌학적 해명이 여전히 진행 중에 있고, 오리엔트학 전공자들의 인력난이 점점 늘고 있기 때문이다.

이러한 유형의 검토는 현존하는 자료가 이스라엘 역사 시기마다 얼마나 고루 분포되어 있는가, 다시 말해 모든 시기마다 자료의 수가 엇비슷하고 그 상태 또한 동일하게 양호한가, 그것에 대한 평가가 이스라엘 역사의 기술을 가능하게 하는가 하는 질문을 제기하게 한다. 유감스럽게도 대답은 매우 간단하다. 균등하다고 말할 수 없다. 왕국 형성 이후, 즉 기원전 제1천년기의 이스라엘 역사 자료 상황은 양호한 편이며, 많은 구간에서 매우 양호하다. 역사가는 비교적 단단한 토대 위에 서 있다. 이것은 이스라엘 이외의 자료에도, 또한 이스라엘 역사를 독립적으로 서술하는 역사 초기의 초반을 담고 있는[28] 구약성서 자체에도 적용된다. 다른 이웃 민족들은 이것을 그렇게 발전시키지 못했다.[29] 그러나 왕국 형성 이전 시기, 그러니까 기원

---

[28] Cf. G. v. Rad, Der Anfang der Geschichtsschreibung im alten Israel (1944). GS 148-188; R. Smend, Elemente all Geschichtsdenkens. ThSt 95 (1958); H. Gese, Geschichtliches Denken im Alten Orient und im AT (1958). Vom Sinai zum Zion (1974) 81-98; H. Cancik, Grundzüge der hethitischen und all Geschichtsschreibung. ADPV (1976); C. Evans (ed.), Scripture in Contest. Essays on the Comparative Methode. Pittsburgh Theol. Mon. 34 (1980); J. A. Soggin, Probleme di Soria e di storiografia nell'antico Israele. Henoch 4 (1982) 1-16; J. Van Peters, Historiograph in the Ancient World and the Origins of Biblical History (1983); H. Tadmor – M. Weinfeld (ed.), History, Historiograph and Interpretation. Studies in Biblical and Cuneiform Literatures (1983); N. P. Lemche, On the Problem of Studying Israelite History. 그 밖에 A. Malamat's View of Historical Research. BN 24 (1984) 94-124; J. N. Carreira, Formen des Geschichtsdenkens in altorientalischer und all Geschichtsschreibung. BZ.NF 31 (1987) 36-57; J. A. Soggin, Probleme einer Vor- und Frühgeschichte Israels. ZAW 100, Suppl. (1988) 255-267.

[29] Cf. H. G. Güterbock, Die historische Tradition und die literarische Gestaltung bei Babyloniern und Heitern (bis 1200). ZA 42 (1934/35) 1-91; 44 (1938) 45-149; H. A. Hoffner, Histories and Historians of the Ancient Near East: The Hittites. Or 49

전 제2천년기의 마지막 2, 3백 년에 대한 사정은 다르다. 구약성서로 말하면, 족장 시대, 출애굽 시대, 광야 체류 시대, 땅 정복 시대, 사사 시대에 해당한다. 이 시기의 자료 상황은 매우 불량하며, 과거로 갈수록 상황은 점점 더 나빠진다. 이것은 역사가의 역사 서술에 반영되어 있다. 즉 이스라엘의 선사 시대 역사와 초기 역사에서와 같이 극단적으로 반대되는 견해를 보일 정도로 그렇게 심한 견해 차이를 보이는 곳은 어디에도 없다.

이렇게 눈에 띌 정도로 자료 상황이 다양한 이유는 분명하다. 이스라엘은 소위 땅 정복 이전에, 어느 정도는 왕국 형성 이전까지도, 완전한 의미의 역사적 실체는 아니었다. 이스라엘은 아직 민족이 아니었고, 민족이 되어 가는 과정에 있었다. 민족이 되어 가는 과정은 어디서나 대체로 인식하지 못한 채, 거의 무의식중에 이루어진다. 여기에 참여한 자들에 대한 역사적 증서는 거의 기대할 수 없다. 특히나 그들이 유목민으로 살았다면 더욱 기대할 수 없다. 유목민에서 한 민족으로 탄생하는 과정에 있는 민족은 이웃 민족들이 그 민족을 진지하게 고려하거나 그들에게 경고할 정도로 중요한 요소가 전혀 아니다.

이스라엘의 기원과 선사 시대와 초기 역사에 대한 질문에 답변할 수 있다는 것은 더욱 경이로운 일이다. 적어도 그 답변은 자그마치 구약성서의

(1980) 283-332; E. Otto, Geschichtsbild und Geschichtsschreibung in Ägypten. WdO 3,3 (1966) 161-176; J. R. Porter, Pre-Islamic Arabic Historical Tradition and the Early Historical Narratives of the OT. JBL 87 (1968) 17-26; 또한 전체적으로 H. Preller, Geschichte der Historiographie unseres Kulturkreises 1 (1967). 고대 근동의 역사 서술과 이스라엘의 역사 서술 간의 관계 문제에 대해서는 다음도 참고하라. B. Albrektson, History and the Gods (1967); J. W. Webers, Histories and Historians of the Ancient Near East. Preface. Or 49 (1980) 137-139; J. Van Seters, History and Historians of the Ancient Near East. The Israelites. Or 50 (1981) 137-193; idem, In Search of History (1982). A. R. Millard et al. (ed.), Faith, Tradition and History. OT Historiography in its Near Eastern Context (1994)의 논문집도 보라.

일곱 권의 책(오경, 여호수아, 사사기)에 들어 있다. 이것은 실로 당연한 일이 아니다! 고대 오리엔트의 대부분의 선진 민족에게서 그들의 기원에 대한 질문에 만족할 만한 대답은커녕 그에 대한 실마리조차 기대할 수 없다. 이집트인을 예로 들어보자. 그들은 자기들이 민족이 되는 것을 한 번도 물음의 대상으로 삼지 않았다. 이집트 민족은 그 시작이 신의 역사, 즉 신화로 거슬러 올라가는 소위 영원한 어떤 것으로서, 이집트인에게는 설명할 필요가 없는 것이었다. 이집트인들은, 세계와 인간의 창조로 시작된 "영원한 원시대의 민족"이었다. (그들에게) 인간의 발생과 신의 발생은 동시에 일어난다. 이것은 우선 고대 이집트어에 류(*rmt*), "인간"이라는 개념에 대한 단어가 하나도 없다는 점에서도 알 수 있다. 우리가 흔히 인간이라고 번역하는 이 단어(*rmt*)는 원래부터 "이집트인"을 의미하며 −세상의 변두리에 존재할 수 있는 것은 무엇이든 "앞잡이들", "불쌍한 아시아인", "아홉 활 민족"[30], 또 이와 유사한 이들이다. 그뿐만이 아니다. 이집트는 창조가 시작하고 모든 사물이 그 시초를 갖게 된 세상의 중심이요 세상의 배꼽이라는 사상이 이집트인을 지배했다. 이 민족은 원시 시대부터 그곳에서 살았다. 이 민족은 원주민이다. 이집트인은 이집트에서만 살 수 있고 종국에는 그곳에 매장되기를 희망했다.[31] 외국 땅은 황량한 땅이다. 이집트 외에 어느 나라도 축복의 땅이 아니다(*Extra Aegyptum nulla est salus*). 이집트인은 지속적인 거룩함의 상태를 태고의 옷으로 입고 있다.[32] 원주민이라는 의식은 이집트인이 아닌 다른 민족에게서는 종종 자기들의 이웃에 대하여 상당히 잘못된 평가를 하게 한다. 기원전 9세기 모압 왕 메샤 비문(KAI

---

[30] Cf. E. Uphill, The Nine Bows. JEOL 6,19 (1965/66) 393-420.
[31] Sinuhe B 156-164가 특히 인상적이다. Cf. TGI³, 6.
[32] 이 문제 집단에 대하여 Cf. S. Morenz, Ägyptische Religion. Die Religionen der Menschheit 8 (1960, 1977²) 특히 44-59.

181,10)에, "가드의 사람들은 원시 시대부터 아타롯의 땅에 살았다."(*'š gd yšb b'rs 'trt m'lm*)라고 적혀 있다. 구약성서의 자기 증언에 따르면 이스라엘의 갓 지파는 동요르단 땅에서 "원시대부터" 거주하였다고 보도된다.

이스라엘 이웃에 있는 고대 오리엔트의 선진 민족들과 비교해볼 때 바로 이것이 이스라엘의 특수성이다. 이스라엘은 자신들이 언젠가 현재와는 다른 상태에 있었으며 역사가 흐르는 동안 하나의 민족으로서 자신의 정체성과 땅을 소유하게 되었다는 의식을 항상 지니고 있었다. 이스라엘은 비원주민 민족이다. 또한 그들의 자의식에 따르면 이스라엘은 고대 민족 집단 중에 늦둥이였으며, 중요한 청소년기의 민족이었다. 구약성서의 전승은 이에 대해 어떤 의심도 허용하지 않는다. 창세기의 원역사(창 1–11)는 세상과 인류를 움직이는 강력한 사건들로 가득 차 있으나 이스라엘은 거기에 등장하지 않는다. 이스라엘은 훨씬 나중에 이집트에서 생겨난다(출 1). 이스라엘 역사의 시작은 원시대로, 즉 신화적인 신들의 역사로 소급되는 것이 아니다. 시기적으로 매우 다른 자료인 야훼문서와 제사장문서는 이 점에서 일치한다. 이러한 객관적 사실은 구약성서의 자료 상황에 대하여 포괄적 결과를 갖는다. 이스라엘의 초기는 신화가 아니라 **민담**(Saga)의 세계로 간다. 이스라엘은 그 유래와 선역사와 초기 역사에 민담의 옷을 입혔다. 즉 이스라엘 문학이 시작되기 전에 말이다. 그러나 민담은 그렇게 간단히 일차적 역사 증서인 것은 아니다. 민담은 문학이 형태를 갖추기 이전의 전통이요, 전승인 것이다.[33]

---

[33] 근본적인 통찰들이 이미 다음의 글에 나타나 있다. J. G. Herder, Vom Geist der hebräischen Poesie (1782/83, 1787²) im Bd. 11/12 der kritischen Suphan-Ausgabe. 또 Th. Willi, Herders Beitrag zum Verständnis des AT. Beiträge zur Geschichte der Biblischcn Hermeneutik 8 (1971). 내용에 대하여 다음도 참고하라. R. de Vaux, Method in the Study of Early Hebrew History. The Bible in Modern Scholarship (1965) 15-29; M. Weippert, Fragen des israelitischen Geschichtsbewußtseins. VT 23

많은 오해가 일어나는 원인이 여기에 있다. "민담"이라는 개념에는 당연히 처음부터 부정적인 역사적 가치평가가 담겨 있다. 이러한 면에서 민담은 가령 역사 서술, 편지, 목록, 보고 기록과 같이 인간정신의 창작과 비교할 때 열등한 것이다. 실제로 그렇다. 그러나 그렇다고 해서 그것을 열등한 것이라고 해서 버리거나 설명하지 않은 채 놓아두어서는 안 된다. 민담의 역사성, 더 정확히 말해 민담이 말하는 것이 역사적으로 사실인가 하는 문제는 어려운 과제이기는 하지만, 민담 자료가 역사가의 자료 보유고에서 완전히 배제되어야 한다는 것과 같은 오판을 범해서는 안 된다. 왜냐하면 모든 민담은 넓은 의미에서 역사적 증서이기 때문이다. 즉 민담은 그것이 이야기하고 있고 마침내 문서화 된 것이 지니고 있는 견해들에 대해 무언가를 말해준다. 또 민담은 역사로부터 독립된 것이 아니며 결코 –아니 매우 드문 경우에는 그렇기도 하지만– 순전히 판타지적 산물이 아니다. 민담은 일반적으로 역사적 핵을 담고 있으며, 이 핵은 탐구해야 하며 모든 경우는 아니더라도 많은 경우에 탐구할 수 있는 것이다. 이를 위해 필수적인 것은 우리가 민담이 자리하고 있는, 유형의 규정을 이해해야 하는 것이다. 민담은 그것이 이야기하는 바를 전달함에 있어 수용력과 이해력을 요구하기 때문에, 역사적 상황, 경과, 사건들을 그대로 재현하지 않으며 그럴 필요도 없는 것이다. 민담은 짧고, 분명하고, 그 자체로 종결되어야 하며, 어떤 보충이 필요하지 않으며 그 자체로 이해되어야 한다. 민담은 단지 영웅, 적수, 엑스트라와 같이 소수의 인물만이 등장하며, 상태 기술보다 행위가 더 많고, 가능한 한 시간, 장소, 행위의 일치의 기본법에 따른다. 한마디로 말해, 민담은 거울과 같이 역사를 모사하는 것이 아니라, 볼록 렌즈처럼 역사에 집중한다. 민담은 다양하고 복잡한 것을 축소하고 단순화한다. 민담은 그

(1963) 415-442.

자체로 통일된 전체이다. 민담은 다른 민담과 함께 결합하여 민담 다발을 이룬다. 그러나 그것은 단편소설류는 되어도 역사적 기술로는 발전하지 않는다. 민담이 문학적으로 고정되는 것은 흔히 구전 전통이라는 긴 단계 이후에서야 일어난다. 민담은 저작된 이후에도 여전히 변경과 이어 쓰기와 주석의 대상이 될 수 있다.[34]

이 분야의 중요한 선구자들 –그 가운데 특출한 인물은 헤르만 궁켈(Hermann Gunkel)과 휴고 그레스만(Hugo Gressmann)이다– 이후 특히 알브레흐트 알트(Albrecht Alt)와 마르틴 노트(Martin Noth)의 연구 결과, 구약성서 중 특히 오경의 민담 자료가 이스라엘의 선사 역사와 초기 역사에 중요한 역할을 하게 되었다. 노트는 전승사적인 문제 제기를 통해 역사비평 연구를 한층 풍성하게 하였다. 그 결과는 오경과 여호수아와 사사기가 전해주는 전통적인 역사상을 과감히 무너뜨렸으며, 이스라엘의 선사 시대와 초기 역사에 대한 우리의 역사 지식을 상당히 축소해 버렸다. 이것은 당연히 반박을 피할 수 없었고 "회의주의"와 "염세주의"라는 비판을 불러 일으켰다. 무엇보다도 비판은 미국에서 나왔는데, 특히 여러 면에서 많은 공헌을 한 올브라이트(William F. Albright) 주변의 집단에서 나왔다. 물론 이곳에서만은 아니다.[35] 이를 통해 야기된 논쟁이 그 사이에 좀 가라앉았다고 생각할 수도 있겠지만 이는 착각이다. 그 논쟁의 배아는 현재 학문적

---

[34] Cf. H. Gunkel, Genesis. HKAT I,1 (1917[4], 1977[9]) I-C; A. Jolles, Einfache Formen (1968[4], repr. 1972) esp. 62-90.

[35] Cf. J. Bright, Early Israel in Recent History Writing. Studies in Biblical Theology 19 (1956); 독일어로 Altisrael in der neueren Geschichtsschreiung. AThANT 40 (1961). 첫 번째 답변: M. Noth, Der Beitrag der Archäologie zur Geschichte Israels 1960. ABLAK 1, 34-51; J. A. Soggin, Ancient Biblical Tradition and Modern Archaeological Discoveries. BA 23 (1960) 95ff.; 다음도 참고하라. M. Noth, Grundsätzliches zur geschichtlichen Deutung archäologischer Befunde auf dem Boden Palästinas 1938. ABLAK 1, 3-16.

논의에서 여전히 살아 있으며, 방법론에 대한 비판적 논쟁의 모델로 진지하게 수용될 만하다.

무엇보다도 알트와 노트, 그리고 그들을 따르는 수많은 독일 구약성서학자의 방법론이 매우 지나치고, 또 너무 양식비평에만 기초하고 있다는 비판은 타당한 것으로 드러났다. 이러한 반론은 실제로 타당한 면을 지니고 있다. 소위 양식사는 알트와 노트에게서 시작되었으며 그들의 후계자들에게서는 신물이 나도록 반복되었던 것이다. 그 사이 이러한 잘못된 연구 방향이 수정되기 시작했고, 구약성서적 역사관도 더 이상 버티지 못하고 해체되게 되었던 것이다. 긍정적인 요구는 구약성서의 전통이 "내적 개연성"을 토대로, 즉 "이 전통들이 적어도 합리적으로 연관되어 있느냐, 그렇지 않느냐"[36]를 토대로 연구되어야 한다는 것이다. 그러나 무엇보다도 문학자료 연구는 고고학이 제공해주는 "외적 증거"를 통한 객관적인 외적 요소를 고려하여 보완할 필요가 있다. 어쨌든 간에 이제 "내적 개연성"이라는 개념, 여기서 사용되듯 일반적이고 불명확한 의미에서의 "내적 개연성"이라는 개념을 가지고는 그다지 많은 것을 시작할 수 없다. 만일 "내적 개연성"을 역사가가 결정하는 어떤 사건의 역사적 개연성의 정도를 나타내는 의미에서 사용한다면, 이 개념은 자신의 논쟁 성격을 잃게 된다. 그러나 "내적 개연성"(가능성이 아니라 내적 증거)에 대해 말하는 것이라면 그렇지 않음이 분명하다. 오히려 그 이면에는 보도되고 있는 대로 무언가가 그렇게 일어났을 수 있다는 가능성에 대한 방법론적으로 허용되지 않은 가정이 전제되어 있다. 이러한 가능성은 전승의 역사적 신뢰성에 대한 시금석의 역할이나 뒷받침하는 역할을 해야 한다. 이러한 역할이 어떠한 결과를 가져올지는 그러한 관점 아래 "일리아드"나 "니벨룽겐의 노래"와 같이 성

---

[36] J. Bright, Ibid, 135.

서 밖의 민담 전승들을 관찰해볼 때 분명히 드러난다. 그렇다면 "내적 개연성"은 방법론적 원칙이 아니라 신학적 원칙이라는 것이 드러난다. 말하자면 이성에 직접적으로 반하지 않는 것은 성서의 권위로 믿어야 한다. 고고학의 "외적 증거"의 경우에 사안은 약간 다르다. 여기서의 위험은 객관적이고 비판적인 고고학 연구가 성서전통에 대한 무비판적 자세와 연결되어 있다는 점에 있다. 그러니까 성벽과 돌과 토기 조각들이 구약 본문의 역사적 신뢰성을 지지할 수도 있고 확증할 수도 있는 것처럼 말이다. 그에 반해 문학적 자료에 대한 역사비평적 연구는 고고학에 종속되지 않고 추진되어야 하며, 또 개별 경우마다 고고학적으로 확인된 자료와 성서학적 연구 결과를 연결하는 것이 가능한지 또 경우에 따라서는 어떻게 가능한 것인지 면밀히 검토되어야 한다는 자세를 견지해야 한다. 두 번째 주요 반론은 기원사가 민담 전승이 형성될 때 창조적인 요소로 작용했다는 지나친 평가에 대한 것이다. 민담은 과거 사건을 통해 화자의 현재의 실제 상태를 설명하고자 한다면 기원론적이다.[37] 성소, 거룩한 시간과 사건, 눈에 띄는 특정한 지역, 이름 등에 대한 기원사가 있다. 기원론적 관심이 민담을 형성하는 요소였는지 아니면 민담에 덧붙은, 설명하고자 하는 동기에서 나온 우연적인 것이었는지에 당연히 주의해야 한다. 두 가지 모두 존재한다. 그래서 각각의 구체적인 경우가 검토되어야 한다. 하나는 방법론적으로 기각되어야 한다. 즉 기원사가 완전히 다른 성질, 곧 역사적으로 믿을 만한 전승들을 장식하는 요소로 간주된다는 것이다. 이는 민담들의 장소와의 연결성, 즉 민담 전승들은 처음에는 모두가 공유하는 것이 아니라 특정 장소와 결부되어 있고 그곳에서 다듬어지고 전승되었다는 알트와 노트의 연구 결과에도

---

[37] 자세한 것은 B. Long, The Problem of Etiological Narrative in the OT. BZAW 108 (1968); P. J. van Dyk, The Function of the So-Called Etiological Elements in Narratives. ZAW 102 (1990) 19-33.

마찬가지로 적용된다. 한 전승의 장소는 그 전승이 "결부된 지역"이 아니라 "영향이 미치는 범위"라는 것[38], 그리고 전통은 자신이 생겨난 장소를 변경할 수도 있다는 것은 이러한 상황에 이의를 제기한다. 물론 전승이 결부된 지역과 그 영향이 미치는 범위 간의 차이는 명확하지 않거나 이해하지 못할 수 있다. 장소 교체가 가능하다는 것과 민담이 전승으로 진행되는 동안 더 큰 집단이나 지역들과 최종적으로는 전체 민족과 공유하는 공동의 자산이 될 수 있다는 것은 어느 정도 타당하고 (이에 대해) 누구도 의심하지 않을 것이다. 여기서도 모든 경우마다 개별적으로 검토되어야 한다.

2. 고고학 자료

고고학 개념은 역사가 흐르면서 변화를 겪었다. 이 개념은 본래 고대, 즉 고대 유물 전체를 다루는 모든 것을 말하였다. 17-19세기에 고고학 개념은 문학적인 자료에서 얻어낸 사전적 지식으로 이해되었다. 오늘날 고고학은 과거 시대가 남긴 모든 물질적 문화를 다루는 학문이 되었다.

오리엔트 고고학의 한 분야인 성서고고학은 19세기 성서에 대한 관심에서 성장하였으며 여전히 활발히 진행되고 있다. 고고학은 근본적으로 발굴과 고고학적인 표층 연구(영어로는 *survey* 또는 *surface exploration*)라는 두 가지 방법의 작업으로 이루어진다. 첫 번째 체계적으로 이루어진 팔레스티나 발굴은 19세기 중반에 먼저 예루살렘에서 시작되었고, 나중에는 다른 곳에서도 이루어졌다. 발굴고고학은 처음에는 그 방법론을 찾는 데 무척 힘들었지만 오늘날에 이르기까지 매우 완성도 높게 발전하였다. 비교적 소수의 경우에만, 그러니까 기념비적인 잔해들이 표면에서 발견될 경우에만

---

[38] J. Bright, Ibid, 108-119.

고전 고고학의 방법으로 작업이 이루어진다. 헬라-로마 시대 및 더 후대 지역의 경우가 종종 그렇다. 그러나 대체로 선사 시대 고고학의 방법론이 적용될 수 있다. 오래된 장소의 거주층(지층)을 찾아내서 기술하고 해석하는 것이다. 그 방법은 지층학이라 불린다. 시간이 흐르면서 점토 분석이 날로 섬세해지고 있기 때문에 오늘날 거주 지층의 연대를 상당히 정확하게 측정하고 그 순서를 규정할 수 있게 되었다. 고고학 발굴의 목표는 굉장한 유적을 발굴하는 데 있는 것이 아니라 발굴 장소의 거주 역사와 문화사를 밝히는 데 있다.[39]

반세기 이후로 요르단강 양안(兩岸)에 대한 발굴 활동이 매우 증가하였지만, 고대 거주 자리의 전체 수를 고려해볼 때 발굴 상황은 아직도 비교적 적은 특정 장소에서만 이루어지고 있다. 지층 전체를 발굴하는 것은 가능하지 않다. 그래서 고고학 발굴은 1920년대에 수많은 선구자에 이어, 특히 알트와 올브라이트에 의해 형성되고 그 이후 현저하게 발전한[40] 고고학적인 표층 연구를 통해 보충된다. 또 대체로 여러 거주 단계의 토기 조각이 각 표층에 산재해 있거나 언덕 비탈에서 발견되는데 이를 이용한다. 이들을 수집하고 등급화하면, 완전히 신뢰할 수 있을 만큼 정확하지는 않지만, 해당 지역의 거주 주기의 순서에 대해 어느 정도 알려주고 이를 토대로 수정 확장해 갈 수 있는 첫 그림을 얻어낼 수 있다. 한 지역의 더 많은, 가능하면 모든 장소를 고찰하면 그 지방 전체의 거주 역사에 대한 얼개를

---

[39] Cf. Sir M. Wheeler, Moderne Archäologie. Rowohlts deutsche Enzyklopädie 111/112 (1960); W. F. Albright, The Archaelogy of Palestine (1960⁴, 독일어 1962); K. M. Kenyon, Archaeology of the Holy Land (1965², 독일어 1976²); W. G. Dever, Archaeology and Biblical Studies: Retrospect and Prospect (1974).

[40] 예를 들면 Cf. M. Noth, Jabes-Gilead. Ein Beitrag zur Methode all Topographie [1953]. ABLAK 1, 476-488. 전체 지역에 대한 표층 촬영에 대한 예로 M. Kochabi (ed.), Judaea, Samaria and the Golan. Archaeological Survey 1967-1968 (히브리어 1972).

얻어낼 수 있다. 물론 이때 나타나는 어려움은 간과해서는 안 된다. 토기 발굴물은 단지 긍정적으로만 평가해야지 부정적으로는 평가해서는 안 된다는 점을 주의해야 한다. 층이 확인되지 않은 토기 조각은 일반적으로 어느 시기에 그 장소에서 사람이 살았는지 개연성 있게 혹은 확실하게 알려주지만, 사람이 거주하지 않은 시기에 대해서는 결론을 내릴 수 없다. 왜냐하면 부정적 증거로 판단하기 위해서는 파편 탐색 시, 많은 우연과 상이한 장소적 여건들을 감안해야 하기 때문이다. 그 밖에 토기는 지역적·시간적으로 어디서나 정합적으로 발전된 것이 아니라서 시기를 규정하는 것이 종종 너무 어렵고 확실하지 않다. 물론 이것이 모든 지역과 경우에 해당하지는 않지만, 토기 발굴을 통해 보충함으로써만 확실성을 얻을 수 있다는 점을 고려해야 한다. 마지막으로 토기의 두께 밀도도 고려해야 한다. 밀도가 극히 낮은 경우, 농부나 베두인의 짚으로 된 토기로 예상해볼 수 있다. 그 땅에서 나온 이름 자료들을 취하여 연구한 것도 팔레스티나에 대한 역사적 지형학과 거주 지층에 대한 근본적인 공헌이다. 폐허 언덕과 자료, 골짜기와 산지 등의 아랍어 이름에는 종종 옛 이름이 약간 변형되거나 번역된 형태지만 정확하게 보존되어 있다. 이때 여러 유형의 장소나 골짜기의 이름이 생겨나는 것에 주의를 기울이고, 어원론적 소급을 통해 상이하지만 서로 이어지는 아랍어 이전의 언어에 도달하게 되면, 연구된 지역의 역사를 근본적으로 알려주는 자료를 얻을 수 있다.[41]

---

[41] Cf. B. S. J. Isserlin, Place Name Provinces in the Semitic-speaking Ancient Near East Proceedings of the Leeds Philosophical and Literary Society A VIII 2 (1956) 83-110; St. Wild, Libanesische Ortsnamen.Typologie und Deutung. Beiruter Texte und Studien 9 (1973); E. A. Knauf, The West Arabian Place Name Province: its Origins and Significance. Proceedings of the Seminar for Arabian Studies 18 (1988) 39-49; idem, Toponymy of the Kerak Plateau. In: J. M. Miller (ed.), Archaeological Survey of the Kerak Plateau. ASOR, Archaeological Reports 1 (1991) 281-290.

팔레스티나 고고학 연구 결과가 있다 하더라도, 그것은 이스라엘 역사의 개별적이거나 구체적인 자료와 드물게 연관될 뿐이라는 것은 분명하다. 고고학의 가치와 주요 기능은 오히려 오랜 기간 지속되는 역사적 발전 과정의 지식을 위한 배경정보와 기반정보를 제공하는 데 있다. 인간의 일상생활의 본질과 변화, 그들이 사용한 물건, 거주하는 방식, 그들의 경제 활동, 그들의 무역 관계 그리고 또한 그들의 종교적 관습이 주목을 받는다. 이 모든 것은 역사가에게 큰 관심의 대상이다. 이것이 문서 전승에 비해 소위 제2등급의 자료라는 인상은 잘못된 것이다. 하지만 이것은 이스라엘 역사 개관, 여기저기 개별적 및 전체적으로 된 개관에는 아주 적게 사용될 것이다. 이스라엘 역사 서술에 문화사, 사회사, 경제사, 종교사와 같은 특별 분야가 포함될 수 있다면, 이는 매우 바라는 바이지만 개관을 위해서 또 지면 문제로 전혀 가능하지 않다. "사건 역사"를 "장기간에 걸친 역사"[42]로 단순히 대체하는 것을 어느 누구도 원하지 않을 것이다. 왜냐하면 장기간에 걸친 역사는 −지금까지 알 수 있는 한에 있어서− 다른 관찰 방식보다 훨씬 더 불만족스러운 우리 지식의 공백을 이론으로 막아버리는 경향이 있기 때문이다. 여기서 보여주는 기술은 다름 아닌 "사건 역사"이다. 즉 "역사의 긴 숨"이 기록된 긴 시간의 역사를 무시하지 않고 전제하는 것이다. 아무리 본질을 주시하고자 하더라도, "… 행위 없이는 역사도 없다"라는 문장도 진실하며 정당하다.[43]

진지한 학문적 연구에서는 더 이상 그렇지는 않지만 그래도 대중적 의식 속에는 여전히 흔한 것으로 소위 성서고고학에 대한 과대평가에는 비학문

---

[42] 이러한 개념들과 현대 사료 편찬의 발전 문제에 대하여 다음을 참고하라. Weippert, Scheideweg 74-77, 85 (특히 76쪽, 각주 10에 참고문헌 정보가 있음).

[43] G. E. Lessing, Zur Geschichte und Literatur. Vorrede (1773). H. G. Göpfert et al. (eds.), Werke, Bd 5 (München 1973) 557에서 인용함.

적 이유 특히 종교적인 이유가 있다. 이러한 과대평가 때문에 객관적이며 비판적인 고고학 활동이 성서전통에 대한 무비판적 자세와 –이러한 자세가 공개적이든 혹은 종종 더 그렇듯이 숨겨져 있든– 결합될 우려가 있다. 성서의 땅에서의 고고학 연구 결과는 성서 기록을 확인해주기 위한 목적을 위해 오용된다.[44] 그러나 성서는 "확인"을 필요로 하지 않는다. 성서는 그 자체로 역사학을 위한 지식의 원천이다. 고고학이 발견하여 해석하는 물질적 유물과 마찬가지로 말이다. 성서학과 고고학, 이 두 학문은 비판적으로 서로를 보완해야 한다. 이 원칙을 주장하는 자는 고고학에 대한 미신을 물리치는 데 믿을 만한 수단을 손에 넣게 될 것이다.

간추린 참고문헌: K. Galling, Biblisches Reallexikon [= BRL[1.2]]. HAT I,1 (1937, 1977[2]). M. Noth, Die Welt des AT (1940, 19624); K.-H. Bernhardt, Die Umwelt des AT I (1967); R. Reicke – L. Rost, Biblisch-historisches Handwörterbuch, Bd. 1-3 (1962-1966), Bd.4 (1979); Y. Aharoni, The Land of the Bible. A Historical Geography (1967, 독일어 1981); H. Donner, Einführung in die biblische Landes- und Altertumskunde (1976); V. Fritz, Einführung in die biblische Archäologie, Vorderasien II 1 (1988) [= PVZ]; A. Mazar, Archaeology in the land of the Bible 1000-586 B.C. (1990); V. Fritz, Die Stadt im alten Israel (1990).

방법론적 문제에 대하여 다음도 참고하라. P. Agata Mantovani, L'archeologia siro-palestinese e la storia d'Israele. Henoch 8 (1986) 223-242; K. W. Whitelam, Recreating the History of Israel. JSOT 35 (1986) 45-70; F. Brandfon, The Limits of Evidence: Archaeology and Objectivity. Maarav 4/1 (1987) 5-43; C. Frevel, "Dies ist der Ort, von dem geschrieben steht … ". Zum

---

[44] Cf. W. Keller, Und die Bibel hat doch recht (1955). 이에 대해 M. Noth, Hat die Bibel doch recht? 1957. ABLAK 1, 17-33는 비판적이다.

Verhältniss von Bibelwissenschaft und Palästinaarchäologie. BN 47 (1989) 35-89; A. Biran – J. Aviram (ed.), Biblical Archaeology Today, 1990. Proceedings of the Second International Congress on Biblical Archaeology (1993); V. H. Matthews – D. C. Benjamin, Social World of Ancient Israel (1993).

제2장 기원전 제2천년기 후반기의 고대 오리엔트 민족과 나라들

개론적 참고문헌: A. Scharff – A. Moortgat, Ägypten und Vorderasien im Altertum (1950, 1962³); E. Otto, Ägypten. Der Weg des Pharaonenreiches. Urban-Bücher 1953, 1966⁴; H. Schmöke, Geschichte des alten Vorderasien. HdO II, 3 (1957); A. H. Gardiner, Geschichte des alten Ägypten. Kröner Taschenbuchausgabe 354 (1965); E. Cassin – J. Bottero – J. Vercoutter (ed.), Die altorientalischen Reiche I, II. Fischer Weltgeschichte 2/3 (1965/66); W. Helck, Geschichte des alten Ägypten. HdO I, 1, 3 (1968); idem, Die Beziehungen Ägyptens zu Vorderasien im 3. und 2. Jt. v. Chr. ÄA 5 (1971²); idem, Die Beziehungen Ägyptens und Vorderasiens zur Ägäis bis ins 7. Jh. v. Chr. Erträge der Forschung 120 (1979); The Cambridge Ancient History [= CAH] I, 2-11, 2 (1971-1975³); E. Hornung, Grundzüge der ägyptischen Geschichte. Grundzüge 3 (1978²). 다음도 참고하라. M. Liverani, Prestige and Interest. International Relations in the Near East, ca. 1600-1100 B. C. (1990).

자료: TUAT I, 5 (1985).

이스라엘 민족의 역사적 무대는 나일강과 두 개의 강 지역과 소아시아를 이어주는 시로팔레스티나의 남쪽 부분이다. 이 지협은 지리적인 위치로 인해 수천 년을 지나며 사방에서 흘러든 정치적·문화적 영향이 서로 융합되어 섞인 곳이다. 이 지역을 통해 오리엔트 유산은 그리스를 거쳐 서양으로 전달되었다. 그러나 이 지역은 이러한 문화사적인 역할을 넘어서는 더 큰 규모의 정치적 독립은 누리지 못했다. 이 지역은 강대국의 관심 지역이었으며 정치적 대상이었다. 이 지역은 강대국이 약할 때만 한시적으로 고유한 정치적 힘을 소유할 수 있었다. 이러한 여건 때문에 이스라엘 역사로 들어가기 전에 기원전 제2천년기 후반기의 고대 오리엔트의 민족과 국가 간의 관계에 대한 역사적 상황을 개관해 보아야 한다. 이제부터 이러한 유형의 개관과 관점이 이스라엘 역사에 수반될 것이다. 이는 특히나 역사가가 ─서양의 문화와 종교 때문에 성서의 비합리적 해석에 오도되어─ 이스라엘 역사는 어느 한 시대도 그 자체로 관찰될 수도 없고 되어서는 안 된다는 근본적인 사실을 종종 망각할 때 필수적인 것이다. 이스라엘 역사는 고대 오리엔트 역사와 얽혀 있기에 이러한 관계에서 떼어낼 수 없는 그 한 부분을 이루고 있다.

기원전 제2천년기 후반의 역사적 대주제는 오리엔트 서남지역의 민족과 왕국 사이의 세력 균형이었다. 이 시기에 나일강과 메소포타미아와 소아시아에 있는 민족들의 고유한 역사적 삶을 각각 그 자체로 연구하고 기술하는 것은 더 이상 가능하지 않다. 이집트, 미탄니, 아시리아, 바빌로니아, 소아시아의 히타이트 왕국은 비교적 동떨어진 상태에서 갑자기 나타나 서남아시아 전체를 아우르는 사건에서 주인공으로 등장한다. 오리엔트 서남지역은 대제국의 시대로, 또 제국주의의 시기로 진입한다. 지향하는 바가 서로 다른 대제국 체제가 교대로 형성된다. 대제국이 펼치는 무대에서 협연하는 자들은 그들의 힘과 영향력 그리고 세력을 확장함에 있어 균형을 유지하려 노력한다. 그 결과는 기껏해야 16세기부터 유럽에서 활발한 영향을 미쳤던 "힘의 균형"(*balance of power*)이라는 개념으로 기술될 수 있다.

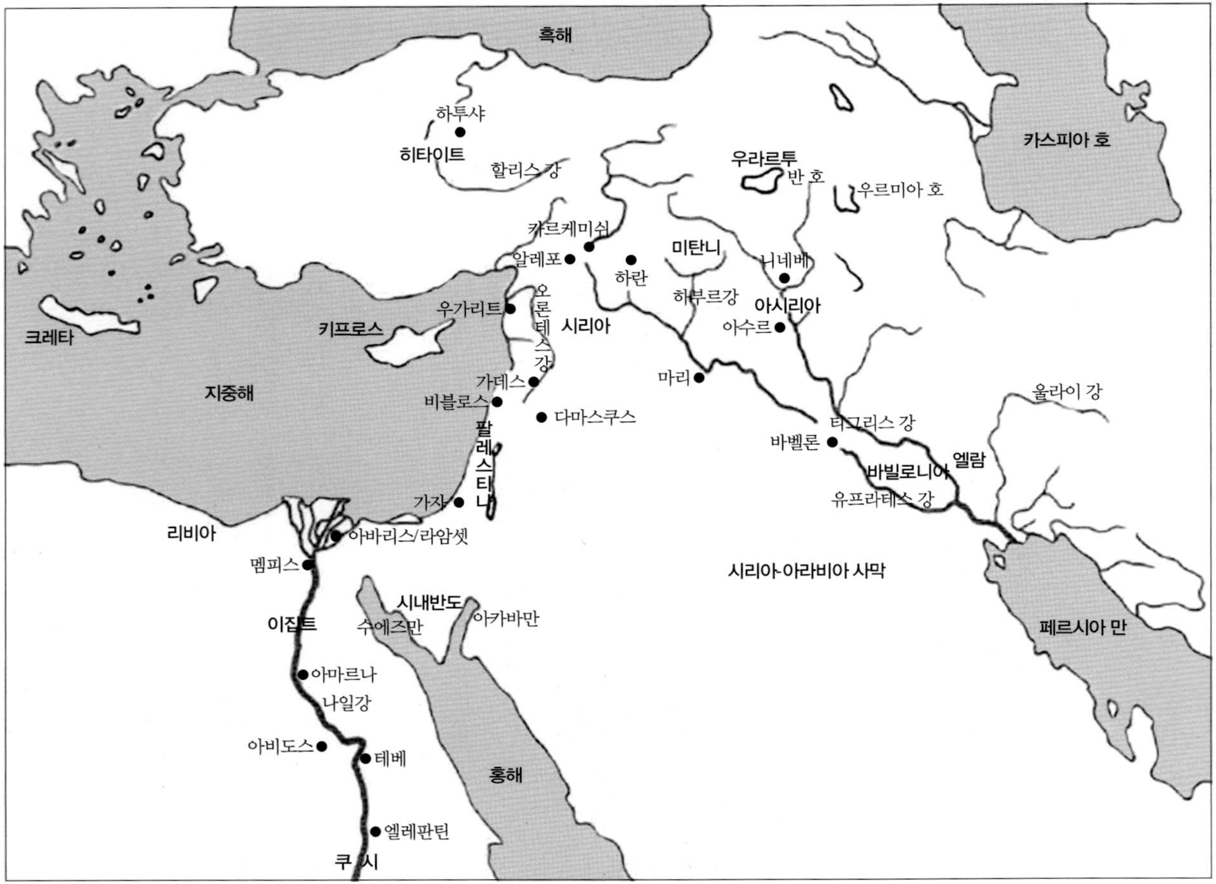

[지도 11] 제2천년기 후반기의 고대근동

가스피아 호

페르시아 만

우르미아 호
볼가 강

우르미아 호
우라르투

반 호

바빌로니아
엘람

니네베
티그리스 강
아시리아

미탄니
아슈르
유프라테스 강

하부르 강
바빌론

하란
마리
시리아 아라비아 사막

카르케미쉬

알레포
다마스쿠스

하티아트

우가리트
오론테스 강

가바스
카데스

비블로스
레바논
바알베크

카프로스
홍해

할리스 강
가자
아카바

하투사
수에즈만
시내반도
아카바만

하란스/라암셋

흑해
아마르나
테베

멤피스
나일강

이집트
엘레판틴

지중해
아비도스
누비아

크레타
리비아

대제국 체제 형성과 제국주의적 팽창 정책을 실현함에 있어 중요한 요건 중 하나는 새로운 전쟁기술이었다. 즉 말을 마차에 매어 사용하는 기술이다. 말은 남부 러시아의 스텝 지대에서 유래한 것으로 추정되며 기원전 제2천년기 전반기가 경과하는 동안 오리엔트 서남지역으로 유입되었다. 이 지역에서 말은 처음에는 진귀한 것이었다. 말을 전쟁에 사용할 줄 알고 또 사용하였던 능력을 힉소스(이집트어로 *ḥḳꜣ.w ḫꜣś.wt* <헤카우 케수트>, "이방 땅의 통치자")가 지녔던 것으로 보인다. 힉소스는 주로 시리아와 팔레스티나 출신의 이방 민족 통치자로서 약 1730년부터 1580년 사이에 아바리스(텔 에드-다바)를 중심으로 하여 나일강 델타 동쪽에 웅거하면서 거기서부터 중왕국 멸망 이후에 약해진 이집트를 −전적으로 확실한 것은 아니다− 통치하였다. 힉소스는 소위 제2중간기의 마지막 단계에 해당한다. (마네토에 따르면) 중간기는 제15왕조와 제16왕조에 속한다.[1] 힉소스는 자기들의 출신지에서 이미 말을 알고 있었고, 이집트 통치 말기로 보이는 시기에 말을 전차에 묶어 전투기술에 끌어들였던 것 같다. 다른 고대 오리엔트 민족들은 곧바로 이 예를 따랐다. 처음에는 약간 가볍게 만든 두 바퀴의 마차에 두 사람이 탄 형태로, 전차 운전자(이집트어로 *kt/ḏ* 또는 *ktn/kḏn*; 아마르나 서신은 ᴸᵁ*gu-zi* 또는 *ku-zi*)[2]와 활과 창을 갖춘 전사(이집트어로 *n.t-ḥtr*; 쐐기

[1] A. Alt, Die Herkunft der Hyksos in neuer Sicht [1954]. KS 3, 72-98; J. v. Beckerath, Untersuchungen zur politischen Geschichte der zweiten Zwischenzeit in Ägypten. ÄF 23 (1964); J. Van Seters, The Hyksos (1966); idem, The Hyksos: A New Investigation (1969); D. B. Redford, The Hyksos Invasion in History and Tradition. Or 39 (1970) 1-51; R. Krauss, Zur Problematik der Nubienpolitik Kamoses sowie die Hyksosherrschaft in Oberägypten. Or 62 (1993) 17-29; W. Helck, Das Hyksos-Problem. Ibid. 60-66.

[2] 이 단어의 유래는 분명하지 않다. 일관적인 음절 표기는 이집트에서 유래하지 않음을 암시한다. Cf. H. Donner, ZÄS 80 (1955) 97-103, 특히 101-102. 아마르나 서신에 나오는 ᴸᵁ*g/ku-zi*가 오히려 "마구간 노예"를 의미한다는 것에 주목하라. CAD 5 (1956) 147 참고 (여기서는 이집트 유래를 가정함). 우가리트 본문에 *kzym*가 등장하

문자 본문에서는 ^{LÚ}*maryannu*)로 이루어졌다.[3] 그 후 처음으로 히타이트인이 세 번째 군인(^{LÚ}*tašlišu*)을 추가했던 것 같다. 그의 임무는 전쟁할 때 전차에 서있는 전사를 뒤에서 지탱해 주는 것이었다. 평화 시에 그는 장식의 의미를 가졌다(*šālīš* "부관"). 당시 상황에서 전차는 그 신속성과 기민함 때문에 진군과 전투에 적극적으로 도입되었다.[4] 물론 단순히 이러한 무기를 소유하는 것이 제국주의적 정치를 위한 유일한 조건은 아니다. 군대 구조의 변형과 행정의 변화가 수반되었을 것이다. 고대 오리엔트 왕국의 통치자들은 전차 부대를 만들었고, 거기에 속한 자들은 왕을 보필하는 일종의 기사단이었다. 이 기사단(*maryannū, maryannūtu*)은 평화 시에는 제국의 여러 지방에 주둔하며 왕실 봉토를 받고 전쟁이 일어날 경우를 대비하였다.

이집트가 가장 앞서 나갔다. 이집트에서는 델타 지역에 자리 잡은 서남아시아 출신의 힉소스가 그 통치 말기에 어느 정도 안정 상태를 유지하였다. 반면에 상이집트의 영주들은 비록 처음에는 힉소스의 봉신에 머물렀지만 점차적으로 독립하여 그 세력을 확장해갔다. 주요 세력의 중심은 테베였다. 그곳 통치자(제17왕조)의 영향력은 지속적으로 성장하였다. 마지막 세 사람인 세나흐텐레-타아 1세, 세나흐텐레-타아 2세, *Wȝḏ-ḫpr-Rˊ*-카모세는 엘레판틴과 아비도스 사이의 상이집트 지방을 지배하였다. 그들의 영토는 남쪽에서는 나일강 제2폭포의 부헨에 수도를 가진 쿠시의 독립 왕국에서, 북쪽으로는 힉소스의 영향권에 이르기까지 그 경계를 이루었다. 세나흐텐레-타아 2세 시대에 힉소스와 적대적 관계를 이루기 시작했다. 그 적대감은

는 것은 쟁점에 결정적이지 않다.

[3] Cf. H. Reviv, Some Comments on the *Maryannu*. IEJ 22 (1972) 218-228.

[4] Cf. W. Mayer, Gedanken zum Einsatz von Streitwagen und Reitern in neuassyrischer Zeit. UF 10 (1978) 175-186; P. Raulwing, Pferd und Wagen im alten Ägypten I. GM 136 (1993) 71-83; D. W. Anthony – N. B. Vinogradow, Birth of the Chariot. Archaeology 48 (1995) 36-41.

카모세와, 마네토에 따르면 제18왕조를 연 그의 형제 아모세 아래 지속적으로 증가하였다. 우리는 (숫적으로) 별로 많지 않지만 (내용적으로) 시사하는 바가 많은 이집트의 증서들을 통해 이러한 상태가 어떻게 진행되었는지 충분히 알 수 있다.[5] 카모세는 힉소스와 그의 이집트 연합군에게 심한 타격을 주었고 아바리스의 성벽 앞까지 도달했다. 그러나 아모세 (1552-1527)에[6] 이르러서야 도성을 정복할 수 있었고 힉소스를 축출하여 서남아시아로 밀어낼 수 있었다. 그는 삼 년간 그들의 남부 팔레스티나 주둔지인 샤루헨(가자의 남쪽 텔 엘-아줄일 수도 있음)을 포위하였다.[7] 아모세와 그의 후계자 아메노피스 1세(1527-1506)[8] 아래 이집트는 제국주의로

---

[5] (1) 데르 엘-바흐리 근처에서 나온 카르나르본 판(Carnarvon-Tablet) 1번, 카르나크에서 1935년에 단편으로 발견된 역사적 비문의 필사본. Cf. A. H. Gardiner, The Defeat of the Hyksos by Kamose. JEA 3 (1916) 97ff. (2) 카르나크에서 나온 카모세 왕의 석주. Cf. L. Habachi, La liberation de l'Egypte de l'occupation Hyksos (1955) The Second Stela of Kamose and his Struggle against the Hyksos Ruler and his Capital. ADAIK, Ägyptol. 8 (1972). (3) 엘-카브에 있는 아모세 장군의 돌무덤에서 나온 그의 전기. K. Sethe, Urkunden der 18. Dynastie 1 (1972²) 1-11.

[6] 이집트 신왕국의 연대 문제는 여러 가지 불확실성으로 여전히 어렵다. 다음을 참고하라. E. Hornung, Untersuchung zur Chronologie und Geschichte des Neuen Reiches. ÄA 11 (1964). 단초들은 부분적으로 상당히 벌어진다. 호르눙은 파라오들의 즉위와 죽음에 대해 한계를 검토하는데, 그 안에서 실제적인 통치 숫자는 대체로 개연성의 가치를 갖고 있다. Cf. Ibid, 107-112. 앞으로 매번 호르눙의 개연성 있는 숫자를 제시할 것인데, 이것은 대체로 "짧은" 연대기를 서술하는 데 선호된다. 다음도 참고하라. R. Krauss, Korrekturen und Ergänzungen zur Chronologie des Mittleren Reiches und Neuen Reiches – ein Zwischenbericht. GM 70 (1984) 37-43; D. Franke, Zur Chronologie des Mittleren Reiches. II: Die sog. „Zweite Zwischenzeit" Altägyptens. Or 57 (1988) 245-274; J. v. Bekkerath, Chronologie des ägyptischen Neuen Reiches (1994). 이에 대한 서평은 R. Krauss, OLZ 90 (1995) 237-252.

[7] W. H. Shea, The Conquests of Sharruḥen and Megiddo Reconsidered. IEJ 29 (1979) 1-5; A. F. Rainey, Sharhan/Sharuhen. The Problem of Identification. A. Malamat Volume (1993) 178-187.

[8] F.-J. Schmitz, Amenophis I. Versuch einer Darstellung der Regierungszeit eines ägyptischen Herrschers der frühen 18. Dynastie. Hildesheimer Ägyptol. Beiträge 6 (1978).

발을 내디뎠다. 새 왕국이 출발하였다. 영어권에서는 적절한 이유로 대부분 -고왕국과 중왕국에 맞추어- 신왕국(*new kingdom*)으로 명명된다. 이제 막 획득한 자유의 상태를 위태롭지 않게 하기 위하여 갓 출발한 제18왕조의 파라오들은 힉소스를 축출할 때는 멀리 서남아시아까지 밀어내야 한다고 생각했다. 내정의 새 방향 설정은 군사력 확장에 맞춰졌다. 왕국 수도로서 테베 위치가 중요해졌다. 테베의 주신인 아문의 지위도 낮지 않았다. 땅은 계속해서 새로이 구획되어 왕과 군대와 아문 신에게 분배되었는데, 아문 신은 파라오 다음으로 두 번째로 많은 땅을 소유하게 되었다. 쿠시 왕국은 항복하였다.[9] 시로팔레스티나 지역에 대한 이집트의 압박은 점점 증가하였다. 투트모세 1세(1506-1494)는 유프라테스강까지 이르러 이 사건을 톰보스의 비문에 찬양하며 기리기를 놓치지 않았다.

> 그의 남쪽 경계는 세상의 시작까지 이른다. 그의 북쪽 경계는 거꾸로 흐르는 저 강까지 이른다.[10] 다른 왕들을 통해서는 이와 같은 일이 한번도 일어나지 않았다. 그의 이름은 하늘의 주위에 이르고, 세상 끝까지 이른다. 사람들은 그의 힘의 위엄 때문에 온 땅에서 그를 힘입어 산다. 호루스를 섬긴 이후로 조상들의 연대기에 (같은 것을) 볼 수 없다.[11]

테베의 "왕들의 계곡"에 묻힌 첫 번째 파라오 투트모세 1세는 자기의 통치권을 남쪽으로도 제5폭포 지역까지 확장하였다. 그는 멤피스를 제2의 왕의 관저로 승격하고 공격력을 갖춘 상비군을 조직하였다. 이렇게 이집트는 자신을 방위하기 위해 그리고 새로운 자의식에 고양되어 자연스레 대제

---

[9] K. Zibelius-Chen, Die ägyptische Expansion nach Nubien. BTAVO B 78 (1988).
[10] "상류로"와 "하류로"는 이집트에서 나일강 상류 남북에 따라 칭한다. 유프라테스강은 나일강과는 반대 방향으로 흐른다.
[11] E. Otto, Ibid, 152.

국을 형성하기에 이르렀다. 당연히 당장 대제국으로서의 모습을 -특히 서남아시아에서- 갖춘 것은 아니다. 또한 이후에도 대제국으로서의 체제를 정비하지 못했을 뿐만 아니라 이는 본래부터 완전하게 이룰 수도 없었다. 이집트는 강력한 시기에는 쿠시(에디오피아)를 항상 손쉽게 다룰 수 있었다. 이집트는 가교 구실을 하는 시로팔레스티나 지역과 관례적으로 유지해 온 평화관계를[12] 깨뜨린 것일까? 파라오들은 서남아시아의 정복 지역을 비교적 느슨하게 통치하였고 이에 만족하였다. 그들은, 이집트의 봉신으로서 관직에 있으면서 정기적으로 조공을 바칠 의무를 진 시리아-팔레스티나 소영주들과 봉신관계를 통해 정치적 지배권을 확보하였다.[13] 이로써 그들은 동시에 팔레스티나와 남부 시리아를 이집트 문화의 강력한 영향력 아래 있게 하였다.[14] 이러한 질서가 위험한 것이었다고 생각할 수 있다. 이러한 질서는 이집트의 정치적 압력과 군사적 영향력이 약해질 때 언제나 흔들리게 되어 있었다. 이러한 증후는 바로 나타났다. 투트모세 2세(1494-1490)가 죽은 바로 직후 그의 아내인 하트셉수트(1490-1468)[15]가 먼저 자신의 미성

---

[12] Cf. J. MacDonald, Egyptian Interests in Western Asia to the End of the Middle Kingdom: An Evaluation. AJBA 2,1 (1972) 72-98; J. Weinstein, Egyptian Relations with Palestine in the Middle Kingdom. BASOR 217 (1975) 1-16.

[13] 개별적인 것은 M. A.-K. Mohammad, The Administration of Syro-Palestine during the New Kingdom. ASAE 56 (1959) 105-137; W. Helck, Die ägyptische Verwaltung in den syrischen Besitzungen. MDOG 92 (1960) 1-13; C. Kühne, Zum Status der syro-palästinischen Vasallen des Neuen Reiches. AUSS 1 (1963) 71-73; W. Helck, Zur staatlichen Organisation Syriens im Beginn der 18. Dynastie. AfO 22 (1968/69) 27-29; S. Israelit-Groll, The Egyptian Administrative System in Syria and Palestine in the 18th Dynasty. Fontes atque Pontes, Fs H. Brunner. ÄAT 5 (1983) 234-242; 이 외에도 S. Aituv, Economic Factors in the Egyptian Conquest of Canaan. IEJ 28 (1978) 93-105; J. M. Weinstein, The Egyptian Empire in Palestine: A Reassessment. BASOR 241 (1981) 1-28.

[14] Cf. R. Giveon, The Impact of Egypt on Canaan. OBO 20 (1978).

[15] S. Ratie, La reine Hatchepsout. Sources et problemes. Orientalia Monspelinensia I

년인 의붓아들 투트모세 3세의 섭정을 넘겨받는다. 그러나 얼마 되지 않아 그녀는 스스로 파라오가 되어 "상·하 이집트의 왕"의 칭호를 달고 왕의 관복을 입고, 총신(나중에 총애를 잃기는 하지만) 세넨무트의 후원을 받으며 완전한 통치권을 행사한다. 하트셉수트는 평화의 통치자였다. 그녀의 관심은 먼저 건축과 외교무역관계로 향했다. 그녀는 유명한 향료의 땅 푼트 원정을 기획하였다. 이것은 데르 엘-바흐리 신전의, 그녀의 "백만 년 집"의 벽에 양각으로 묘사되어 있다. 하트셉수트는 누비아에 이집트의 통치권을 강화하였지만 서남아시아는 경시하였다. 투트모세 3세 (1490-1436)[16]는 22년간 음지에 있었다. 하트셉수트가 죽자 투트모세 3세는 기념비에 있는 그녀의 이름을 가능한 한 지우려고 하였다. 투트모세 3세가 상속한 외교 정책의 유산은 그로 하여금 곧바로 행동하게 하였다. 그의 첫 원정(1468년)은 팔레스티나를 향한 것이었다. 그곳에서는 가나안과 시리아의 성읍 영주들의 연합군이 오론테스강(텔 엘-네비 멘드) 유역의 "가데스의 불쌍한 아시아인"의 지휘 아래 그를 대항하였다. 투트모세 3세는 메기도에서 그들을 물리치고 이 사건을 카르나크 신전의 그의 연대기(7-102 줄)에 특별히 생생하고 인상적으로 새기게 하였다.[17] 이듬해부터 약 1448년까지 그는 거의 매년 팔레스티나와 시리아에 모습을 드러냈다. 가데스를 정복하고 카트나(엘-미쉬리페)에서 또 알레포에서 전쟁을 치렀으며 카르케미시(제라블루스)에서 유프라테스강을 배로 건넜다. 페니키아 해안의 비블로스에서 배를 만들어 이를 육지에서 수레를 이용하여 운반하게 했던 것이

(1979); H. Schulze, Herrin beider Länder, Hatschepsut (1976).

[16] 연대에 대하여 Cf. L.W. Casperson, The Lunar Dates of Thutmoses III. JNES 45 (1986) 139-150.

[17] AOT², 83-87; ANET³, 234-238; TGI³, 14-20; Cf. P. Nelson, The Battle of Megiddo (1920); A. Alt, Pharao Thutmoses III. in Palästina. PJB 10 (1914) 53ff.; M. Noth, Die Annalen Thutmoses III als Geschichtsquelle [1914]. ABLAK 2, 119-132.

다. 여러 선임자처럼 투트모세 3세도 이집트에서 멀리 떨어진 지역에서 코끼리 사냥에 빠졌다는 것은 진기한 사건으로 언급할 수 있다. 정복한 소영주나 성읍 통치권을 가진 봉신 지위에 대해 그는 아무것도 변경하지 않았다. 일곱 번째 원정에서 그는 팔레스티나 해안의 여러 항구에, 즉 가자(갓제)[18], 아스칼론(아스칼란), 야포(야파), 도르(에트-탄투라의 엘-부르즈), 라스 엔-나쿠라에 –이 선을 북쪽으로 훨씬 더 연장할 수 있을 것이다[19]– 함대 주둔을 위한 군사거점을 세웠다. 해안에 있는 상당한 땅에 그는 이집트의 신들, 즉 그들 신전의 제사장들을 보냈다. 투트모세 3세 때는 아니지만 나중에 수적으로 많지 않은 이집트 수비대를 갖춘 군사거점을 내지에 세웠다.[20] 이 모든 배후에는 정복지 통치에 대한 의지, 이집트 부대의 전투력, 그리고 시리아-팔레스티나 소영주들 목전에 보여준 파라오의 결행력이 자리하고 있었는데, 이는 바로 이집트의 영향력을 의미했다.

투트모세 3세는 유프라테스강까지 나아갔지만 더 이상 진출하지는 못했다. 여기에는 여러 가지 이유가 있었다. 상부 메소포타미아에는 그 당시에 이집트의 팽창을 저지하기에 충분히 강한 제2의 대제국이 있었기 때문이다. 그것은 상부 하부르강의 와슈칸니를 수도로 하는 **미탄니–한니갈바트** 왕국으로 이미 몇백 년 전에 이란의 북서쪽 산지에서 북쪽 메소포타미아로 온 후르 민족이다. 미탄니 왕국의 역사에 대해서는 아쉽게도 그리 많이 알려져 있지 않다.[21] 여러 후르 통치자의 정치적 통일은 기원전 16세기 후반

---

[18] H. J. Katzenstein, Gaza in the Egyptian Texts of the New Kingdom. JAOS 102 (1982) 111-113.

[19] A. Alt, Das Stützpunktsystem der Pharaonen an der phönikischen Küste und im syrischen Binnenland (1950). KS 3, 107-140.

[20] 예를 들면 벳스안에 있다. Cf. A. Rowe, The Topography and History of Beth-Shan with Details of the Egyptian and other Inscriptions Found on the Site. PPS 1 (1930); A. Alt, Zur Geschichte von Beth-Sean 1500-1000 v. Chr. (1926). KS 1, 246-255.

기에 슈타르나 아래 이루어졌을 것이다. 그 시기 소아시아의 히타이트 왕국의 약세는 미탄니로 하여금 북부와 중부 시리아로 과감히 진출하게 하였다. 그곳에서 후리인은 팽창하고 있는 이집트를 만난다. 그들은 동쪽으로는 아시리아인을 상 티그리스강 양안에 위치한 그들의 본거지에서 나오지 못하게 하였다. 16세기 이후로 지도층에서 우리는 인도아리아 군주들을 만나게 된다. 그들은 소아시아로 또 동쪽으로 이어진 산지로 이동해 온 인도게르만족에서 갈라져 나온 집단에 속하였다.[22] 15세기 중반에 미탄니는 샤우쉬샤타르 왕 아래, 서남아시아 북쪽에서 가장 막강한 세력을 이루었다. 투트모세 3세는 모든 것을 희생하면서까지 세계를 정복하는 것은 정치적으로 현명하지 않음을 잘 알았다. 1448년에 그는 미탄니와 연합하였고 더 이상의 제국 확장을 포기하고, 중부 시리아에서 두 대제국의 영향권을 경계 짓는다는 공식적인 계약을 체결한다. 이로써 세력 균형의 첫 번째 당사국은 이집트와 미탄니였다.

15세기 이후 수백 년 동안에 힘의 균형은 이집트 쪽으로 약간 이동하였다. 아메노피스 2세(1438-1412)는 서남아시아로 많은 원정을 감행했는데,[23]

---

[21] Cf. M. Liverani, Ḫurri e Mitanni. OrAnt 1 (1962) 253-257; R. de Vaux, Les Ḫurrites de l'histoire et les Horites de la Bible. RB 74 (1967) 481-503; G. Kestemont, La société internationale mitannienne et le royaume d'Amurru à l'époque amarnanienne. Orientalia Lovaniensia Periodica 9 (1978) 27-32; E. Laroche (ed.), Les Hourrites. Revue Hittite et Asianique 36 (1978); G. Wilhelm, Grundzüge der Geschichte und Kultur der Hurriter. Grundzüge 45 (1982).

[22] R. Hauschild, Über die frühesten Arier im Alten Orient. Berichte über die Verhandl. d. Sächs. Akad. d. Wiss., phil.-hist. Kl. 106, 6 (1962); A. Kammenhuber, Die Arier im Vorderen Orient (1968).

[23] Cf. E. Edel, Die Stelen Amenophis II. aus Karnak und Memphis mit dem Bericht über die asiatischen Feldzüge des Königs. ZDPV 69 (1953) 97-176; 70 (1954) 87; A. Malamat, Campaigns of Amenhotep II. and Thutmose IV. to Canaan. A Discussion of a Possible Epigraphic Evidence from Palestine. ScrH 8 (1961) 218-231. ANET³, 245-248도 보라.

이는 어느 정도 불안감에서 기인하는 것이었다고 말할 수 있을 것이다. 왜 냐하면 미탄니의 국경은 전혀 안전하지 않았고, 팔레스티나-시리아 봉신들 은 믿을 만한 사람들이 아니었기 때문이다. 아메노피스는 미탄니와 히타이 트와 바빌론으로부터 예물을 받았다. 외교적 행동은 마찰 없이 기능하였다. 그러나 그는 "나하리나"(=미탄니)에 대한 이집트의 영향권을 확보할 경계 를 재탈환해야 할 것처럼 보였다. 원정에서 귀환할 때 그는 카르멜산 남쪽 의 사론 평야에서 음모를 계획하는 서신을 지닌 미탄니의 사신을 붙잡았다. 이것은 안정된 힘의 균형을 유지하는 데 전혀 좋은 신호가 아니었다! 투트 모세 4세(1412-1402)의 서남아시아의 활동에 대해서는 별로 알려진 게 없 다.[24] 그는 게제르(텔 제제르)를 다시 정복해야 했고, 아마도 미탄니와 전쟁 을 했을 것이며, 새로운 계약을 체결했다. 이에 따르면 국경선은 오론테스 강의 카데시와 카트나 사이에 위치했다. 이집트는 국제적으로 좋은 인상을 더 이상 주지 못했다. 투트모세 4세는 미탄니의 아르타타마가 그에게 미탄 니의 공주를 그의 하렘에 선물하기 전에 일곱 번이나 구애하기도 하고 으 름장도 놓아야 했다. 그러나 내적으로 파라오의 힘은 중단되지 않았다. 그 는 거리낌없이 통치했고 자기의 자문단을 자기의 판단과 입맛에 맞게 선택 하였다. 투트모세라는 이름을 가진 여러 파라오 아래에 상·하 이집트의 두 명의 재상이 있었는데, 이들은 이론적으로 왕 다음가는 가장 높은 명예를 가진 사람이었지만 행정부의 수장 이상은 아니었다. 정치·경제적으로 강력 해진 제국의 신 아몬의 테베 제사장과 세력 경쟁은 커졌지만, 아직은 손아 귀에 둔 것처럼 다룰 만하였다. 기원전 14세기 전반부에 소위 아마르나 시 대에 정복 지역에 대한 이집트의 군사적 통제가 거의 다 해체되었다. 평화 와 화려함을 사랑한 아메노피스 3세(1402-1364)는 원정을 하지 않았다. 그

---

[24] R. Giveon, Thutmoses IV. and Asia. JNES 28 (1969) 54-59.

에게는 소아시아 영주들의 충성 고지와 조공 상납과 왕의 건축 사업에 쓰일 노동력 조달로 충분하였다.[25] 에티오피아와 미탄니 국경 사이에는 겉으로는 평화와 안녕이 지배하였다. 국제관계는 왕가의 하렘에 반영되었다. 그의 가장 뛰어난 외국 동맹자로 두 히타이트 공주인 길루헤파와 타두헤파가 있었다. 제국의 신 아문은 점점 강해졌다. 견제 세력으로 아메노피스 3세는 멤피스와 헬리오폴리스를 지원하였다. 그러나 아문의 세력에 고삐를 채우려는 노력이 시작되었다. 노프레테테의 남편인 아메노피스 4세 에크나톤(1364-1347) 아래 이집트는 외정과 내정으로 혼란의 수레바퀴 아래 빠졌다. 이제 더 이상 비약적 군대 정비에 대해 말할 계제가 아니었다.[26] 파라오는 대제국의 외적·내적 안정을 희생하고 자기의 종교적 개혁 작업에 힘썼다. 그는 아문과 틀어지고, 둥근 태양을 숭배하는 아톤 신학, 즉 낯선 통속적인 단일 종교를 장려하였고, 경탄할 정도로 독특한 "자연주의적인" 문화 관행을 도입하였으며, 마침내 테베에서 나와 헤르모폴리스에서 멀지 않은 곳에다 눈 깜짝할 사이 새 수도 "아톤의 지평선"(텔 엘-아마르나)을 건설하고, 여기에 틀어박혀 자신의 생각을 왕국보다는 종교에 쏟아 부었다. 특히 서남아시아에서의 정치적 상황은 결코 위험하지 않은 게 아니었다. 미탄니 왕국은 이미 아메노피스 3세 시대에 자신의 세력과 영향력을 잃었다. 그 대신 미탄니 유산을 상속하기에 적합한 새로운 강력한 두 세력이 정치적 지평에 나타났는데 바로 **히타이트 신왕국**과 **중아시리아 왕국**이 그들이다. 히타이트인 수필루리우마 1세(1370-1336)는 투슈라타 왕 치하의 미탄니를 물리치고 수도 와슈칸니를 정복하고 히타이트의 영향권을 북시리아를 넘

---

[25] Cf. E. Edel, Die Ortsnamenlisten aus dem Totentempel Amenophis III. BBB 25 (1966).

[26] Cf. H. Reviv, The Planning of an Egyptian Campaign in Canaan in the Days of Amenhotep IV. VT 16 (1966) 45-51.

어 레바논과 카데시까지 확장하였다.[27] 상부 티그리스강에서는 아시리아가 아슈르-우발리트 1세(1364-1328) 아래 독립을 획득하고 마찬가지로 미탄니의 영토를 침범하였다. 중아시리아 왕국은 강력한 대제국으로 성장했다. 이 왕국은 히타이트인과 손잡고 북쪽과 동쪽의 산지 민족들과 전쟁을 치러 카시트인의 바빌로니아를 정치적으로 어느 정도 무의미한 상태로 몰아넣었다.[28] 기원전 14세기 중반부터 힘의 균형의 두 번째 당사국은 이집트-하티-아시리아였다.

이러한 사건의 경과에 대한 결과는 독특한 문서 모음의 도움을 받아 알 수 있다. 아카드어와 쐐기문자로 쓰인 텔 엘-아마르나의 토기판 아카이브, 아메노피스 4세 에크나톤의 거처의 잔해 유적지가 그것이다.[29] 미탄니와 히타이트 왕국, 아시리아, 바빌로니아, 시로팔레스티나 소영주들의 통치자들이 파라오 아메노피스 3세와 아메노피스 4세 에크나톤과 교류한 외교서신도 있다. 이 서신 왕래는 힘의 균형 제2기 초기의 정치 상황을 더없이 인상적으로 우리의 시야에 그려볼 수 있게 해준다. 오리엔트 서남지역의 왕국들은 -이집트, 하티, 아시리아, 초기에는 미탄니도, 바빌로니아도- 서로를 향해 이를 갈면서 서로가 동등함을 인정하고 있음이 드러난다. 이 통

[27] Cf. A. Goetze, Hethiter, Churriter und Assyrer (1936); E. and H. Klengel, Die Hethiter und ihre Nachbarn (1970); H. Klengel, Die Hethiter und Babylonien. ArOr 47 (1979) 83-90; O. R. Gurney, The Hittites (1975²); F. Cornelius, Geschichte der Hethiter, mit bes. Berücksichtigung der geographischen Verhältnisse und der Rechtsgeschichte (1979).

[28] E. Ebeling – B. Meissner – E. Weidner, Die Inschriften der altassyrischen Könige. Altoriental. Bibliothek 1 (1926); R. Borger, Einleitung in die assyrischen Königsinschriften. I. Das 2. Jt. v. Chr. HdO, Erg.5: 1,1 (1961); A. K. Grayson, Assyrian Royal Inscriptions I. From the Beginnings to Ashur-resha-ishi I (1972), II. From Tiglath-pileser I to Ashur-nasir-apli II (1976); 이외에도 P. Garelli, Le probleme de la "féodalité" assyrienne du XVᵉ au XIIᵉ siècle avant J.-C. Semitica 17 (1967) 5-21.

[29] 아마르나-토판에 관한 문헌은 8쪽 각주 19을 보라.

치자들은 "형제"라는 호칭을 사용하며 예물을 교환하고 국제결혼정책을 시행한다. 여기서 정치적 힘의 측면에서는 아니더라도 경제적이고 윤리적인 면에서 이집트가 어느 정도 우월한 것을 인지할 수 있다. 이러한 우위는 꼭 이것만은 아니라 하더라도 다음과 관계가 있다. 즉 오리엔트 서남지역의 통치자들은 이집트의 금에 눈독을 들이고 있었는데, 특히 광적으로 건축에 집착했던 바빌로니아의 카시트의 통치자들이 그러했다.[30] 다른 한편, 우리는 시로팔레스티나 봉신들의 편지에서 군대 운용술이 부족한 파라오들이 쓴 열매를 거두게 되었다는 것을 보게 된다. 신왕국 이집트 대제국의 지붕에서 삐걱거리는 소리가 난다. 즉 서남아시아에서 이집트의 통치 규정이[31] 완전히 해체 상태가 된다. 모험가들은 자기를 과시하며, 파라오에게 형제의 편지를 쓴[32] 대제국들의 후원을 받아 서남아시아의 이집트 영토 상당 부분을 빼앗고, 팔레스티나-시리아 소국 체제에다 전쟁의 불씨를 지핀다. 봉신들은 테베로 또는 "아톤의 지평선"(텔 엘-아마르나)으로 사건에 관한 편지를 써 보낸다. 다른 봉신들은 찬탈자들, 하피루, 수투-유목민, 또 그 누구든지 간에 이 찬탈자들을 막을 군사적 지원을 간절히 요청하지만 성과가 없다.[33] 아마르나 시대는 더 이상 지속되어서는 안 되었다!

---

[30] 가령 카다쉬만-하르베가 아메노피스 3세에게 보낸 편지(EA 2)를 참고하라. W. v. Soden, Herrscher im Alten Orient (1954) 60-61에 있다.

[31] Cf. R. Hachmann, Die ägyptische Verwaltung in Syrien während der Amarnazeit. ZDPV 98 (1982) 17-49.

[32] 가령 Cf. M. Astour, The Partition of the Confederacy of *Mukiš-Nuḫašše-Nii* by Šuppiluliuma. A Study in Political Geography of the Amarna Age. Or 38 (1969) 381-414.

[33] 특히 성읍 영주들인, 비블로스의 리브-아디, 메기도의 비리디야와 예루살렘의 아브디-헤파의 서신들 참고. 간추린 참고문헌: AOT², 373-378; ANET³, 483-490; TGI³, 25-28. 또한 M. Liverani, Three Amarna Essays. Monographs on the Ancient Near East I, 5 (Malibu 1979); N. Na'aman, The Origen and Background of Several Amarna Letters. Fs CI. F. A. Schaeffer, UF 11 (1979/80) 673-684.

아마르나 시대는 오래 가지 못했다.[34] 하렘헤브(1334-1306) 장군은 이집트 왕위에 올라 에크나톤의 나약한 후계자가 초래한 사태를 종결지었다. 이 사람을 제19왕조의 창건자로 간주해야 한다. 왜냐하면 일반적으로 이 왕조의 시작으로 보는 람세스 1세는 수년간 하렘헤브의 재상으로 왕국의 제2인자였으며 또한 지명 후계자였기 때문이다. 하렘헤브는 먼저 이집트를 내적으로 공고히 다지고 안정을 유지하고자 하였다. 그는 권력 남용 방지법을 반포하였고 신전 경제를 새로이 정비하는 데 힘을 쏟고 테베의 아문을 다시 복권했다. 무력으로 아톤 종교에 대응하는 것이 꼭 필요한 것은 아니었다. 그 종교는 어차피 민간에서 별반 호응을 얻지 못했기 때문이다. 하렘헤브는 통치의 방향을 질서와 국가종교로 틀었다. 서남아시아는 그의 군사적 영향력 아래 있었기 때문에 –보이는 것처럼– 그는 팔레스티나를 어느 정도 통제할 수 있었지만, 시리아에서는 히타이트의 수필루리우마 1세의 후계자 무르실리 2세에 맞서 언급할 만한 성과를 이루지는 못했다. 북동쪽 델타 출신의 평범한 궁수 지휘관의 아들 람세스 1세(1306-1304)는 즉위할 때 벌써 늙은 상태였고 곧바로 사망한다. 그러나 그의 후계자 세토스 1세(1304-1290)와 람세스 2세(1290-1224)는[35] 대제국의 몰락(부패)을 다시 멈추게 하고 서남아시아에 대한 이집트의 영향력을 회복하는 데 성공하였다. 그곳에서의 힘의 관계에는 그 사이 상당한 변화가 있었다. 미탄니-한니갈바트 왕국은 완전히 몰락했고, 그 외에 먼저는 히타이트가 출현하고,

---

[34] 제18왕조에서 제19왕조로의 교체에 대하여 다음을 참고하라. R. Krauss, Das Ende der Amarnazeit. Beiträge zur Geschichte und Chronologie des Neuen Reiches. Hildesheimer Ägyptol. Beiträge 7 (1978); A. J. Spalinger, Egyptian-Hittite Relations at the Close of the Amarna Period and some Notes on Hittite Military Strategy in North Syria. Bulletin of the Egyptological Seminary 1 (1979) 55-89.

[35] Chr. Desroches-Noblecourt, Ramsès le Grand (1976); K. A. Kitchen, Pharaoh Triumphant. The Life and Time of Ramesses II, King of Egypt (1982).

다음으로는 아시리아의 봉신 국가들이 출현한다. 아시리아는 아슈르-우발리트 1세의 후계자들의 통치 아래 대제국이 벌이는 연주에서 협연하지만, 단지 부수적인 반주의 역할만을 할 뿐이었다. 그의 군대는 북쪽과 동쪽의 산악 민족들과 카시트인, 바빌로니아와 끊임없이 전쟁을 치렀다. 이제 할리스강 만곡부의 하투샤(보가즈쾨이)를 수도로 하는 히타이트의 신왕국이 먼저 패권을 차지했다. 히타이트인들은 북시리아 전체와 중시리아 일부를 자기들의 통치 아래 두었고, 마침내 서남아시아에서 이집트를 대적할, 주목할 만한 유일한 세력이 되었다. 히타이트 대제국은 행정적으로 이집트와 유사하게 느슨하게 조직되었다. 즉 통상적으로 히타이트 제국은 토착 소영주들의 봉신관계에 만족했지만, 정치적으로 중요한 지역에서는 차남소유권을 두었는데, 이는 히타이트 왕가 출신의 왕자들을 왕위에 앉히는 것이었다. 제19왕조의 초기 파라오들 아래에서 다시 팽창한 이집트가 히타이트 왕국과 갈등관계에 빠질 수밖에 없는 것은 이미 예견된 일이었다. 세토스 1세는 바로 통치 원년에 팔레스티나 북쪽 경계 너머까지 진출하였다.[36] 그가 벳스안(베산의 텔 엘-회츤)에 남긴 두 개의 단편 비문들은 벳스안, 예노암, 펠라, 하맛(텔 엘-함메)을 언급하고 있다. 다음 해에 그는 누비아에서 그리고 리비아인에 대항하여 싸웠을 뿐만 아니라, 시로팔레스티나 땅에 여러 번 그 모습을 나타내며 지중해 항구들을 안전하게 자신의 수중에 넣었고, 내륙 지방을 순행하며 이집트의 통제 아래 두었다. 히타이트에 대항한 결과는 한시적인 것이었다. 그는 오론테스강의 카데시를 정복할 수 있었으나, 히타이트와 지속적으로 힘의 균형을 이루지는 못했다. 66년(!)이라는 매우 긴 람세스 2세의 통치 기간에 처음으로 결판이 났다. 제6년 (1285년)에 그는

---

[36] A. J. Spalinger, The Northern Wars of Seti I: an Integrative Study. Journal of the American Research Center in Egypt 16 (1979) 29-47.

카데시에서 무와탈리 왕 아래의 히타이트 전력과 충돌했다. 전투가 어떻게 펼쳐지고 진행되었는지 우리는 서로 다른 유형의 이집트 텍스트를 통하여 매우 잘 알 수 있다.[37] 두 대적의 전력은 대략 같았기 때문에 누구도 이 전쟁에서 분명한 승자라고 할 수 없었다. 이집트의 한 유명한 시가 카데시 전쟁에서[38] 람세스 2세를 승자로 내세우고자 애쓰고 그의 개인적인 용맹에 대한 칭송을 아끼지 않고 있다는 사실조차도 이 전쟁의 결과에는 아무런 변화를 끼치지 못한다. 실제로 히타이트인과 이집트인은 서로에게 상처를 입혔으며, 어쩔 수 없는 휴전 상태 이상은 이르지 못했다. 전쟁 후에도 람세스 2세는 여러 차례 더 팔레스티나와 시리아로 진격해야 했다.[39] 1270년에서야 람세스 2세와 히타이트 왕 무르실리 3세 사이에 평화 조약이 체결되었다. 둘은 국가 간의 계약을 체결했다. 그 원본은 쐐기문자로 은판에 새겨 있고, 그 복사본으로 히타이트의 토판 복사본과 두 개의 이집트어 번역이 남아 있다.[40] 이집트와 히타이트의 영향 권역 사이의 국경은 안타깝게도

---

[37] Cf. J. H. Breasted, The Battle of Kadesh. A Study in the Earliest Known Military Strategy (1903); Ch. Kuentz, La bataille de Qadech. Les textes („Poème de Pentaour" et „Bulletin de Qadech") et les bas-reliefs. Mémoire … de l'Institut Français d'Archéologie Orientale 55 (1928); A. H. Gardiner, The Ḳadesh-Inscriptions of Ramesses II. (1960); 특히 많은 문헌 정보가 있는 A. Kuschke, Das Terrain der Schlacht bei *Qadeš* und die Anmarschwege Ramses' II. ZDPV 95 (1979) 7-35; W. Mayer, Eine Schlacht zwischen Ägyptern und Hethitern bei der syrischen Stadt Qadesch im Jahre 1285 v. Chr. In: K. Kohlmeyer – E. Strommenger (ed.), Land des Baal. Syrien-Forum der Völker und Kulturen (1982) 342-345; 이 주제에 대한 연구는 수그러들지 않는다. 다음도 보라. R. Mayer-Opificius, Die Schlacht bei Qadeš. Der Versuch einer neuen Rekonstruktion. UF 26 (1994) 321-368.

[38] Papyrus Sallier III; 번역문은 A. Erman, Die Literatur der Ägypter (1923) 325-337에 있다.

[39] Cf. K. A. Kitchen, Some New Light on the Asiatic Wars of Ramses II. JEA 50 (1964) 47-70; L. Habachi, The Military Posts of Ramses II on the Coastal Road and the Western Part of the Delta. Bulletin de l'Institut Français d'Archéologie Orientale 80 (1980) 13-30.

조약에 자세히 기술돼 있지 않다. 국경은 아마도 중부 시리아의 엘로이테로스강(나흐르 엘-케비르)의 고지를 지나갔을 것이다. 이로써 마지막 제3의 힘의 균형의 당사국은 이집트와 하티를 내용으로 한다.

기원전 1200년경, 제2천년기 후반기의 대제국 체제는 예상된바 비교적 빨리 붕괴했다.[41] 그 원인은 소위 해양 민족의 이동에서 찾을 수 있다. 그들은 13세기부터 지중해를 넘어 바다로, 소아시아를 넘어 육지로, 오리엔트 서남지역의 서쪽 변두리 지역으로 밀고 들어왔다.[42] 해양 민족들은 ―이들 집단 간에 언제나 연관성을 찾을 수 있는 것은 아니다― 주로 에게해의 섬에서 건너왔으며[43] 일부는 발칸반도에서도 이동해왔을 것이다. 그들의 대대적인 이주는 프리지아인 및 다른 서쪽 소아시아의 민족들의 압력과 결합되어[44] 히타이트의 신왕국을 무너뜨렸다.[45] 투드할리야 4세(약 1250-1220)와

---

[40] ANET³, 199-203. 본문 형태의 비교는 St. Langdon und A. H. Gardiner, JEA 6 (1920) 179-205에 있다. 그 밖에 Cf. A. J. Spalinger, Considerations on the Hittite Treaty between Egypt and H atti. Studien zur altägyptischen Kultur 9 (1981) 299-358.

[41] Cf. H. Tadmor, The Decline of Empires in Western Asia ca. 1200 B. C. E. In: F. M. Cross (ed.), Symposia 75th Anniversary ASOR (1979) 1-14.

[42] Cf. P. Mertens, Les Peuples de la Mer. Chronique d'Égypte 35 (1960) 65-88; A. Wainwright, Some Sea Peoples. JEA 47 (1961) 71-90; R. de Vaux, La Phénice et les Peuples de la Mer. MUSJ 45 (1969) 481-498; A. Strobel, Der spätbronzezeitliche Seevölkersturm. BZAW 145 (1976); W. Helck – H. Otten – K. Bittel – H. Müller-Karpe – G. A. Lehmann, Jahresbericht des Instituts für Vorgeschichte der Universität Frankfurt a. M. 1976 (1977) 7-111; B. Cifola, The Role of the Sea Peoples a the End of the Late Bronze Age: A Reassessment of the Textual and Archaeological Evidence. OrAnt 33 (1993) 1-23; E. Noort, Die Seevölker in Palästina. Palaestina antiqua 8 (1994).

[43] 이 지역과 오리엔트 사이의 관계에 대하여 Cf. F. Schachermeyr, Ägäis und Orient. Denkschriften d. Österreich. Akad. d. Wiss., phil.-hist. Kl. 93 (1967).

[44] Cf. A. Malamat, Western Asia Minor in the Time of the "Sea Peoples". Yediot 30 (1966) 195-208.

[45] Cf. H. Otten, Neue Quellen zum Ausklang des Hethitischen Reiches. MDOG 94 (1963) 1-23; G. A. Lehmann, Der Untergang des hethitischen Großreiches und die

아르누완다 3세(약 1220-1205)는 가까스로 이 위협에서 벗어날 수 있었다. 수필루리야마(약 1205-1200)는 종말을 겪는다. 남아 있던 그의 영토의 대부분은 결국 상실되었다. 키프로스(알라쉬아)의 정복, 우가리트(라스 에쉬-샴라)의 멸망, 북부 시리아와 중부 시리아에서의 히타이트 전 지역에 대한 통치권의 와해, 수도 하투샤의 화재와 파괴이다. 이집트 대제국에도 해양민족은 위험한 존재였다. 람세스 2세의 열세 번째 아들인 메렌프타(1224-1204)는 이미 그들과 관계가 있었다. 그는 서남아시아에서 여전히 자기 부친의 정책으로부터 열매를 거두었지만, 서쪽에서는 리비아의 위협이 도사리고 있었다. 즉 리비아인이 델타 지역을 대대적으로 침공하였지만, 메렌프타는 이를 빛나게 막아낼 수 있었다.[46] 리비아의 연합세력으로 해양민족 집단이 등장한다. 그들은 전적으로 확실한 것은 아니지만, 루카(리키아인), 쉬르다나(사르디니아인)[47], 아카와샤(아카이아인), 투르샤(티르세인, 에트루스카인), 쉐클레쉬(시실리아인)와 같은 후대의 민족으로 확인된다. 이 집단들의 압력은 왕위 다툼과 내전으로 점철된 제19왕조(1204-1186년) 내내 지속되었다. 제20왕조의 창건자 세트낙트는 그 시대 하렘헤브와 같이 장교였을 것으로 보이는데, 겨우 이 년간 다스렸다(1186-1184년). 그러나 람세스 2세를 흠모하던[48] 그의 아들 람세스 3세(1184-1153)는 치열한 해전과 육전에서 다시 한 번 위험을 막을 수 있었다. 그는 다시 서쪽에서 리비아에 맞서 싸웠고 나일강 델타의 동쪽에서는 해양 민족에 대항하여 전쟁하였다. 그는 처음으로 알려진 해전을 역사에 기록했고, 그것을 그림과 글

---

neuen Texte aus Ugarit. UF 2 (1970) 39-73; I. Singer, The Battle of *Niḫriya* and the End of the Hittite Empire. ZA 75 (1985) 100-123.

[46] 아래 132-133쪽 "이스라엘 비문"을 참고하라.

[47] Cf. J. E. Dayton, Sardinia, the Sherden and Bronze Age Trade Routes. AION 44 (1984) 353-371.

[48] 람세스 3세는 심지어 자기 아들들에게까지 람세스 2세의 아들들의 이름을 주었다!

씨로 메디넷 하부에 있는 그의 장제전(葬祭殿) 벽에 새기도록 하였다. 람세스 3세는 실제로 해양 민족을 이집트 영토에서 멀리 떼어놓는 데 성공하였고, 이집트의 팔레스티나 통치를 –적어도 이론적으로– 유지하는 데 성공하였다.[49] 그는 반란의 희생물이 되었던 것 같다. 람세스 4세에서 람세스 11세까지(1153-1070) 후대의 람세스 파라오들의 통치하에 이집트는 나일 강 지역으로 완전히 후퇴하였고 서남아시아 전체에서 자신의 영향권 지역을 상실했다. 이집트의 정치적 군사적 힘은 고갈되었다. 이집트 군대가 팔레스티나에 주둔했음을 알려주는 마지막 흔적은 메기도에서 나온 람세스 6세 형상의 좌대이다.[50] 이로써 고대 오리엔트 역사 전체, 특히 시로팔레스티나 지역의 역사를 오백 년간 좌우했던 복잡한 체계가 최종적으로 무너졌다.

당연히 이러한 결말이 지협인 팔레스티나 땅에 아무런 결과를 남기지 않은 것은 아니다. 히타이트 왕국의 멸망과 이집트의 지배권 해체로 인해 그곳에서는 정치적으로 소위 힘의 진공 상태가 생겨났다. 그러나 역사는 진공 상태를 용인하지 않는다. 오리엔트 서남지역에서 힘의 균형이 무너진 이후, 대제국들 사이에 있던 지역들은 당장은 아니지만, 잠재적으로 그리고 점진적으로 독자적인 정치적 집단을 형성하기에 적절한 역사적 시기를 맞이하였고 또 그렇게 할 능력도 갖췄다. 이 가능성은 새로운 민족 집단의 유입과 발흥을 통해 조장되고 마침내 현실이 되었다. 필리스티아인과 아람인을 통해서 말이다.

---

[49] Cf. R Stadelmann, Die Abwehr der Seevölker unter Ramses III. Saec 19 (1968) 156-171; A. Nibbi, The Sea Peoples and Egypt (1975); B. Cifola, Ramses III and the Sea Peoples: a Structural Analysis of the Medinet Habu Inscriptions. Or 57 (1988) 275-306.

[50] Cf. G. Loud, Megiddo II (1948) 135ff.; 이에 대하여 A. Malamat, WHJP 1,3 (1971) 32ff.

1. 필리스티아인

필리스티아(구약성서의 블레셋)라는(이집트어로 *Plst*, 쓸 때는 *Prst*; 아카드어로 *Palastu, Pilistu*; 히브리어로 *Pᵉlištīm*) 해양 민족의 유래에 대하여 아무것도 정확하게 알려진 게 없다. 구약성서는 필리스티아인을 여러 차례 카프토르 = 크레타(이집트어로 *Kftjw*, 대략 <케프티유>)와 연결시킨다. 즉 창세기 10장 14절(본문 수정), 신명기 2장 23절, 아모스 9장 7절, 예레미야 47장 4절, 역대상 1장 12절(본문 수정)이다. 또 사무엘상 30장 14절, 스바냐 2장 5절, 에스겔 25장 16절, 다윗 왕의 용병을 칭하는 용어 <크레티와 플레티>도 참고하라.[51] 실제로 역사적 고고학적 특징은 에게해의 섬과 서 소아시아를 가리키고 있다. 그들이 본래 이들 지역에서 왔는지 –카리아에서 수로로 크레타를 지나 육지로 소아시아 해안을 따라서– 또는 그들의 발원지가 발칸반도인지 확실치 않다.[52] 팔레스티나를 증거하는 첫 비문은 람세스 3세 제8년(1177년)에 해당한다. 람세스 3세는 시리아에서, 페니키아 해안에서 또는 북부 팔레스티나에서 팔레스티나 사람을 그들의 길동무 *Tkl*(기록할 때는 *Tkr*)과 함께 공격하였다고 한다.[53] *Tkl*은 페니키아 해안에서 카르멜산까지 머물러 있었던 반면에 필리스티아인은 계속하여 남하하였다. 그들이 마침내 남부 팔레스티나의 해안 평야를 정복한 것은[54] 육상의 해양 민족이 육지로 올라오는 것을 막고자 하는 람세

---

[51] 아래 326쪽을 보라.

[52] Cf. Herbig, Philister und Dorier. JDI 55 (1940) 58-89; F. Bork, Philistäische Namen und Vokabeln. AfO 13 (1940) 226-230; M.-L. and H. Erlenmeyer, Philister und Kreter. Or 29 (1960) 121-150; 30 (1961) 269-293; 33 (1964) 199-237; G. A. Wainwright, Some Sea Peoples. JEA 47 (1961) 71-90; M. Weippert, GGA 223 (1971) 1-20; T. Dothan, The Philistines and their Material Culture (1982); V. Karageorghis, Exploring Philistine Origins on the Island of Cyprus. BAR 10/2 (1984) 16-28.

[53] Cf. O. Eißfeldt, Philister und Phönizier. AO 34, 3 (1936); C. Vandersleyen, Le dossier égyptien des Philistines. In: E. Lipiński (ed.), The Land of Israel – Cross-Road of Civilization (1985) 39-54; B. Cifola, Ramses III and the Sea Peoples: a Structural Analysis of the Medinet Habu Inscriptions. Or 57 (1988) 275-306.

[54] Cf. B. Hrouda, Die Einwanderung der Philister in Palästina. Vorderasiatische Archäologie, Fs A. Moortgat (1965) 126-135; I. Singer, The Beginning of the

스 왕조의 방어 정책의 일부였던 것으로 보인다. 그들의 압력은 람세스 3세의 성과에도 불구하고 그 이후 줄어들지 않았다. 이미 람세스 3세가 직접, 혹은 늦어도 그의 첫 후계자가 나흐르 엘 오쟈와 와디 갓제 사이의 해안 평야에 필리스티아인을 이집트의 군사식민지로 정착시켰을 것이다. 그들이 북쪽에서 밀려오는 다른 해양 민족을 막는 보루가 되어줄 것을 희망하면서 말이다. 이 희망은 결코 헛되지 않았다. 이 지역에는 기원전 제2천년기 중반 이후 가나안 원주민이 거주하고 있었음을 알려주는 어떠한 흔적도 없지만, 이집트의 "왕국 재산", 즉 파라오의 소유권에 직접 종속된 지역들, 가령 가자, 아스칼론, 또는 아문 제국 신의 영역이 이 지역에 속해 있다.[55] 그곳에서 필리스티아인은 바로 정치적으로 다섯 도시 연맹, 즉 가자(갓제), 아스칼론(아스칼란), 아슈도드 (에스두드), 에크론(히르벳 엘-무칸나)[56], 가드(텔 에츠-차피?)[57]로 이루어진 펜타폴리스를 조직하였다. 카르멜산까지 해안 평야의 북쪽 부분 또는 다른 팔레스티나 지역은 그들에게 속하지 않았다. 그들의 영향이 내지까지 뻗쳤음에도 불구하고 말이다. 필리스티아의 보루 역할은 당연히 람세스 왕조의 멸망을 막지는 못했다. 이집트인이 팔레스티나를 공격할 능력을 상실하게 되자, 필리스티아인은 자신들을 이집트 헤게모니의 정당한 상속자로 생각했는데, 이는

Philistine Settlement in Canaan and the Northern Boundary of Philistia. Tel Aviv 12 (1985) 109-122; idem, The Origin of the Sea People and their Settlement on the Coast of Canaan. In: M. Heltzer und E. Lipiński (ed.), Society and Economy in the Eastern Mediterranean (c. 1500-1000 B.C.) (1988) 238-250; A. Mazar, Some Aspects of the „Sea People" Settlement. Ebd. 251-260.

[55] Cf. A. Alt, Ägyptische Tempel in Palästina und die Landnahme der Philister [1944]. KS 1, 216-230; Chr. Uehlinger, Der Amun-Tempel Ramses III. in p₃-Kn'n, seine südpalästinischen Tempelgüter und der Übergang von der Ägypter- zur Philisterherrschaft: ein Hinweis auf einige wenig beachtete Skarabäen. ZDPV 104 (1988) 6-25.

[56] Cf. S. Gitin – T. Dothan, The Rise and Fall of Ekron of the Philistines: Recent Excavations at an Urban Border Site. BA 50 (1987) 197-222; U. Poplutz, Tel Miqne/Ekron. Geschichte und Kultur einer phiisäischen Stadt. BN 87 (1997) 69-99.

[57] Cf. H. E. Kassis, Gath and the Structure of the „Philistine" Society. JBL 84 (1965) 259-271.

군사식민지나 다른 곳에서도 관찰되는 현상이다. 그들은 이후 이러한 이론적 요구를 힘을 통해 실현하고자 했고, 또 해안 평야에서부터 중앙 산지도 자신들의 통제 아래 두려고 하였다.[58] 그러나 필리스티아인은 단지 부분적으로 또 과도기적으로만 성공하였을 뿐인데, 이는 그들이 팔레스티나의 진공 상태를 채우고자 한 유일한 새로운 민족 집단이 아니었다는 데 그 이유가 있다.[59]

2. 아람인

아람인의 땅 정복에 대해서는 필리스티아의 경우와 같은 의미로 말할 수 없다.[60] 아람인들은 아메노피스 3세(1402-1364) 시대 비문에서 처음으로 *p3 '-r3-m-w* "(땅) 아람"이라는 명칭으로 나타나며[61], 그 다음으로 티글라트필레세르 1세(1115-1076) 아래 <아라무>로 나타나는데, 이들은 동질의 민족 집단으로 구성된 것이 아니었다. 시리아-아라비아 광야에서 비옥한 초승달 지대의 문명지로 왔다는 "아람 민족의 이동"은 얼마 전까지만 해도 일반적인 가정이

---

[58] 아래 276-277쪽을 보라.

[59] 필리스티아인에 관한 다른 간추린 참고문헌: B. Mazar, The Philistines and the Rise of Israel and Tyre. The Israel Academy of Sciences and Humanities, Proceedings 1, 7 (1964) 1ff.; E. E. Hindson, The Philistines and the OT (1971); A. Mazar, A Philistine Temple at *Tell Qasīle*. BA 36 (1973) 42-48; A. H. Jones, Bronze Age Civilization: The Philistines and the Danites (1975); A. Mazar – G. L. Kelm, Cananites, Philistines and Israelites at Timna/Tel Batash. Qadmoniot 13 (1980) 89-97; S. Gitin, Last Days of the Philistines. Archaeology 2/45 (1992) 26-31. 70; O. Margalith, Where Did the Philistines Come From! ZAW 107 (1995) 101-109; T. and. M. Dothan, Die Philister. Zivilisation und Kultur eines Seevolkes (1995); B. J. Stone, The Philistines and Acculturation: Culture Change and Ethnic Continuity in the Iron Age. BASOR 298 (1995) 7-32.

[60] 아래 72-73쪽을 보라.

[61] Cf. E. Edel, Die Ortsnamenlisten aus dem Totentempel Amenophis III. BBB 25 (1966) 28-29; M. Weippert, Die Nomadenquelle. Archäologie und AT, Fs K. Galling (1970) 260; M. Görg, Namenstudien III: Zum Problem einer Frühbezeugung von Aram. BN 9 (1979) 7-10.

었으나 이는 더 이상 받아들이지 않는 것이 좋다. 아람인의 등장은 첫째로 문명지 내의 인구의 계층 변화와 사회적 역할 교체와 관련 있다. 여기서 유목민 집단이 스텝 지역과 광야 지역에서 이주하였다는 가설은 매우 개연성이 높은 것으로 배제해서는 안 된다. 아람인에게는 동요르단의 암몬인, 모압인, 에돔인 −또 나중에 이스라엘이라는 이름으로 주로 서요르단 땅에 근거지를 삼고 정착한 지파들도 속한다. 그들은 산지에서 필리스티아인과 우연히 마주치고, 필리스티아인은 그들을 우연히 마주친다. 이것은 역사적으로 최고의 의미가 있는 갈등이며 마침내 이스라엘의 왕국 형성을 수반했다.

제3장 팔레스티나 땅과 주민

"팔레스티나"는 일반적으로 성서 역사의 무대로 간주한다. 즉 주로 서요르단 땅이지만 동요르단 땅 일부도 해당한다. 현대 국가 이스라엘 지역과 요르단, 팔레스티나 자치기구(PLO) 지역이다. "팔레스티나"[1]라는 이름은 아람어 펠리슈타인(*Pᵉlištā'īn*; 히브리어 *Pᵉlištīm*)의 그리스어 형태이며 본래 필리스티아인의 거주 지역인 해안 평야를 지칭하였다.[2] 제2차 유대 항쟁(서기 132-135년) 후 로마인들은 자기들이 세운 속주 유대아를 펠레스티나로 개명하였고 이로써 이 이름은 해안 평야뿐만 아니라 서요르단의 산지 지역도 칭하게 되었다. 로마 제국의 동쪽 지역에서 일어난 지역적·행정적 변화 과정에서 이 이름은 마침내 요르단 동쪽 지역도 포함하는 개념이 되었으며 고대 로마의 속주 아라비아 부분도 포함하였다. 4세기에 팔레스티나는 팔레스티나 프리마, 세쿤다, 테르티아 세 지역으로[3] 나뉘었고, 군사행정상

---

[1] Cf. M. Noth, Die Geschichte des Namens Palästina (1939). ABLAK 1, 294-308; L. H. Feldman, Some Observations on the Name of Palestine. HUCA 61 (1990) 1-23.

[2] Herodot, hist. I, 105; III, 5. 91; VII, 89에서 또 다른 그리스 작가들에서 이와 같다.

[3] [역주] 팔레스티나는 비잔틴(동로마) 지역으로 390년에서 636년 아랍인이 정복하기까지 존재하였다. 팔레스티나 프리마는 유다, 사마리아 산지, 해안 평야를 아우르고, 팔레스티나 세쿤다는 갈릴리, 이스르엘 골짜기, 벳스안 골짜기, 골란 고원의 남부를, 팔레스티나 테르티아 또는 살루타리스는 네게브 (또는 에돔), 시나이(북서해안 제외), 트랜스요르단 남서 지역, 사해 남쪽을 아우른다.

팔레스티나 주둔군 최고사령관의 지휘를 받는 하나의 행정단위를 이루었다. 이 행정단위는 고대 기독교 저술가들 사이에서 일반적으로 사용되던 명칭이었다. 따라서 팔레스티나라는 이름은 로마와 로마-비잔틴 제국의 행정용어에서 유래한 것이다. 7세기 페르시아인과 이슬람의 침입 이후 어떠한 행정단위도 더 이상 이 명칭과 맞지 않았기 때문에, 이 명칭은 모호해졌고 정치적 영토를 정의하는 데 부적합하게 되었다. 재편되고 있는 정치구조와 상관없이 이 명칭을 선호하게 된 이유가 바로 여기에 있다.

팔레스티나의 지형적 특징과 역사적 지형을 자세히 설명하는 것이 이 책의 의도는 아니지만,[4] 그럼에도 그 기본적인 특징과 방향은 알 필요가 있다. 이스라엘 역사의 무대는 나일강 충적지인 이집트와 시리아-아라비아 사막의 북동쪽, 북쪽, 북서쪽의 문명지(농경지) 소위 "비옥한 초승달 지대"의 한 가운데인 메소포타미아를 이어주는 시리아-팔레스티나 남쪽 지역이다. 다시 말해 이 지역의 정확한 지형적 경계를 말하기는 어렵다. 서쪽으로는 지중해가 있고, 남쪽에는 농경지가 분명한 경계 없이 네게브와 지협 광야로 넘어간다. 동쪽에도 마찬가지로 정확한 경계 없이 시리아-아라비아 사막이 접해 있다. 팔레스티나, 서시리아, 레바논이 지리적으로 한 단위를 이루고 있기 때문에, 지리적 이유에서가 아니라 역사적 이유에서 비롯된 이론적 경계를 팔레스티나의 북쪽 경계로 간주하는 것에 우리는 익숙해 있다. 즉 요르단 열곡(裂谷)의 동쪽으로는 야르묵강의 고지를, 요르단 열곡의 서쪽으로는 레온테스강(나흐르 리타니)의 고지를 경계로 잡는다. 이 지역은 구약에서 주로 "가나안 (땅)" 또는 "이스라엘의 땅"(삼상 13:19)으로

---

[4] ATD.E에서는 이 주제와 또 이와 인접한 주제에 한 권을 할애한다. 우선은 H. Donner, Einführung in die biblische Landes- und Altertumskunde. Wiss. Buchgesellschaft, Darmstadt (1976), 5-8쪽의 참고문헌 개관; O. Keel – H. Küchler, Orte und Landschaften der Bibel I (1984), II (1982), III (2007).

불리는 지역이다.

소위 아라비아 지괴의 남쪽 부분은 평평하게 퇴적된 해양 석회암층으로 된 판상산맥이다. 이 판상형 산맥은 신생대 제3기에 어마어마한 지질학적 힘을 받은 결과 남북 방향으로 끊어져 있다. 그래서 북부 시리아에서 팔레스티나와 이집트를 거쳐 중앙아프리카 호수 지역에 이르는 시리아 지구대(地溝帶)가 생겨났다. 시리아 지구대에서 팔레스티나가 차지하는 부분은 해수면보다 낮은 두 개의 호수인 갈릴리 호수(게네사렛 호수)와 사해가 있는 요르단 지구대이다. 이곳이 지표면이 가장 낮은 곳으로 사해의 수면은 약 −390m로[5] 지중해보다 낮고, 동쪽과 서쪽의 산지는 지중해보다 1,000m에 이르기까지 높다. 요르단 지구대는 이 땅을 두 지역으로 양분한다. 동요르단 지역에서는 가장 오래된 고대의 대지(臺地)를 비교적 잘 식별해낼 수 있다. 이 대지는 서쪽으로 세 단계의 단층을 이루며 가파르게 요르단 지구대로 곧장 떨어진다. 또한 이 대지는 하곡을 이루며 동서 방향으로 흐르는 여러 개의 강으로 끊어져 있다. 가장 중요한 강은 야르묵강(야르묵), 얍복강(나흐르 에즈-제르카), 아르논강(셀 엘-모집), 세렛강(와디 일-헷사)이다. 서쪽 요르단 지역에서 이 대지는 심하게 균열되고 풍화되고 파쇄되어 있다. 이 대지는 요르단 지구대와 지중해로 여러 단층을 이루며 가파르게, 갈릴리 산지(상하 갈릴리), 메기도 또는 이스르엘 평원(메르즈 이븐 아미르), 중앙팔레스티나 산지와 그 서쪽으로 튀어나온 산지(셰펠라), 해안 평야, 브엘세바의 만곡(요부)과 같은 천연 지형을 형성한다. 팔레스티나의 비옥함은 큰 강물이 아니라 오로지 비의 산물이다. 이 비는 지중해가 증발하여 산지에서 응결된다(산악비[6]). 계절은 단지 두 계절, 즉 10/11월에서 4/5

---

5 [역주] 2018년 이스라엘 환경청의 보도에 따르면 사해는 매년 1.2미터씩 급격히 줄고 있다.

6 [역주] 바람이 불어오는 쪽에서 산맥과 같은 장애물에 막힌 구름이 진정되는 것을

월까지 우기인 겨울과 비가 전혀 없는 여름뿐이다. 팔레스티나 지역은 자연적으로 비옥하거나 천연자원이 풍부한 땅이 아니다. 지중해안과 요르단 지구대의 오아시스에서만 물 상태에 따라 울창한 아열대 식물이 번성하고, 조건이 좋으면 메기도 평원이나 동요르단 지역의 고원에서 풍부하게 수확할 수 있다. 그 외에 팔레스티나 주민은 과거나 지금이나 "빵을 먹기 위해 땀을 흘려야"(창 3:19) 했으며, 척박하고 돌이 많은 땅에서 일용할 양식을 얻어야 했다. 지하자원도 별로 없다. 팔레스티나는 한 번도 근동의 경제와 무역 분야에서 잉여를 누리는 지역이 아니었다. 팔레스티나는 단지 교통 요충지로서, 내륙으로 통하는 무역로는 바로 이곳에서 만났다.

팔레스티나는 지중해로 막혀 있지만, 광야 쪽으로는 트여 있다. 지중해 해안은 전체에 걸쳐 평평하고 막히는 곳이 없다. 그래서 천연 항구로만 이용하고, 항구를 만들지 못한다. 현대에 이르기까지 몇 안 되는 항구로 야포(야파), 카이사레아 마리스(케차르예), 도르(엣-탄투라의 엘-부르즈), 카스텔룸 페레그리노룸(아틀리트)과 아코(아카)가 있을 뿐이다. 이러한 여건 아래에서는 무역이나 전쟁을 위한 항해란 있을 수 없다. 바다가 한 번도 나오지 않는 창세기 2장(J)의 창조 보도는 이와 같은 팔레스티나의 지형에서 비롯되었을 것이다. 광야 쪽으로 개방된 농경지가 더 중요했다. 이는 기후-지리적 개방성이다. 어디서도 갑작스러운 변화는 없으며, 강수량도 서서히 감소한다. 사막과 농경지 사이에는 이와는 다른 넓은 스텝 지대가 있어 목축에 이용할 수 있었다. 농경지와 사막의 "경계"는 정치적으로 서로 이동할 수 있는 지역이었다.

여기서는 인류학적·인종적·사회학적·통계학적 관점이 아니라 양식 조

칭하는 용어이다. 습윤한 공기가 산맥과 같은 산악 경계에 걸쳐 위로 불어 올라가면서 공기가 차가워지다가 구름을 형성하여 많은 비가 내린다.

달 유형에 따라서만 팔레스티나의 인구 계층을 다룰 것이다. 팔레스티나의 주민은 최근 반세기 전까지만 해도 거의 농경과 목축에만 의존하여 생활하였다. 주민은 기본적으로 두 유형의 집단으로 나눌 수 있다. 정착 농경민과 비정착 유목민이다. 당연히 이것은 단순화한 것이다. 물론 수공업자, 상인, 고용된 자, 관리 등이 있었고 오늘날에도 존재한다. 이들 직종은 주로 생업 부문과 생활양식에 관한 것이기 때문에 여기서는 다루지 않는다. 현대에 들어와 발전한 것을 제외한다면, 농경민은 점토 기와로 된 집에서 마을이나 도시를 이루어 살았다. 그들은 대체로 밭을 경작하거나, 들판이나 집에서 과실을 재배했다. 곡식, 포도, 채소, 과일 등이다. 또 농경민은 대부분 가축을 키웠는데, 주로 소를 기르고 많지는 않지만, 양이나 염소 등 작은 가축도 길렀으며 여기저기 가금도 쳤다. 유목민은 때에 따라 이곳저곳에 검은 천막을 치고 살았다. 유목민은 주로 가축을 길러 생계를 이었다. 대개는 광범위한 목축을 하였는데, 먼저 작은 가축(양과 염소), 다음으로는 드물지 않게 소와 낙타도 쳤다. 후자는 유목민에게 이동과 교통수단으로 필수적인 것이었다. 유목민은 또한 주로 일시적이었지만 가능하다면 약간의 간단한 농사도 지었는데, 가축 떼에 먹이가 부족할 때마다 자리를 옮겨 다녀야 했기 때문에 농사짓기는 어려웠다. 농경민과 유목민, 두 집단은 그 자체로 폐쇄적이었지만 서로 배타적이지는 않았다. 따라서 그들에게 서로 간의 이동이 완전히 불가했던 것은 아니었다. 유목민 중에는 농사짓는 비중이 커지는 경우도 많이 있었는데, 그때 그들은 정착 마을을 형성하거나 이미 형성되어 있는 마을에 결합하기도 하였으며 —두 가지가 결코 전적으로 단순치만은 않았다. 또 도시에 매력을 느끼고 거기에 흡수된 유목민도 있었다. 거꾸로 유목민이 되는 도시민과 촌민도 있었다. 대체로 이러한 이동은 사회적인 침체 이후에 발생하였다. 마지막으로 그들은 서로 결혼도 하였다. 그러나 지역적으로 다양하게 종종 나타나는 이러한 현상들은 농경민과 유목민의 생활양식 간의 근본적인 차이에는 아무 변화도 가져오지 못했다.

작은 가축을 치는 아라비아의 유목민, 또는 그들 스스로가 칭하는 명칭인 베두인(아랍어로 *badw, badawī*)[7]은 종종 그들의 가축과 함께 비옥한 초승달 지대의 초원 지대나 광야 변두리에 살았다. 이는 겨울에 해당하는 반년 동안에만 가능한데, 이때는 비록 적은 양이긴 하지만 비가 와서 스텝 지대와 광야 지대가 유목민이 목축하기에 풍부한 풀로 덮일 때이다. 여름에 유목민은 가축을 농경지 변두리나 안으로 이동시켜야 했다. 거기서 어느 정도 "여름을 나기" 위함이다. 왜냐하면 비가 오지 않는 건기 때 스텝 지대와 광야는 살기에 적합하지 않기 때문이다. 그들은 거기에 살고 있는 농경민과 목축할 권리에 대해 계약을 통해 합의해야 했다. 이것이 불가능하면, 갈등이 일상적으로 일어났다. 겨울이 시작되면 가축 치는 자는 곧바로 다시 스텝 지대와 광야 지대로 이동하였다. 매년 계절에 따라 규칙적으로 반복되는 이러한 과정을 우리는 목초지교체 또는 계절이동목축이라고 일컫는다.[8] 계절이동목축의 추가 느리기는 하지만 결국에는 광야와 스텝에서 점점 더 농경지로 기울 수밖에 없게 된다. 유목민에게 농경지는 "젖과 꿀이 흐르는 땅"이다. 유목민이 점점 더 바깥으로 나가 유목하면 할수록, 유목민은 점점 더 농경지를 멸시할 것이지만, 그럼에도 불구하고 농경지는 상당수의 유목민에게는 마음속 갈망과 열망의 대상이었다.[9] 그래서 유목민

---

[7] 여기서 유의해야 할 것은 *badw*는 본래 오직 낙타유목민만을 칭한다는 것이며, 낙타유목민이 아닌 사람들이 기꺼이 자기를 위해 사용하는 명예로운 개념이다. 이에 대한 실제 "베두인들"의 반응은 거만하게 거부하는 것이다.

[8] 정확히 말해서 "트란스후만즈" 개념은 마을을 기초로 하는 목초지교체를 칭한다. 예를 들면 알프스의 낙농업이나 그와 유사한 것이다. 동요르단 땅에서 이러한 형태의 원거리목축 경제는 일찍이 엘-케락의 주민들에게 일반적인 것이었다. 이 개념이 유목민의 목초지교체로 완전히 객관적으로 적용되지 않은 것은 오래 전부터 관습이 되었다.

[9] R. de Vaux, Die hebräischen Patriarchen und die modernen Entdeckungen (1959) 55-57에 매우 훌륭하고 인상적으로 기술되어 있다.

은 천천히 정착으로 넘어가게 된다. 이들에게 계절이동목축의 추는 농경지에서 완전히 멈춘다. 우리는 이와 같이 결코 단순하지도 않고 갈등이 없지도 않은 이 과정을 정착화 또는 정주화라고 일컫는다. 이 과정은 한편으로 현대의 아랍 국가에게도 정치적으로 어려운 문제일 뿐 아니라, 다른 한편으로 이 과정은 이러한 국가와 그들 간의 국경 때문에 방해를 받고 어려워진다. 이는 오늘날 이스라엘에도 마찬가지다. 베두인은 국경을 중요하게 생각하지 않지만, 어느 정도는 그들도 국경을 존중해야 한다. 경우에 따라서는 목숨을 건 행동이 될 수도 있기 때문이다.

이 모든 것은 이 자리에서 꽤 자세히 설명할 것이다. 왜냐하면 이것은 소위 이스라엘의 땅 정복 이론 형성에 중요하기 때문이다.[10] 이 땅 정복은, 어쨌든 여러 모델 가운데서도 매우 영향력 있는 모델에 따르면, 목초지를 교대하는 유목민이 정착하는 과정에 대한 실례로 간주된다. 이러한 유목 생활 형태가 얼마나 오래된 것인가 하는 질문은 대부분 전혀 제기되지 않았다. 선사 시대 이래, 적어도 인간이 사냥하고 채집하던 존재에서 목축하고 경작하는 존재로 변화한 이후로 항상 유목 생활 형태가 있었다고 우리는 가정했다. 이러한 가정 때문에 기원전 제3천년기 이후 근동의 농경지에 새로운 민족요소가 등장한 것은 유목민의 목초지교체의 결과에 기인하는 것으로 이해한다. 이를 이해하는 데 도움이 되는 것은, 계절이동목축의 규칙적 과정이 종종 대규모의 유목민 때문에 중단되었으며, 이 과정에서 이른바 일반적인 상황에서보다 땅을 찾아다니는 스텝이나 광야 지역 주민들이 훨씬 더 많이 경작 지역으로 유입되었을 것이라는 유추이다. 광야 지역은 그래서 이 지역을 둘러싸고 있는 농경지의 인구수가 재생·회복되는 지역으로 여겨졌다. 그래서 가나안인, 아모리인, 아람인, 이스라엘 지파들, 마

---

[10] 아래 187-200쪽을 보라.

지막으로 아라비아인의 등장을 이러한 "대규모의 인구 이동"이라는 의미에서, 그러니까 소위 더 집중적이고 밀도 높은 계절이동목축의 결과로 해석하려고 하였다. 그러나 이러한 이해는 지난 20년간 새로운 인종적, 문화사적, 사회학적, 고고학적 연구를 근거로 상당히 변화되었다.[11] 우리는 이 유추의 한계에 주목하였고, 오리엔트 서남지역 유목민의 형태와 역사는 이전에 가정했던 것보다 상당히 더 복잡하다는 것을 인식하게 되었다. 첫 번째로 "인구이동 이론"은 스스로 무너졌다. 그러니까 광야에는 끊임없이 사람이 있었고, 그들이 지속적으로, 가끔은 큰 물결을 이루어 밀집해서 농경지로 유입해 들어갔을 것이라는 추측은, 자료에서 유추할 수 있는 신뢰할

---

[11] 간추린 참고문헌: X. de Planhol, Nomades et pasteurs I-XI. Revue Géographique de l'Est I-XI (1961-1971); H. Klengel, Zu einigen Problemen des altvorderasiatischen Nomadentums. ArOr 30 (1962) 585-596; J. Henninger, Über Lebensraum und Lebensformen der Frühsemiten. AFLNW 151 (1968); idem, Zum frühsemitischen Nomadentum: Viehwirtschaft und Hirtenkultur. Ethnographische Studien, ed. L. Földes (1969) 33-68; W. G. Iron – N. Dyson Hudson (ed.), Perspectives on Nomadism. International Studies in Sociology and Social Anthropology 13 (1972). 또한 문제가 없는 것은 아니지만 다음의 연구는 고무적이다. M. B. Rowton, The Physical Environment and the Problem of the Nomads. Les Congres et Colloques de l'Universite de Liege 42 (1967) 109-121; Urban Autonomy in a Nomadic Environment. JNES 32 (1973) 201-215; Enclosed Nomadism. JESHO 17 (1974) 1-30; Dimorphie Structure and the Problem of the 'Apirû - 'ibrîm. JNES 35 (1976) 13-20. Rowton의 연구에 대한 비판은 다음을 보라. K. A. Kamp – N. Yoffee, Ethnicity in Ancient Western Asia during the Early Second Millennium B. C.: Archaeological Assessments and Ethnoarchaeological Prospectives. BASOR 237 (1980) 85-104. 전체적으로는 다음도 참고하라. A. S. Gilbert, Modern Nomads and Prehistoric Pastoralists: The Limits of Analogy. JANES 7 (1975) 53-71; I. Finkelstein – A. Perevolotsky, Process of Sedentarization and Nomadization in the History of Sinai and the Negev. BASOR 279 (1990) 67-88. 이스라엘의 땅 정복에 대한 전망을 가진 연구는 Th. Staubli, Das Image der Nomaden im alten Israel und in der Ikonographie seiner seßhaften Nachbarn. OBO 107 (1991); Th. L. Thompson, Palestinian Pastoralism and Israel's Origins. SJOT 6 (1992) 1-13. 훨씬 더 전반적이면서 전체적으로 이론이 더 강조된 연구는 R. Neu, Von der Anarchie zum Staat. Entwicklungsgeschichte Israels vom Nomadentum zur Monarchie im Spiegel der Ethnosoziologie (1992).

만한 사실들과 모순된다. 자료를 비판적으로 읽으면, 다시 말해 처음부터 목초지교체 이론의 관점에서 읽지 않는다면, 아라비아 베두인의 생활방식은 가정했던 것만큼 그렇게 오래된 것이 아니라는 점이 드러난다. 소위 기병전쟁 약대유목민과 목초지교체-유목민에 대한 확실한 증거는 기원전 제1천년기 후반기 이전에는 없다. 그러니까 베두인의 원형은 기원전 500-200년 사이에 형성된 것이다.[12] 그러므로 우리는 아라비아 베두인에게 고유한 특징들을 단순히 제2천년기나 제1천년기 전반의 현상에다가 적용해서는 안 된다. 이는 더 오래전 시대에 이러한 유목민이 없었다는 것을 뜻하는 것이 아니다. 이들 유목민은 그 유래가 서로 다른 고대 오리엔트 문헌에 등장하고, 또 구약성서에도 등장하는데, 거기서 매년 목초지교체의 전형적인 특징은 어떤 역할을 하지 않는다. 특히 중부 유프라테스강 유역의 마리에서 나온 서신은[13], 비록 유일한 것이 아닐지라도 그 영향은 매우 크다. 초기 유목민의 사회적 구조는 복잡한데, 아라비아 베두인의 사회적 구조와 여러 특징에 있어서 유사한 측면이 있지만, 또 다른 특징에 있어서는 전혀 다르다. 분석에서 나온 모습은 매우 다채로워서 첫 번째 주요 결론으로 "유목민" 개념에 대해 순수히 형식적 규정을 유지해야 한다. 즉 유목민은 정착민과 대립되는 비정착민이다. 이렇게 큰 우산 아래 매우 다양한 인간과 집단이 모여 있을 수 있다. 수렵 채집민, 가축 사육자, 농부, 순회하는 땜장이, 집시, 도시 부랑자들(outlaws) 등등. 기원전 제2천년기와 제1천년기의 유목민은

---

[12] Cf. W. Caskel, Zur Beduinisierung Arabiens. ZDMG 103 (1953) 28-34; W. Dostal, The Evolution of Bedouin Life. L'antica società beduina, ed. F. Gabrieli. Studi Semitici 2 (1959) 11-34; R. W. Bulliet, The Camel and the Wheel (1977²) 특히 87-110; I. Köhler-Rollefson, Camels and Camel Pastoralism in Arabia. BA 56 (1993) 180-188.

[13] Cf. J.-R. Kupper, Les nomades en Mésopotamie au temps des rois de Mari (1957), 새로운 사회인종적 관점으로 V. H. Matthews, Pastoralism in the Mari Kingdom. ASOR.DS 3 (1978); M. Anbar, Les tribus amurrites de Mari. OBO 108 (1991).

"사막에서 농경지로"라는 단순한 도식에 들어맞지 않는다. 우리는 그들 가운데 소위 목축농경민, 다시 말해 농경지나 농경지 변두리에 있는 성읍 주변에서 반은 농사를 짓고 반은 목축하는, 종종 성읍에 종속되어 그들과 함께 생활공동체를 이룬 비정착민을 만날 수 있다. 또한 좁은 의미의 그리고 본래의 의미의 목축유목민, 즉 작은 가축만을 치는 비정착민도 있다. 그들은 스텝 지역뿐만 아니라, 농경지 내부에 있는 스텝과 광야 지역, 이를테면 유다 광야와 도시로부터 멀리 떨어지고 또 도시들 사이에 있는, 사람이 덜 거주하는 지역에도 거주했다. 이 경우에는 산지유목민이라고 말하는데, 이들은 시리아-아라비아 광야와는 아무 관련이 없고, 항상 농경지에서 산다. 오늘날의 아라비아 베두인 가운데에도 그들이 있다. 다른 유목민 집단은 넓은 공간을 이동하며, 이따금 팔레스티나와 이집트 사이를 오가거나(이집트 문헌에 나오는 소위 *Šꜣsw*, 대략 <샤수>[14]), 또는 팔레스티나, 시리아, 메소포타미아(아마르나 서신의 *Sūtū* <수투>[15]) 사이와 같은 어쨌든 더 넓은 구간을 넘나들며 왕래하는데, 이러한 이동으로부터 규칙성을 찾아볼 수는 없다. 마지막으로 생각해 볼 수 있는 것은 유목민이 정착지에서 나올 수 있다는 것이다. 그러니까 사회적으로 영락한 자들, 그리고 도시와 마을로부터 쫓겨난 자들, 부랑자들(outlaws)이 유목 생활을 처음에는 소위 이차적으로 또 어쩔 수 없이 받아들인 것이다. 여기에 소위 <아피루>가 속한다.[16] 이것은 전체적으로 매우 다채로운 이해이며, 이러한 이해를 따른다면, 이와 마찬가지로 그 결속과 구조에 있어서 통일되지 않은 오늘날의 아라비아 베두인을 자연스레 떠올리게 된다. 초기 유목민이 매우 다양하게 결합되어

---

[14] Cf. M. Görg, Zur Geschichte der *Šꜣsw*. Or 45 (1976) 424-428.

[15] R. Zadok, Suteans and other West Semites during the Latter Half of the 2nd Mill. B. C. Orientalia Lovaniensia Periodica 16 (1985) 59-70.

[16] 아래 94-96쪽을 보라.

있었다면, 땅 정복 과정도 또한 매우 다양하다는 것을 예상해야 한다. 이 모든 사실로부터 역사학자는 고대 팔레스티나 유목민에 대해 너무나 단순하게 생각하거나 그것을 근거 삼아 결론을 도출해서는 안 된다는 경고를 읽어낼 수 있을 것이다.

이스라엘 선사 시대, 다시 말해 주로 기원전 제2천년기의 팔레스티나 정착민에 대해 우리는 무엇을 알고 있는가? 모세가 죽기 직전인 이스라엘의 땅 정복 시작 직전에 행한 이른바 대고별설교에서 —신명기는 이 같은 내용을 담고 있는데— 신명기 19장 1-2절은 이렇게 기록한다.

> 네 하나님 여호와께서 이 여러 민족을 멸절하시고 네 하나님 여호와께서 그 땅을 네게 주시므로 네가 그것을 받고 그들의 성읍과 가옥에 거주할 때에 네 하나님 여호와께서 네게 기업으로 주신 땅 가운데에서 세 성읍을 너를 위하여 구별하고

이 구절과 신명기의 수많은 다른 곳에 배어 있는 이러한 생각은 팔레스티나의 주민이 그 수에 있어서 완전히 백지 상태(*tabula rasa*), 즉 진공 상태였다는 사상이다. 이는 야훼가 땅 정복 이전에 또 정복 과정에서 주민을 완전히 없앤 것이며, 이러한 진공 상태의 팔레스타인에 이스라엘이 깃발을 휘날리며 입성하였다는 것이다. 이 사상은 이론이다. 왜냐하면 실제 역사에 전혀 들어맞지 않는다. 이스라엘은 한꺼번에 약속의 땅에 들어오지도 않았고, 텅 빈 가나안 사람들의 도시와 집에 들어와 거주한 것도 아니었으며, 가나안 사람들이 다 말살된 것도 아니다. 이에 대해서는 아무것도 말할 수 없다. 팔레스티나에 이스라엘 지파가 형성되기 전에 이 지역은 이미 수천 년 동안 지속된 문화적 발전과 정착 과정을 거쳤으며, 이러한 발전 과정의 결과는 처음에는 소위 이스라엘의 땅 정복에 전혀 혹은 거의 영향을 받지 않았다는 사실을 분명히 알아야 한다. 이스라엘 이전의 가나안의 팔레스티나 모습을 간단히 요약해 보자.[17]

팔레스티나 고고학 연구의 수확을 제외하면, 제2천년기에 대해서는 다양한 유형과 장르의 문헌 자료가 있다. 대표적으로 이집트 제12왕조의 저주 문서, 제18-20왕조 파라오들의 원정에 관한 기록, 기원전 18세기와 15세기에 속하는 알랄라흐의 쐐기문자로 된 본문들, 기원전 14세기에 유래한 아마르나 서신, 기원전 14/13세기의 우가리트에서 나온 본문들이 그것이다.[18] 이 시기의 시리아-팔레스티나 지역의 정착민들은 이 시기 전후 시기와 마찬가지로 그다지 통일되지 않았다. 출신지는 서로 다르지만 대다수가 셈족이었음이 분명한 민족 집단들의 혼합이 있었음을 알 수 있다. 이러한 혼합은 고고학적으로 중기 청동기(2000-1600)[19]와 후기 청동기(1600-1200), 제1철기 시대(1200-1000)경 천년기 말에 있었다. 이 시기에 팔레스티나에는, 가나안인 가운데 그 자체로 다시금 통일되지 않은 셈족 집단이 지배적이었다.[20] 청동기 시대의 특징은 이미 석기 시대(제4천년기)에 시작하고 발전했

---

[17] 상황은 시로팔레스티나 전 지역에서 유사하다. Cf. W. F. Albright, The Role of the Canaanites in the History of Civilization (1942). The Bible and the Ancient Near East (1961) 328-362; G. Buccellati, Cities and Nations of Ancient Syria. Studi Semitici 26 (1967); H. Klengel, Geschichte und Kultur Altsyriens (1967); idem, Geschichte Syriens im 2. Jt. v. u. Z. (1969); M. Liverani (ed.), La Siria nel tardo bronzo (1969); A. D. Crown, Some Factors Relating to Settlement and Urbanization in Ancient Canaan in the Second and First Millennia B. C. Abr-Nahrain 11 (1971) 22-41; L. Marfoe, The Integrative Transformation. Patterns of Sociopolitical Organization in Southem Syria. BASOR 234 (1979) 1-42; J. Sapin, La géographie humaine de la Syrie – Palestine au deuxierne rillénaire avant J. C. cornrne voie de recherche historique. JESHO 24 (1981) 1-62; D. C. Hopkins, The Highlands of Canaan. Agricultural Life in the Early Iron Age. The Social World of Biblical Antiquity Series 3 (1985).

[18] 자세한 것과 참고문헌은 위 6-10쪽을 보라.

[19] Cf. B. Mazar, The Middle Bronze Age in Palestine. IEJ 18 (1968) 65-97; W. G. Dever, The Peoples of Palestine in the Middle Bronze I Period. HThR (1971) 197-226; idem, The Beginning of the Middle Bronze Age in Syria-Palestine. Magnalia Dei, Fs G. E. Wright (1976) 3-38.

[20] N. P. Lemche, The Canaanites and their Land. The Tradition of the Canaanites. JSOT, Suppl. Ser. 110 (1990).

던 도시 문화의 번영에 있다. 주로 성벽으로 둘러싸여 있고 또 정치적으로 각각 독자성을 가진 도시 거주지들이 조밀한 망을 이루며 팔레스티나 평야를 두르고 있었다. 즉 해안 평야, 아코 만, 메기도 평원, 벳스안 만곡, 또 상부 요르단 지구대(훌레-분지), 동요르단의 판상산맥에 이 거주지들이 위치했다. 서요르단의 산지 지역은, 당시에는 후대보다 훨씬 더 삼림이 무성했고, 인구밀도는 더 낮았다. 더 큰 도시들은 영토가 작은 성읍국가의 중심에 있었으며, 주변에 작은 촌락과 소위 "자매도시"와 마을을 가진 메트로폴리스(민 21:25,32; 수 15:45; 삿 11:26 등)였다. 팔레스티나는 제2천년기에 다채로운 소국들의 모습을 보여 준다. 즉 가나안 성읍국가의 체제에서 이를 구성하고 있는 각각의 소국은 드물고 한시적으로만 정치적인 조직을 이루었다. 아마르나 시대에 라바야와 그의 아들들이 세켐을 중심으로 형성한 왕국이나 공동의 적에 대항하기 위해 그때마다 형성된 연맹들이 그 예이다. 성읍국가들은 대체로 왕정국가의 모습을 띠었다. 그 정점에 귀족 지도층 출신으로 한 왕조의 일원이 될 수 있는 왕이 있다.

이러한 협소한 관계망 때문에 우리가 부르는 "시장"이라는 의미에서 이 "군주들"을 성읍 영주나 성읍의 왕과 같은 더 높은 칭호로 나타내는 것이 더 적절해 보인다. 문헌들은 다양한 칭호를 사용하고 있다. 이집트의 증서에서는 "NN의 큰 자"(wr NN), 알랄라흐, 아마르나, 우가리트에서는 "NN의 남자"(amēl NN), 아마르나에서는 "우두머리, 시장"(^{LÚ}ḫazannu), 구약성서에서는 대체로 "왕"(수 8:1; 9:1; 10:1; 11:1 등)으로 나타난다. 성읍 관료 위원회는 알랄라흐에서는 "우두머리, 지방행정관"($^{LÚ.MEŠ}$ḫazannū 또는 ^{LÚ}ḫazannūtu), 아마르나 서신에서는 "성주"($^{LÚ.MEŠ}$bēlē ali^{KI}), 구약성서에서도 "성주"(수 24:11; 삿 9:2; 삼상 23:11 등) 또는 "장로들"(신 19:12; 수 9:11; 삿 8:14 등)로 칭해진다.[21] 드물게는 성읍 영주로서 귀족-과두정치 형태의 성읍국가가 나타나는데 세켐(삿 9), 숙곳과 프니엘(삿 8:5-9), 기브온(수 9)이 그들이다.

이와 같이 가나안 시대의 팔레스티나에 대해 인종적으로든 정치적으로든 통일적인 상이 전혀 없다. 구약성서가 이스라엘 이전의 민족을 요약하여 표현한 "가나안인"(창 12:6; 수 7:9; 삿 1:1 등) 외에 가령 겐, 그니스, 갓몬, 히타이트[22], 브리스[23], 르바[24], 아모리[25], 가나안, 기르가스, 여부스 (창 15:19-21)[26]와 같이 일련의 민족들의 이름을 교대로 병기(倂記)하는 것은 사실에 있어서 옳은 것이다. 후대의 신명기 이론에서, 가나안인의 이전 거주지와 이스라엘이 땅 정복 과정에서 정복하여 거주한 곳(신 19:1-2 등)을 "성읍" 및 "집들"이라고 일컬은 것은 근본적으로 옳다. 가나안 사람들은 성읍 사람들이었으며, 이것이 그들 모두 성읍에 살았다는 것을 의미하지는 않지만 그들의 정치적 체제는 성읍국가 체제였다는 것을 잊어서는 안 되겠다.

---

[21] Cf. H. Reviv, Jabesh-Gilead in I Samuel 11,1-4. The Jerusalem Cathedra 1 (1981) 4-8; idem, The Elders in Ancient Israel. A Study of a Biblical Institution (1989).

[22] Cf. G. McMahon, The History of the Hittites. BA 52 (1989) 62-77.

[23] 비판적으로 N. Na'aman, Canaanites and Perezzites. BN 45 (1988) 42-47.

[24] Cf. C. L'Heureux, The Ugaritic and Biblical Rephaim. HThR 67 (1974) 265-274; J. C. de Moor, *Rāpī'ūma*-Rephaim. ZAW 88 (1976) 323-345; M. Dietrich – O. Loretz – J. Sanmartín, Die ugaritischen Totengeister *rpu(m)* und die biblischen Rephaim. UF 8 (1976) 45-52.

[25] Cf. M. Liverani, Per una considerazione storica del problema amorreo. OrAnt 9 (1970) 5-27; C. H. J. de Geus, The Amorrites in the Archaeology of Palestine. UF 3 (1971) 41-60; A. Haldar, Who were the Amorites? Monographs on the Ancient Near East 1 (1971).

[26] Cf. J. C. L. Gibson, Observations on some Important Ethnic Terms in the Pentateuch. JNES 20 (1961) 217-238; T. Ishida, The Structure and Historical Implications of the Lists of Pre-Israelite Nations. Biblica 60 (1979) 461-490; 특히 히위족, 히타이트족, 여부스족에 대하여는 B. Mazar, The Early Israelite Settlement in the Hill Country. BASOR 241 (1981) 75-85.

제4장 민족형성과정 고찰: 분리, 통합, 재편

하나의 민족이 된다는 것은 자연적 과정이 아니라, 참여한 사람과 그 집단의 의식 상태에 기초해 있는 역사적 과정이다. 다종의, 다양한 기원을 가진 사람들은 공동의 운명, 공동의 언어, 공동의 문화, 공동의 종교에서 공통점을 의식하게 된다. 그들은 서로 결속하기를 원하고 자신들의 공통점에 속하지 않거나 않아야 하는 사람들과 마찰을 빚는다. 이러한 동화 및 분리의 과정은 한 민족이 되는 의식 속에 흔적을 남긴다. 이 흔적이 민족의 전승 속에 표현되어 있으리라는 것을 기대할 수 있다.

이스라엘과 관련해서는 이방인과 그 집단에 대한 경계 짓기와 친족과 친족 집단과의 연대에 관한 질문의 답은 구약성서에 있다. 하지만 그 대답은 –달리 기대할 수 없고– 짧은 기록이나 목록의 형태로 민담이나 민담의 핵을 담고 있다. 복잡한 역사의 전개 과정과 그 배경을 축소하고 단순화하여 그려내는 것이 민담의 본질에 속한다. 그래서 이 주제에 관한 이스라엘의 자기 이해는 자기 조상들의 친족관계, 우정관계, 적대관계에 대한 이해로 나타난다. 민담 전승이 걷는 길은 다음과 같다. 모든 집단, 모든 민족, 모든 형태의 인간 공동체는 –여기에 이스라엘도 포함된다– 단일 또는 다수의 가상의 조상들로 거슬러 올라간다. 이 조상들이 그들을 대표하는 집단 이름을 가지고 있다면 우리는 그 조상들을 시조(에포님)라고 부른다. 이 시조는 민족들의 친족관계와 그들 간의 공통점과 차이점을 조상들의 족보

형태로써 기술할 수 있게 해주고, 한편으로는 조상들의 우정과 적대감에 대한 민담으로써 이야기할 수 있게 해준다. 그 배후에는 고대에, 특히 오리엔트 고대에 깊이 뿌리 박힌 계보적 사고가 자리하고 있다. 즉 거시적 인간관계를 미시적 인간관계의 유비에 따라 이해하고 일목요연하게 보여주고자 한다는 것이다.[1] 이것은 민족이나 인간세계라는 거대우주를 소우주적으로 관찰하는 방식이며, 역사적 현상과 흐름의 다양성을 단순하고 피상적으로 요약한 것이다. 부족 및 친족 연맹이 갖는 의무가 고대 오리엔트 민족들과 또 이스라엘의 사고에 훨씬 깊이 뿌리내리고 있다. 이 의무는 그들의 의식을 규정하고 서로 얽혀 있는 역사적 과정들을 세계(世系), 우정관계, 적대관계와 같이 단순한 형태로 드러낸다.

만약 이런 관점 아래에서 여기서 제기된 구약성서 전승들을 면밀히 살펴본다면, 먼저 눈에 띄는 것은 이스라엘이 팔레스티나의 가나안 민족들과 가능한 한 관계를 맺지 않으려고 하는 경향이다. 이는 창세기 10장(P/J)의

---

[1] 족보와 족보의 사상에 대하여: I. H. Chamberlayne, Kinship Relationship among the Early Hebrews. Numen 10 (1963) 153-164; L. Ramlot, Les généalogies bibliques: un genre littéraire oriental. Bible et Vie Chrétienne 60 (1964) 53-70; A. J. Brawer, Demographie im Pentateuch. Beth Miqra 12 (1966/67) 17-31; M. D. Johnson, The Purpose of the Biblical Genealogies. Society for New Testament Studies, Monograph Series 8 (1969, 19882); R. R. Wilson, The OT Genealogies in Recent Research. JBL 94 (1975) 169-189; idem, Genealogy and History in the Biblical World. Yale Near Eastem Researches 7 (1977). 다음도 참고하라. F. V. Winnett, The Arabian Genealogies in the Book of Genesis. Translating and Understanding the OT, Essays in Honor of H. G. May (1970) 171-196; R. A. Oden, Jacob as Father, Husband, and Nephew: Kinship Studies and the Patriarchal Narratives. JBL 102 (1983) 189-205; R. B. Robinson, Literary Functions of the Genealogies of Genesis. CBQ 48 (1986) 595-608; W. E. Aufrecht, Genealogy and History in Ancient Israel. Ascribe to the Lord, Biblical and other Studies in Memory of P. C. Craigie. JSOT, Suppl. OT 67 (1988) 205-235; K. Friis-Plum, Genealogy as Theology. SJOT 2,1 (1989) 66-92; G. A. Rendsburg, The Internal Consistency and Historical Reliability of the Biblical Genealogies. VT 40 (1990) 185-206.

"열국 족보"를 보는 하나의 시각을 보여 준다. 이 족보는 홍수 재앙 이후 민족들, 땅, 도시에 따라 분류된 인류의 재편을 대상으로 하고 있다.[2] 인류의 새로운 시작은 홍수를 이겨낸 노아와 그의 세 아들, 즉 셈, 함, 야벳의 번성 결과로 이해된다. 셈은 엘람, 앗수르, 아르박삿, 룻, 아람을 낳는다. 함은 구스(=에디오피아), 미스라임(=이집트), 붓(=리비아), 가나안을 낳는다. 가나안은 다시 시돈, 헷, 여부스, 아모리, 기르가스, 히위, 알가, 신, 아르왓, 스말, 하맛을 낳는다.[3] 야벳은 고멜, 마곡, 마대, 야완, 두발, 메섹, 디라스를 낳는다. 열국 족보에는 민족의 세계가 특이하게 세 부류로 열거되고 있는데, -그것의 복잡한 세부적인 것에 대해서는 여기서 다루지 않겠다- 이는 언어적 혹은 인종적 친족관계에 근거하고 있는 것이 아니라(A. 슐뢰저, G. A. 아이히혼), 기원전 제2천년기 말의 고대 오리엔트 서남지역의 역사적-지리적 관계에 기인하고 있다.[4] 함은 이집트 신왕국을 대표하고, 야벳은 기원전 약 1200년경 멸망한 히타이트의 신왕국의 지역에 있었던 북쪽의 민족 집단을 대표하며, 셈은 고대 대제국들의 세력권 사이에 박힌 쐐기처럼 메소포타미아와 북부 중부 시리아 지역의 일부 민족들을 대표한다. 팔레스티나는 기원전 제2천년기 후반기에 이집트의 통치 아래 있었다. 이스라엘은 열국 족보에 나오지 않는다. 이스라엘은 나중에 계보적으로 셈을 그의 조상으로 인정하는 식으로 다뤄진다(창 11:10-26 P). 이스라엘이 이 본래의 정치·지리적 목록을 자기의 것으로 삼았다는 것에서 알 수 있는 것

---

[2] Cf. W. Brandenstein, Bemerkungen zur Völkertafel der Genesis. Fs A. Debrunner (1954) 57-83; J. Simons, The "Table of Nations" (Gen X): Its General Structure and Meaning. OTS 10 (1954) 155-184; J. M. Fenasse, La table des peuples, BTS 52 (1963); B. Oded, The Table of Nations (Genesis 10): a Socio-Cultural Approach. ZAW 98 (1986) 14-31.

[3] 이러한 방식의 나열에 대하여 위 66쪽 각주 1을 보라.

[4] 이런 관점은 처음으로, W. Spiegelberg, Ägyptologische Randglossen zum AT (1904).

은 그들이 노아에서 나온 다른 어떠한 인류보다도 가나안인들을 더 가깝게 느끼지 않는다는 것이다. 열국 족보에서 이스라엘과 가나안 간의 동질성은 최소화되고 분리는 최대화되고 있다.

이와 유사한 그림을 우리는 창세기 9장 18-27절(J)의 민담을[5] 관찰함으로써 얻게 된다. 노아가 대홍수 이후에 포도를 경작했다는 이야기이다. 노아는 술에 취해 천막에 누워 있었다. 노아의 아들 가나안은 노아를 보고 본문에 언급된 것보다 훨씬 더 많은 행동을 했을 것이다. 본문은 매우 소극적으로 기술되어 있어서 이에 대해서는 확실히 알 수 없다. 그러나 가나안의 형제들인 셈과 야벳은 급히 와서 자기 아버지의 벌거벗은 몸을 예(禮)에 맞게 가린다. 술에서 깨어난 노아는 자기 아들들에게 서로 다르게 저주와 축복을 내린다.

(25) 가나안은 저주를 받아 그의 형제의 종들의 종이 되기를 원하노라 하고
(26) 셈의 하나님 여호와를 찬송하리로다 가나안은 셈의 종이 되고
(27) 하나님이 야벳을 창대하게 하사 셈의 장막에 거하게 하시고 가나안은 그의 종이 되게 하시기를 원하노라

노아의 아들들이 열국 족보와는 달리 여기서는 모든 인류의 원조상으로 등장하지 않는다는 것은 자명하다. 가나안을 셈과 야벳의 종으로 그의 지위를 부여한 것은 창세기 10장에서 민족들을 감정을 담지 않고 구별하는 것과는 맞지 않다. 오히려 노아의 세 아들은 특정한 시대 한 지역 또는 같은 지역에서 나란히 함께 살았던 민족들을 대표한다. 셈은 이스라엘이다. 그는

---

[5]   Cf. L. Rost, Noah der Weinbauer [1953]. Das Kleine Credo etc. (1965) 44-53; A. van Selms, The Canaanites in the Book of Genesis. OTS 12 (1958) 182-213; F. W. Basset, Noah's Nakedness and the Curse of Canaan. VT 21 (1971) 232-237.

그 땅의 소유권과 통치권을 약속 받는다. 가나안은 가나안의 시조이다. 그는 형제권리가 박탈되고, 노예이며 신하이다. 야벳은 필리스티아(블레셋)를 대표한다. 그는 셈의 법적 보호 아래 있는 손님으로 산다. 민담이 어떤 관계를 나타내는지는 단순히 말하기 어렵다. 어떤 학자들은 이스라엘 땅 정복 당시 시리아와 팔레스티나의 전체 상황과 관계가 있을 것이라고 생각하였다(H. 궁켈, O. 프록쉬 등). 그러나 형성 중에 있는 이스라엘이 가나안인을 복속했다고 말할 수는 없다. 기껏해야 가나안인에 대한 이스라엘의 이론상의 주도권이 형성되었을 수도 있는 소위 사사 시대는 거의 개연성이 없는데, 왜냐하면 사사 시대에 필리스티아인과의 싸움이 시작되었기 때문이다(삿 13–16). 왕국 형성 시기는 필리스티아 전쟁 때문에 완전히 배제된다. 가장 개연성이 있는 것은 솔로몬 이후의 고대 왕정 시대이다. 늦어도 솔로몬 아래 가나안의 성읍국가들은 그들의 정치적 독립을 빼앗겼고 이스라엘과 유다 왕국에 병합되었다.[6] 가나안은 셈의 종이다. 그에 반해 다윗에게 항복하였던(삼하 8:1) 필리스티아인은 고대 왕정 시대에 독립을 되찾고 그때부터 이스라엘과 다소 평화적으로 공생한다. 야벳은 셈의 법적 보호 아래 있는 손님인 셈이다. 마지막으로 가나안이 야벳의 종이기도 하다는 것은 정착한 가나안 민족이 여러 도시에서 필리스티아 통치에 종속되었다는 것과 관련된다.

어쨌든 이스라엘은 가나안에 대하여 강한 이질감을 확대하고 고수해왔다. 거기에는 여러 이유와 특징이 있다. 가나안 문화는 중기 청동기의 전성기를 이미 지났으나 여전히 부유한 전통의 계승자요 높은 문명의 담지자였는데, 이 문화에 대한 이질감과 적대감이 분명 어떤 중요한 역할을 하였을 것이다. 이는 도시의 사회적 계층화와 귀족과 반자유적 하층민 간의 구별

---

6 아래 317-319쪽을 보라.

에 대한 자유민들의 멸시와 관계 있다. 특히 가장 오래된 이스라엘을 구성한 집단들 가운데, 가나안 여러 도시 출신의 사회적 계급이 없는 집단이 있었다면 잘 이해된다.[7] 게다가 우리는 이스라엘 사람들이 가나안의 전차 기술에 대해 가졌던 두려움(수 17:16, 18; 삿 1:19; 4:3,13), 그리고 무역과 장사에 대한 가나안의 관심에 대한 거부감을 생각해 볼 수 있다(사 23:8; 습 1:11; 슥 14:21). 예를 들면 문란한 성행위에 대한 끊임없는 비난이 보여주듯이(창 19:4-9; 34; 38; 레 18 외), 특히 음란하고 미풍양속이 결여된 가나안에 대한 거부가 눈에 띈다. 수많은 풍요 신이 있고 바알 제의의 혐오스러운 방종이 있는 가나안 종교에 대한 불신이 나타난다면,[8] 특히 가나안 종교에 대한 불신도 고려해야 한다. 이러한 불신의 원인은 끝없이 나열할 수도 있다. 이를 역사적 원인을 열거하는 것으로 오해해서는 안 된다. 그 의미하는 바는 이 불신의 원인이 다름 아닌, 이스라엘을 가나안인과 분리하는 이질감을 구체적으로 기술하고 있다는 것이다. 신명기에서도 매우 큰 편파성을 볼 수 있는데, 신명기의 땅 정복 이론에 따르면 팔레스티나의 가나안 원주민은 이스라엘이 약속의 땅에 정착하기 전에 멸절되어야 한다 (신 12:2-4,29-31; 18:14; 19:1-2 등).[9] 물론 그리되지 않았다. 오히려 시간이 흐르면서 이스라엘과 가나안은 다소 균형을 이루면서 병존하였다. 아니 오히려 혼합되고 융합되어 저항력을 다시 소진했다. 가나안과 이스라엘의 관계에 대한 문제는 포로기 이전의 전체 이스라엘 역사와 종교사에 있어서

---

[7] 위 56-61쪽과 아래 194-200쪽을 보라.

[8] 팔레스티나 땅의 가나안 민족과 아람 민족의 종교에 대하여 다음을 참고하라. H. Gese, Die Religionen Altsyriens. Die Religionen der Menschheit 10,2 (1970); H. Ringgren, Die Religionen des Alten Orients. ATD.E, Sonderband (1979) 198-246 (Westsemitische Religionen).

[9] Cf. G. Schmitt, Du sollst keinen Frieden schließen mit den Bewohnern des Landes. BWANT 91 (1970). 그러나 이 이론의 요소들을 이스라엘의 초기 시대로 끌어올리려는 설득력 없는 연대 설정 시도가 있다.

근본적인 것이 되었다.[10]

다른 한편 구약 전승은 이스라엘이 친족이라고 느낀 인구 집단과 민족이 있다는 것을 알게 해준다. 이것도 민담과 족보에 기록되었다. 창세기 11장 10-26절 제사장문서는 셈에서부터 이스라엘의 원래의 조상인 아브라함까지의 세대가 있다. 이 표의 최소한 세 이름은 상부 메소포타미아의 유프라테스강 만곡에서, 아브라함이 가나안으로 떠난 하란 도시 지역에 있는 지명으로 쐐기문자 본문에 증거된다(창 11:31; 12:4). 스룩(세루즈), 데라(틸 두라히), 나홀(나후르, 틸 나히리)이다. 아브라함의 형제는 나홀과 하란 둘이다. 이들은 많은 시조 집단의 조상이다. 나홀은 열두 아들을 두었다(창 22:20-24 J?), 그 가운데 하나는 그므엘(케무엘), "아람의 아버지"이다. 하란은 롯이라고 이름하는 아들을 두었다(창 11:27 P). 롯은 암몬족과 모압족의 시조인 암몬과 모압의 아버지이다(창 19:39-38 J). 아브라함은 세 명의 아내를 둔다. 사라, 이집트 종 하갈, 그두라이다. 아브라함은 그두라에게서 낳은 16명의 원아라비아 집단의 조상이 된다(창 25:1-4 J?). 그 가운데 미디안, 드단, 스바가 있다. 하갈은 아브라함에게 이스마엘을 낳아준다(창 16 P/J?). 이스마엘은 이스마엘 연맹에 속하는 열두 집단의 조상이다(창 25:12-18 P). 그 가운데 느바욧, 게달, 두마, 데마가 있다. 마지막으로 사라는 이삭의 어머니이다(창 21:1-7 J, E, P). 이삭은 에서와 야곱의 아버지이다(창 25:19-26 P/J). 에서로부터 에돔인(창 36)이 나오고, 야곱은 잘 알려져 있듯이 이스라엘의 열두 지파의 시조의 아버지이다.

우리는 이 모든 기록을 차별 없이 한 평면에 투영시키고 그 안에 특정한 역사적 시간의 관계들이 모사되어 있는 것으로 보는 실수를 저질러서는

---

[10] 이에 대한 요약은 W. Dietrich, Israel und Kanaan. Vom Ringen zweier Gesellschaftssysteme. SBS 94 (1979)을 보라.

안 된다. 이 기록들은 시간적으로 완전히 다른 여러 시기에서 유래하는 것일 뿐 아니라, 또한 완전히 다른 문학적 연관성에서 나온 것이며(주로 J와 P) 상이한 역사적 무게를 지니고 있다. 이들 가운데 많은 것은 지식인들의 생각의 산물일 것이다. 본문이 후대면 후대일수록 이러한 가능성은 더욱 크다. 하나의 예로 충분할 것이다. 동요르단의 에돔인, 모압인, 암몬인들은 이미 기원전 제2천년기의 마지막 두 세기에 그들의 땅에 들어온 것으로 보이며 거기서 바로 왕국을 형성한 반면에,[11] 원 아라비아 연합국 "이스마엘"(쐐기문자 문헌에는 <슈무일>)은 빨라야 기원전 8세기 말부터 기원전 6세기까지 또는 이보다 더 전에는 생기지 않았다.[12] 그러나 이러한 역사적 차이들과는 상관없이 계보적 연관관계라는 기본 사상은 이스라엘 의식의 공동자산이다. 이스라엘은 자신들이 북쪽 및 북서쪽 아라비아에 있는 수많은 "셈족" 민족, 지파, 집단과 가깝다고 또 부분적으로는 매우 가깝다고 생각했다.[13] 이러한 현상에는 역사적 사실관계가 그 근저에 있다. 이 민족들의 공통점에 주의를 기울이면 역사적 사실관계를 알 수 있다. 이들은 역사적으로 거의 모두 기원전 약 1200년경에 또는 그 이후에 등장하였고, 원-아라비아인들은 심지어 기원전 제1천년기 전반기에 등장했다. 그들은 근동의 고대 문명 민족들보다, 특히 "함족"과 "야벳족"보다도 훨씬 어리다. 그들 가운데 많은 이들이, 예를 들면 시리아의 아람인들과 같은 다른 민족들이 거주하고 통치권을 행사했던 지역들에서 일찍이 자리를 잡았다. 다른

---

[11] 아래 269쪽 각주 1을 보라.

[12] Cf. E. A. Knauf, Ismael. Untersuchungen zur Geschichte Palästinas und Nordarabiens im 1. Jahrtausend v. Chr. ADPV (1985, 1989²). 여기서도 창세기 25:12-18의 이스마엘 목록에 대한 근본적인 편집이 있다(58-64쪽). 그 밖에 I. Eph'al, The Ancient Arabs. Nomads on the Borders of the Fertile Crescent 9th-5th Centuries B. C. (1982).

[13] 야곱(=이스라엘)과 에서(에돔)은 쌍둥이이다! Cf. B. G. Boschi, Tradizioni del Pentateuco su Edom. RiBi 15 (1967) 369-383; J. R. Bartlett, The Brotherhood of Edom. JSOT 4 (1977) 2-27.

이들은 유목민이었거나 아니면 유목민의 요소를 수용하였다. 가령 이스마엘인은 "원-베두인의" 생활방식을 발전시켰다. 그런고로 이 모든 민족을 서로 연결해주는 근본적인 세 가지 공통점은 그들의 "유년 시대", 지역적인 분포, 그들의 유목 생활 연관관계이다. 이 이론적 대집단 가운데 비교적 가장 오래된 지엽들은 기원전 12/11세기에 메소포타미아 문명지(농경지)의 변두리를 불안하게 하였다. 그들은 <아라무> "아람인"이라는 총칭 아래 아시리아 왕 티글랏빌레세르 1세(1115-1076)의 비문에 등장한다. 언어적·문화적으로 현저한 공통점을 가진 이동이지만 이를 잘못 이해해서는 안 된다. 이 모든 집단이 계절이동목축 과정을 거쳐 시리아-아라비아 광야에서 이동하여 비옥한 초승달 지대의 농경지에 정착했다는 이전에 대표되던 입장은 포기되어야 한다. 이 이동의 원인은 먼저 농경지 자체에서의 민족들의 변화였을 것이다. 즉 당시 경제적 위기 상황에서 이주해오거나 사회적으로 몰락한 집단들이 등장하고 이어 이들이 대다수를 차지하게 되었다는 것이다. 이 집단 가운데 많은 이들은 초원과 광야의 변두리 지역으로 밀려났다. 이들은 이제 막 농경에 뿌리를 내리고 고대 농경지 민족들에 대한 지배권을 갖기 시작한 목축농부들, 산지유목민들, 자립한 목축업자들이다. 이것은 —넓은 공간에서 활동하는 <샤슈> Šāśw-유목민의 유형에 따라[14]— 광야에서 온 유목민 집단의 이주를 전혀 배제하지는 않는다. 광야의 황무지에서 농경지로의 이동을 열망한 "아람 민족의 이동"이란 것이 분명 없었던 것은 아니다. 기원전 제2천년기 전반부에 특히 메소포타미아의 농경지에 정착하였고, 예를 들면 마리 텍스트에서 구체적으로 알 수 있는 아람인의 언어적, 문화적, 심지어는 인종적 친족관계를 여기서 밝힐 수는 없다. 마르틴 노트는 그들을 "원-아람인"이라 부르기를 제안하였다.[15] 그럼에도 불구하고 본

---

[14] 이에 대하여 M. Weippert, Scheideweg, 88-89, n.39는 비판적이다.

문들의 서셈어적 기반은 언어학적으로 옹호받는 것보다 아람어와 더 밀접한 연관성이 있다. 이 집단들은 기원전 제2천년기 말의 아람인과 구별하는 것이 좋을 것이다.

어쨌든 이스라엘은 제2천년기 후반기 아람인과[16] 또 제1천년기 전반기의 원-아라비아인과 친족관계라고 생각했다는 것은 매우 분명하다. 만일 우리가 족보로 된 전승을 역사로 변형시킨다면, 아람인과의 연관성은 나중에야 근동 오리엔트의 역사에 발을 들여놓은 원-아라비아인들과의 연관성보다 더 밀접해진다. 아람과의 친족관계는 구약성서의 족보가 아닌 본문에서도 언급된다. 창세기 11장 31-32절과 12장 4-5절(P)은 아브라함이 하란에 체류하고 또 유프라테스강 유역에 있는 도시, 아람인의 역사에서 중요한 역할을 한 하란에서 나왔다고 보도한다. 창세기 24장 3-4,10절(J)은 아브라함이 그의 아들 이삭을 위해 가나안 여자가 아니라 본토의 자기 "친족"(mōledet)에서 데려오게 한다. 그곳은 아람 나하라임이다. 같은 내용이 나중에 야곱에게서도 반복된다(창 27:46–28:9 P). 신명기 26장 5절의 소위 "작은 역사적 신앙고백문"(G. 폰라트)의 고백 양식은 다음과 같이 시작한다. "나의 조상은 멸망에 바쳐진 (또는 방랑하는?) 아람 사람으로서 …". 친족관계는 족보적 사고의 범주 안에서 표현된, 다름 아닌 공동소속감을 말한다.

구약성서의 전승은 이스라엘이 동떨어져 있다고 느낀 민족들에 대해서

---

[15] Noth, PN 41-49; Die Ursprünge des alten Israel im Lichte neuer Quellen [1961]. ABLAK 2,245-272에서 수정함. 이에 대하여 비판적인 입장은 D. O. Edzard, Mari und Aramäer? ZA 22 (1964) 142-149. Cf. F. Healey, Ancient Aramaic Culture and the Bible. ARAM Periodical 1.1 (1989) 31-37.

[16] 아람인에 대하여 Cf. S. Schiffer, Die Aramäer. Historisch-geographische Untersuchungen (1911); R. T. O'Callaghan, Aram Naharaim. AnOr 26 (1948); A. Dupont-Sommer, Les Arameens. L'Orient Ancien Illustré 2 (1949).

는 물론 아람과 다른 친족들에 대하여도 현저한 동질감을 소유했다는 것을 의심하게 하지 않는다. 그들은 친족이지만 이스라엘이 제한 없이 연대감을 느낀 그런 친족은 결코 아니다. 이것은 역사적으로 "아람인"이라는 대집단에 속하는 다른 구성 집단들과 경계 짓고 분리하는 과정이었다고 거꾸로 추론해 볼 수 있다. 그 이유는 단지 추측에 지나지 않는다. 사실관계는 소위 창세기의 결별 민담에 담겨 있다. 이 모든 결별 민담은 한 족장이 다른 친척과 결별하는 데로 귀결된다. 창세기 13장(J/P; 아브라함이 롯과 결별), 31장(J/P; 야곱이 라반과 결별), 그리고 33장 1-16절(J/E; 야곱이 에서와 결별)이다. 결별 민담은 아니지만 동일 선상에 있는 것은 창세기 19장 30-38절(J; 암몬인과 모압인의 근친상간에 의한 기원), 그리고 25장 27-34절과 27장 1-45절(J; 야곱과 에서의 장자권 갈등)이다. 이 민담에서는 이스라엘의 경계 짓기와 자기 독립 선언이라는 복잡한 절차가 매번 가족사로 축소되어 있다. 그 근거를 알기 위해서는 셋째 족장인 야곱의 가족 관계에 주목해야 한다. 그에게는 네 명의 여자가 있다. 아내로는 아람 여자 레아와 라헬이 있고, 첩으로는 그들의 여종인 실바와 빌하가 있다. 그들로부터 야곱은 열두 아들을 얻는데 그들의 이름은 후대 이스라엘 열두 지파의 이름과 동일하다(창 29:32–30:24 J/E; 35:16-18 E; 35:22b-26 P). 그들은 두 집단을 이룬다. 하나는 레아의 아들들(르우벤, 시므온, 레위, 유다, 잇사갈, 스불론)과 그녀의 여종 실바(갓, 아셀)이고, 다른 하나는 라헬의 아들들(요셉, 베냐민)과 그의 여종 빌하의 아들(단, 납달리)이다. 시조(始祖)를 두 번씩이나 두 어머니에게로 귀속시키는 것은 역사적 의미를 갖는다. 주의를 기울여 조심스럽게 관찰하는 것이 바람직하다. 이스라엘을 열두 지파로 나누고 그들의 시조를 여러 명의 어머니에게로 귀속하는 것은 완전히 성립된 이스라엘을 전제한다. 완전한 체제는 이스라엘의 초기까지 거슬러 올라가지 않는다. 여기서 추론되는 것은 족보를 통한 추정 가능성을 고려해야 한다는 것이다. 소속감에 대한 일체의 선언이 역사적 실제 상황을 족보를 통해 묘사하고 있다고 단순하게 받아들여서는 안 된다. 학습된 재구성을 생각해 볼 수 있다. 다른 한편, 이 모든 것을 단순히 가장 오래된 이스라엘의 실제 역사와는 아무것도 맞지 않는 후대의 재구성으로 여기지 않을 이유가 있다. 체제의 형태 자체는 사색이나 재구성이 무엇보다도 첩들의 아들들에게 중요했을 것이라는 추측을 허락한다. 논의를 더 발전시키기 위하여 땅 정복 이후 이스라엘 지파들의 지리적 분배에 대한 관찰이 필수적이다.[17]

두 집단에서 핵심이 되는 두 지파, 즉 라헬의 아들 요셉과 베냐민은 땅 정복 이후에 중앙팔레스티나 산지의 북쪽 부분에 서로 이웃하여 거주한다. 그들은 에브라임 산지와 사마리아 산지에서 하나의 블록을 형성하고 거주하는데 여기서 요셉은 에브라임과 므낫세라는 하위 집단으로 나뉘어 등장한다(창 41:50-52; 48). 그들이 같은 어머니 한 사람으로부터 유래한다는 사실은 당연히 이름 베냐민, 즉 "오른손의 아들, 남쪽의 아들"보다 훨씬 더 요셉의 기원을 나타낼 것이며 두 지파의 공동체 의식은 이런 방식으로 강조된다. 그러나 여기에 빌하의 아들 단과 납달리는 어울리지 않아 보인다. 단은 북쪽 고지, 헤르몬산 어귀에 거주하고, 납달리는 동쪽 상부 갈릴리에 거주한다. 이제 단이 땅 정복 첫 단계에서 베냐민의 서쪽으로 산과 산지에 근거지를 마련하려고 시도한 것을 볼 수 있다(삿 1:34-35; 13-16; 18; 수 19:40-48). 이 시도는 실패하였다. 단은 어쩔 수 없이 이주하였다. 그러니까 단은 처음부터 라헬의 아들들과 실제로 직접 이웃해 있었다. 납달리에게서는 그와 같은 것을 인지할 수 없다. 여기서 우리는, 단으로부터 관찰하자면, 납달리가 두 번째로 가장 가까이에 위치한 갈릴리 지파였다는 사실로 인해 촉진된 족보적 발생을 염두에 두어야 할 것이다!

---

[17] 세부적인 것에 대하여 아래 202쪽 이하를 보라.

이러한 사안은 첫 번째 그룹에서 –레아의 아들 르우벤, 시므온, 레위, 유다, 잇사갈, 스불론– 훨씬 더 어렵다. 유다는 중앙팔레스티나 산지의 남쪽 부분에 거주하고, 시므온은 –적어도 이론적으로– 남쪽으로 유다에 이웃하였다. 망설여지긴 하지만, 우리는 이 두 지파를 거주지 블록으로 칭할 수 있다. 그러나 다른 지파들은 멀리 흩어져 있다. 르우벤은 사해의 북동쪽으로 동요르단 땅에 있고, 잇사갈과 스불론은 하부 갈릴리의 동서쪽에 있지만, 레위는 땅을 전혀 소유하지 않는다. 여기에 실바의 아들들이 추가된다. 갓은 르우벤의 남쪽으로 동요르단 땅에, 아셀은 서쪽 상부 갈릴리에 위치해 있다. 이는 족보적 구성을 가정하지 않고는 해결할 수가 없다. 적어도 우리는 창세기 34장(J)을 도외시해서는 안 된다. 이에 따르면 야곱과 그 가족은 가나안 도시인 세켐 지방, 즉 사마리아 산지의 심장부에 체류한다. 거기서 야곱과 레아의 딸 디나가 세켐 성읍 영주의 아들에게 성적인 수치를 겪는다. 세켐 사람들은 나중에 사태를 정상화하려고 온갖 수단을 다 쓴다. 그들은 야곱의 대가족에게 자기들과 세켐에서 영원히 함께 살 것을 제안한다. 야곱의 가족은 부족함없이 살 것이며 땅을 소유하며 장사를 할 수 있고 가나안 여자들과 결혼하게 될 것이다. 즉 **상업거래와 결혼**이다. 여기서 더는 상세히 다룰 수 없지만 이러한 제안에도 불구하고 이 일은 살인과 급습으로 끝난다. 여기서 눈에 띄는 것은 25절부터 시므온과 레위가 야곱의 유일한 아들로 언급된다는 것이다. 왜 바로 그들이 언급되는 것일까? 이것은 이 민담이 본래 이 두 지파에게만 해당되는 것일 때, 이 민담이 시므온과 레위 지파 역사의 단편을 민담 형태로 이야기할 때만 의미를 갖는다. 실제로 시므온과 레위는 땅 정복 초기 단계에 세켐 지역에 정착하려고 하였던 것일까? 그렇다면 그들은 베냐민의 서쪽에 있는 단과 마찬가지로 이 일에 실패했던 것일까[18]? 우리는 이에 대해 알 수 없다. 그러나 이 가정은 여러 가지 것을 설명해준다. 시므온과 레위가 땅 정복에 실패한 지파라는 것과 레아의 아들인 잇사갈과 스불론의 위치를 말이다. 왜냐하면 시므온과 레위가 원래 언젠가 중앙팔레스티나 산지의 북부에서 유목을 하였다면, 유다와 하부 갈릴리 지파들 사이의 빈틈이 메워지기 때문이다. 레아의 아들들은 지역적으로 함께 정복해 나아갔다. 하지만 이러한 고찰은 르우벤에게는 적용되지 않는다. 그는 일반적인 예를 벗어나 있다. 레아 아들 중 맏이라는 그의 위치는 다름 아닌 사색의 산물인 것일까? 이 가정은 르우벤이 동요르단 땅에 거주하기 때문에 어려울 뿐만 아니라 특히 그가 이미 일찍이 중요성을 잃어버렸음에도 불구하고 계속하여 야곱의 장자로 간주되었기 때문에 어렵다.[19] 르우벤의 실제적인 의미 상실과 조직에서의 그의 역할 사이의 불일치는 후대의 재구성이라는 가정을 통해서는 전혀 해결될 수 없다. 이것은 오히려 역사적인 원인들을 추정하게 한다. 우리가 그것을 인지하지 못할 뿐이다. 실바 아들들의 배치는 결국에는 족보적인 사고에서 비롯한다. 그들 모두는 레아의 아들과 이웃한다.

추측으로 끝나버릴 위험이 없지는 않지만 한 걸음 더 나아가 보자. 시므온과 레위가 정말로 사마리아 산지에 거주하였고 유목을 하였다면, 라헬 지파들이 그 시대에 거기에 있었다는 것은 개연성이 매우 부족하다. 시므온과 레위가 아마 실패하여 물러갔을 때 그들이 등장하였다는 것이 훨씬

---

[18] 비판적이고 소극적으로 L. Wächter, Die Bedeutung Sichems bei der Landnahme der Israeliten. Wiss. Zeitschrift der Universität Rostock 17 (1968) 411-419. 그 밖에 다음도 참고하라. S. Lehming, Überlieferungsgeschichte von Genesis 34. ZAW 70 (1958) 228-250; A. de Pury, Genese XXXIV et l'histoire. RB 76 (1969) 1- 49. 창세기 34장에 대한 서로 다른 평가는 이 장이 얼마나 어려운 본문인지를 보여준다. 예를 들면 B. J. Diebner, Gen 34 und Dinas Rolle bei der Definition „Israels". DBAT 19 (1984) 59-75는 포로기 이후로 간주하고, N. Wyatt, The Story of Dinah and Shechem. UF 22 (1990) 433-458는 후리어-원인도아리아어 유래와 이차적인 이스라엘화를 검토한다.

[19] 아래 80, 225-226쪽을 보라.

더 개연성이 높다. 그것이 옳다면, 이로부터 가장 초기 이스라엘이 형성되는 두 단계를 추론할 수 있다. 첫 번째 단계에 지파로 그리고 마침내 레아 지파 집단들로 형성된 유목민화하는 집단이 등장하였다. 두 번째 단계에 라헬-지파 집단의 형성이 이어진다. 지파들과 지파 집단들의 형성과 땅 정복, 이 두 가지는 하나의 그리고 동일한 사안의 양면이다. 라헬이 레아 뒤에 배정되었다는 것은 야곱 이야기의 흐름에서도 나온다. 야곱은 본래 라헬 집단의 족장이었음에도,[20] 그는 사랑하는 라헬을 부인으로 맞이하기 전에 먼저 사랑스럽지 않은 레아를 아내로 얻는다(창 29:1-29). 여기서부터 더 나아가 레아 "소"와 라헬 "어미양"의 이름을 여러 경제 형태를 암시하는 것으로 해석하지 않는 것이 좋다.[21] 왜냐하면 소 목축과 양 목축을 각각 정착한 농민과 비정착민 유목민에게 귀속시키는 것은 도식적으로나 그 사실에 있어서나 옳지 않다. 여기서는 땅 정복 이론도 가정되어 있는데 이는 수정할 필요가 있다.[22] 동물의 이름을 인명으로 사용하는 것은 셈어 이름 자료에서는 매우 흔한 일이다.[23]

이 모든 것은 이스라엘이 스스로를 자신의 "아람 친척들"과 구분한 이유에 대한 질문에 여전히 답을 주지 못한다. 족장 야곱의 시조(에포님) 가족과 아들들을 네 명의 어머니로부터 복잡하게 유래시키는 것은 다름 아닌 한 조직 체계의 족보적인 기록이며 이를 통해 "이스라엘"이라는 집단을 구분하면서 파악하고 이해하고자 한 시도임이 분명하다. 역사가는 어느 시대에 이러한 조직이 유래한 것인지 대답할 의무가 있다. 대답은 믿는 것보

---

[20] 아래 107쪽을 보라.
[21] 이것이 이전에는 두루 일반적인 것이었다. Cf. Noth, PN 10.
[22] 아래 189-190쪽을 보라.
[23] Cf. Th. Nöldeke, Beiträge zur semitischen Sprachwissenschaft (1904, repr. 1982) 73-90; Noth, PN 229-30.

다 더 어렵다. 왜냐하면 이 조직이 형성 중에 있거나 이미 형성된 이스라엘의 역사적 실상에 완전히 맞아떨어진 시대는 없기 때문이다. 이 조직은 지파들의 공동소속 관계는 처음부터 존재했으며 근본적으로 변경되지 않은 채 남아 있었다고 가정한다. 이는 분명 보수적인 성격을 지닌다. 이것은 예컨대 레아 지파들의 공동소속을 보존하고 있다. 비록 이들이 땅 정복이 끝난 이후에는 지리적으로 –중앙 산지의 남쪽에, 하부 갈릴리에 그리고 동요르단 땅에– 흩어졌으며 또 이들을 서로 연결해주는, 어떤 인지할 만한 공통점을 갖고 있지 않음에도 불구하고 말이다. 게다가 이 조직 체계는 이미 일찍 멸망의 길로 접어들어 그 운명이 이스라엘 역사에서 잘려나가게 된 매우 허약한 지파들, 르우벤, 시므온, 잇사갈, 갓도 보존하고 있다. 이 지파들은 결국에는 함께 나열될 뿐만 아니라 그 가운데 소수는 이 조직 체계에서 상위 자리들을 차지하고 보존하였다. 마지막으로 이 조직 체계는 야곱이 레아에게서 얻은 셋째 아들로서 어쨌든 좋은 위치를 점하고 있는 레위 지파를 보존하고 있다. 비록 이 지파가 땅 정복을 전혀 수행하지 않았고, 우리가 이 지파는 가상적 존재라고 설명할 정도로 다른 지파들과는 그다지 비교될 만하지 않음에도 말이다. 다시 말하면, 이 조직 체계가 그리고 있는 이스라엘은 전혀 존재하지 않았다. 땅 정복 이전에 이 조직 체계는 생겨나지 않았다. 왜냐하면 그것은 그 체계 안에 파악된 지파들 모두가 팔레스티나에서 동시에 유목 생활을 했던 때는 없는 것으로 보이기 때문이다. 더구나 땅 정복 이후에도 형성되지 않았을 것이다. 왜냐하면 이 체계 안에 담겨 있는 고대적 특징은 땅 정복 과정의 결과를 결코 사실적으로 모사하고 있지 않기 때문이다. 그렇다고 이스라엘 역사의 후대 시기에, 가령 왕정 시대나 포로기 이후 시대에 나온 족보식의 허구도 아닐 것이다. 왜냐하면 허구는 생성 시기의 관계를 적어도 개략적으로나마 고려하려고 하기 때문이다. 그래서 땅 정복 과정 자체만이 남는다. 이 조직 체계는 땅 정복 과정에서 단계적으로 생겨났다. 이것은 곳곳에 자기의 흔적을 남긴 복잡한 역사적 과정을 체계화하고 보존시킨 결과이다. 동시에 그것은 상당한 정도의 역사적 능력이기도 하다. 발생기에 윤곽이 잡히고 결국에는 형성된 역사적 조직 체계를 어느 정도 계속 써나가서 확정하고 족보로 설명하는 시도이다.

어떤 역사적 조직 체계일까? 무엇이 이 조직에서 열둘이라는 수 아래 연합된 집단을 묶고 있을까? 무엇이 그들을 다른 집단과 구별해주는 것일까? 이러한 것은 바로 이스라엘 열두 지파 연합의 본질에 대해 묻는 것이다. 이것은 끊임없이 고찰하고 자주 토의해온 매우 어려운 질문으로서 이스라엘 역사에 관한 학문적으로 가장 어려운 질문이다. 왜냐하면 이것은 이스라엘의 대상의 본질에 대한 질문이기 때문이다. 이 질문이 마지막까지 만족스럽게 대답할 수 없는 것이라고 지금 미리 단정하는 것은 솔직하지만 그렇다고 그다지 고무적인 것도 아니다.

지금까지 가장 포괄적이고 20세기에 가장 영향력이 있는 대답은 마르틴 노트가 제시해주었다.[24] 그는 이 조직 체계의 열둘이라는 구성원의 수가 매우 끈질기게 고수되고 있다는 사실, 즉 그 복잡성에도 불구하고 역사적 사실이라는 데서부터 출발한다. 전체적으로 두 형태 체계를 인지할 수 있다. 하나는 레위와 요셉으로 시작하는 소위 표준적인 것이며, 다른 하나는 레위가 나오지 않고 그 대신 에브라임과 므낫세가 각각 산입되는 문학적으로 후대(민 26:4bβ-51)의 것이다.[25] 이 체계에서 근본적인 것은 분명히 숫자 열둘이다. 열둘 또는 여섯 지파로 집단화하는 것은 이스라엘의 경우 이것

---

[24] M. Noth, Das System der zwölf Stämme Israels. BWANT IV, 1 (1930, repr. 1980).
[25] 실제로 사안은 훨씬 더 복잡하다. 다음의 개관을 참고하라. K. Namiki, Reconsiderations of the Twelve-Tribe System of Israel. AJBI 2 (1976) 29-59; P. Capelli, Note sul sistema delle dodici tribù di Israele nel libro dei Numeri. Egitto e Vicino Griente 7 (1984) 125-135; Z. Kallai, The twelve-tribe systems of Israel. VT 47 (1997) 53-90.

외에도 구약성서에 더 나오는데, 나홀에게서 나오는 아람인 열두 지파(창 22:20-24), 원 아라비아의 여섯 지파, 그두라의 아들들(창 25:1-4), 이스마엘 열두 지파(창 25:13-16), 세일의 호리인의 여섯 지파(창 36:20-28)가 그것이다.[26] 열두 동맹체와 여섯 동맹체는 평행 요소로 인용할 수 있다. 어떤 원인이 이 집단들을 결속하게 했는지 또는 결합의 동기를 알려주는 거룩한 완전수에 대한 사변적 원칙이 여기저기에 있지 않은지에 대해 이 목록들은 유감스럽게도 알려주지 않는다. 그래서 노트는 구약성서 밖과 오리엔트 밖의 유비를 일별해 보았다. 그러한 유형의 집단화가 고대 지중해 세계 쪽에 특히 에게해-그리스 지역에 있었다. 이 유비들은 이스라엘로부터 멀리 떨어져 있고 상당히 후대의 것이기는 하지만, 그 본질과 기능 그리고 공통점에 대한 더 정확한 정보라는 장점을 가지고 있다. 그것은 공동의 중앙성소의 제의 확립을 목적으로 한 지파들이나 도시들의 연합이다. 고전 고대 역사학은 이러한 유형의 연합에 대하여 그리스 모델에 따라 "암픽트요니"(*Amphiktyonie*), 다시 말해 "(중앙성소 둘레에) 거주하는 이들의 공동체"라는 '인보동맹' 개념을 도입하였다. 그러한 연합으로는[27] 다음과 같은 것이 있다. 처음에는 열둘의 멤버로 구성되었다가 나중에는 24멤버로 구성된 필레-델피-아폴로-암픽트요니, 열둘을 유지하기 위해 한 지파가 추방되어야만 했던, 포세이돈에게 봉헌된 파니오니온 성소 주변의 이오니아 지파의 12동맹, 마찬가지로 공동의 포세이돈 제의를 가진 아카이아의 도데카폴리스(12개의 도시), 그리고 볼제너 바다에 볼툼나 성소가 있는 에트루리아의 열두 민족 등이다. 결정적인 것은 중앙성소의 존재이다. 숫자 12, 24 또는

---

[26] 이에 대하여 Cf. Weippert, Edom 442-443, 449-451. 마르틴 노트는 창세기 36:10-14의 에서족(Esaviden)의 족보도 여기에 두어야 한다고 생각했다. 그러나 그것은 맞지 않다. Cf. Weippert, Edom 451-453.

[27] 자료는 M. Noth, Ibid, 47ff.에 있다.

6은 암픽트요니의 멤버들이 중앙성소를 관리하기 위해 그 리듬에 따라 한 달마다, 보름마다, 또는 두 달마다 교대로 참석하는 것과 연관 있을 것이다. 암픽트요니는 공동 제의를 넘어서는 정치적 의도나 제도는 갖지 않았다. 모든 지파 혹은 모든 도시는 자신들의 고유한 감독 아래 정치적 사안을 다루었다. 마르틴 노트는 그리스-이탈리아의 암픽트요니 모델을 이스라엘의 열두 지파 체제에 적용하였다. 이때 구약성서에서 계속 나타나는 분명한 증거에 따르면 이스라엘의 지파들을 통합시키고 다른 사람들과 구별하였던 것은 야훼 신앙이었다는 것이 그의 생각과 맞아 떨어졌다. 당연히 이스라엘의 종교적 지파 연합의 역사적 진행 과정과 변화 과정을 고려해야 한다. 이러한 과정은 체계 안에 있는 흔적이 암시해주고 있다. 레아 지파 경우 여섯이라는 숫자가 고집스럽게 견지되는 점이 눈에 띈다. 레위가 빠지고 그 대신 에브라임과 므낫세가 각각 산입된, 문학적으로 후대의 체계에서 갓이 레위의 자리에 대신 들어와 있다. 아마도 레아 아들의 수가 여섯이라는 것을 포기하지 않기 위함일 것이다. 레아 지파의 땅 정복이 라헬 지파의 땅 정복보다 더 일찍 이루어졌다는 것을 감안하면, 레아 지파가 열둘-암픽트요니의 형성 이전에 언젠가 여섯-암픽트요니로 조직되어 있었을 것이라는 것을 추측게 한다. 이것은 일종의 이스라엘의 최종 암픽트요니의 전 단계이다. 암픽트요니의 중앙성소는 야훼의 궤였다. 보이지 않는 하나님 왕좌의 대좌로 기능하는 것으로 운반용 막대기가 달린 상자이다.[28] 아마도 본래는 유목민의 고대 이동성소였을 것이다.[29] 그럼에도 불구하고 땅 정복 이후에는 암픽트요니의 중심이 된 제의처에 봉안되었다. 그러나 여기서 어려움이 발생한다. 왜냐하면 야훼의 궤가 봉안된 장소는 시간이 흐르면서

---

[28] M. Metzger, Königsthron und Gottesthron. AOAT 15,1 (1985) 352-365도 같은 견해이다. 궤와 그것의 운명에 대하여 아래 316-317쪽을 참고하라.

[29] Cf. 출 25:10-22 평행 본문 37:1-9 P^s; 민 10: 35-36; 렘 3:16-17.

여러 번 교체된 것으로 보이기 때문이다. 노트의 견해에 따르면 궤는 먼저 당시 세켐(텔 발라타)에 있는 고대의 가나안 신탁성소에 있었다. 하지만 이것은 신명기 사가의 여호수아 8장 30-35(33)절에서만 분명히 증거하고 있다. 그러나 노트는 그것을 신명기 11장 29-30절과 27장, 그리고 여호수아 24장[30]에서도 끌어낼 수 있다고 믿었다. 게다가 그는 야훼가 바로 세켐 지역에서 "엘 (또는 야훼), 이스라엘의 하나님"이라는 이름으로 숭배되었다고 생각하였다(창 33:20; 수 8:30; 24:2,23). 나중에 궤는 예리코의 길갈에[31] (수 3–4) 또 베델(베틴)에 있었다. 후자의 경우에 대해서는 사사기 20장 26-28절을 참고하라. 창세기 35장 1-7절(E/P)을 참고해도 될 것이다.[32] 마지막으로 궤는 필리스티아인에게 빼앗기기 전 실로(히르벳 셀룬)의 성소에 있었다(삼상 1–3; 특히 3:3; 4).[33]

이스라엘의 열두 지파 동맹을 암픽트요니로 해석한 것은 대단한 구상이었다. 이것은 이스라엘 지파들의 공동의 의식을 형성한 것이 무엇인지를 이해하게 해주었다. 그러니까 제의적·종교적 제도로 말이다. 하지만 마르틴 노트는 이것은 하나의 가설일 뿐 사정에 따라 아무것도 아닐 수 있다는 반론을 완강히 거부하였다. 이것은 즉각 잊힌 것은 아니지만 다음 시대에 그다지 관심을 끌지 못하였다. 설명 모델에 대한 열광은 이 모델이 점점

[30] Cf. J. L'Hour, L'Alliance de Sichem. RB 69 (1962) 5-36, 161-184, 350-368; H. Weippert, ZDPV 94 (1978) 167-176; S. D. Sperling, Joshua 24 Re-examined. HUCA 58 (1987) 119-136. 확실히 하기 위하여 다음도 참고하라. E. Nielsen, Shechem: A Traditio-Historical Investigation (1959²).

[31] 길갈은 아직도 그 위치가 밝혀지지 않았다. 새로운 제안은 예리코 북동쪽으로 약 1.7km 떨어진 곳에 위치한 수와넷 에트-타니예이다. Cf. B. M. Bennet, The Search for Israelite Gilgal. PEQ 104 (1972) 111-122.

[32] 이에 대하여 A. Alt, Die Wallfahrt von Sichem nach Bethel [1938]. KS 1,79-88.

[33] 중앙성소 문제에 대하여 다음도 참고하라. W. H. Irwin, Le sanctuaire central israélite avant l'établissement de la monarchie. RB 72 (1965) 161-184.

더 논의의 여지가 없는 확신으로 나타나게 하였다. 거기에 이론의 탑을 세웠고[34] 너무 많은 피상적인 판타지 때문에 이 이론 자체가 종종 폄하되었다. 여기서 이것을 계속해서 다룰 수는 없다. 왜냐하면 암픽트요니 가설과 비판적인 논쟁을 벌여야만 하는 역사적 이유가 있기 때문이다. 그것은 노트의 근본적인 연구가 있은 지 오래지 않아 이 연구가 약간 지체되었고 별 언급할 만한 반향을 얻지 못한 채 시작하였으며, 그 사이에 이 가설을 비판적으로 해체했던 상황이 그것이다.[35] 주장했거나 주장하고 있는 모든

---

[34] 마르틴 노트 이후의 연구사에 대하여 Cf. O. Bächli, Amphiktyonie im AT. ThZ Sonderband 6 (1977).

[35] 간추린 참고문헌: H. M. Orlinsky, The Tribal System of Israel and Related Groups in the Period of the Judges. Studies in Honor of A. A. Neuman (1962) 375ff. = OrAnt 1 (1962) 11-20; G. Fohrer, AT - „Amphiktyonie" und „Bund"? [1966]. Studien zur atl Theologie und Geschichte (1969) 84-119; G. W. Anderson, Israel: Amphictyony: ʿAM; ḴĀHĀL; ʿĒḌAH. Translating and Understanding the OT, Essays in Honor of H. G. May (1970) 135-151; Weippert, Edom 458-475; R. de Vaux, La thèse de l'amphictyonie israélite. Studies in Memory of P. Lapp (1971) 129ff.; J. Weingreen, The Theory of the Amphictyony in Pre-Monarchial Israel. JANES 5 [= Gaster-Fs] (1973) 427-433; C. H. J. de Geus, The Tribes of Israel. Studia Semitica Neerlandica 18 (1976); Chr. Schäfer-Lichtenberger, Stadt und Eidgenossenschaft im AT. Eine Auseinandersetzung mit M. Webers Studie „Das antike Judentum". BZAW 156 (1983); N. P. Lemche, Israel in the Period of the Judges. The Tribal League in Recent Research. Studia Theologica 38 (1984) 1-28; E. Otto, Historisches Geschehen – Überlieferung – Erklärungsmodell. Sozialhistorische Grundsatz- und Einzelprobleme in der Geschichtsschreibung des frühen Israel. Eine Antwort auf N. P. Lemches Beitrag zur Diskussion um eine Sozialgeschichte Israels, BN 15 (1981) 87-92, 21 (1983) 48-58, 23 (1984) 63-80; R. Neu, „Israel" vor der Entstehung des Königstums. BZ.NF 30 (1986) 204-221; R. B. Coote – K. W. Whitelam, The Emergence of Early Israel in Historical Perspective (1987). 중재적 입장들은 R. Smend, Zur Frage der altisraelitischen Amphiktyonie. EvTheol 31 (1971) 623-630; H. Seebass, Erwägungen zum altisraelitischen System der zwölf Stämme. ZAW 90 (1978) 196-220; U. v. Arx, Studien zur Geschichte des atl Zwölfersymbolismus. Bd. 1: Fragen im Horizont der Amphiktyoniehypothese von M. Noth. EH XXIII, 397 (1990). J. Schaper, Die religionsgeschichtlichen Wurzeln des frühisraelitischen Stämmebundes. VT 46 (1996) 361-375는 고대 아라비아 전통에서 설명하려고 시도한다.

것이 동일한 무게를 갖는 것은 아니다. 주요 관점을 끌어내는 것이 중요하다. 네 가지가 있다.

1. 먼저 마르틴 노트의 암픽트요니 가설의 가장 약한 급소를 찌르는 것은 이스라엘 열두 지파 동맹이 공동의 중앙성소를 가지지 않았다는 것이다. 왕정 이전의 이스라엘이 암픽트요니였다는 테제는 유비로부터의 추론을 바탕으로 나온 것이다. 서로 비교될 수 있는 것을 구성하는 요소들은 비교할 수 있다는 전제 위에 유비는 성립한다. 그리스-이탈리아 암픽트요니의 근본 요소는 중앙 성소, 즉 공동의 제의장소이다. 그러한 것을 이스라엘은 가지지 않았다. 야훼의 궤는 제의장소가 아니라 제의물건이다. 제의물건을 중심으로 한 암픽트요니는 없다. 중앙성소인 제의장소가 바뀌는 암픽트요니는 별로 없다. 그래서 이 가설을 불가능하게 만드는 더 어려운 점이 추가되는데, 그렇게 되면 이스라엘은 야훼의 궤를 중심으로 모인 (유사) 암픽트요니였다는 것이다. 다시 말해 어느 정도 부분적인 유비가 있다는 것이다. 왜냐하면 야훼의 궤는 구약성서에서 온 이스라엘의 제의물건으로 증거되지 않기 때문이다. 궤가 그러한 것으로 나타나는 것으로 보이는 구절들은(예를 들면 민 10:35-36; 출 25:10-22; 37:1-9) 분명히 이스라엘 선역사를 억지로 일반화하고 민족화하고자 하는 의도에서 기인한 것이지 역사적인 것으로는 쓸모가 없다. 고대 궤 이야기(삼상 4-6; 삼하 6)에서 궤는 중부 팔레스티나 지파의 제의물건으로서 지역적으로 제한된 의미를 갖는다. 이것은 궤가 있었던 곳을 가리키며, 그 가운데 오직 실로와 후대의 예루살렘이 역사적으로 확실하다.[36] 다윗이 궤를 예루살렘으로 가져 온 것은(삼하 6) 유다가 옛 이스라엘의 모든 거룩한 물건보다도 궤에 더 관심을 가졌다는 것을 증거하는 것이 아니라, 다윗이 오직 궤에서만 –바람직하게도– 종교정치적인 가능성을 보았고 거기에 희망을 두었다는 것을 증거할 뿐이다. 궤는 이스라엘 역사가 흐르면서 처음으로 지역적인 의미에서 전 이스라엘적인 의미로 상승되었다. 그러니까 예루살렘과 연결되고, 기원전 622년 유

---

[36] 셰켐(수 8:30-35)은 신명기 사가 이론의 일부이다. 베델은 사사기 20:26-28에만 나온다. 이 본문에 대하여 아래 264-266쪽을 보라.

다의 요시야가 유일한 중앙성소로 선언한 솔로몬 성전과 연결되어 이루어진 것이다. 궤를 왕국 이전의 암픽트요니의 중앙 제의 성물이라고 주장하고자 하는 사람은 먼저 고대 이스라엘이 암픽트요니로 존재했음을 확신해야 한다. 즉 그는 증명해야 할 것을 가정해야 한다. 왕정 이전의 이스라엘이 중앙성소를 갖지 않았다면, 왕정 이전의 이스라엘은 암픽트요니가 아니었던 것이다.

2. 게다가 이스라엘의 열두 지파 동맹이 공동의 "암픽트요니"식의 행동을 취한 분명한 증거가 없다. 여기서는 전쟁에, 더구나 외교정치적인 행위에 그 중점을 두어서는 안 된다. "암픽트요니"라고 볼 수 없는 드보라 노래(삿 5)의 이스라엘은[37] 암픽트요니-가설을 반대하는 논점이 아니다. 왜냐하면 그리스-이탈리아의 암픽트요니는 외교정치적인 활동이 없는 종교적인 동맹이기 때문이다. 드보라 전투의 이스라엘은 철저히 전쟁공동체였을 수 있다. 동시에 이 공동체의 일원들은 전쟁 참여와는 상관없는 암픽트요니였을 것이다. 이스라엘 열두 지파 동맹의 공동의 종교제의적 행위가 완전히 빠져 있다는 것이 오히려 더 중요하다. 우리가 항상 암픽트요니식으로 해석해야 한다고 생각하는 것은 –암픽트요니 식의 하나님의 법을 선포하면서(신 27; 수 24; 출 19ff.) 이루어지는 셰켐의 계약 갱신과 다른 많은 축제들을[38]– 편견 없이 관찰할 때 다음 셋 중 하나로 드러난다. 우리 시대의 학문적 허구로, 아니면 이스라엘 모세의 허구로, 아니면 온 이스라엘의 종교적-제의적 전승이 아닌 지역적으로 제한된 것으로 말이다. 사안은 중앙성소의 경우와 아주 유사하다. 암픽트요니 이론은 한물간 이론이지만 중요하다. 그것은 증명 수단 자체를 생산한다. 그러나 왕국 이전의 이스라엘이 공동의 종교적 의무와 절기를 알지 못했다면 그 또한 암픽트요니가 아니었던 것이다.

3. 그리스-이탈리아의 암픽트요니는 농경문화와 도시문화를 지닌 인도게르

---

[37] 아래 253-258쪽을 보라.
[38] 예를 들어 Cf. H.-J. Kraus, Gottesdienst in Israel (1962²). 이에 대한 비판적인 입장은 G. Fohrer, Geschichte der israelitischen Religion (1969) § 10; F.-E. Wilms, Freude vor Gott. Kult und Fest in Israel (1981).

만 민족의 제도였다. 우리가 인식하는 한 그 가운데 어느 것도 유목민적인 선역사를 갖지 않았으며 또는 유목 생활양식과 그 외 어떤 식의 관계도 맺지 않았다. 다른 한편, 먼저 이스라엘과 비교되어야 하는 아람과 후대의 원-아라비아 지파 동맹들은 유목민족 집단들이거나 또는 유목민의 선역사를 가진 집단들의 조직 체제이다. 시리아 팔레스티나 지역과 메소포타미아의 농경 및 도시 민족들의 광범위한 지역에 걸쳐 그러한 동맹은 없다. 이러한 사실도 이스라엘 열두 지파 동맹을 고대 지중해 세계의 암픽트요니와 비교할 가능성에 문제를 제기한다.

4. 최근의 연구는 적어도, 그리스와 이탈리아의 암픽트요니가 당시 정치적 지파 또는 도시 연맹들의 종교제의적 잔재일 가능성이 있음을 밝혀 주었다.[39] 이 견해가 옳다면 이것은 암픽트요니가 정치적 연합을 이미 전제하였다는 것을 의미할 것이다. 그렇다면 암픽트요니는 정치적 제도보다 앞선다고 하는 이스라엘의 열두 지파 동맹을 유비의 한 경우로 설명하는 데는 쓸모가 없다. 암픽트요니는 기껏해야 정치 체제보다 나중에 발전된 이스라엘의 종교적 공동체 의식에 대한 모델로 관찰할 수 있을 뿐이다. 사안을 이렇게 간주해도 되는 것일까? 그렇다면 어떤 정치적 체제가 종교적-제의적 이스라엘 연맹보다 선행하였는지, 특히 언제 그 모든 것이 실행되고 변화되었는지 질문이 제기될 것이다.

왕정 이전의 이스라엘이 암픽트요니가 아니었다면, 열두 지파 동맹에 대해서 말하는 것은 어떤 의미가 있는가? 현재의 통찰에 따르면 단지 한 가지 대안만이 남는다. 종교적 제휴가 아니라 정치적 연맹이라는 것이다. 이것은 이와 유사하거나 동일한 종류의 모든 연합체에 해당할 것이다. 유감스럽게도 구약성서의 미미한 보도는 아람과 원아라비아 연합체가 어떤 기능을

---

[39] Cf. K. Tausend, Amphiktyonie und Symmachie. Formen zwischenstaatlicher Beziehung im archaischen Griechenland. Historia-Einzelschrift 73 (1992).

했는지에 대해 아무런 통찰도 제공하지 않는다. 그러나 어쨌든 한 가지는 알 수 있다. 이들 연합체는 거의 알려진 모든 경우에 왕정 이전, 즉 항상 최정상에 위치한 군주와 중앙정부, 행정기구를 가진 왕국의 형성보다 앞선 다는 것이다. 이스라엘의 경우도 이와 같다. 오리엔트 서남지역의 열두 연 합과 여섯 연합체가 지파의 정치적 연합체였다면 다음과 같은 모습을 그려 볼 수 있다. 즉 유목민은 정치적 조직을 이루기 어려웠는데, 이는 어느 한 족속과 지파와 연결된 특수한 관심이 다른 족속과 지파들의 관심과 충돌하 기 때문에 특히나 어려웠다. 이것은 유목민이 정착민, 예를 들면 조금 전만 해도 아직 정착하지 않았던 정주민과 함께 사는 지역에도 해당한다. 공동 생활은 논쟁, 반목, 단속, 습격, 피의 복수에 의해 규정된다. 한마디로 무정 부 상태이다. 지파 연맹의 형성은 이 무정부 상태를 극복하려는 시도이며, 이해관계를 완화하며, 자유와 질서와 법을 가능하게 하려는 시도이다.[40] 이 때 족보적 사고의 기본 원칙 아래 종속하게 하는 것이 특히나 도움이 된다. 친족으로 소속이 같다는 것은 그 자체로 이미 질서를 형성하는 요소이다. 가상의 족보는 지역적·지리적으로 공동 소속된 집단들을 연결해서 서로 화해할 능력을 갖추게 한다. 내적·외적인 정치 사안을 다루는 것은 그 연맹 의 구성원이 스스로 떠맡는다. 모든 이에게 공동으로 해당되는 문제를 논 의하기 위한, 개별 지파의 남성들의 회합이 있었다. 이스라엘의 경우와 마 찬가지로 공동의 적에 대항하기 위한 부족연합을 생각해볼 수 있을 것이 다.[41] 연맹 내의 논쟁은 제한될 수 있었고 통제가 가능하였다. 논쟁은 소위 "가족 내에" 머물렀다. 특정 조건 아래, 또 주어진 시간에 정치적 지파 연합 의 조직은 왕정으로 갑자기 변하든가 아니면 −덜 극적으로− 왕정으로 서서

---

[40] 이에 대하여 스텝유목민과 사막유목민의 상황에 너무 제한되어 있다. Cf. Weippert, Edom 469-475.
[41] 아래 252쪽 이하를 보라.

히 넘어갈 수 있었다. 이러한 종류의 지파 연맹들은 고대와 지중해의 아라비아인들에게서와 마찬가지로 근대의 아라비아 베두인 사회에서도 볼 수 있다.[42] 또 아무리 양보한다손 치더라도 부족 연맹체는 그리스-이탈리아의 암픽트요니보다는 오히려 이스라엘의 지파 연합에 대한 유비 경우로 볼 수 있다.

왕국 이전의 이스라엘을 정치적 지파 연맹으로 해석하는 것은 다는 아닐지라도 많은 질문에 답할 수 있게 한다. 제일 먼저 왜 이스라엘이 가나안 사람들에 대해서는 물론 "아람 친족"에 대해서도 경계를 그었는지 그 이유가 이해된다. 거기에는 지역적·정치적 이유가 있었다. 같은 한 지역에서 정착화 과정에 있는 유목민들은 지파 연맹을 조직하였다. 이 지역은 요르단강 양쪽에 자리한 팔레스티나였다. 에돔인, 세일인, 모압인, 암몬인이라는 이름으로 알려진 동요르단 지역의 아람족 집단들은 연맹 또는 왕정국가를 훨씬 더 일찍 형성하였거나 또는 거의 같은 시기에 형성하였다. 그러니까 바로 언급한 집단들의 지역이 줄어드는 상황 아래 팔레스티나 지역은 가장 초기의 이스라엘이 형성된 지리적 공간이었다. 이것은 이스라엘 연맹이 형성될 때 우선 종교를 그 영향 요소에서 어느 정도 제외해야 함을 의미할 것이다. 이스라엘 형성의 원동력은 종교가 아니라, 야훼 종교는 더욱이 아니라, 지리적·정치적 상황이었다. 어떤 종교를, 더 정확히 말해 이스라엘 지파들이 이 초기 단계에서 어떤 종교를 추종하였는가에 대해서는 우리는 알지 못한다. 야훼가 아직은 어떤 역할을 하지 않았다는 것은 이름 "이스라엘"이 야훼가 아니라 엘 요소를 포함하고 있다는 사실에서도 나타난다. 전

---

[42] 자료들은 다음에 있다. M. Frhr. v. Oppenheim, Die Beduinen I (1939), II (1943); die Bände III (J952) und IV, 1 (1967) von W. Caskel. E. A. Knauf, Ismael (1989²) 89-90은 기원전 8-6세기의 슈무일/이스마엘의 정치적 연맹체에 대하여 이븐 라쉬드의 샴마르 왕국을 지적하였다. Cf. W. Caskel, Die Beduinen III, S. 37-44. 왕정으로의 전환은 이븐 사우드(사우디아라비아)의 국가 형성에서 관찰된다.

이스라엘적 행위가 없다는 것도, 지파들이 비교적 개별적이라는 것도, 이따금 외부 대적에 대항하여 연합하여 공동 행위를 하는 것도 이해된다. 왜냐하면 그것은 그러한 지파 연맹들의 기능 방식에 속하기 때문이다. 지파 연맹은 내적 사안과 외적 사안에 대한 처리는 지파 자체에 맡기고, 한시적인 전쟁공동체 결성을 촉진하였다. 필요하고 또 가능하다면 곤경에 빠진 형제를 돕는다. 나아가 열둘이라는 수도 이해가 된다. 이 수는 정확히 말해 이론의 산물이다. 기저에 놓인 이론은 족보적 이론이다. 즉 지파 연맹은 가족 모델에 따라야 이해가 된다. 모든 사람은 같은 한 아버지의 후손들이다. 12 또는 6과 같은 숫자들을 통해 가족이 그 자체로 완결된 완전함을 나타낸다. 이 숫자들이 실제 역사에 투사되어 있지만, 본래는 전혀 "진짜"가 아니다. 실제로는 항상 정확히 여섯이나 열두 지파들이 연맹으로 결속해 있었던 것은 아니다.[43] 게다가 그러한 연맹을 구성하는 수가 변경되었다는 것도 고려해야 한다. 새 지파가 추가로 들어오고 옛 지파가 병합이나 어떤 다른 이유로 늘 사라지곤 하였다. 그러나 족보 이론에서는 항상 여섯 또는 열둘이다. 이 이론은 후대를 거치며 해석하는 전승의 대상이다. 이스라엘 열두 지파 연합 체제에 내재해 있는 변경들은 해석 단계로 이해될 수 있다. 이러한 해석은 꼭 사변적 해석의 단계가 아니라 실제에 따라 통제된 해석 단계로 이해될 수 있다. 이러한 이해는 당연히 위에서[44] 제시한 이 조직 체제의 나이에 대한 고찰들을 상대화한다. 이 조직 체제가 실제적 측면이 아니라 이론적 측면에 속하기 때문에 이스라엘의 실제 역사에 완벽하게 상응하지 않는다고 말해야 할 것이다. 마지막으로 이스라엘 지파 연맹에서 이스라엘

---

[43] E. A. Knauf, Ismael (1989[2]) 88-89는 창세기 25:13-15(P)의 이스마엘 족보의 기본 층을 구분하려고 시도했으며 기원전 7세기의 슈무일 정치 연맹에 대하여 일곱 지파를 생각한다.

[44] 78-80쪽을 보라.

의 특정한 공동체 의식이 천천히 형성되어 갔다는 사실도 이해가 된다. 여기서 종교가 다시 모습을 드러낸다. 출애굽과 하나님의 산에 관한 전통을 가진 "모세 무리" 또는 집단들과 함께 야훼는 밖에서 들어왔음이 분명하다. 언제 그랬는지 우리는 알지 못한다. 그러나 야훼는 종교적인 우위로 규정되었다. 지파들은 그를 따랐다. 지파들은 연맹 내부에서 처음부터 어떤 공동체 의식을 가졌다. 그것은 그들이 자신들의 연합을 족보로 이해했다는 점이다. 그러나 야훼의 예배가 새로운 성질의 공동체 의식을 형성하는 데 막강한 동인이 되었다는 데는 의심의 여지가 없다. 이스라엘 지파 연맹은 드보라 노래가 "야훼의 백성"이라고 부르는 것이 되었다(삿 5:11,13).[45] 이스라엘 지파 연맹은 이제서야 그 단어의 완전한 의미로 백성이 되기 시작했다. 위에서[46] 공동의 운명에 대한 의식을 통해 한 백성이 된 것이 설명되었다면, 이제는 야훼가 이스라엘 지파들에게 운명이 되었음을 추가할 수 있을 것이다.

여기서 설명한 개념의 장점은 특히 우리가 많은 것을 알게 되었고, 그러나 그것을 정확히 알았다는 느낌을 주지는 않는다는 데 있다. 우리는 윤곽 그 이상의 것을 말할 수 없다. 여기서 우리는 이 개념을 해결되지 않은 채로 내버려두게 하는 물음, 또는 이 개념에 상반되는 경향을 보이는 물음을 침묵 속에 내버려 두어서는 안 된다. 이스라엘이 본래부터 지역적·정치적 연합이었다면, 왜 같은 지역에 살면서 "이스라엘" 집단의 선역사에 상응한 갈렙 족속, 겐 족속, 옷니엘 족속, 여라므엘 족속과 같은 집단들은[47] 거기에

---

[45] 이러한 표현에 대하여 Cf. N. Lohfink, Beobachtungen zur Geschichte des Ausdrucks 'm Jhwh. Probleme biblischer Theologie, Fs G. v. Rad (1971) 275-305; A. R. Hulst, ThHAT 2 (1976) 항목 'am/gōj Volk (특히 4)를 보라.

[46] 위 65쪽을 보라.

[47] 아래 206-208쪽을 보라.

속하지 않았던 것일까? 한 걸음 더 나아가 그들도 야훼 신앙자들이 되었을까? 그들이 연맹의 초기 단계에서 실제로 거기에 속한 것이 아니라면 이는 놀랄 만한 것인데, 이에 대하여 이들 집단이 고전적인 구원 시대라는 이론적 역사에 결합되었으며 최종적으로 대-유다와 일체가 된 것이 지지해 줄 것이다. 그들의 특별한 위치는 족보 이론에 의한 필연적 해석과 연관이 있는데, 이 이론은 본래 여기에 속한 집단들을 여전히 소위 연맹에 연합한 일원으로 보고 있다. 두 번째 질문도 마찬가지로 어렵다. 왜 하나의 지파 연맹에서 두 개의 왕국이 생겨난 것일까? 이것은 왕국 형성 시대와 그 이전에 이미 유다 지파가 가진 특별한 위치의 문제이다.[48] 이 맥락에서 우리는 횡목(빗장) 역할을 하는, 남쪽의 정복하지 않은 가나안 성읍들의 차단 및 분리 효과를 언급하곤 하는데[49] 이것은 확실히 맞다. 이미 정복한 가나안 도시들이 이미 왕국 이전 시대에 이스라엘의 북쪽을 유다의 남쪽과 갈라놓은 것은 아닐까? 그래서 북과 남을 포괄하는 하나의 지파 연맹은 개연성이 없는 것은 아닐까? 그래서 다윗-솔로몬 왕국을 전제하는 "온 이스라엘"은 허구인 것은 아닐까? 이러한 전제 아래에서 유다에 대한 모세의 축복 말씀은(신 33:7) 쉬 이해가 되지 않는다. 이 말씀은 위협받던 유다를 "민족", 즉 이스라엘을 회복하는 자가 되도록 야훼께 기도한다. 이 말씀은 왕정 이전의 것으로 간주할 만한 정당한 이유가 있다. 만일 그렇다면, 이 말씀은 유다가 왕정 이전의 이스라엘에 속한다는 것과 동시에 이 소속이 당면한 위기를 증명해 준다. 그렇다면 우리는 횡목 역할을 하던 남쪽 가나안 성읍이 갖던 분리 효과가 더 강해졌으며, 그만큼 더 정착 과정은 진행되었고 그럴수록 지파 연맹은 왕국 형성으로 더 접어들게 되었음을 가정해야 한다.

---

[48] 아래 206-209쪽을 보라.
[49] 아래 185-187쪽을 보라

마지막으로 열두 지파 체제가 왕국 이전의 이스라엘의 실제 역사를 진실하게 그려내지 않는 하나의 이론적 산물이라면, 이 체제에 확고하게 결합되어 있는 가장 오래된 요소, 즉 르우벤의 최고 자리와 같은 것은 어떻게 설명되어야 할까? 아마도 이것은 족보 체계가 본질상 보수적이라는 것에서 간단히 설명될 것이다. 여기서 멈춰야 한다. 그렇지 않으면 우리가 모든 문제에 대한 대답을 알고 있다는 인상을 주게 된다. 결코 그렇지 않다. 제기된, 수많은 다른 질문은 해결되지 않은 채로 있고, 역사적인 지식의 한계를 아프게 상기시켜 준다.

부록: 히브리인

지금까지 아람인, 이스라엘인, 가나안인, 원-아라비아인, 다른 집단들에 대해 언급하였다. 히브리인은 어떠한가? "히브리인"('*ibrī*)은 고유한 인종 개념, 이스라엘을 나타내는 민족 개념, 또는 최소한 "이스라엘인" 대신하는 개념은 아닌가? 이 질문에 매우 개연성 있는 부정적인 답을 할 수 있다.

구약성서의 진술 따르면, "히브리인"은 이스라엘이 특별히 선호했거나 또는 모든 시기에 이스라엘 자신에게 적용했던 이름은 아니다. "이스라엘"에 대한 2,500개 이상의 진술에 비해 이러한 진술은 단지 33번 나올 뿐이다. 그 증거는 따로 떼어내기 어려운 부분의 본문, 요셉 이야기(창 39:14,17; 40:15; 41:12; 43:32), 이집트가 무대인 출애굽 이야기(출 1:15-16; 2:6-7,11,13; 3:18; 5:3; 7:16; 9:1,13; 10:3), 필리스티아 전쟁 이야기(삼상 4:6,9; 13:3,19; 14:11,21; 29:3)에 걸쳐 있다. 여기서 눈에 띄는 것은 "히브리인"이 다수의 경우 이방인과 구별하여 자기 자신을 부르던 칭호이거나 아니면 이방인의 입에서 나오는 이스라엘인에 대한 칭호라는 것이다. 한편으로는 소심과 자기 비하의 색조가, 다른 한편으로는 폄하와 경멸의 색조가 배어 있다. 법적 환경에서 나온 증거가 추가된다(출 21:2; 신 15:12; 렘 34:9,14). 여기에서 "히브리인"은 아마도 지불능력이 없어서 빚을 지게 되어 자신의 채권자에게 일정한 기간 예속된 노예를 칭한다.[50] 이 단어가 인종적으로 사용된 두 가지 증거가 포로기 이후 시대에 유래한다(창 14:13; 욘 1:9).[51] 더 자세한 연구는 신명기 15장 12절과 예레미야

34장 9,14절도 이 용법에 근접하고 있다는 것을 가르쳐 준다.

이러한 진술들은 전체적으로 "히브리인"이라는 표현을 인종적으로 해석하는 것을 지지하지 않는다. 오히려 계급이나 지위가 낮은 사람들을 말하는 것 같다. 다른 사람들에 의해 평가 절하되고 또 자신 스스로 항상 자신을 그다지 높이 생각하지 않는 그런 사람들을 일컫는다. 그러니까 인종적 범주가 아니라 사회적 범주인 것이다. 바로 이것은 구약성서 밖의 기원전 제2천년기의 문헌 자료들에 보이는 비옥한 초승달 지대의 모든 나라에 대해 증거해 주는 집단과 아주 잘 맞는다. 그들은 메소포타미아와 소아시아의 쐐기문자 문헌에서 *ḫapiru* (수메르 *SA.GAZ*), 우가리트 본문에서는 *'aprm*, 이집트에서는 *'pr(.w)* 로 불린다. 기본 형태로 *'apīru*(복수형태 *'apīrū*) 또는 *'apiru*(복수형태 *'apirū*)를 고려할 수 있다.[52] 아피루-사람들은 민족도 아니고 민족들의 집단도 아니다.[53] 그들은 오히려 사회 질서 밖에 있는 다양한 출신의 사람들이다. 자신들의 삶의 보호와 안전을 위해 종속관계에 있어야 했던 (노동자, 용병) 또는는

---

[50] Cf. N. P. Lemche, The "Hebrew Slave". Comments on the Slave Law Ex. XXI 2-11. VT 25 (1975) 129-144; E. Lipiński, L' "esdave hébreu". VT 26 (1976) 120-124; G. C. Chirichigno, Debt-Slavery in Israel and the Ancient Near East. JSOT, Suppl. Ser. 141 (1993); J. Van Seters, The Law of the Hebrew Slave. ZAW 108 (1996) 534-546.

[51] Cf. N. P. Lemche, "Hebrew" as a National Name for Israel. Studia Theologica 33 (1979) 1-23.

[52] 자료 수집과 해석에 대하여 다음을 참고하라. J. Bottéro, Le problème des Ḫabiru à la 4me rencontre assyriologique internationale. Cahiers de la Société Asiatique 12 (1954); M. Greenberg, The Ḫab/piru. American Oriental Series 39 (1955); R. Borger, Das Problem der *'apīru* („Ḫabiru"). ZDPV 74 (1958) 121-132; M. Weippert, Die Landnahme der israelitischen Stämme in der neueren wissenschaftlichen Diskussion. FRLANT 92 (1967) 66-102; idem, Abram der Hebräer? Biblica 52 (1971) 407-432; H. Schult, Eine einheitliche Erklärung des Ausdrucks „Hebräer" in der israelitischen Literatur. DBAT 10 (1975) 22-40; O. Loretz, Habiru – Hebräer. Eine sozio-linguistische Studie über die Herkunft des Gentiliziums *'ibrî* vom Appellativum *ḫabiru*. BZAW 160 (1984), 이에 대한 서평은 E. Lipiński, *'Apīrū* et Hébreux. BiOr 42 (1985) 562-567; N. Na'aman, Ḫabiru and Hebrews: the Transfer of a Social Term to the Literary Sphere. JNES 45 (1986) 217-288.

[53] K. Koch, Die Hebräer vom Auszug aus Ägypten bis zum Großreich Davids. VT 19 (1969) 37-81은 달리 생각하지만 그다지 설득력은 없다.

강도와 노상강도로, 자유로운 삶을 영위했던, 계급이 낮고 종종 경제적 능력이 부족한, 청동기 시대에 도시로부터 소외된 자들(outlaws)이다. <아피루> 사람들과 <이브림> "히브리인"들은 언어적으로뿐만 아니라 실제로 결합될 수 있다. 기원전 15세기의 아마르나 편지에서 팔레스티나에 대해 증거하는 <하피루> (ḫapiru; SA.GAZ)의 요소가 후대의 이스라엘 속에 녹아들어 갔을 것이라는 것을 결코 배제할 수 없다. 유목민 생활방식으로 돌아선 가나안 도시 출신의 사회적 하급계층의 사람들이다.[54] 그러나 이것도 "히브리" 민족이라는 것이 없었으며, "히브리인"과 "이스라엘인"은 동의어가 아니며, 이스라엘인은 그들이 비록 히브리인이라 불린다 할지라도, 전체가 아피루 사람으로 간주될 수 없다는 점에서 아무런 변화도 가져오지 않는다. 포로기 이후 시대에서야 변화된 조건 아래서 "히브리인"은 민족 칭호로서 여기저기서 일반적인 것이 된다. 그리스인과 로마인들이 팔레스티나-아람어 형태의 <에브라야> 'ebrāyā 를 수용하면서 유대인들을 종종 <헤브라이오이> Ἑβραιοι로 칭하듯이 말이다. 랍비 유대교에 등장하는 칭호, 즉 히브리어로 <라숀 이브릿> lāšōn 'brīt이라고 칭해지는 이유가 여기에 있다.[55]

---

[54] 아래 192-195쪽을 보라. M. Weippert, Scheideweg 92는 <아피루>가 본래의 성읍 맥락에서 두 번째 서열의 요소가 결코 아니었을 것이라고 생각한다. 후기 청동기 시대 가나안 도시의 정치적 경제적 몰락을 피하여 평원으로 이주하여 그곳에서 "농경적 자립 경제활동"을 한 사람들일 수도 있다는 것이다.

[55] Tos. Megilla 2,6; Mischna Jadajim 4,5 외.

제5장 이스라엘의 선사 시대: 땅 정복 이전 이스라엘

이스라엘은 팔레스티나 농경지를 토대로 생겨났다. 이스라엘의 형성, 첫 실존, 출발, 발전의 단계는 역사적으로 "이스라엘 초기 역사"라는 주제어로 기술된다.[1] 이스라엘 초기 역사는 사울과 다윗 아래 이루어진 왕국 형성까지 이른다. 구약성서가 이미 이집트에서 이스라엘이 형성되었다고 주장하고 있고 또 이때부터 이스라엘을 야훼와 모세의 지휘 아래 완결된 하나의 민족 단위로 다루고 있다는 사실에도 불구하고 그 이전에 일어난 모든 것은 "이스라엘 선사"라는 표제 아래 다룰 수 있다.

우리가 이스라엘 선사 시대에 대해 아무것도 알지 못하는 것은 아니다.[2]

---

[1] 아래 제2부를 보라. 177쪽 이하

[2] 그러나 지난 20년 동안 나온 출판물이 보여주는 것처럼 우리는 그렇게 많이 알지 못한다. 이것은 무엇보다도 고트발트(N. K. Gottwald)가 제시한 이스라엘 선사 역사와 초기 역사의 재건을 위한 대시도, The Tribes of Yahweh. A Sociology of the Religion of Liberated Israel, 1250-1050 B.C.E. (1979)에도 적용된다. 916쪽에 이르는 이 책에는 멘덴홀(G. E. Mendenhall)의 사회적 단초들이 수용되어 상당한 완결성을 갖춘 전체상과 또 이론의 강조로 확대되어 그 사이에 매우 왕성한 학문적 논의를 불러일으켰다. 그 노선들은 부분적으로 고트발트의 입장들에서 멀리 나갔다. 이 자리에서 아직은 그에 관한 논쟁으로 들어갈 수 없다. 아래 194쪽을 보라. 당분간 가장 중요한 참고문헌들을 제공하는 것으로 충분할 것이다. A. Lemaire, Recherches actuelles sur les origines d'ancien Israel. JA 220 (1982) 5-24; B. Halpern, The Emergence of Israel in Canaan. SBL, Mon. Ser. 29 (1983); G. E. Mendenhall, Ancient Israel's Hyphenated History. In: D. N. Freedman – D. F. Graf (ed.), Palestine in Transition. The Emergence of Ancient Israel. The Social World of Biblical Antiquity

왜냐하면 가나안 정복 이후 이스라엘에서는 선사 시대에 대한 수많은 전승이 퍼져 있었는데, 그 가운데 어떤 것은 이른 시기에 어떤 것은 다소 늦게 기록되었지만, 왕국 형성 이후 더욱 활발하게 문서화되었기 때문이다. 예로서 이스라엘인과 그 조상들이 아직 약속의 땅에 이르지 않았거나 또는 최종적으로 정착하지는 않았던 시기에 대한 전통, 또 땅 소유에 대한 하나님의 약속은 있었지만 아직은 성취되지 않은 시기에 관한 전통이 있다. 전승된 자료상태에서 끄집어낼 수 있는 세 가지 큰 주제를 중심으로 각 전통이 전개되고 있는데, 그 주제들은 족장, 출애굽, 광야, 하나님의 산에서의 계약 체결이다. 이 주제들은 시간이 흐르면서 이스라엘 전체의 신앙의 정수가 되었다. 이 주제들은 본래 각각 제한된 의미에서부터 성장하여 전체 이스라엘적인 구조를 갖추게 되었다. 이스라엘은 자신의 형성 과정이 완결된 이후에야 이 주제들 속에서 자신의 국가적, 종교적 정체성을 찾았다. 복잡한 전승 과정을 거친 문학적 최종 결과는 오경 또는 –신명기가 독립된 별개로 간주되어야 한다면– 창세기에서 민수기까지의 사경이다. 역사적 시각을 갖춘 사람이라면 어느 누구도 사경에 기술된 것을 통째로, 또 그 안에 결합되어 있는 개별 전승들을 역사 서술과 혼동하지 않는다. 마찬가지로 선사 시대 전통이 우리가 가진 최종 형태로부터 역사적 방법을 사용하여 걷어내

Series 2 (1983) 95-103; N. P. Lemche, Early Israel. Anthropological and Historical Studies on the Israelite Society before the Monarchy. SVT 37 (1985); G. A. Herion, The Impact of Modern and Social Science Assumptions on the Reconstruction of Israelite History. JSOT 34 (1986) 3-33; R. Oppermann, Die Rebllionsthese in Gottwalds „The Tribes of Yahweh". BN 33 (1986) 80-99; K. W. Whitelam, Recreating the History of Israel. JSOT 35 (1986) 45-70; R. B. Coote – K. W. Whitelam, The Emergence of Early Israel in Historical Perspective. The Social World of Biblical Antiquity Series 5 (1987). 이에 대한 서평은 N. P. Lemche, Biblica 69 (1988) 581-584. 이런 저런 몇몇 연구에 대하여 비판적이고 유익한, 계속해서 전반적으로 언급되는 M. and H. Weippert, Die Vorgeschichte Israels in neuem Licht. ThR 56 (1991) 341-390 참고.

고 평가되어야 하는 역사적 기억들을 보존하고 있다는 것도 그다지 의심스럽지 않다. 이러한 노력은 이스라엘의 선사 시대에 대한 성서 밖의 문학적 자료가 매우 부족할 때 더더욱 필요한 것이다. 구약성서의 문학적 전승을 끊임없이 고려하지 않고는 –역사가에게는 제1차 자료인!– 팔레스티나 고고학 연구의 결과물은 아무것도 말하지 않거나 아니면 오류로 인도한다. 이스라엘 선역사를 다루는 역사가는 폴리비오스(Polybios)에 나오는 퀸투스 파비우스 픽토르(Quintus Fabius Pictor)를 토대로, 리비우스(Livius)와 할리카르나소스(Halikarnassos)의 디오니시오스(Dionysios)를 토대로 로마 건설 이래 공화정의 수립까지의 로마 역사를 제시하고 있는 역사가들과 유사한 상황에 놓여있다. 그에게도 그렇듯이 역사적인 방법론 자료에서 우리가 처음 기대했던 것보다 더 많은 역사적인 통찰을 얻을 것이다.

1. 족장

족장 시대에 관한 전승을 보존하고 있는 유일한 문서는 창세기이다 (창 12–35). 구약성서에 따르면 족장 시대에 이스라엘은 아직 존재하지 않았다. 창세기에서 이스라엘의 족장 시기 모습이나 또는 고대 오리엔트의 모습을 전혀 이끌어 낼 수 없다는 것을 분명히 인식하는 것이 바람직하다. 구약성서의 자기 증언에 따르면 이스라엘은 족장 시대에 아직은 존재하지 않았으며, 고대 오리엔트는 문밖 저 멀리에 있었다. 창세기는 다름 아닌 3세대의 가족 이야기를 전해주고 있는데, 그 지평은 매우 제한되어 있으며 안팎으로 별다른 영향이 거의 없다. 족장 전승은 제2천년기의 고대 오리엔트 세계가 경험했던 정치 문화 발전과 변화의 와중에서 변두리에 있었을 뿐 –만약 있다면– 이들과의 접촉은 전혀 인지되지 않는다.

만약 우리가 족장사의 아름답고 평화로운 "가부장적" 기본 분위기를 제외한다면 족장사가 전해주는 첫인상 가운데 하나는 족장들의 불안한 유랑 생활이다. 땅 약속을 받은 이 족장들은 약속된 땅에 정착한 것이 아니다. 아니 그들은 다음 이동할 때까지 늘 한시적으로 그곳에 산다. 그들은 가족과 가축들을 이끌고 끊임없이 이곳에서 저곳으로 이동한다. 죽음을 맞이할 때야 비로소 그들은 합당한 안식을 얻는다. 그들에게 지리상의 거리는 중요하지 않다. 수천 킬로미터를 다닌다. 족장들은 유목민이며, 유목민에게 있어 장소 변화는 특별한 일이 아니라고 말할 수 있을 것이다. 그러나 이러한 것을 전제한다 하더라도 족장들의 여정은 특이하고 복잡하다.[3] 이 여정의 이유는 역사적인 것이 아니라 전승사적이라는 결론을 피할 수 없다. 족장들이 이동한 지역들을 살펴보면 팔레스티나의 모든 지역을 거의 비슷하게 다니지 않았다는 사실이 눈에 띈다. 족장 중 어느 누구도 해안 평야나 산악 지대에는 발을 들여놓지 않았다. 어떤 족장도 갈릴리에는 살지 않았다. 언급되는 최북단은 셰켐이다. 족장들이 –주로 한시적으로– 체류한 장소들의 수는 비교적 제한되어 있다. 그곳은 거의 모두 중부와 남부 팔레스티나에 위치해 있거나 요르단 동편에 있으며, 그 가운데 몇 군데는 여러 차례 언급된다. 셰켐(텔 발라타. 창 12:6-7; 33:18-20; 35:1-5), 베델(베틴. 창 12:8; 13:3-4; 28:10-22; 35:6-15), 마므레(하람 라멧 엘-할릴. 창 13:18; 18; 35:27), 헤브론(엘-할릴. 창 23; 25:9-10; 35:27), 브엘세바(비르 에스-세바. 창 21:22-33; 22:19; 26:23-33), 그랄(텔 에쉬-셰리아? 또는 텔 아부 후레라?[4]. 창 20:1-18; 26:1-22), 브엘라해로이(창 16:14; 24:62; 25:11), 길르앗(히르벳 젤아드. 창 31:44-54), 마하나임(텔 헷자즈. 창 32:2-3), 프니엘[5](틸

---

3   이것을 지도에 나타내려고 한 시도는 터무니없는 생각이다. 예를 들면 E. G. Kraeling, Rand McNally Bible Atlas (1956) 63. 83; Y. Aharoni – M. Avi-Yonah, Macmillan Bible Atlas (1968) 25-27.

4   Cf. Y. Aharoni, IEJ 6 (1956) 26-32.

랄 에드-다하브. 창 32:23-33), 숙곳(텔 데르 알라. 창 33:17)과 같은 장소이
다. 이렇게 나열할 수 있는 것이 그렇게 많지는 않다. 족장 전승은 특정
장소에, 그러니까 어느 한 곳에 또는 같은 곳에 자주 결부되어 있다는 것을
우리는 분명히 볼 수 있다. 이 사실에서 추론할 수 있는 사실은 족장들의
이동은 다름 아닌 이차적으로 연결하고 편집한 결과라는 것이다. 이를 통
해 족장들은 그곳에 가게 되고 그곳에 도착하며 그곳이 이야기의 무대가
되는 것이다. 장소가 족장 자체보다 더 중요하다. 이러한 평가는 만일 우리
가 사안의 양식비평적인 측면을 분명히 한다면 확인된다. 왜냐하면 이야기
들은 아주 명백하게 족장들의 전기적 요소가 아니며 역사적 서술은 더욱더
아니기 때문이다. 오히려 이야기들은 본래부터 독립된 민담이며 그 자체로
종결되었으며 그래서 문맥을 고려하지 않아도 종종 잘 이해되며, 다소간
민담 시리즈나 민담 고리를 이루어 통합적으로 연결되어 있다.[6] 이들을 그
놓여 있는 맥락에서 분리하여 그 자체로 관찰한다면, 그 속에 녹아 있는
역사적인 것을 얻을 수 있다. 유감스럽게도 우리가 족장들에 관해 구체적

---

[5] 마하나임과 프니엘에 대한 고전적인 위치 규정은 이야깃거리가 되었다. 마하나임을
   텔 에드-다하브 엘 가르비와 동일시하는 것에 대하여 예를 들면 R. A. Coughennour,
   A Search for Maḥanaim. BASOR 273 (1989) 57-66. 프니엘 = 텔 엘-함메 동쪽에
   대하여 W. Zwickel, Pnuel. BN 85 (1996) 38-43.

[6] Cf. H. Gressmann, Sage und Geschichte in den Patriarchenerzählungen. ZAW 30
   (1910) 1ff.; O. Eißfeldt, Stammessage und Novelle in den Geschichten von Jakob und
   seinen Söhnen [1923]. KS 1, 84-104; R. Kilian, Die vorpriesterlichen Abrahams
   -überlieferungen. BBB 24 (1966); G. E. Mendenhall, The Nature and Purpose of the
   Abraham Narratives. In: P. D. Miller – P. D. Hanson – S. D. McBride (ed.), Ancient
   Israelite Religion, Fs EM.Cross (1987) 337-356. 스칸디나비아 학파의 전통사라는 특
   수관점 아래서 D. A. Knight, Rediscovering the Tradition of Israel: The Development
   of the Traditio-Historical Research of the OT with Special Considerations of
   Scandinavian Contribution. SBL, Diss. Series 9 (1975²). H. Schmid, Die Gestalt des
   Isaak. Ihr Verhältnis zur Abraham- und J akobtradition. Erträge der Forschung 274
   (1991)도 연구사 개관을 제공한다.

인 것을 별로 알지 못한다는 것과 이 구체적인 것들은 많은 경우 우연이며 또 교체가 가능하다는 것이 단번에 드러난다. 우연적이 아니며 교체할 수 없는 것은 민담의 무대가 되는 장소들이다. 모든 경우는 아니지만 적어도 여섯 가지 경우는 성소로서 거기에 하나님이 족장들에게 나타나시고, 계시를 받는 족장들과 말씀하신 곳이다(세켐, 베델, 마므레, 브엘라헤로이, 마하나임, 프니엘). 이를 통해 이전에 세속의 장소였던 곳이 거룩한 성소가 된다. 신의 나타남은 성소와 제의의 근거가 된다. 창세기의 "족장들의" 시대가 기본적으로 평화로운 분위기를 띠는 이유 중 하나가 여기에 있다. 하나님과 인간을 갈라놓는 것과 같은 일은 일어나지 않는다. 하나님께서는 마치 인간이 되신 듯 인간과 교제하신다. 이러한 형태의 민담은 창설 민담, 기원 민담[7]이다. 그리고 이것은 성소와 제의의 창설과 관계된 것이 아니라 예를 들면 이름(창 21:31; 26:33; 33:17)이나 지역에 대한 권리 요구(창 31:44-54)나 또 다른 많은 경우에도 적용된다.

성소기원 민담들은 역사적으로 생각할 게 더 많다. 신이 조상들에게 계시함으로써 생긴 성소들이 이미 오래전에, 그러니까 이스라엘이 생겨나기 전에, 또 그들의 조상으로 보이는 족장들이 그 땅에서 유목하기 전에 존재했다는 것은 몇몇 경우에는 증명되고 다른 경우에는 최소한 개연성이 있다. 성소 역사는 멀리 가나안 시대까지, 중기와 초기 청동기 시대나 훨씬 더 이전으로까지 거슬러 올라간다. 그렇다면 그것의 창설은 이스라엘의 족장과의 관련 하에 일어난 것이 아닐 수 있으며 그래서 창설 민담은 족장들보다 더 오래되었다는 의심이 드는 것이다. 이러한 의심은 민담의 최종 형태에 여전히 이스라엘 이전, 족장 이전의 더 오래된 연대를 암시하는 흔적에 주목할 때 더 강해진다. 여기에는 독특한 신명이 추가되는데, 이들은 다름

---

[7] 위 18-20쪽을 보라.

아닌 팔레스티나 성소의 가나안 신을 호칭하는 명사이다. 브엘세바의 엘 올람(창 21:33), 베델의 엘 베델(31:13; 35:7), 세켐의 엘 베리트, 바알 베리트(삿 9:4,46)이다.[8] 이것에는 여기저기에서 여전히 나타나는 다신론적 사상이나 다귀(多鬼)적 사상의 흔적도 속한다. 가령 창세기 18장 1-16절은[9] "세 사람"이 아브라함을 방문하고 그에게 환대를 받고서 아들 출생을 예고하였다고 전한다. 이 세 남자가 이스라엘 이전 판본의 민담에서는 신이었다는 것을 쉽게 알 수 있다.[10] 이스라엘에서는 세 남자 가운데 한 사람은 야훼로 밝히고, 나머지는 돕는 천사와 같은 존재로 낮추는 식의 인위적 방법이 아닌 다른 방법으로는 이를 해결할 줄을 몰랐다. 그러나 이러한 억지 해결책은 최종 형태의 민담에서 더 잘 감지할 수 있다. 이야기를 통해 조정하는 것이 성공적이지는 못했는데, 이는 세 남자 가운데 두 사람을 사라지게 하는 데까지는 합의가 이루어지지 않았기 때문이다. 그래서 세 사람과 한 사람과 한 사람과 세 사람이 서로 뒤섞이고, 아브라함의 당혹감은 독자에게 전달된다.[11] 창세기 32장 2-3절에서도 유사하게 처리된다. 야곱은 한 무리의 신적 존재를 만나자 <마하네 엘로힘 제>, "이것은 신들의 군대다"라고 외친다. 이스라엘의 화자는 이 신들을 <말락케 엘로힘> "하나님의 사자"로 만든 결과 이 민담에서는 다신적인 내용이 없어지고 이스라엘에게

---

[8] 브엘라헤로이(창 16:13)의 <엘 로이>('ēl rō'ī)에는 적용되지 않는다. Cf. E. A. Knauf, Ismael (1989²) 45-49, 143.

[9] 성소기원론이 아니라, 인간이 신을 어떻게 환대하는지에 관해 말하는 민담인 소위 '테오제니아'이다. 야훼문서 기자도 그것을 제의창설 민담으로 간주하지 않았다. 창 13:18을 참고하라.

[10] 제우스, 포세이돈 (또는 아폴로), 헤르메스가 인간 모습으로 뵈오티아의 백발 노인 히리에우스를 도와 그에게 아들, 즉 사냥꾼 오리온을 얻게 하기 위해 그를 방문한 것에 관한 그리스의 민담을 참고하라(Ovid, Fasti 5, 494-535).

[11] 창세기 18장이 초기 기독교에서 삼위일체론에 관한 구약의 고전적 자리(loci classici) 중 하나였다는 점은 쉽게 이해된다. 이에 대한 유대인의 이전 단계는 필로 알렉산드리아누스에게서 나타난다.

받아들일 만한 것이 된다. 만약에 민담이 이스라엘이나 이스라엘의 족장들보다 그 연대가 더 오래된 것이라면, 이스라엘은 가나안의 계시의 신들을 야훼로 대체하고, 계시의 담지자들을 한 명 또는 여러 명의 족장으로 대체한 것이다. 이러한 빛 아래 관찰한다면, 성소기원 민담은 중요한 역사적 사실 정황에 대한 증거가 된다. 즉 이스라엘은 땅 정복 이후 고대의 가나안 성소들을[12] 자기의 것으로 삼았고 그에 대한 권리를 주장하고 그 성소의 거룩한 가치를, 이미 땅 정복 이전에 거기서 족장들에게 자신을 계시하신 야훼께로 소급시켰다. 여기에 두 번째의 것이 연결되어 있다. 이스라엘은 누군가, 특히 어떤 이스라엘 사람을 계시의 담지자로 만든 것이 아니라 아브라함, 이삭, 야곱을 성소 창설의 담지자로 삼았다. 이것은 이스라엘이 이 인물들과 밀접하게 연관되어 있다고 느꼈다는 것을 의미하며, 이스라엘은 그들을 다른 어떤 사람이 아니라 바로 자신들의 조상으로 동시에 자신들이 수행하는 종교의 조상들로 간주했던 것이다. 이들은 누구였을까?

이 질문에 성급하게 이런저런 방식으로 대답하려는 실수를 저질러서는 안 된다. 우리는 천천히 이에 대한 해결책을 찾아야 한다.[13] 먼저 개관하는

---

[12] G. R. H. Wright, Pre-Israelite Temples in the Land of Canaan. PEQ 103 (1971) 17-32에 개관이 있다.

[13] 간추린 참고문헌: A. Jepsen, Zur Überlieferungsgeschichte der Vätergestalten. Wiss. Zeitschrift d. Karl-Marx-Universität Leipzig, gesellsch.- und sprachwiss. Reihe 3 (1953/54) 265-281; S. Mowinckel, Rahelstärnrne und Leastämme. BZAW 77 (1958) 129ff.; F. Vattioni, Nuovi aspetti del problema dei Patriarchi biblici. Augustinianum 4 (1964) 331- 357; Th. L. Thompson, The Historicity of the Patriarchal Narratives. The Quest for the Historical Abraham. BZAW 133 (1974); J. Van Seters, Abraham in History and Tradition (1975); A. Lemaire, Les *benê Jacob*. Essai d'une interprétation historique d'une tradition patriarchale. RB 85 (1978) 321-337; W. McKane, Studies in the Patriarchal Narratives (1979); J. J. Scullion, Some Reflections on the Present State of Patriarchal Studies. Abr-Nahrain 21 (1982/83) 50-65; U. Worschech, Abraham. Eine sozialgeschichtliche Studie. EH XXIII, 225 (1983); A. Lemaire, La Haute Mésopotamie et l'origin e des Benê Jacob. VT 34 (1984) 95-101;

–완전함을 요구하지 않으면서– 방식으로 족장들의 삶의 방식에 대한 전승이 말하고자 하는 것을 정리할 수 있는데, 이는 더 오래된 특징과 더 후대의 특징이 섞여 역사적 구별이 불가능할 위험이 있다. 족장들은 고정된 가옥에서 산 것이 아니라 천막에서 살았다(창 12:8; 13:3,5,12,18; 18:1ff.; 25:27; 26:25; 31:25,33-34). 주된 생계 수단은 목축이었다. 다시 말해 주로 작은 가축(양과 염소)이었다. 물론 이것만은 아니다. 소, 나귀, 심지어는 낙타도 등장한다(창 12:16; 15:9; 20:14; 21:27; 24:10ff.; 26:14; 27:9; 30:28-43; 31:17; 32:6,8,15-16 외). 동물을 사육할 때 목자가 이들을 담당하였다(창 13:7-8; 26:20). 그 외에 그들은 농사를 짓기도 하고(창 26:12; 27:28,37), 포도를 경작하기도 한다(창 27:28,37). 동물 사육과 농사를 통해 얻은 빵과 우유와 고기가 주식이었다(창 18:6-8). 때에 따라 사냥을 나가기도 한다(창 25:27; 27:3ff.). 농경지에서 그들의 법적 상태와 사회적 위치는 "보호민"(gērīm)의 신분이었다(창 21:23; 23:4). 그들은 땅을 구입할 수 있었다(창 23; 33:19). 도시나 마을로 된 거주지의 주민들과의 관계는 꽤 독립적이었고 거리를 두었다. 그들은 이곳 주민들과 계약을 맺었고(창 21:22-31; 26:16-33; 31:44-54), 정착한 농경지의 농민들을 돕는 경우도 있었고(창 29:15ff.), 경우에 따라 그들과 **상업 거래**도 하고 **혼인**도 하였다(창 34:8-9,21). 한마디로 족장들은 정착하지 않은 유목민의 삶을 살았다. 그러나 이러한 모습은 오늘날 철에 따라 자리를 옮기는 유목민의 생활방식과 일치하지 않는다. 그러니까 족장들이 가족과 가축을 이끌고 계절에 따라 규칙적으로 스텝 지대에서 농경지로

W. Thiel, Geschichtliche und soziale Probleme der Erzväter-Überlieferungen in der Genesis. Theol. Versuche XIV (1985) 11-27; G. E. Mendenhall, The Nature and Purpose of the Abraham Narratives (101, n 6); M. Weinfeld, The Promise to the Patriarchs and its Realization: an Analysis of Foundation Stories. In: M. Heltzer – E. Lipiński (ed.), Society and Economy in the Eastern Mediterranean (1988) 353-369.

이동했다가 다시 돌아가는 것에 대해서는 한마디 언급이 없다. 오히려 그들의 생활방식은 항상 농경지와 그 변두리에 체류한, 즉 도시와 마을 사이에서 비정착민으로, 도시와 마을과는 그다지 가깝지 않은 지역들을 더 선호한 소위 산지유목민이나 농경지유목민의 생활방식과 일치하였다.[14] 정확하게 이것은 초기 이스라엘인의 생활방식이었으며[15] 또는 나중에 초기 이스라엘을 형성한 일부 집단의 삶의 방식이었다. 이러한 일치점은 족장들이 대표적 초기 이스라엘인이었으며, 바로 원-이스라엘인이었다는 역사적 추측을 하게 한다. 이러한 추측으로 우리는 구약성서가 족장에 대해 주장하는 것에 가까이 있다. 구약성서는 그들을 이스라엘의 조상으로 간주한다. 족보가 의미하는 것이 바로 이것이다. 족보와 전기를 걷어 내면 그 끝에 남는 것은 역사적으로 매우 개연성 높은 그림이 남는다. 그것은 바로 선조들이 농경지유목민의 족장으로, 지역적으로 또 시기적으로 후대 이스라엘이 발생한 집단들에 또는 후대의 이스라엘에 통합된 집단들에 속하였다는 것이다.[16]

더 주목해야 할 것이 있다. 족장 전승은 논의의 대상이 되는 팔레스티나 지역에 골고루 분포되어 있지 않다. 오히려 특정 지역은 특정 족장을 선호한다. 아브라함과 이삭이 주된 역할을 하는 민담의 대부분은 팔레스티나 남쪽에 속하며 그 가운데 몇 군데는 농경지 최남단의 오지, 즉 브엘세바의 요부(凹部)와 남쪽 광야에 속한다. 가령 창세기 21장 22-33절과 26장 16-33

---

[14] Cf. V. H. Matthews, Pastoralists and Patriarchs. BA 44 (1981) 215-218.

[15] 아래 196-199쪽을 참고하라.

[16] 족장들(특히 아브라함)을 "반유목민"으로 -다른 반쪽이 어디에 있는지를 우리가 자세히 알지 못하기 때문에 이것은 그리 좋은 표현은 아니다- 보는 것에 대하여 Cf. M. Weippert, The Israelite „Conquest" and the Evidence from Transjordan. In: F. M. Cross (ed.), Symposia 75th Anniversary ASOR (1979) 15-34; P. K. McCarter, The Historical Abraham. Interpretation 42 (1988) 341-352.

절의 두 민담은 시사하는 바가 매우 많다. 두 본문은 같은 사실을 다루는데, 한 번은 아브라함이고 다른 한 번은 이삭이다. 그들은 족장들을 농사짓는 목축유목민임을 역사적으로 신뢰할 만하게 보여준다. 그랄 도시민과 계약적인 이해관계를 위해 담판을 짓는다. 그랄의 성읍 영주인 아비멜렉은 해당 지역에 대한 권한을 갖고 있다. 아브라함과 이삭은 자기 사람들과 함께 "보호민"으로 법의 보호 아래 있다. 우물 분쟁은 화기애애하게 평화적으로 해결되고, 브엘세바 성소에서 격식을 갖춘 조약을 체결한다. 이 민담들은 유목민의 전형적인 상황을 묘사하고 있다. 그러나 이 외에도 대부분의 다른 아브람-이삭 전통은 남쪽에 자리 잡고 있다. 헤브론의 마므레는 최북단 지점이다. 후대의 이스라엘 가운데 어느 집단이 바로 이 족장들을 자신들의 조상으로 간주하였느냐고 묻는다면, 유다와 시므온, 아마도 "남쪽 날개", 즉 레아 집단을 떠올리게 되는 것은 자명하다. 그에 반해 야곱의 경우에 사안은 다르다.[17] 그는 라헬 그룹의 족장이다. 그에 관해 이야기되는 것은 주로 중부 팔레스티나와 동요르단 땅에서 펼쳐진다. 이러한 차이가 나중에 전체 이스라엘 계보로 기록되었다. 우리가 알 수 있는 한, 이스라엘의 이전 역사의 전통들은 처음으로 라헬 지파에서 체계적으로 형성되었기 때문에, 야곱은 라헬 집단의 족장으로서 이스라엘의 본래 지파 족장이 되고 "이스라엘"이라는 명예로운 이름을 얻게 되었다(창 32:23-33; 35:9-10). 야곱이 받아들인 이름인 이스라엘이라는 집단이 라헬 지파 이전에 중부 팔레스티나에 있었는지는 명확하지 않다.[18] 야곱의 열두 아들이 열두 지파의 조상이 된 것은 이 체제의 결과에서 기인한다. 그러나 라헬 집단만이 유일

---

[17] Cf. E. Otto, Jakob in Sichern. Überlieferungsgeschichtliche, archäologische und territorialgeschichtliche Studien zur Entstehungsgeschichte Israels. BWANT VI, 10 (1979).

[18] Cf. L. Wächter, Israel und Jeschurun. Schalom, Fs A. Jepsen (1971) 58-64.

하게 본래부터 야곱에게 속하였다는 것은 전승에서 더욱 분명히 알 수 있다. 야곱은 자기의 뜻과는 달리 자기에게 떠맡겨진 레아보다 라헬을 더 사랑했던 것이다(창 29:16-28). 레아 집단의 지파들에 있던 전통들이 남쪽에서 계속 발전하였을 때, 아브라함과 이삭이 이 체제 안으로 들어왔다. 그들은 족보에서 야곱의 아버지와 할아버지로 자리 잡았다. 이것은 본래의 지파 조상, 즉 이스라엘의 원형이 야곱을 통해 이미 결정되어 있었기 때문에 그렇게 되었다. 라헬 집단에 대한 레아 집단의 어느 정도의 우선권도 여기에 반영되어 있다. 이 우선권은 연대적이 아닌 다른 식으로는 이해될 수 없었다. 즉 레아 집단은 라헬 집단보다 더 일찍 정착하였다. 후대의 이스라엘이 이미 남쪽 땅에 정착한 농부가 되었다면, 그들은 중부 팔레스티나에서 아직 유목민으로 살았다.

그런데 족장들이 역사적 인물로 간주되어야 하는 충분한 이유들이 존재하는가 아니면 야곱의 열두 아들이 에포님이 된 것처럼 창안된 집단의 조상들인가? 과거에 구약학계에서는 족장들이 동화 속의 인물들은 아닌지 또는 능력을 잃은 신들이었던 것은 아닌지 이에 대해 실제로 주장하였고 또한 검토하였다. 오늘날에 이러한 관점은 전혀 대변되지 않는다. 왜냐하면 족장들의 역사성에 대한 긍정적인 이유가 상당하기 때문이다. 그들의 이름은 때로 서셈어의 인명이다. 창세기 17장 5절까지 언급되는 이름 아브라함은 어근이 확장된 아브람의 다른 형태이며, 이것은 또 아비람('Abīrām), "아버지는 높다", 즉 그는 죽고 아이가 그를 대체한다는 뜻을 가진 소위 별칭이다.[19] 이삭(Yiṣḥāq-ēl)은 이츠학-엘(*Yiṣḥāq-'ēl) "신이여(아이에 대하여)

---

[19] Cf. J. J. Stamm, Die akkadische Namengebung. MVAeG 44 (1939) §40; idem, Hebräische Ersatznamen. Assyriological Studies 16 (1965) 413-424. "(신적) 아버지가 높다", "아버지를 사랑해라!" (Gressmann, Landsberger; 동셈어의 라아무(ra'āmu) "사랑하다"에서) 또는 "그는 크다. 그의 아버지에 관한 한"(즉 출신이 좋은; Albright)과 같은 다른 해석은 개연성이 매우 적거나 배제된다. E. A. Knauf, El Šaddai – der

웃게 하소서"(즉 그에게 호의를 가진)에 대한 애칭이거나[20] 아니면 애칭
(출생 후에 아이가) "그가 웃다"이다. 야곱(*Ya⁽ᵃ⁾qōb*)은 야콥-엘(*Ya'qåb-'ęl*)
(신이여 보호하여 주소서)의 단축형이다.[21] 족장들이 시조라면 그들의 이름
이 집단 이름으로 사용되는 것이 나타나야 한다. 그러나 이 경우는 그렇지
가 않다. 아브라함이라는 집단도 없고, 이삭 족속도 없고, 야곱이라는 지파
도 없다.[22] 족장들은 개인이다. 그뿐만 아니라 종교사에서는 확실하지 않으
며 다의적인 증거가 있는데, 족장들의 역사성 문제에 대한 이것의 의미를
과소평가해서는 안 된다.[23] 그것은 우리 세기의 종교사적 대가설 가운데
하나의 출발점이자 주요 내용이 되었기 때문에 자세하게 서술되고 비판적
으로 평가되어야 한다. 그것은 조상들의 하나님에 대한 알트의 이론이다.

족장 전승에 독특한 하나님 칭호가 나타난다는 것은 이미 자주 언급되었다.
즉 "(나의, 너의, 우리의) 조상 아브라함/이삭/야곱의 하나님"(창 26:24; 28:13;
46:1; 출 3:6 외), "나홀의 하나님"(창 31:53), "이삭의 두려운 자"(창 31:42,5
3)[24], "야곱의 강한 자"(창 49:24; 사 1:24)가 그것이다. 이 이름들은 한 족장의

Gott Abrahams? BZ. NF 29 (1985) 97-103에 동의하는 M. Liverani, Un' ipotesi
ipotesi sul nome die Abramo. Henoch 1 (1979) 9-18의 다른 추측은 흥미롭고 예리하
지만 너무 멀리 벗어나 있다. 이에 따르면 벳스안에서 출토된 세토스 1세의 작은
비문에 나오는 (이집트어 표기, "*RHM*-아시아인") 한 아시아 집단 *RHM*은 족장 이름
에 있는 요소 *RHM*, *Raham*에 상응한다. 이 경우라면 아브라함은 "(족속) 라함의
(지파) 조상"이며, 아브람은 거기서 멀리 벗어난 형태가 된다.

[20] Noth, PN 210; PIAP 129.

[21] Noth, PN 177-78; PIAP 133. 마리 텍스트에서 이 이름은 축약형 야쿠비(*Yaqubi*)와
함께 야쿠브-일라(*Ya(ḫ)qub-ila*) 형태로 나온다. Cf. M. Noth, Mari und Israel. Eine
Personennamenstudie [1953]. ABLAK 2,213-233; 특히 225, 232.

[22] 시문에서 야곱은 이스라엘과 동의어로 나온다(민 23:7,10,21,23 등). 그러나 이것은
당연히 아무것도 말해주지 않는다.

[23] 여기에 해당하는 질문에 대하여 다음을 참고하라. H. Weidmann, Die Patriarchen und
ihre Religion im Lichte der Forschung seit J. Wellhausen. FRLANT 94 (1968); A.
Ammassari, La religione dei Patriarchi (1976).

이름이 소유격으로 신의 부가어에 종속되어 있는데, 대부분 엘로힘('elōhīm)에 종속되지 엘('ēl)에는 결코 그렇지가 않다. 동격인 "아버지"(단수로, 복수로, 어미로)로서 이 연결이 확장되거나 족장 이름이 "아버지"로 대체되기도 한다. 이러한 관찰을 통해 알트는 처음으로 종교사적인 결론을 도출하여 수십 년간 논박할 수 없는 진실로 간주된 한 이론을 정립하였다.[25] 그는 시초부터 이것은 –전통이 믿게 하려는 것처럼– 후대에 "조상들의 하나님"이라 불리며, 또 무시간적으로 원시대로 거슬러 올라가는 야훼가 아니라 농경지 성소들의 가나안 신들과 같이 유사한 방식으로 야훼화 된, 이스라엘 이전의 종교 유형의 흔적이라는 것을 보여주려고 시도하였다. 알트에 따르면 이 종교 유형은 특정한 성격의 특징을 갖고 있다. 그것은 다신론적이다. 즉 단수의 족장들의 신이 아니라 복수의 족장들의 신들이 있다. "이삭의 두려운 자"와 "야곱의 강한 자"는 서로 동일한 신이 아니다. 다신주의는 한 곳에서 훨씬 더 분명하게 나타난다. 야곱과 라반의 계약 체결 맥락에서 이렇게 언급된다. "아브라함의 하나님과 나홀의 하나님이시여 우리 사이를 판단하소서(복수동사!)"(창 31:53). 전승은 다신주의를 제거하기 위하여 불편한 이 형태에다 야훼 종교의 의미로 수술을 가하였으나 완전히 성공하지는 못하였다. 두 신을 한 신으로, 즉 야훼로 보이게 하려고 "그들의 아버지의 하나님"(칠십인역에는 없다!)이라는 단수 용법을 추가하고 또 마소라 텍스트의 복수 형태 대신에 사마리아 오경과 칠십인역이 제시하는 "그가 판단할지어다"라는 단수의 동사 형태를 쓴 것이다. 두 번째 주요 특징은 족장들의 신들이 거룩한 곳과 연관되어 있지 않거나 원래부터 연관되지 않고, 사람과 그들의 부수물, 바로 그들이 띠고 있는 이름

---

[24] 파하드 이츠학(paḥad Yiṣḥāq)의 칭호는 한동안 우가리트어를 근거로 "이삭의 친척" 으로 해석되었다. 그러나 Cf. D. L. Hillers, Paḥad Yiṣḥāq. JBL 91 (1972) 90-92. 기타 참고문헌으로는 E. Puech, "La crainte d'Isaac" en Genèse XXXI 42 et 53. VT 34 (1984) 356-361. A. Lemaire, Apropos de pahad dans l'onomastique oust-sémitique. VT 35 (1985) 500-501. 파하드(paḥad)는 생식기를 칭하는 것이며 이삭의 조상의 영에 대한 상징으로서 관찰해야 한다는 M. Malul, More on paḥad yiṣḥāq (Gen XXXI 42, 53) and the Oath by the Tigh. VT 35 (1985) 192-200의 이해는 별 설득력이 없다.

[25] A. Alt, Der Gott der Väter (1929). KS 1, 1-78; Ergänzungen in PJB 36 (1940) 100-103.

의 조상들과 연관되어 있다는 것이다. 여기서 알트는 그들이 본래부터 정착 농경민의 지역이 아니라 비정착 유목민에 속하였다는 결론을 끌어냈다. 이와 유사한 유형의 개인적인 신들은 후대의 나바테아인과 팔미레네인(일부는 아 랍어로 일부는 헬라어로 저작된 그들의 비문이 그러한 신명을 담고 있다) 가 운데에도 천 년 이상 존재하였다. 일부는 아람어로, 일부는 그리스어로 저작된 비문들이 페트라, 팔미라, 하우란에서 나왔는데 거기에 'lh Qṣyw, 'lh Mnbtw, 테오스 아우무(θεὸς Αὖμου), 테오스 아르케실라우(θεὸς 'Αρκεσιλάου) 등과 같은 신의 칭호들이 담겨 있다. 알트에 따르면 종교사적 발전은 다음과 같이 재구성된다. 족장 신의 종교는 신이 특정한, 개인적인, 교체할 수 없는 한 인간 에게 계시함으로써 창시된다. 더 정확하게 말하면 한 사람의 계시 경험을 통해 창시되며 그 이름이 신의 호칭에 결부된다. 조상들을 자신과 연관짓는 유목민 집단이 정착하게 되면서 조상들의 신들도 이른바 정착을 하게 된다. 그들은 가나안 성소들의 엘-신들과 융합된다. 전체 이스라엘의 공동의식이 형성되는 과정에서 한편에서는 조상들의 신들의 -여럿에서 하나가 되는- 단일화가 일 어나고, 다른 한편에서는 야훼와의 동일화가 뒤따른다. 야훼에 대해서 말할 수 있는 것은 그가 처음부터 존재하였으며 조상들에게 계시하였다는 것이다. 큰 신에게 동화되는 유사한 운명을 헬레니즘 시대의 나바테아인과 팔미레네 인의 개인 신들도 경험하였다. 테오스 아우무(θεὸς Αὖμου)가 그다음에는 제 우스 아니케토스 헬리오스 테오스 아우무(Ζεὺς 'Ανίκητος Ήλιος θεὸς Αὖμου) 의 형태로 나타난다.

알트의 족장 종교 재구성은 1960년대 이후 다방면에서 비판을 받았다.[26]

---

[26] 간추린 참고문헌: F. M. Cross, Yahweh and the God of the Patriarchs. HThR 55 (1962) 225-259; K. T. Andersen, Der Gott meines Vaters. Studia Theologica 16 (1962) 170-188; O. Eißfeldt, Jahwe, der Gott der Väter [1963]. KS 4,79-91; H. Vorländer, Mein Gott. Die Vorstellungen vom persönlichen Gott im Alten Orient und im AT. AOAT 23 (1975); B. Diebner, Die Götter des Vaters. Eine Kritik der „Vätergott"-Hypothese A. Alts. DBAT 9 (1975) 21-51; E. Ruprecht, Die Religion der Väter. DBAT 11 (1976) 2-22; N. Wyatt, The Problem of the „God of the Fathers". ZAW 90 (1978) 101-104; J. Van Seters, The Religion of the Patriarchs in Genesis. Biblica 61 (1980) 220-233; M. Köckert, Vätergott und Väterverheißungen. Eine

전부는 아니지만 많은 학자가 그것은 형편없이 설정된 근거와 많은 곳에 걸쳐 약점이 있으며, 형식적으로나 내용적으로 실패한 이론으로서 연구사의 한 업적으로 성급히 자리매김해서는 안 된다는 인상을 불러일으켰다. 그러나 이제는 그 주장하는 모든 것이 전혀 신뢰감을 주지 않는다. 예를 들면 반 세터스가 했던 것처럼 무엇보다도 알트 배후로 한 발짝 후퇴한 것은 사안에 적절하지 않은 것 같다. 즉 야훼의 칭호 "조상들의 하나님" 또는 "조상 아무개의 하나님"은, 처음부터 야훼에 맞춰져서, 후대 이스라엘의 종교적 연속성이 조상들에게 있음을 강조할 목적으로, 또 이스라엘의 선택을 어느 정도 앞 시대로 끌어올릴 목적으로 의도된 후대의, 그러니까 포로기 이후에서야 이루어진 재구성일 뿐이라는 가정의 수정 말이다. 이를 위한 전제조건은 다시 한 번 인기를 누리는, 문헌의 후대 연대 설정인데, 이것은 현재 논란이 되고 있으며, 더군다나 고어의 특징을 지닌 칭호들과 창세기 31장 53절에 따르면 조상신의 쌍수와 마찬가지로 후대의 고안이라고 설명하기 어렵다. 게다가 가정된 족장 전승에 대한 기본 토대를 증거해 주는 나바테아와 팔미레네의 증거들이 보여줄 수도 있을 큰 시간적 거리를 그렇게까지 멀리 확장할 수 없다. 왜냐하면 종교 현상을 비교할 때 시간적인 간격들은 그리 중요하지 않은 것이며, 또한 알트의 이론은 나바테아와 팔미레네의 개인적인 신들이 없어도 그럭저럭 지장이 없을 것이기 때문이다. 조상들의 신-에피테타(한정적 형용사)를 한 인간과 그의 가족을 보호하는 개인적인 신에 대한 오리엔트의 공동 개념과 결합시키는 시도가 한결 유망해 보인다. 왜냐하면 실제로 개인이 만신전의 신 가운데 한 신이나 익명의 신을 자기들의 개인적인 신으로 인식하고 인정하는 수많은 예가 존재하기 때문이다. 그렇다면 족장들의 신들의 경우, 특정하고 독립된 종교 형태가 아니라 단순히 이미 존재한 종교, 즉 야훼 종교 내에서 개인적인 신앙의 특징을 생각해야 할 것이 있다. 그러나 이에 대해서는 더 많은 숙고가

Auseinandersetzung mit A. Alt und seinen Erben. FRLANT 142 (1988); B. Diebner, Eine Anmerkung zur Identifikation der „Vätergötter": Die „Göttin des Sohnes". DBAT 25 (1988) 130-137; A. van den Branden, Les dieux des Patriarches. BeO 32 (1990) 27-56; H. Utzschneider, Patrilinearität im alten Israel - eine Studie zur Familie und ihrer Religion. BN 56 (1991) 60-97.

필요하다. 가령 왜 족장 중 어느 누구도 자기만의 신을 수호신으로 말하고 있지 않으며, 늘 그 아들이나 손자가 조상들의 신에 대해 말하는 것일까? 거룩한 제의장소의 하나님은 –엘이든, 바알이든– 왜 개인적인 수호신으로 한 번도 등장하지 않는 것일까? 왜 소위 족장들의 신들은 족장 전승에 한정되어 있고 후대에는 더 이상 나오지 않거나 기껏해야 암시되거나 기억되는 정도의 것으로 나오는 것일까? 유목민 문제에서 보이는 다음과 같은 단초적 비판이 훨씬 더 낫다. 즉 족장들의 신의 종교는 계절이동목축-유목민의 특정 종교 유형이었으며, 그들을 인도하고 약속하는 신은 각각 조상들의 신이었다는 알트의 가설에서 말이다. 그러나 –오늘날 합리적인 이유로 주장되듯이– 만일 가정되고 있는 농경민과 계절이동목축-유목민의 대립이 청동기 시대 말기 농경지 내에서의 도시와 땅의 갈등으로 대체된다면, 알트의 이론은 민감한 부분에 부딪히고 실제로 이미 효력을 잃어버린다. 여기에다가 족장들에게 한 약속들 (12:1-3,7; 13:14-17; 15:17; 28:13-15 등)로[27] 논증을 펼치지 않는 것이 훨씬 바람직하다는 점이 추가된다. 이들은 문학적으로 상이하고, 시간적으로 완전히 다른 별개의 층에 속하며 또 후대의 전체 이스라엘 전통에 의해 형성되었다. 나중에 태어난 저술가의 신학적 논점의 구성 요소로서 이스라엘의 선택과 번성과 땅 소유의 근거는 이미 조상들이 이에 대한 권리를 가졌다는 것으로써 설정된다. 약속의 배후에는 결코 옛 조상들의 신이 있는 것이 아니라 항상 야훼가 있다.

그렇다면 우리는 알트가 관찰한 현상을 어떻게 설명해야 하는가? 이에 대해서는 비록 당연히 사변적인 것이라 할지라도 이성적인 가능성이 있다. 이스라엘이 팔레스티나 토양의 가나안인의 양식에서 발전한 것이 옳다면, 또 나아가 족장들이 일종의 걸출한 "원 이스라엘인"이었다는 것이 옳다면,[28] 우리는 다음과 같이 가정해도 될 것이다. 족장들은 가나안 종교와, 가정되는 초기 이스라엘 종교의 "종교 다원주의"[29]에 참여했다고 말이다. 이에 따르면 우리는

[27] Cf. J. Hoftijzer, Die Verheißungen an die drei Erzväter (1956); C. Westermann, Die Verheißungen an die Väter. Studien zur Vätergeschichte. FRLANT 116 (1976).

[28] 위 105-106쪽을 보라.

[29] Cf. R. Albertz, Persönliche Frömmigkeit und offizielle Religion. Religionsintemer

세 층 또는 세 단계의 종교 생활을 생각해야 한다. 정치적 공동체 즉 국가에서, 거주지에서, 그리고 가족에서의 종교 생활이다. 도시국가로 조직된 가나안인에게서 첫 번째 두 가지 차원은 대체로 붕괴되었을 것이다. 그러니까 장소의 신은 -경우에 따라서 가나안 지역의 영토국가 형성에 대한 드문 단초들을 제외하면[30](이 경우 사안은 달리 형성되었을 것이다)- 동시에 국가의 신이기도 하였다. 이스라엘의 경우 야훼는 왕국이 형성되거나 형성된 후에 국가 신의 역할을 띠게 된다. 이때 장소의 신들은 완전하게 남거나 지속적으로 남았다. 비록 구약성서의 경향문학이 마치 야훼와 이스라엘의 관계가 처음부터 분명하고도 배타적이었던 것처럼 기술하더라도 말이다. 지역의 신들은 처음에는 단일신 종교가 등장하면서 아니면 훨씬 이후에는 일신교가 등장하면서 사라졌다. 그러나 가족 종교는 상위 등급으로의 이러한 재편성을 전혀 겪지 않았다. 포로기 이후의 일신교의 조건 아래서야 가족 종교는 낡은 것이 되어 사라지거나 수면 아래로 가라앉았다. 가족 내에서 숭배의 주요 대상은 가족의 신이었다. 일종의 가족 제의의 후원자로 여겨진, 뛰어난 조상이나 시조의 개인적인 수호신이었다. 가족의 신은 가족의 지속과 안전과 복지를 돌보았고 가족 개개인의 수호신으로 간주되었다.[31] 가족의 신은 테라코타상으로 집에 봉안하여[32] 제사를 드렸는데, 이에 대한 문학적 증거는 전혀 없지만 고고학적 증거는 있다. 제1천년기 말의 가정집에는 석회암으로 된 작은 분향제단이 있었고, 분향대접과 분향 컵도 있었다. 9세기 이후부터는 소위 관제용기인[33] "손 접시"

Pluralismus in Israel und Babylon. Calwer Theol. Monographien A 9 (1978); M. Weippert, Synkretismus und Monotheismus. Religionsinterne Konfliktbewältigung im alten Israel. In: J. Assmann – D. Harth (ed.), Kultur und Konflikt. Edition Suhrkamp NF 612 (1990) 143-179.

[30] 가령 셰켐의 라바유이다. 위 63쪽을 보라.

[31] 그렇다면 *Zencirli*에서 나온 비문에 언급되는 야우디 삼알 왕조의 후원자 신들도 여기에 속할 것이다. *b'l bt* "집(즉 왕조)의 신"(KAI 24,16)과 *'lhy byt 'by* "내 아버지의 집의 신들"(KAI 215,22; 217,3)

[32] 구약성서에 흔적을 남기듯이 언급된 드라빔도 이를 가리킬 것이다. 창 31:19,30,32; 삿 17:5; 삼상 19:13,16과 신탁의 기능을 하는 겔 21:26과 슥 10:2 참고.

[33] Cf. H. Weippert, PVZ 409. 447-448. 628-629. 664-665.

등이 있다. 피의 제사가 있었는지는 확실하지 않다. 한편으로 가족 종교는 배타적이지 않았다. 즉 가족 종교는 가족이 지역제의와 국가제의에 참여하는 것을 막지 않았다. 다른 한편으로 가족 종교는 상당한 저항력을 지녔고 이스라엘에서는 야훼를 수용하는 데 있어 최후의 보루였다. 알트가 말하는 조상들의 신들을 이렇게 엉성하게나마 재구성한 가족 종교에 별 어려움 없이 포함시킬 수 있다. 후대의 나바테아인과 팔미레네인들도 이 범주에 넣어야 할 것이다. "조상들의 신들"이 거의 족장 전승들에만 등장한다는 상황은 후대 구성이라는 견해를 반대한다.

불가피한 결론은 아니지만 족장 종교가 실제로 오래된 종교 형태라는 결론은 명백해 보인다. 그러나 이는 농경문화 종교에 대립한 유목문화 종교 형태라는 것도 아니고, 초기 또는 원-이스라엘의 독특한 종교 형태가 아니라 어느 정도 사회적 종교 형태라는 것이다. 후대 이스라엘이 자신의 조상으로 간주한 족장들이 여기에 참여하였다면, 그들은 이스라엘의 초기 시대에 가족의 수장이었다. 이는 우리가 그들이 후대의 이스라엘인과 맺고 있는 실제적 관계를 아무리 구체적으로 그려볼지라도 그러하다.

특히 족장들에 대한 더 자세한 사항을 전승에서 더 많이 끌어낼 수 있을까? 그들의 시대와 개인적인 삶의 상황은 어떠한가? 족장 민담의 성격과 형태는 이 질문의 대답에 그리 적합하지 않다. 족장들에 대한 믿을 만한 연대는 고고학의 도움을 받아도 말하기 어렵다.[34] 족장들을 제2천년기 초에 국제 무역로에서 나귀 대상(隊商)으로 해석한 올브라이트의 시도는[35] 더 이상 알아볼 수 없는 안개 속에서 갈피를 잡지 못하고 있고, 수많은 보조적

---

[34] Cf. W. Leineweber, Die Patriarchen im Licht der archäologischen Entdeckungen. Die kritische Darstellung einer Forschungsrichtung. EH XXIII, 127 (1980).

[35] W. F. Albright, Abram the Hebrew: A New Archaeological Interpretation. BASOR 163 (1961) 36-54; idem, Yahwe and the Gods of Canaan (1968) 47-49.

인 가정은 단순한 가설일 뿐이고 모호하다.[36] 족장들을 문화사적인 관찰이라는 우회로를 통해 역사적으로 연대적으로 정확하게 규정하려고 하는 시도 또한 더 나을 바 없다. 그들의 이름, 관습, 관행, 족장 전승의 법적 관행, 누지-아라프하의 쐐기문자 텍스트와의 관계 등에 대한 고찰을 통한 시도가 그렇다.[37] 족장들과 그들에 대해 이야기하는 민담들이 기원전 제2천년기와 제1천년기 초기의 고대 오리엔트 문화라는 광범위한 범주에 넣을 수 있다는 일반적 확신 그 이상으로는 이르지 못한다. 바로 이 맥락에서 끈질기게도 인용되는 정보, 즉 아브라함이 "갈대아 우르" 출신이며 거기서 유프라테스강 만곡에 있는 하란으로 발행했다는(창 11:28 R[P]; 11:31 P; 15:7) 것으로는 역사적인 관점에서는 아무것도 시작할 수 없다. 우르는 남부 바빌로니아에 있는 텔 엘-무캇야르로서 제3천년기와 제2천년기에 수메르와 아카드의 중요한 정치적 종교적 중심지였다.[38] 그곳이 아브라함의 고향이라는 것은 제사장문서(기원전 6/5세기)에 확실히 자리 잡고 있다. 여기서 이 도시는 항상 "우르 카스딤"으로 언급된다. "카스딤"(칼데아인)은 기원전 9세기 이전이 아니라, 7세기에야 비로소 바빌로니아에서 지배층으로 등장하였다.[39] 남부 바빌로니아는 구약성서에서 아브라함의 출신지로 매우 부차적 역할을 한다. 아브라함과 다른 족장들이 상부 메소포타미아의 아람인과 연관되어 있다는 것이 더 중요하다(창 11:31; 12:4; 24; 29–31). 메소포타미아

---

[36] Cf. R. de Vaux, Histoire 217-220; M. Weippert, Abram der Hebräer? Bemerkungen zu W. F. Albrights Deutung der Väter Israels. Biblica 52 (1971) 407-432.

[37] 다음의 개관을 참고하라. R. de Vaux, Die hebräischen Patriarchen und die modernen Entdeckungen (1961) 특히 55-86.

[38] Sir L. Wooley, Ur in Chaldäa. Zwölf Jahre Ausgrabungen in Abrahams Heimat (1956) 은 1922-1934년 영국 발굴팀에 관하여 요약해준다.

[39] 자세하게는 Cf. J. A. Brinkman, A Political History of Post-Kassite Babylonia. AnOr 43 (1968) 260ff.

전 지역을 지나간 아브라함의 여정을 받아들이고 싶은 사람은 이 점에서 방해받지 말아야 할 것이다. 후대의 구성이라는 사고가 훨씬 더 개연성이 있으며 그에 대해 적어도 세 가지 이유를 언급할 수 있다. 1. 아브라함은 원역사가 재앙으로 끝났다고 말하는 바벨탑의 땅 출신이라는 것(창 11:1-9). 2. 우르는 신바빌로니아 시대(기원전 6세기)에 달의 신인 난나-신의 제의를 통해 상부메소포타미아의 하란과 밀접한 연관을 맺고 있다는 것. 3. 남부 바빌로니아에서 기원전 586년 이후부터 유대 포로민이 살았고, 이들에게 아브라함의 발행과 이주는 귀향에 대한 희망의 표지가 되었을 것이라는 것이다. 바로 이 시대에 오경의 제사장문서가 나왔다.

마지막으로 족장들을 큰 역사적 맥락 안에 두는 유일한 본문인 창세기 14장은 역사적으로 전혀 사용할 수 없다. 이 장은 오경 자료 어디에도 속하지 않는다. 여기서 아브라함은 전사로 나온다. 이 장은 독자가 근거로 삼을 수 있는 마지막 장이다. 하지만 이런저런 특징은 이 이야기의 매력을 이루고 있다. 많은 역사적 통찰과 마찬가지로 많은 모험적인 사색에 대한 욕구가 이 이야기로 향하고 있다는 것은 놀라운 일이 아니다.[40] 다음과 같이 보도한다. 네 명의 북방과 동방의 대왕이 사해의 남단에 있는 다섯 명의 소왕에게 12년간 멍에를

---

[40] 간추린 참고문헌: W. F. Albright, The Historical Background of Genesis XIV. JSOR 10 (1926) 231-269; F. Cornelius, Wer ist Amraphel in Gen. 14? ZAW 70 (1958) 255-56; K. Jaritz, Gen XN. ZAW 72 (1960) 1-7; M. C. Astour, Political and Cosmic Symbolisrn in Gen. 14 and its Babylonian Sources. Biblical Motifs: Origins and Transformations, ed. A. Altrnann (1966) 65-112; J. A. Emerton, Some False Clues in the Study of Genesis XIV. VT 21 (1971) 24-47; idem, The Riddle of Genesis XIV. 403-439; W. Schatz, Genesis 14. EH XXIII, 2 (1972); P.-R. Berger, Ellasar, Tarschisch und Jawan, Gn. 14 und 10. WdO 13 (1982) 50-78; Y. Muffs, Abraham, the Noble Warrior. JJS 33 (1982) 81-107; F. I. Andersen, Genesis 14: An Enigma. Pomegranates and Golden Bells, Fs J. Milgrom (1995) 497-508; J. A. Soggin, Abraham and the Eastern Kings: On Genesis 14. Solving Riddles and Untying Knots, Fs Greenfield (1995) 283-292.

지웠다. 제13년에 소왕들이 반역하자 제14년에 대왕들이 공동으로 응징을 위한 정벌을 수행한다. 싯딤 계곡에서 전투가 벌어졌고 그 과정에서 소왕들이 치명상을 입는다. 이로써 승자들은 수많은 전리품과 포로들을 취하였다. 이 지점에서 아브라함이 갑자기 뜻밖의 모습을 보인다. 왜냐하면 사로잡힌 자 가운데 조카 롯이 있기 때문이다. 그는 318명을 데리고[41] 대왕들을 추격하기 시작한다. 아브라함은 그들을 단 지역에서 무찔러 사로잡고, 그들에게서 포로와 전리품을 빼앗은 후 다마스쿠스 너머까지 추격한다. 그가 돌아올 때 살렘의 제사장 멜기세덱이 아브라함에게 빵과 포도주를 가져와 그를 축복한다. 아브라함은 멜기세덱에게 모든 것의 십 분의 일을 주고 소돔 왕에게 자신이 노략한 전부를 준다. 이 내용으로 충분하다. 있을 법하지 않은 것을 자세히 나열하고 그 이유를 대는 것은 너무 많은 지면을 필요로 할 것이다. 몇 가지를 지시하는 것으로 충분할 것이다. 창세기 14장에는 적어도 세 개의 단편이 비교적 느슨하게 연결되어 있다. 전쟁 보도(1-11절), 아브라함 이야기(12-17,21-24절), 멜기세덱 이야기(18-20절)이다. 이 셋 가운데 전쟁 보도가 가장 역사적인 기억에 기초한 것으로 보인다. 그렇다면 어떤 기억일까? 이에 대해 지금까지 아무도 믿을 만한 것을 제시하지 못했다. 창세기 14장 연구에 매우 전념하고 무엇보다도 대왕들의 특이한 진군 경로를[42] 이해하고자 시도하였던 드보(R. de Vaux)조차도 말이다.[43] 그는 소왕들이 치른 사해에서의 전쟁을 이보다 더 큰 정복 활동 내부에 있는 하나의 에피소드에 불과하다고 생각하였다. 즉 동요르단의 왕의 대로를 따라 난 시리아와 아라비아 사이의 무역로를 통제하려는 시도 중 하나이다. 기껏해야 동요르단 땅에서의 군사 행동만 설명할 수 있을 뿐, 카데쉬와 단으로 잠깐 들리는 것은 설명되지 않는다는 것을 제외하면,

---

[41] 318은 일 년 중 달이 보이는 날의 수이다. St. Gevirtz, Abram's 318. IEJ 19 (1969) 110-113; A. Zeron, Abram's Threehundred and Eighteen Retainers (Gen 14). Tarbiz 52 (1982/83) 129-132.

[42] 아스타로트-카르나임(세 사아드의 텔 아쉬타라) - 함(?) - 귀르야타임(마인에서 멀지 않은 히르벳 엘-쿠레예) - 세일에서 엘 파란(?)까지 - 엔 미쉬파트 = 카데쉬(엔 크데스와 엔 쿠데라트, 그렇지 않으면 페트라를 생각해야 할까?) - 하차촌 타마르(?) - 싯딤 골짜기(?).

[43] Die hebräischen Patriarchen (각주 37) 34-44.

드보도 다른 사람들과 마찬가지로 이 정복 활동을 역사적으로 자리매김하지는 못했다. 그는 이것을, 또 아브라함을 기원전 19세기로 설정하였다. 그러나 이 세기에도 다른 세기에도 바빌로니아, 엘람, 히타이트 왕국이 동시에 참여한 정치-군사적인 활동으로 알려진 것이 없다. 그와 같은 것은 존재하지 않았다. 대왕들의 이름도 별다른 도움이 되지 않는다. 그들은 마치 후대의 저자가 고대의 이방 이름을 찾기 위해 역사적 사전을 펼쳐보았다가 거기서 주요어들만 읽었지 관사들은 읽지 못했던 것 같다. 시날(바빌로니아) 왕 아므라벨은 과거에 자주 추측하였듯 바빌론의 함무라비가 아니라 아카드 이름 아마르-피-엘에 상응한다.[44] 이 이름을 가진 왕은 시리아의 카트나에 알려져 있다. 엘라살(?) 왕 아리옥은 후리어 이름 아리욱인 것으로 추정된다. 이 이름은 예를 들면 마리의 짐리림의 아들이 사용했던 이름이다. 엘람 왕 그돌라오멜은 흔한 엘람 이름(쿠테르=라카마르)이지만 바로 엘람의 수많은 왕 가운데서는 나오지 않는다. 디달은 히타이트의 투트/투드할리야일 것이다. 그러나 어떤 왕이 이 이름을 가졌으며, 또 그는 왜 "민족들의 왕"이라 불리는가? 이것을 가지고는 아무것도 시작할 수 없다. 창세기 14장은 다름 아닌 후대의, 그러니까 포로기 이후의 문학작품이다. 어떤 목적으로 만들어졌는지는 알 수 없다. 무엇보다도 축복받은 족장 아브라함이 어떻게 큰 정치적 사건에 연루되었는지를 보여주려는 것 같다. 그러나 멜기세덱 이야기는 더 오래되었을 것이다.[45]

신앙과 역사 이해에 근본적인 것은 개별 모습으로서의 족장 민담에 있는 것이 아니라, 족장들이 이스라엘의 조상들이 되었고 또 그들이 자손과 농경지에 대한 하나님의 약속의 담지자가 되었다는 데 있다. 그러므로 이스라엘의 전통에 대해 족장들이 갖는 의미는 거시적 해석 능력의 결과이다. 이를 통해 후대의 이스라엘은 자신들의 종족 연원과 땅 정복을 하나님이 인도하신, 오래전에 준비된 활동으로 이해할 수 있었다. 이 모든 숙고는

---

[44] Cf. W. v. Soden, WdO I,3 (1948) 198.
[45] 아래 327쪽 각주 32를 보라.

–아무리 가설적인 것이라 할지라도– 족장들의 연대를 땅 정복 이전보다 훨씬 더 이전으로 산정하는 것을 반대하고, 이스라엘이 생겨난 저 집단들에 이스라엘 역시 속한다는 것을 지지해준다.

2. 출애굽

이스라엘의 이집트 체류와 출애굽에 대해서는 출애굽기 1–15장이 전한다. 거기에 기술된 것은 족장 전승보다는 훨씬 더 높은 정도로 연관성 있게 진행되는 역사 이야기라는 인상을 전해주지만, 그럼에도 불구하고 그것의 일부는 문학 이전의, 일부는 문학적 진행 과정과 통합 과정의 결과라는 점은 의심할 수 없다.[46] 무엇보다도 우리가 가진 전통은 일반화되고 민족주의화된 모습이라는 점에 유의해야 한다. 이런 모습은 후대의 이스라엘이 전통에 부여한 것이다. 역사가가 단지 부분적으로만 간신히 해결해낼 수 있는 과제는, 전승 최종 형태를 비평적으로 축소함으로써 이스라엘의 이전 역사의 주제인 이집트 체류와 탈출에 도달하는 것이다.

이집트에서 나오려면 언젠가 한 번은 이주했던 적이 있어야 한다. 여기서 나오는 결론은 정확하게 규명할 수 없는 시기에 후대 이스라엘의 선조와 조상에 속하는 사람들이 팔레스티나 땅을 정복하기 이미 오래전에 이집트로 갔다는 것이다. 이 과정에 대한 흔적은 구약성서의 전승에 남아 있다.

---

[46] 본문 분석에 대하여 Cf. G. Fohrer, Überlieferung und Geschichte des Exodus. BZAW 91 (1964); G. W. Coats, A Structural Transition in Exodus. VT 22 (1972) 129-142. 다음의 두 글은 자기식의 이해를 대변한다. P. Weimar – E. Zenger, Exodus. Geschichten und Geschichte der Befreiung Israels. SBS 75 (1975)와 B. J. Diebner, Erwägungen zum Thema „Exodus". Studien zur altägyptischen Kultur 11 (1984) 595-630.

예를 들면 창세기 12장 10-20절과 당연히 요셉 이야기(창 37; 39–50)이다. 역사적으로는 후대 이스라엘의 선조 집단이 유목민이었다는 것에서 출발한다. 이 전제는 족장사가 분명히 보여주듯이 구약성서의 전통과도 일치한다. 그러나 유목민은 항상 이동하고, 또 자신들이 선호하는 지역을 특정한 조건 아래 다른 지역과 교환할 수도 있다. 비교적 이동 반경이 좁은 농경지의 산지유목민은, 가령 이집트의 문헌에 *Šȝśw*(샤슈)라는 총칭으로 나오는, 초원 및 사막 지역의 유목민 집단보다 이동이 적었다.[47] 유목민이 이집트 쪽으로 이동하게 되는 이유에는 여러 가지 유형이 있었다. 이주 열망, 호기심, 필요, 대적을 피하기 위해서 등 우리가 생각할 수 있는 모든 것이다. 그러나 무엇보다도 기후적 요인을 감안할 수 있다. 강수량이 평소보다 적은 해에 유목민은 심각한 경제난에 빠진다. 다시 말해 산지에서 멀리 떨어져 체류할수록, 스텝 및 사막 지역에 체류하면 할수록 더욱 큰 어려움에 빠진다. 사람과 짐승에게 필요한 식량이 부족하게 되면 그들은 발행하여 나일강 델타 지역으로 이주하게 된다. 거기는 이집트의 수질 상황 때문에 자신들의 고향에서보다 삶의 조건이 훨씬 나았기 때문이다. 창세기의 이야기에서 적잖은 역할을 하는 기근과 높은 물가가 여기에 속한다(창 12:10; 26:1; 41:55–42:3; 43:1-2). 이집트 이주라는 주제 아래 이러한 연관성과 가능성을 생각해볼 수 있다.

19세기에 이집트 문자를 해독하게 된 이래 이스라엘 이주의 흔적을 이집트 문헌에서 찾아보려는 노력이 끊임없이 이루어졌다. 이 노력은 성공하지 못하였으며 여러 가지 이유 때문에 전망도 없었다. 즉 "이스라엘"은 소위 땅 정복 이후에서야 팔레스티나에서 생겨났으며, 다음으로는 이집트 문헌들이 나일강 델타 지역으로 온 이주민들의 이름을 나열하고 있음에도 불구

---

[47] 아래 122-124, 149-150쪽을 보라.

하고 그 문헌들에서 나중에 이집트로 온 후손의 조상들을 직접 알아볼 수 없기 때문이다. 게다가 우리가 높은 관심을 갖고 있는 이 과정은 이집트인에게는 분명히 별 의미가 없었던 것이었다. 마지막으로 동쪽 유목민의 이주 문제는 이집트인에게는 늘 있는 일상적인 일이었기 때문에 그들은 이와 같은 것에 익숙해 있었다. 이집트는 예로부터 지협 사막 지역과 시나이반도에서 오는 유목민의 유입을 막기 위해 델타 동쪽 편의 국경을 안전하게 하거나 유목민의 이동을 통제할 필요가 있었다. 이를 위해 요새 시설, 군대 주둔지, 성채가 세워졌다. 델타 지역 동쪽 변두리에 있는 비터호의 이름 (*km-wr*)은 이미 고왕국의 피라미드 텍스트에서 "벽"이라는 용어로 기록되어 있다. 기원전 약 2100년경 "메리카레 왕을 위한 교훈"이라는 역사 단편의 한 구절은 "가련한 아시아인"과의 관계 문제를 매우 인상적으로 기술하고 있다.[48] 중왕국 초 아메넴헷 1세 치세(1991-1962) 때 동쪽 델타 지역에 방어 시설이 있었다는 것이 입증되었다. 시누헤 B 16-17은, "나는 유목민을 방어하기 위해, 길앞잡이를 처치하기 위해 만들어진 '통치자의 성벽'에 도달했다"라고 한다.[49] 이것은 반항적인 앞잡이에 대해 말하는 것일 것이다. 평화로운 이주인 경우에 이집트인들은 보통 관용적이었고 국경에서 유목민을 정확히 검열한 후에야 통과시켰다. 세토스 2세(1200-1194) 시대에 이집트 한 국경 관리가 그의 상사에게 보낸 편지가 그때 무슨 일이 일어났는지를 알려준다. 이것은 파피루스 아나스타시(*Pap. Anastasi* VI, 53-60)에 기록되어 있으며 다음과 같다.

---

[48] 91-100째줄. A. Erman, Die Literatur der Ägypter (1923) 116; AOT², 35; ANET³, 416-17의 번역. Cf. A. Scharff, Der historische Abschnitt der Lehre für König Merikare. Sitzungsberichte d. Bayr. Akad. d. Wiss., phil.-hist. Abt. (1936) Heft 8.
[49] AOT² 56; ANET³, 19; TGI³, 2-3.

내 [주인]께 보내는 또 다른 보고입니다. 우리는 에돔의 Š3św-부족을, 파라오의 선한 뜻을 따라, 온 땅의 좋은 태양의 선한 뜻을 따라 그들과 그들의 짐승들이 생활을 유지하도록 하기 위하여, Ṯkw에 있는 메렌프타의 요새를 통과하게 하여 Ṯkw에 있는 메렌프타의 Pr-Itm(=비돔)의 못까지 이르게 하는 일을 마쳤습니다. 세트 제8년 [출생의] (날에), [5 윤일 동안에]. 제가 그들을 문서에 기록하여 나의 주인이 계시는 (장소)로 보냈습니다. 그들에게 [Š3św-부족의?] Ṯ[k]w에 있는 메렌프타의 요새를 통과한 다른 날들의 이름과 함께[50]

이 문헌은 여러 가지 면에서 흥미롭고 당시 이스라엘인의 이주를 사실적으로 그려내는 자료로 적합하다. 이 문헌은 이주가 있었을 것이라고 생각되는 무렵의 것으로 한 세기 이상 후대의 것은 아닐 것이다. 에돔의 샤수-유목민이 이에 해당하는데 바로 구약성서에서 우리에게 잘 알려진 지역의 이름이다. 비록 우리가 이 에돔-유목민이 사해 남동쪽의 에돔인과 어떤 관계에 있었는지 자세한 것을 전혀 알지 못할지라도 말이다. 이집트인이 제18왕조 중기 이래로 라피아(레파)에서 사해의 남단에 이르는 노선 남쪽으로 왕래했던 유목민(=Š3św)과 이 선의 북쪽의 유목민(='pr.w)을 구별하였다는 견해가 대변되었다.[51] 사정이 어떻든 간에, 어쨌든 이집트로 이주해 온 에돔의 Š3św가 곤경에 처했다. 그들은 "생존하게 되리라"라고 한다. 마지막으로 이 본문의 지리적인 이름들은 동쪽 델타 지역에 와디 에트-투멜랏의 지역을 가리키며, 바로 이 지역은 당시 이스라엘의 이집트 체류 지역으로 고

---

[50] AOT², 97; ANET³, 259; TGI³, 40-41. 개정: R. A. Caminos, Late Egyptian Miscellanies (1954) 293-296.

[51] 가령 W. Helck, Die Bedrohung Palästinas durch einwandernde Gruppen am Ende der 18. und am Anfang der 19. Dynastie. VT 18 (1968) 472-480. Š3św-문제에 대하여 전반적으로는 다음을 참고하라. R. Giveon, Les bedouins Shosou des documents egyptiens (1971); M. Weippert, Semitische Nomaden des 2.Jt. Über die Sssw der ägyptischen Quellen. Biblica 75 (1974) 265-280, 427-433.

려되는 곳이다.[52] 국경 관리의 편지는 우리가 관심을 갖는 사람들의 이주에 대한 직접적인 증거는 아니지만, 우리가 그 정황을 어떻게 생각해야 할지를 제시해준다.[53]

예리한 통찰은 후대의 이스라엘의 어떤 집단이 이집트로 이주하였는가에 관한 질문으로 향하였다. 왜냐하면 이 이주를 일반화하고 민족화하는 구약성서의 전통이 믿게 하려고 하는 것과는 달리 단순히 열두 지파의 선조들이 있었다는 것은 배제되기 때문이다. 이스라엘은 팔레스티나에서 생겨났다. 그들이 집단과 지파로 나뉘는 것도 팔레스티나에 속하지만 땅 정복 이전의 시기는 아니다. 이제 전승은 매우 분명하게, 이집트로 끌려가서 거기서 높은 관직에까지 오른 요셉을(창 37; 39–50) 가리킨다. 요셉은 라헬의 아들이다. 이집트로 온 자들은 라헬 그룹의 선조들이었을까? 그들은 나중에 정복 제2단계에서야 비로소 팔레스티나에 정착하게 된 것으로 보인다.[54] 그러니까 그들이 이집트로 이주한 것은 레아 집단이 농경지에서 기반을 내린 시기와 엇비슷한 시기에 이루어졌을 것이다. 하지만 우리는 다르게도 주장할 수 있다. 라헬 그룹은 동쪽으로, 레아 그룹은 그에 반해 남쪽으로 향하였다고 말이다. 그렇다면 후대의 레아 지파들의 조상들이 이집트에 있었던 것인가? 적어도 눈에 띄는 것은 모세가 레위인으로 기록되어 있다는 것이다(출 2:1; 6:16-20). 라헬 집단의 조상들이 이집트에 있었다면, 모세는 오히려 요셉 집안이나 베냐민 집안으로 등장했어야만 했던 것은 아닐까? 모세 혈통이 후대의 제사장 집단 레위인에게, 그들이 이미 아론이라는

---

[52] 아래 127-129쪽을 보라.

[53] 당시 이스라엘의 이집트 체류에 관한 모든 질문에 대하여 Cf. S. Herrmann, Israels Aufenthalt in Ägypten. SBS 40 (1970); H. Engel, Die Vorfahren Israels in Ägypten. Forschungsgeschichtlicher Überblick über die Darstellungen seit R. Lepsius. Frankfurter Theol. Studien 27 (1979).

[54] 위 78-79쪽을 보라.

인물 속에 가지고 있었던 유명한 지파족장의 지위를 부여한 것이 아니라면 말이다.

  이러한 생각은 두 가지 잘못된 전제에 기초하고 있기 때문에 여기서 중단되어야 한다.

  1. 이러한 생각은 창세기의 요셉 이야기에서 이스라엘의 선역사에 대한 역사적 정보를 얻어낼 수 있다는 전제에 기초한다.[55] 결코 그렇지 않다. 요셉 이야기는 오경의 틀 내에서 비교적 후대적 요소이다. 몇몇 곳에서 요셉 이야기는 더 오래된, 그러니까 야곱 족속이 팔레스티나에서 이집트로 이주하는 이야기를 했음 직한 오경의 자료들을 담고 있다(창 41:50-52 J; 46:1α-5a E?; 48 JEP; 50:23-25 E?). 소위 예호비스트 편집자(R^JE)는 더 오래된 이야기 서술을 지혜의 정신으로 각인된 요셉 단편으로 대체하였으며,[56] 이 단편은 그 저자가 이집트의 행정, 칭호, 언어에 대한 당대의 모습과 그 양식을 매우 잘 알고 있음에도 불구하고 정확하게 연대를 책정할 수 없다.[57] 그러나 이 단편은 처음부터 전체 이스라엘이라는 관점에서 형성되었고, 지파 역사의 배경을 드러내 보여줄 가능성을 전혀 제공하지 않는다. 다음 두 가지 위험은 아무리 경고해도 지나친 것이 아니다. 즉 이집트학을 지나치게 과도하게 해석할 위험과 지파 역사에 대한 잘못된 결론을 내릴 위험이 있다.[58]

---

[55] Cf. O. Kaiser, Stammesgeschichtliche Hintergründe der Josephsgeschichte. VT 10 (1960) 1-15.

[56] Cf. H. Donner, Die literarische Gestalt der atl Josephsgeschichte. Sitzungsberichte d. Heidelberger Akad. d. Wiss., phil.-hist. Kl. 2 (1976). 지혜적 성격에 대하여 G. v. Rad, Josephsgeschichte und ältere Chokma [1953]. GS, 272-280; idem, Die Josephsgeschichte. Bibi. Studien 5 (1964⁴).

[57] Cf. J. Vergote, Joseph en Egypte. Genese chap. 37-50 la lumiere des etudes egyptologiques recentes. Orientalia et Biblica Lovaniensa 3 (1959) [초기 람세스 왕조 시대]; D. B. Redford, A Study of the Biblical Story of Joseph. SVT 20 (1970) [사이스 왕조 시대].

[58] 요셉 이야기에 대한 연구는 활발하지만 늘 바람직한 방향은 아니다. 다음을 참고하라. A. Meinold, Die Gattung der Josephsgeschichte und des Estherbuches:

2. 연구는 팔레스티나에 거주하게 된 후대의 이스라엘에 이르러서야 형성되

Diasporanovelle II. ZAW 88 (1976) 72-93; G. W. Coats, From Canaan to Egypt: Structural and Theological Context for the Joseph Story. CBQ, Monograph Series 4 (1976); H. Seebass, Geschichtliche Zeit und theonome Tradition in der Joseph-Erzählung (1978); I. Willi-Plein, Historiographische Aspekte der Josephsgeschichte. Henoch 1 (1979) 305-331; H. Chr. Schmitt, Die nichtpriesterliche Josephsgeschichte. BZAW 154 (1980); B. Geyer, The Joseph and Moses Narratives: Folk Tale and History. JSOT 15 (1980) 51-56; G. R. H. Wright, An Egyptian God at Shechem. ZDPV 99 (1983) 95-109; C. Grottanelli, Giuseppe nel pozzo – II. Il motivo e il suo contesto nel folklore. OrAnt 22 (1983) 267-290; R. Bartelmus, Topographie und Theologie. Exegetische und didaktische Anmerkungen zum letzten Kapitel der Genesis (Gen 50,1-14). BN 29 (1985) 35-57; L. Ruppert, Die Aporie der gegenwärtigen Pentateuchdiskussion und die Josefserzählung der Genesis. BZ.NF 29 (1985) 31-48; L. Schmidt, Literarische Studien zur Josephsgeschichte. BZAW 167 (1986); H. Seebass, The Joseph Story, Genesis 48 and the Canonical Process. JSOT 35 (1986) 29-43; J. Scharbert, Josef als Sklave. BN 37 (1987) 104-128; J. R. King, The Joseph Story and Divine Politics: A Comparative Study of a Biographie Formula from the Ancient Near East. JBL 106 (1987) 577-594; W. Dietrich, Die Josephserzählung als Novelle und Geschichtsschreibung. Zugleich ein Beitrag zur Pentateuchfrage. Biblisch-Theologische Studien 14 (1989); B. Becking, „They hated him even more". Literary Technique in Gen 37,1-11. BN 60 (1991) 40-47; N. Kebekus, Die Joseferzählung. Literarkritische und redaktionsgeschichtliche Untersuchungen zu Genesis 37-50 (1990); H. Schweizer, Die Josefsgeschichte. Konstituierung des Textes I/II (1991)와 이와 연관된 논쟁은 B. R. Knipping, BN 62 (1992) 61-95, B. Willmes, BN 67 (1993) 54-85, H. Schweizer, BN 69 (1993) 24-28; H. Schweizer, Joseph. Urfassung der atl Erzählung (Gen 37-50), Tübingen 1993; N. Marconi, Contributi per una lettura unitaria di Gen 37. RiBi 39 (1991) 277-303; J. A. Soggin, Notes on the Joseph Story. Understanding Poets and Prophets, Fs Anderson. JSOT, Suppl. Ser. 152 (1993) 336-349; V. A. Hurovitz, Joseph's Enslavement of the Egyptians (Gen 47.13-26). RB 101 (1994) 355-362; H.-J. Boecker, Überlegungen zur Erzählung von der Versuchung Josephs (Gen 39). AT – Forschung und Wirkung, Fs Graf Reventlow (1994) 3-14; A. Wildavsky, Survival Must not be Gained through Sin: The Moral of Joseph Stories Prefigured through Judah and Tamar. JSOT 62 (1994) 37-48; H. Schweizer, Text Segmentation and Levels of Interpretation: Reading and Rereading the Biblical Story of Joseph. Semiotica 107 (1995) 273-292, K. A. Deurloo, Eerstelingschap en koningschap: Genesis 38 als integrerend onderdeel van de Josefcyclus. Amsterdamse cahiers voor exegese en bijbelse theologie 14 (1995) 62-73.

었던 지파 형태가 이미 땅 정복 이전에 존재하였다는 전제에 기초하고 있다. 그러나 이것은 결코 확실하지 않으며, 오히려 개연성이 별로 없다. 이집트 집단이 여기에 속하는지에 대한 질문이 종종 제기되고 그에 대한 답변이 시도되고 있는 것과 마찬가지로, 이 질문은 이스라엘의 땅 정복의 이주 모델 또는 침입 모델을[59] 배경으로 가지고 있다. 만일 우리가 후대의 이스라엘 사람들이 외부에서 팔레스티나로 침입해 들어왔다는 데서부터, 즉 일부는 남쪽에서, 일부는 동쪽에서 여러 단계에 걸쳐 그리고 서로 상이한 세력을 이루며 들어왔다는 데서부터 출발한다면, 우리는 실제로 이 과정에 참여했던 집단들의 팔레스티나 이전의 공동체 의식을 전제할 수 있고, 그렇다면 더 큰 집단들이 –라헬과 레아, 아니 어쩌면 이미 열두 지파의 형태로– 단초적이기는 하지만 이미 광야에 존재했을 것이다. 이 경우에 물론 명확하게 답변할 수 없을지라도 이집트인이 어느 집단에 속하였는가 하는 질문은 의미가 있다. 그러나 우리가 땅 정복을 소위 팔레스티나 내부에서 일어난 과정으로 진지하게 받아들인다면 –이 과정에서는 단지 낮은 수준의 외부 유입을 생각해야 할 것이다– 이 질문은 의미 없거나 최소한 잘못 제기된 것이다. 그렇다면 땅 정복은 그 종류와 유래가 서로 다른 유목민과 농경민이 팔레스티나에서 그들의 공통점을 의식하게 되고 정착화로 넘어가게 되었다는 데 있다. 지파들과 대집단들은 전체 "이스라엘"과 마찬가지로 농경지의 산물이다. 이렇게 된다면, 우리는 기껏해야 출애굽 이후 이집트인이 팔레스티나에서 이미 생성된 어느 집단으로 들어갔는지, 그들은 먼저 누구와 접촉을 하였으며, 그들의 전통을 누구에게 전달했는지 질문할 수 있다. 그러나 이들의 유래 문제와 공동체 소속의 문제는 이로써 답변되지도 않을 뿐더러 답변할 수도 없다.

이집트 역사에서 모든 시기마다 이주한 유목민은 기근에도 불구하고 나일강의 농경 문화에 흡수되지 않았다. 그에 대한 이유는 알려져 있지 않다. 아마도 유목민 연합의 사회적 조직이 그들의 이집트화를 어렵게 하였을 것이다. 일반적으로 모든 유목민이 그러했을 것이다. 이러한 식으로 요셉

이야기는 전개된다.

> 요셉이 그의 형들과 아버지의 가족에게 이르되 내가 올라가서 바로에게 아뢰어 이르기를 가나안 땅에 있던 내 형들과 내 아버지의 가족이 내게로 왔는데 그들은 목자들이라 목축하는 사람들(*rō'ē ṣōn*)이므로 그들의 양과 소와 모든 소유를 이끌고 왔나이다 하리니 바로가 당신들을 불러서 너희의 직업이 무엇이냐 묻거든 당신들은 이르기를 주의 종들은 어렸을 때부터 지금까지 목축하는 자들이온데 우리와 우리 선조가 다 그러하니이다 하소서 애굽 사람은 다 목축을 가증히 여기나니 당신들이 고센 땅에 살게 되리이다(창 46:31-34).

그에 반해 창세기 47장 11절은 잘못된 이론의 한 대목이다. "요셉이 … 그의 아버지와 그의 형들에게 거주할 곳을 주되 애굽의 좋은 땅 라암셋을 그들에게 주어 소유("*huzzā*)로 삼게 하고". 이것은 정착하게 되었다는 의미인데, 만일 정착이 이루어졌다면 이집트에서의 탈출은 없었을 것이다.

요셉 이야기와 재앙 이야기에서 유목민 집단의 이집트 체류지는 "고센 땅"이라고 말한다(창 45:10; 46:28-29,34; 47:1,4,6,27; 50:8; 출 8:18; 9:26). 이 이름이 이집트 문헌에는 나오지 않지만[60] 밝혀진 이 지역의 위치는 신뢰할 만하다. 칠십인역은 창세기 46장 28-29절을 자유롭게 번역하면서 이 지명을 *Hρωων πόλις*, 헤로온폴리스라고 칭했다.[61] 이 지역은 델타 지역의 나일강 동쪽(펠루시아) 지류와 이집트 제8지방인 "동쪽의 하르푸넨 지방"에 속한 크로코다일 호수(비르켓 에트-팀사흐) 사이에 있는 와디 에트-투멜랏을 향해 있다. 이 와디의 서쪽 전체 부분은 고대에 배수 해협과 분기된 강 지류에서 흘러나오는 호수 속에 있었다.[62] 보하리어역은 같은 맥락에서

---

[60] Cf. A. H. Gardiner, JEA 5 (1918) 218ff.; S. Yeivin, The Israelite Conquest of Canaan (1971) 243-264에 있는 자료들 참고.

[61] Cf. E. Kettenhofen, Einige Beobachtungen zu Heröönpolis. Orientalia Lovaniensia Periodica 20 (1989) 75-97.

출애굽기 1장 11절에 나오는 장소 비돔을 *Pr-Itm-Ṯkw* 또는 와디 에트-투멜랏에 있는 *Ṯkw*으로 쓰고 있다. 비돔과 이집트어 *Ṯkw*의 관계는 완전히 설명되지 않았다. 와디호 동쪽에 직접 닿아 있는 텔 레타베 지역을 가리킬 개연성이 높다. 여기서 *Ṯkw*는 도시 이름이며, *Pr-Itm* "아툼의 집"은 거기에 속하는 아문 신전의 이름이었을 것이다. 상부에 보내는 한 국경 관리의 서신에는 신전 구역에 "연못"이 있었다고 한다.[63] 그에 반해 창세기 47장 11절이 요셉이 자기 가족을 "라암셋 땅"에 정착하게 하였다고 설명하고 있는데, 이는 "이스라엘 사람들"이 라암셋 도시 건축에 동참하였고(출 1:11) 거기서부터 출애굽을 시작하였다(출 12:37; 민 33:3,5)는 전통의 영향을 받은 것일 것이다.

출애굽기 1장 8-12절은 민담의 어조로 이집트에 "요셉을 알지 못하는" "새 왕"이 즉위하였고, 그래서 "이스라엘인"의 억압이 시작되었다고 보도한다. 여기서 끌어낼 수 있는 역사적인 것은 어느 날 이집트인들이 이주한 유목민의 노동력을 자기들의 건축 사업에 사용하기로 결정했다는 것 정도이다. 그것은 종종 일어나는 일이었다. 마지막으로 건축이 중요한 사회에서 별로 유용하지 않은 유목민들은 자기들이 받은 목축권에 대한 대가로 건축을 전혀 해보지 않았지만 노동자로 고용되었을 것이다. 출애굽기 1장 11절은 소위 두 개의 "국고성"(*'ārẹ misk*e*nōt*)[64], 즉 비돔과 라암셋[65]을 건축하거나 확장하는 건축 사업을 언급하고 있다. 비돔(헤로도토스 II, 158: Πάτουμ ος)은 와디 에트-투멜랏에 있는 텔 레타베이고,[66] 라암셋은 제19, 20왕조의

---

[62] R. North, Archeo-Biblical Egypt (1967) 80-86은 더 서쪽에 있는 지역, 나중에 아라비아로 불린 곳, (근처나 그 남쪽)을 생각한다.

[63] Cf. W. Helck, Jkw und die Ramsesstadt. VT 15 (1965) 35-48.

[64] Cf. 아카드어 *maškantu/maškattu* <마쉬칸투/마쉬캇투> "보관" (W. v. Soden, AHW 2 [1972] 627).

[65] W. H. Schmidt, Exodus. BK II, 1 (1974) 36-38에 요약됨.

그 전체 이름이 "싸워 이기는 힘이 큰 위대한 자, 아문의 사랑을 입은 자, 람세스의 집"이라는 람세스 왕가의 델타 지역 관저이다. 람세스 2세 (1290-1224)가 이미 통치 첫해에 나일강 델타 지역의 동쪽에 관저 도시를 세우기 시작하였다는 것은 신뢰할 만한 것으로 알려져 있다. 그에 대한 이유 가운데 하나는 고대 테베의 탈중심적인 위치였을 것이다. 제19왕조의 파라오들이 동쪽 델타 지역 출신이라는 것도 그 이유일 수 있다. 이 람세스의 도시는 이집트인의 아름다운 문학에서 찬양시로 찬송된다.[67] 이 도시의 위치 문제는 지난 세기에 매우 활발한 논쟁을 야기했고, 신전도시인 타니스(찬 엘-하가르)와 거처의 중심이자 행정 중심인 칸티르 사이에 있는 넓은 크기의 관저에 관한 알트의 이론이 여기에 기여하였다.[68] 그 사이에 발굴을 통해 분명해진 것은 람세스 도시가 남쪽의 텔 에드-다바(= 아바리스)와 북쪽의 칸티르 사이에 있는 약 10km^{2}의 드넓은 지대에 위치했다는 것이다. 이곳은 타니스에서 남쪽으로 약 20km, 수에즈 운하 서쪽으로 약 60km 떨어져 있다.[69] 시편 78편 12절과 43절에서 이스라엘 사람이 "타니스의 들"($s^e d\bar{e}$ $\d{S}o'an$)에 체류했다고 말한다면, 이것은 후대에 타니스를 람세스의 도시로 간주했다는 것과 연관이 있을 수 있음을 보여주는 정보인 것이다.

따라서 람세스 2세가 "억압한 파라오"에 해당하고 출애굽기 1장 배후에

---

[66] 비돔이 헬리오폴리스와 동일하다는 E. P. Uphill, Pithom und Ramses: Their Location and Significance. JNES 27 (1968) 291-316; 28 (1969) 15-39의 견해는(칠십인역 출애굽기 1:11을 보라)! 그 자체로 전혀 개연성이 없다.

[67] 노래들을 람세스 도성으로 한 번역: A. Erman, Die Literatur der Ägypter (1923) 337-341; ANET³, 470.

[68] A. Alt, Die Deltaresidenz der Ramessiden (1954). KS 3, 176-185.

[69] M. Bietak, *Tell ed-Dab'a* II. Der Fundort im Rahmen einer archäologisch geographischen Untersuchung über das ägyptische Ostdelta. Denkschriften der Österreich. Akademie d. Wiss., Bd.IV (1975).

있는 사건들은 기원전 13세기 초반기에 속한다는 것은 의심의 여지가 없다. 구약성서가 기술하듯이 이스라엘 역사 초기는 이집트 신왕국의 역사와 엮여 있다. 적어도 후대 이스라엘의 일부가 더 큰 역사적 맥락에 들어가게 되고 이러한 연관성의 연대를 믿도록 하는 데 처음으로 성공한 것이다.

그러나 유감스럽게도 이것은 매우 짧은 기간에 걸친 역사일 뿐이다. 이후의 시대는 다시 모든 것이 어둠에 가려있다. 이집트 집단에 대하여 더 정확한 것을 알아내려는 시도는 이미 실패로 판정되었다. 이 시대를 탐색하는 데 구약성서를 따른다면, 가장 개연성이 높은 것은 동쪽 델타 지역으로 이주하여 와서 거기서 이집트 건축 현장의 수레바퀴 안으로 끼어 들어간 <샤수> Šśśw 계열의 셈족 유목민을 가정하는 것만이 남는다. 그러나 이집트의 문헌에는 이집트인이 이주한 유목민을 부역에 투입했다는 확실한 증거가 없다. 그래서 여러 상이한 인종으로 결합된 노동자 집단을 가정하였다. 그들이 노역으로부터의 도주에 성공한 것이다.[70] 여기서 먼저 눈에 띄게 흔한 칭호인 "이스라엘 사람"을 아마도 단순히 사회적으로 열등한 지위임을 나타내는 "히브리인"으로 볼 타당한 이유가 없다.[71] 왜냐하면 한편으로는 이 본문에서 "히브리인"이 의미하는 것이 무엇인지 정확하게 알려져 있지 않기 때문이며,[72] 다른 한편으로는 본문들이 사건 후 수백 년이 지나 저작되었기 때문에 "히브리인"이라는 표현의 용법이 이른바 여러 이론적 근거를 가질 수 있기 때문이다. 출애굽기 12장 38절이 더 중요할 것이다. 이에 따르면 모든 도망자가 "이스라엘 사람"과 함께 이집트에서 나갔다. 이것은 조작된 것일까? -이와 유사한 것을 날조할 수 있을까?- 아니면 이집트 집단의

---

[70] 이런 견해는 특히 W. Helck, Die Beziehungen Ägyptens zu Vorderasien (1971²) 581; idem, VT 18 (1968) 480과 ThLZ 97 (1972) 180도 보라.

[71] 출 1:15-16,19; 2:6-7,11,13; 3:18; 5:3; 7:16; 9:1,13; 10:3.

[72] 위 94-96쪽을 보라.

인종적 불일치에 대한 기억일까? 하지만 도망간 노역자 집단 이론도 증명할 수 없다. 그래서 우리는 구약성서가 시사해주는 가정에 머물 수밖에 없다. 출애굽을 한 사람들은 이전에 이주해온 유목민이었다는 것이다.

유목민이 "이집트 노예 집"에 얼마나 오랫동안 체류했는가 하는 질문에 관해 확실한 대답을 해줄 수 없다. 가령 "억압한 파라오"가 분명 람세스 2세였다면 "탈출 시기의 파라오"는 불분명하다. 66년간 통치한 람세스 2세와 그의 아들이자 후계자인 메렌프타(1224-1204)나 세토스 2세(1200-1194)가 물망에 오른다. 더 아래로는 내려갈 수 없다. 더 정확한 출애굽 연대는 유감스럽게도 그 유명한 이집트의 기념비의 도움을 받아도 가능하지 않다. 플린더스 페트리(W. M. Flinders Petrie) 경이 1896년 테베의 장제전 도시에서 발견한 것으로 메렌프타 제5년(1219년)에 속하는 소위 이스라엘 비문이 있다.[73] 이 비문은 리비아에 대한 파라오의 군사적 업적과 이 승리가 히타이트인과 팔레스티나 주민에 미친 영향에 대한 승전 찬가이다. 제26-28연은 다음과 같다.[74]

---

[73] 과거에 기술한 것으로는 W. Spiegelberg, Der Aufenthalt Israels in Ägypten im Lichte der ägyptischen Monumente (1904), 이제는 특히 H. Engel, Die Siegesstele des Merenptah. Biblica 60 (1979) 373-399을 참고하라. 더 읽을거리는 G. Fecht, Die Israelstele, Gestalt und Aussage. Fontes atque Pontes, Fs H. Brunner. ÄAT 5 (1983) 106-138; E. Hornung, Die Israelstele des Merenptah. Ibid. 224-233; G. W. Ahlström – D. Edelman, Merneptah's Israel. JNES 44 (1985) 59-61; G. W. Ahlström, Who were the Israelites? (1986); D. B. Redford, The Ashkelon Relief at Karnak and the Israel Stele. IEJ 36 (1986) 188-200; I. Singer, Merenptah's Campaign to Canaan and the Egyptian Occupation of the Southern Coastal Plain of Palestine in the Ramesside Period. BASOR 269 (1988) 1-10; J. J. Bimson, Merenptah's Israel and Recent Theories of Israelite Origins. JSOT 49 (1991) 3-29; A. Nibbi, Some Unanswered Questions on Canaan and Egypt and the so-called Israel Stela. BN 73 (1994) 74-89, 이에 대하여 매우 비판적으로 M. Görg, BN 74 (1994) 27; M. G. Hasel, Israel in the Merneptah Stele. BASOR 296 (1994) 45-61.

[74] AOT^2, 20-25; ANET^3, 376-378; TGI^3, 39-40.

영주들이 항복하며 말하였다. "샬롬! 누구도 아홉 활 아래 그 머리를 들지 않는다. 리비야인은 황폐하게 되었고, 하티는 평화로우며, 가나안은 궤멸되었고, 아스칼론은 사로잡혔으며 게제르는 두려움에 휩싸였고, 예노암은 멸절되었다. 이스라엘은 황폐하게 되어 종자씨조차 남지 않게 되었으며, *Ḥr*(= 시리아와 팔레스티나)는 이집트에게 과부가 되었다. 모든 땅이 총체적으로 평화롭다. 유랑하던 자는 상·하 이집트의 왕, *Bꜣ-n-Rꜥ* 아문의 사랑 받은 자, 레의 아들 메렌프타, 레와 같이 영원히 생명을 선사 받은 자에게 사로잡혔다.

이것은 이름 이스라엘, 상형문자로는 〰️🖊️🪶 에 대한 성서 외의 가장 오래된 증거이다. 여기서 두 사람으로 그려진 인명 표의어 🪶 는 집단을 나타낸다. 그에 반해 팔레스티나의 지명인 아스칼론, 게제르와 예노암(텔엔-나암, 벳스안에서 북쪽으로 약 20km?)은 "이방나라"라는 표의어(〰️)로 나타나 있다. 이것은 어떤 이스라엘일까? 이 비문의 문헌에서는 기원전 1219년 팔레스티나 어딘가에 "이스라엘"이라고 불리는 집단이 있었다는 것, 그 이상의 것을 끄집어낼 수 없다. 이 집단을 더는 자세히 규명할 수 없다. 출애굽 집단이 이스라엘이라는 이름으로 팔레스티나로 왔다고 한다면, 출애굽은 람세스 2세 치하에서 일어난 것으로 가정해야 할 것이다. 그러나 이는 전혀 분명하지가 않다. 왜냐하면 그것은 팔레스티나에서 이미 "이스라엘"이라 불린 집단을 의미할 수 있는 반면, 출애굽 집단은 아직 이집트에서 노역하고 있기 때문이다. 이스라엘이라는 이름이 신의 이름 "야훼"가 아니라 "엘"을 담고 있다는 사실을 주의해야 한다. 구약 전승에 따르면 이스라엘이라는 이름이 제일 먼저 나오는 것은 라헬 지파들에게서가 아닌가(창 32:23-33)? 일반적으로 또 타당한 근거를 가지고 라헬 집단이 전체 이스라엘에서 태동한 다른 연합체들보다 더 나중에 농경지에 정착했다고 가정할 수 있다. 그것은 레아 지파들이었는가? 그렇다면 전승에서 그 이름 이스라엘이 거기서 유래하였다는 것을 암시해주는 흔적을 찾아볼 수 있어야 할 것이다. 아브라함과 이삭이 아니라 야곱이 명예로운 이름 이스라엘을 갖고 있다! 게다가 우리는 기원전 13세기에 "레아"와 "라헬"의 연합체가 이미 형성되었다고 확신할 수 없다. 한마디로 말해 우리는 아무것도 알지 못한다. 구약성서의 모순적인 연대 정보에 기초하여도 출애굽의 연대를 정할 수가 없다. 열왕기상 6장 1절은 솔로몬 성전이 출애굽 이후 480년 만에 건축되었다고 주장한다. 이로써 우리는 1440년, 투트모세 3세와 아메노피스 2세 시대에 이르게 된다. 이것은 어불성설이다. 우리가 또 생각할 수 있는 것은 480이라는 숫자가 12×40이라는 것이다. 이스라엘의 이집트 체류 기간에 대한 어림수 430(출 12:40 P)과 400(창 15:13)도 더 나은 바가 없다. 이집트 체류 기간을 삼 내지 사 세대, 즉 약 400년이라는 창세기 15장 16절의 정보는 너무 높게 산정된 것 같다. 여기서 그러한 연대기로 출애굽의 연대를 설정하기 위해서 이주 연대를 알아야 한다는 것이 한 번도 고려되지 않았다.[75]

출애굽과 홍해에서 일어난 사건들은 민담으로 잘 짜여 구속사의 빛 속으로 침잠한다. 그 침잠의 정도는 이스라엘 선역사의 여타의 자료에서보다도 훨씬 더 깊다. 이 모든 것은 역사적으로 더 이상 파악할 수도 기술할 수도 없다. 상투적일 위험이 있기는 하지만 우리는 다음의 핵심을 끄집어낼 수 있다. 이집트의 노역에 참여하였던 한 유목 집단이 이집트를 빠져나왔고, 그들은 델타 변두리에서 물로써 추격자를 따돌릴 수 있었다. 이는 이스라엘이 산문과 시로 이 사건을 기념하는 어조와 비교해보면 얼마나 잘 어울리는가!

---

[75] Cf. S. Kreuzer, 430 Jahre, 400 Jahre oder 4 Generationen. Zu den Zeitangaben über den Ägyptenaufenthalt der „Israeliten". ZAW 98 (1986) 199-210; G. A. Rendsburg, The Date of Exodus and the Conquest / Settlement: The Case for the 1100s. VT 42 (1992) 510-527.

이스라엘 자손이 라암셋을 떠나서 숙곳에 이르니 유아 외에 보행하는 장정이 육십만 가량이요(출 12:37). … 아론의 누이 선지자 미리암이 손에 소고를 잡으매 모든 여인도 그를 따라 나오며 소고를 잡고 춤추니 미리암이 그들에게 화답하여 이르되 너희는 여호와를 찬송하라 그는 높고 영화로우심이요 말과 그 탄 자를 바다에 던지셨음이로다 하였더라(출 15:20-21).

우리가 알고 있는 바는 그 옛날 실제로 일어난 일이 아니라 이스라엘의 민담과 노래를 통해 형성된 바로 그것이다. 우리는 역사에 대한 영향사의 승리를 대면하고 있는 것이다.

출애굽 단락과 홍해 단락(출 12:37-38; 13:17–14:31; 참고 민 33:5-10)이 문학적으로 통일된 것이 아니라 인위적으로 구성된 편집적 산물이라는 것을 분명히 인식한다 하더라도 역사적 어려움은 줄어들지 않는다.[76] 문학적 분석은 필자가 보기에 이 자리에서 어느 정도 확실한 결론에 이른다. 기껏해야 출애굽기 14장 5-12절이 의심스럽다. 신(新) 문서 가설의 용어에 따르면, 세 개의 고전적 오경 자료인 J, E, P가 관련되어 있다. 이 기호들은 여기서, "자료"의 유형, 범위, 나이에 대한 평가와는 결합되지 않은 채 전통적으로 사용된다. E는 특히 J에도 P에도 속하지 않을 정도로 확실한 단편들에 대해 중립적이다. J에는 12장 37-38절; 13장 20-22절; 14장 5b-6, 10bα, 13, 14, 19b, 20, 21aβ, 24, 25b, 27aβb, 30, 31절이 해당되고, P에는 14장 1-4, 8-10a, 10bβ, 15-18, 21aαb, 22, 23, 26, 27aα, 28, 29절이 속한다. E에는 13장 17-19절; 14장 5a, 7, 11, 12, 19a, 25a절이 남는다. 더 자세히 들여다보면 경유지와 위치와 관련하여 세 가지 기술은 상당히 다르다. 이들은 출발점을 도시 라암셋이라고 하는 점에서만 통일된 것으로 보인다. 야훼문서에서

---

[76] Cf. P. Weimar, Die Meerwundererzählung. Eine redaktionskritische Analyse von Ex 13,17-14,31. ÄAT 9 (1985); J. L. Ska, Le passage de la mer. Étude de la construction, du style et de la symbolique d'Ex 14,1-31. AnBib 109 (1986).

는 "이스라엘"이 거기서부터 먼저 숙곳으로 이동한다(12:37; 13:20). 결코 확실하지 않은 이 장소가 와디 에트-투멜랏에 있는 *Tkw*(텔 레타베?)이라면, 우리는 여기서 두 개의 서로 다른 전통이 상보적으로 연결되어 있다고 생각을 할 수 있다. 즉 도시 라암셋과 고센 땅에서 발행한다. 다음 장소는 "광야 변두리의 에담"인데(13:20), 이에 관해서 우리는 그 위치를 자세히 알지 못한다. 야훼는 그 백성을 낮에는 구름기둥으로, 밤에는 불기둥으로 인도하신다(13:21-22). 이집트인들은 추격하기로 결정하고(14:5b-6), 기적이 일어난 바다에서 멀지 않은 곳에서 백성들을 따라잡는다(14:10b). 그 장소로는 정황상 잘해야 비터호나 수에즈만 북단이 고려된다.[77] 엘로힘문서의 단편들은 이것을 달리 기술한다. 이 단편들에서 라암셋 도시가 분명히 발행 장소로 언급되지는 않지만 여정에는 나오는 것 같다. 이것은 다시 부정적인 방식으로 기술된다. 하나님은 그 백성이 이집트와 팔레스티나를 연결하는, 지중해 해안을 따라 난 옛길로[78] 가는 것을 막으셨다고 하는데 여기에는 의도가 있는 것 같아 보인다. 하나님은 그 대신 "홍해(*yam sūf*) 방향으로 광야로 가는 길로" 우회하게 하신다(13:17-18). 이 배후에 고대 전통이 숨어 있을까? 아니면 엘로힘문서는 야훼문서와 같이 바다에서의 기적이 일어난 곳의 장소를 알리기 위해 자기에게 잘 알려진 —즉 백성이 실제로 해안 길을 사용했다는— 전승을 배제하려고 한 것인가? 바로 이 때문인 것 같다. 히브리어 <얌 숩>[79]은 열왕기상 9장 26절에서와 같이 아카바만이 아

---

[77] 고대 기독교 전통은 항상 수에즈만의 북단을 홍해 기적의 장소로 간주하였다. 다음을 참고하라. H. Donner, Pilgerfahrt ins Heilige Land. Die ältesten Berichte christlicher Palästinapilger (4.-7.Jh.) (1979) 97-98, 304-306. 그 밖에 Cf. B. F. Batto, The Reed Sea: Requiescat in Pace. JBL 101 (1982) 27-35.

[78] Cf. A. H. Gardiner, The Ancient Military Road between Egypt and Palestine. JEA 6 (1920) 99-116.

[79] 히브리어 얌-숩(*yam sūf*)이 초기 그리스어 성서에서 *Erythra Thalassa*라 번역되었고 이것이 불가타에서 *Mare Rubrum, Mare Erythraeum*으로 옮겨져 이로부터 영어 *Red*

니라 수에즈만이나 그 북쪽에 위치한 호수 지역이다.[80] 제사장문서는 장소에 관하여 더 정확한 정보를 제공해준다. 그 정보는 실제로 지중해에 있는 해안 길로 향한다.[81] 그러나 그 보도는(14:2) 전적으로 분명하지 않다. 야훼는 모세를 통해 백성에게 ―우리가 알지 못하는― 어떤 길로 우회하라고 명령하신다. 그다음에 그들은 "피-하히롯 앞"(?)[82]에, "믹돌과 바다 사이에, 바알스본 앞 바다 맞은편에" 진영을 친다. 믹돌은 해안 도로와 지중해 사이의 이집트 국경요새 *TI*(실레) 북쪽의 텔 엘-헤르의 고대 지명일 것이며,[83] 바알스본(바알 체폰)은 고대의 라쿠스 시르보니쿠스인 차브핫 엘-베르다윌 서단의, 그 당시 지역인 마함메디예 근처 구릉지일 것이다. 이 안구(岸丘)는 펠루시움(텔 파라마) 동쪽으로 15km에 위치한다. 헬라-로마 시대에 이 안구에서 바알차폰, 제우스 카시오스의 후계자가 숭배되었다. 그는 특히 시르보니스 호의 위험 지역을 지나는 선원들과 여행자들의 수호자로 간주되었다.[84] 따라서 제사장문서는 바다 기적의 위치를 시르보니스 호에서 즉, 언제나 쉽게 통과할 수 없던 지중해의 석호(潟湖) 가운데 하나에서 찾아냈다. 이것이 J와 E에서 알 수 없거나 배제된 고대 전승인지, 아니면 경유해 지나

---

*Sea*가 나온 것이다.

[80] 아니면 아카바만일까? E. A. Knauf(아래 173쪽을 보라)는 이 견해를 대변하였고 <얌-숩>이 "갈대바다"가 아니라 단지 "폭풍 바다" 또는 "끝 바다"를 말한다는 것을 지적하였다. B. Batto, Red Sea or Reed Sea. BAR 10/4 (1984) 57-63가 신화적인 "끝(세계)의 바다"라고 제시한 추측은 개연성이 전혀 없다.

[81] Cf. O. Eißfeldt, Baal Zaphon, Zeus Kasios und der Durchzug der Israeliten durchs Meer. Beiträge zur Religionsgeschichte des Altertums 1 (1932). 이에 대한 비판적 입장은 M. Noth, Der Schauplatz des Meerwunders (1947). ABLAK 1, 102-110.

[82] Cf. M. Görg, BN 50 (1989) 7-8.

[83] Cf. E. D. Oren, Migdol: A New Fortress on the Edge of the Eastern Nile Delta. BASOR 256 (1984) 7-44.

[84] W. Fauth, Das Kasion-Gebirge und Zeus Kasios. Die antike Tradition und ihre vorderorientalischen Grundlagen. UF 22 (1990) 105-118에 자료가 있다.

가는 어떤 유명한 곳에 그 사건을 위치시킨 후대의 학습을 통해 형성된 것인지 우리는 알지 못한다.[85] 다른 대부분의 기술과는 달리 정확한 지리적 지식에 기초하여 출애굽 경로와 갈대바다 기적의 위치에 대한 비탁(M. Bietak)의[86] 특히나 흥미로운 제안은 얼핏 보기에 설득력이 있지만 그러나 전혀 문제가 없는 것은 아니다. 비탁은 갈대바다(*yam sūf* = 이집트어로 *pꜣ -twfj*)를 람세스 도시(텔 에드-다바-칸티르) 북동쪽으로 약 30km에 떨어진 발라호의 곳(岬)으로, 그리고 바알차폰은 오늘날의 데펜네 또는 그 근처의 한 곳으로 간주하였다. 동쪽 델타 지역의 지형도는 이 제안을 지지하고 일반적인 역사적 개연성도 이 제안에 반하지 않는다. 이 제안은 주로 제사장 문서의 정보에 기초하고 있다. 그뿐만이 아니다. 여기에는 다른 매혹적인 해석의 문제가 있다. 왜냐하면 비탁은 이러한 상호 연관성에 대한 문학적 분석을 고려하지 않고 구약성서의 기록을 마치 그 지리적 정보가 모두 동일한 차원에 있는, 하나의 통일된 이야기인 것처럼 다루었다. 그러나 출애굽기 13:17–14:31 JEP의 모든 층이 똑같고 정확한 지리적·지형적 사고에서 출발한다고 기대해서는 안 된다.

---

[85] 전체적으로 다음을 참고하라. H. Cazelles, Les localisations de l'Exode et la critique littéraire. RB 62 (1955) 321-364. M. Haran, The Exodus Route in the Pentateuchal Sources. Tarbiz 40 (1970/71) 113-143는 문제가 있지만 정보를 제공해준다.

[86] M. Bietak, 앞의책(각주 69) 135-137과 217-220, 그림 45.

지도 2

갈대바다에서 일어난 사건들의 유래도 자료마다 다르게 기술되어 있다. 각 경우마다 이집트 전차 부대 소집에서 시작된다. 그들은 이스라엘을 추격하고 이제 장애물인 바다 가까이에 도달해 있다. 야훼문서는 야훼가 사건이 시작할 때 위치를 변경했다고 보도한다. 야훼가 지금까지 앞장서 왔다면 이제는 "이스라엘" 뒤로 가신다. 더 정확하게 말하면 이스라엘과 이집트인 사이로 가신다. 그리고 밤새 이집트의 공격을 방해하신다(14:19b,20). 그런 다음 야훼는 밤새껏 강한 동풍을 불게 하여 바다를 말리신다(14:21aβ). 날이 밝자 야훼는 이집트 군대를 바라보시며 공포와 하나님에 대한 두려움을 일으키신다. 그래서 이집트인들은 —두려움에 질려— 막 되돌아오는 물을 향해 마중하듯 달려든다(14:24,25b,27aβb). 이스라엘은 이미 사선을 넘어섰다. 야훼가 그들을 구원하셨다(14:30-31). 이 기술이 어느 정도 "자연적인" 특징을 지니고 있다는 점은 오늘날까지 곧잘 언급된다. 그러니까 얕은 만(灣)이나 바다의 곶(岬)이 일종의 시로코(Scirocco) 때문에 일시적으로 말라버렸다는 것이다. 그렇다면 시로코는 매우 강력하였을 것이며 물은 매우 얕았을 것이다. 어떻게 이집트의 군대가 거기서 멸망할 수 있는지 이해하기는 쉽지 않다. 의심의 여지 없이 야훼문서도 하나님의 기적을 기술하고자 했으며 "자연적인" 과정으로 대강 기술하려 하지 않았다. 제사장문서의 이해에서 기적은 불가사의한 사건으로 격상된다. 모세가 이미 이집트 재앙에서 잘 알려진, 지팡이를 든 손을 들어 올리자, 바다가 갈라지고, 벽과 같은 것이 길의 좌우에 서며, 그 결과 이스라엘은 마른 땅을 건너게 된다(14:21aαb,22). 이스라엘이 다 건너자 모세는 다시 손을 들어올려 원래 상태로 돌아오게 한다. 이집트인들은 익사한다(14:27aα,28-29). 이 모든 것은 야훼에 의해 가능했으며, 모세를 통해 일어났고, 하나님의 말씀으로 시작되고 하나님의 말씀이 수반되었다.[87] 엘로힘문서는 단지 단편들만 남아 있다. 즉 하나님의 천사의 위치를 변경하고, 그런 다음 —추측하건대— 전차의 바퀴가

멈추고, 그래서 이집트인이 천천히 앞으로 나간다(14:19a,25a).

한마디로 말하면 우리는 언제, 어디서, 무슨 일이 일어났는지 알 수 없다.[88] 그러나 출애굽과 갈대바다의 기적은 후대 이스라엘의 의식 속에 깊이 각인되었다. 이스라엘은 이것을 끊임없이 다루었으며, 사랑으로 전승을 품었고, 이 전승과 견줄 만한 것이 없을 정도로 풍성하게 하였다. 왜냐하면 결정적인 어느 순간에 완전히 하나가 되었기 때문이다. 다른 누가 아니라 오직 야훼만이 그 모든 것을 이루셨다는 점에서 하나가 되었다. 이스라엘 역사의 시초에는 인간의 작품이나 자연적인 사건이 있었던 것이 아니라, 구약성서가 이야기하듯, 하나님의 구원하시는 행위가 있었다. "나 야훼는 이집트에서부터 네 하나님이다. 너는 나 외에는 알지 말라, 다른 구원자는 없노라"(호 13:4).

3. 광야에 있는 하나님의 산

구약성서의 전승은 이집트에서 나와 갈대바다에서 기적적으로 구출된 백성이 광야에 있는 하나님의 산으로 가게 한다(출 15:22–19:2). 이 보도는 문학적으로 통일되어 있지 않다. 야훼문서와 "엘로힘문서"의 단편에는 간략하지만, 그 유형과 유래가 다양한 기록 및 지역 민담이 갈대바다 기적과 하나님의 산 사이에 놓여 있다. 그래서 이차적 이동 경로를 생각해볼 수 있다. 그러나 전승사적 이유로 인해 이 경로로는 어떤 것도 시도해 볼 수 없다. 제사장문서의 기술은 정리된 체류지 목록에 기초하였을 것이다. 민수

---

[87] 이 과정은 이집트 동화 파피루스 Westcar에 있는 유사한 광경을 상기시켜 준다. Cf. A. Erman, Die Literatur der Ägypter (1923) 67-69.

[88] Cf. E. A. Knauf, Midian Untersuchungen zur Geschichte Palästinas und Nordarabiens am Ende des 2. Jahrtausends v. Chr. ADPV (1988) 특히 142-146. 이에 대하여 아래 173-175쪽을 참고하라.

기 33장 11-15절(P^s)가 그런 것인 것 같다. 이것은 신앙심 깊은 순례자에게 팔레스티나에서 하나님의 산으로 가는 길을 보여주려는[89] 순례 여정 가운데 하나로 보기는 어렵고, 오히려 학습을 통해 서재에서 나온 지형도로 보인다.[90] 갈대바다와 하나님의 산 사이의 장소들은 더 이상 규명되지 않기 때문에, 후대의 이스라엘이 자기 조상이 경유해온 길을 어떻게 생각했는지 밝혀낼 수 없다. 야훼문서는 갈대바다 다음에 나일 강 델타의 동쪽 변두리 광야 지역으로 추측되는 "술 광야"(15:22)를 제일 먼저 언급한다. 히브리어 <슈르> (šūr)는 "벽"을 연상시키며(창 49:22; 삼하 22:30; 시 18:30) 이집트 국경요새 동쪽의 광야 지역을 의미한다고 가정해도 될 것이다.[91] 이어서 마라의 샘 지역(15:23)이 나오고 그다음에는 맛사-므리바 샘(17:7)이 나오는데 이 이중의 이름은 본래 두 지역을 가리킬 것이다.[92] 마침내 "이스라엘"은 하나님의 산에 들어선다(19:2b). 제사장문서에 따르면 백성은 시르보니스 호에서[93] 엘림 샘 쪽으로(15:27) 이동하여, 엘림과 시나이 사이의 신 광야로(16:1) ―신 광야의 이름은 인위적으로만 "시내 광야"(19:1)와 구별될 것이다―, 그런 다음 마침내 르비딤(17:1)을 지나 하나님의 산이 있는 시내 광야(19:1-2)로 간다. 이 장소 가운데 어떤 것도 정확하게 규정할 수 없다.

---

[89] 가령 M. Noth, Der Wallfahrtsweg zum Sinai (Nu 33) [1940]. ABLAK 1, 55-74. 이 비판에 대하여 다음을 참고하라. H. Gese, Tò δε 'Aγὰρ etc. [1967]. Vom Sinai zum Zion (1974) 49-62 (특히 53-56); B. Zuber, Vier Studien zu den Ursprüngen Israels. OBO 9 (1976) 61-72.

[90] Cf. E. A. Knauf, Midian (1988) 54-55.

[91] <슈르> šūr가 장소명과 지역명으로 창 20:1; 25:18; 삼상 15:7에 나온다. 전혀 설득력이 없는 다른 견해로는 N. Na'aman, The Shihor of Egypt and Shur that is before Egypt. Tel Aviv 7 (1980) 95-109.

[92] 므리바는 다른 방향으로는 가데스샘의 수원지역과 연관하여 언급된다. 민 27:14; 신 32:51. Cf. S. Lehming, Massa und Meriba. ZAW 73 (1961) 71-77.

[93] 위 136-137쪽을 보라.

그러나 이러한 결함을 계속 불평해서는 안 된다. 왜냐하면 광야에 있는 하나님의 산에 대한 전승 주제가 본래부터 독립적이었고 나중에 출애굽과 땅 정복 전승과 이차적으로 결합되었다는[94] 가정은 충분한 근거를 갖기 때문이다. 특히 수많은 제의적·종교적 본문들이 이를 지지해 주고 있는데, 이 본문들은 이스라엘의 고전적 구원 시대의 사건들을 출애굽부터 땅 정복까지 요약하고 있다. 그런데 여기에는 광야의 하나님의 산이 빠져 있다. 예를 들면 신명기 6장 20-24절과 26장 5-9절, 여호수아 24장 2-13절, 출애굽기 15장, 시편 78, 105, 135, 136편 등의 본문들이다.[95] 당연히 이들을 근거로 하나님의 산이라는 전통이 생겨난 연대에 대해서는 결정할 수 없다. 하나님의 산에 대해 언급하지 않고도 이스라엘의 구원사를 말할 수 있게 된 것은 다름 아닌 이 전통의 전승사적 독립성이다. 그러나 이러한 고립은 전승의 역사적 해석을 어렵게 만든다. 역사적 사건들이 그 배경에 있다는 사실은 확실히 의심할 수 없다. 그럼에도 불구하고 여기서 역사적 사건들을 포착해 내기란 출애굽과 갈대바다에서의 구원에서 포착하기보다 훨씬 더 어렵다.

어려움은 하나님의 산의 이름과 그 위치에서 시작된다. 하나님의 산은 시나이(J와 P)와 호렙(E와 Dtn/Dtr)이라는 두 가지 이름을 가진 것으로 보인다. 이 두 이름이 서로 어떤 관계에 있는지 확실한 것은 알 수 없다. 호렙산이 본래 "황무지, 사막 지역"의 의미의 지역 이름이었는데 일시적으로 산 이름인 시나이를 대체하였고, 마침내 이차적으로 산 이름이 되었다는 이론은[96] 적어도 주목받을 만하다. 하나님의 산의 위치도 정확히 알려져

---

[94] 근본적인 것은 G. v. Rad, Das formgeschichtliche Problem des Hexateuch [1938]. GS 9-86, 특히 20-33. 다음도 참고하라. Th. Booij, Mountain and Theophany in the Sinai Narrative. Biblica 65 (1984) 1-26.

[95] 이것은 오경 밖에서는 느헤미야 9:6-25에서 처음으로 구원사 흐름 속에 들어가 있다.

[96] 가령 L. Perlitt, Sinai und Horeb. Beiträge zur atl Theologie, Fs W. Zimmerli (1977) 302-322. 약간 다르게는 E. Anati, I nomi del monte Sinai e il problema dell'Horev

있지 않다. 구약성서가 그에 대해 전해주는 것은 불분명하며 다중적인 의미를 갖는다. 오경 자료 속의 체류지는 알려져 있지 않으며 아마도 고대 이스라엘은 이미 그렇게 알고 있었을 것이다. 민수기 33장 1-49절은 제사장 문서에 추가된 것이다. 거기서 언급된 지명들은 주로 그 위치를 알 길이 없다. 열왕기상 19장 8절에 따르면 예언자 엘리야가 광야에서 브엘세바 남쪽으로 "40일 낮과 40일 밤"이 걸려 호렙 산에 도달했다고 한다. 이 숫자 정보에서 우리는 이미 정확한 지식이 그 배경에 없다는 것을 알게 된다. 신명기 33장 2절과 사사기 5장 4-5절, 그리고 하박국 3장 3절은 하나님의 산을 세일=에돔과 바란과 나란히 언급한다. 즉 이들은 사해 남동쪽에 있는 에돔인의 지역과 시나이반도(와디 페란)의 남서쪽에 있는 어떤 지역을 연결한다. 그 이유는 알려져 있지 않다. 한 마디로, 역사적 시기의 이스라엘은 하나님의 산이 팔레스티나 남쪽 또는 남동쪽에서 먼 어딘가에 있다는 것 이상은 알지 못했다. 이에 반해 기독교 전통은 그 위치를 분명히 확정한다. 서기 4세기 이후로 하나님의 산은 시나이반도의 남쪽 부분의 중앙에 있는 산인 것으로[97] 확실하게 자리 잡았다. 제벨 무사(2292m)가 바로 그 산인데, 이것은 마찬가지로 기독교 전통의 관계망에 들어 있는 다른 산들과 ―주로 제벨 카테린(2606m)과 제벨 엘 무나자(2097m)― 바로 이웃해 있다. 4세기 말 경에 순례자 에테리아라는 여성이 이 지역을 방문했다.[98] 그녀는 제벨 무사의 정상에 이미 교회가 있음을 보았고 수도승들이 거주한다고 보도하였다. 548년과 562년 사이에 유스티니아 황제는 캐더린 수도원을 세웠다. 570년경 이 지역이 어떤 모습이었는지 피아첸차 출신의 익명의 한 순례자는 매우 시각적으로 기술하였다.[99] 이 전통이 소위 허구로 만들어졌다는

---

alla luce dell'archeologia. BeO 26 (1984) 151-158.

[97] Cf. B. Rothenberg (ed.), Sinai. Pharaonen, Bergleute, Pilger und Soldaten (1979).

[98] H. Donner, Pilgerfahrt ins Heilige Land (1979) 82-94.

것은 전혀 개연성이 없다. 이 전승은 계속해서 소급되었을 것이다. 그러나 어디까지 거슬러 올라가는지는 아무도 모른다. 이 산지 중앙에서 약 40km 떨어진 제벨 세르발(2060m) 지역에서 2-3세기의 수많은 나바테아의 비문들과 순례자들의 벽 낙서와 방명록이 발견되었다.[100] 이들은 비잔틴 시대 이전의 이 산지 지역의 거룩성을 증거하고 있으며, 사람들은 기독교의 수도승 전통이 이와 연결되어 있다고 생각할 것이다.[101] 그러나 우리는 이스라엘의 선역사로부터 1000년 이상 떨어져 있기에 확실한 결정을 내릴 수 없다. 그것은 대체로 수긍할 만한 고대 전통일 것이며, 마찬가지로 전통적인 거룩성을 지닌 이 인상적인 산지에다가 하나님의 산 전승을 이차적으로 자리 매긴 것일 수도 있다. 시나이반도의 남쪽에 석동기(石銅器) 시대(기원전 제4천년기), 이어서 다시 나바테아와 비잔틴 시대의 잔해가 있다는 고고학적 조사가[102] 어떤 가치를 지닌 것인지는 아직 밝혀지지 않았다. 제의처의 유산이 갖는 종교사적·제의사적 기본 가치를 아무튼 너무 소홀히 평가해서는 안 된다.

최근에는 당연히 하나님의 산 위치에 대한 다른 제안이 없었던 것은 아니다. 특히 출애굽기 19장 18절이 주목 받았다. "시내 산에 연기가 자욱하니 여호와께서 불 가운데서 거기 강림하심이라 그 연기가 옹기 가마 연기 같이 떠오르고 온 산이 크게 진동하며"라는 묘사는 화산 폭발로 간주되기도 한다. 역사 시대

---

[99] H. Donner, Ibid, 300-303.

[100] Cf. J. Euting, Sinaitische Inschriften (1891) [= CIS II 490-3233). 그러나 E. A. Knauf, Midian (1988) 53, n. 268.

[101] Cf. B. Moritz, Der Sinai-Kult in heidnischer Zeit. Abh. d. Göttinger Gesellsch. d. Wiss. 16,2 (1916); P. Maiberger, Topographische und historische Untersuchungen zum Sinaiproblem. Worauf beruht die Identifizierung des Ğebel Mūsā mit dem Sinai? OBO 54 (1984).

[102] Cf. B. Rothenberg, An Archaeological Survey of South Sinai. PEQ 102 (1970) 4-29.

에 활화산이 시내반도에는 없었지만, 북서 아라비아에, 북쪽의 헤자즈에 있는 아카바만의 동쪽 편에는 있었을 것이다. 시내산이 그곳에 있었다고 보아야 하는 것일까?[103] 이를 지지하기 위해 실제로 북서 아라비아 출신인 미디안 사람과 모세가 전승적으로 연결된 것(출 2:15-22; 4:18-19; 18; 민 10:29)을 근거로 댄다. 그러나 출애굽기 19장 18절이 소위 "역사적" 사건에 근거한 것이라고는 생각하지 않는 것이 좋다. 왜냐하면 이 본문은 신현현(神顯現)을 기술하는 전통적인 요소를 말하는 것이며, 연기, 불, 지진이 여기에 속하기 때문이다.[104] 가장 오래된 성서의 증거에 따라(삿 5:4-5), 또한 솔렙과 아마라-서쪽에서 나온 아메노피스 3세의 지명목록에 따라[105] 야훼가 세일=에돔과 연결되어 있어 보인다고 생각하는 것은 너무나 멀리 나간 것이다. 그것이 옳다면, 하나님의 산은 에돔 산지에 있었거나 아니면, 에돔인은 카우스를 시리아-아라비아 기후신 역할을 하는 것으로 여겼기 때문에, 훨씬 더 남쪽으로 라스-엔-나크브의 남쪽과 남동쪽의 히스마에, 즉 미디안 지역에 위치하게 된다.[106] 다른 이들은 다시 하나님의 산을 카데쉬-바네아(엔 크데스와 엔 쿠데라트)의 오아시스 부근 지역에서 찾고자 했다. 다시 말해 이 산 또는 바란 광야를 근거로(신 33:2; 합 3:3; 민 10:12) 페트라 서쪽으로 약 80km 떨어진 와디 아라바 서편의 제벨 파란이나[107] 아니면 거기서 멀지 않은 제벨 아라이프를 고려한다.[108] 그러나 이 모든 징후는 제벨 파란이 하나의 실수 때문에 생긴 것임을 지지해준다.[109] 제벨 세르발에서 멀지 않은, 같은 이름의 와디에 있는 오아시

---

[103] H. Gressmann, Mose und seine Zeit (1913) 409-419은 오아시스 *Tebūk*의 남쪽에 있는 지역을 주장하였다. 마르틴 노트도 일찍이 북서아라비아에 대하여 말하였고(위 각주 89를 보라), 최근에는 일부 다른 근거로써 H. Gese, Tò δὲ Ἁγὰρ Σινᾶ ὄρος ἐστὶν ἐν τῇ Ἀραβίᾳ (Gal 4,25) [1967]. Vom Sinai zum Zion (1974) 49-62. 비판적으로는 Cf. G. I. Davies, VT 22 (1972) 152-160.

[104] Cf. J. Jeremias, Theophanie. WMANT 10 (1965).

[105] 아래 149쪽을 보라.

[106] 가령 E. A. Knauf, Midian (1988) 50-60.

[107] Cf. H. Fischer, ZDPV 33 (1910) VII의 지도; H. Guthe, Bibelatlas (1926²) Nr. 4.

[108] R. Kittel, Geschichte des Volkes Israel 1 (1916³) 531-535.

[109] Cf. E. A. Knauf, Ismael (1989²) 23, n. 98.

스 페란과는 다른 파란은 알려져 있지 않으며 가정될 수도 없다. 이로써 농경지 가까이에 위치한 하나님의 산을 지지해주는 주요 버팀대는 없게 된다.[110]

우리는 광야에 있는 하나님의 산에서 무슨 일이 일어났는지 알지 못한다. 구약성서의 기록(출 18:1-20,21; 24; 32–34)은 여러 문학 층위로 이루어져서 분석하기가 어렵다.[111] 오경 자료인 야훼문서와 엘로힘문서가 이 보도를 대표할 수 있는지는 여전히 의문스럽다. 제사장문서에서 이스라엘의 고전적 구원사의 기술이 하나님의 산에서의 사건에서 절정에 이르는 것이 아니라 소위 회막(출 25–31, 35–40) 건축에서 그 절정에 이른다. 신명기 이전의 구성 요소가 –특히 출 19장에서– 얼마나 있는지 정확히 연구되어야 할 것이다. 최종본문에서는 이런 순서로 이루어진다. 1. 재판관 임명(출 18장), 2. 백성의 준비(출 19:1-15), 3. 야훼의 현현(출 19:16-20,21)과 십계명(출 20:1-17), 4. 언약 체결(출 24장)과[112] 부록(출 32–34장).

이러한 문학적 맥락에 언약책의 법전(출 20:22–23:33)이 이차적으로 삽입되었을 것으로 추정된다. 복잡한 문학 형성 과정을 거치면서, 아마도 휠

---

[110] E. Anati, La montagna di Dio - Har Karkom. Ricerche archeologiche sulla strada dell'Esodo (1986, 영어로도)가 선호한 중앙 네게브에 있는 카르콤산(Koord. 967-125)에 대하여도 별로 지지하지 않는다.

[111] Cf. E. Zenger, Israel am Sinai. Analysen und Interpretationen zu Exodus 17-34 (1982); A. Phillips, A Fresh Look at the Sinai Pericope. Part 1. VT 34 (1984) 39-52, Part 2: 282-294; M. Weinfeld, The Tribal League at Sinai. In: P. D. Miller – P. D. Hanson – S. D. McBride (ed.), Ancient Israelite Religion, Fs F. M. Cross (1987) 303-314; T. B. Dozeman, God on the Mountain. A Study of Redaction, Theology and Canon in Ex 19- 24. SBL, Mon. Ser. 37 (1989); B. Renaud, La théophanie du Sinaï. Ex 19-24. Exégèse et Théologie, Cahiers de la RB 31 (1991).

[112] Cf. 특히 E. W. Nicholson, The Covenant Ritual in Exodus XXN, 3-8. VT 32 (1982) 74-86.

씬 더 단순한 서술의 이전단계의 것은 흐릿해졌을 것이다. 이것은 특히 다음과 같은 비합리적인 사실에서 볼 수 있다. 그러니까 모세는 시내 산을 모두 여섯 번 –더 자주가 아니라면– 올라갔다가 계속해서 백성에게 돌아와 야훼가 말씀하신 것을 전달했다(출 19:3,7,8,14,20,25; 24:9,13; 32:15,31; 34:29). 그럼에도 불구하고 이전 단계와 최종본문의 주요 의도는 훨씬 분명하게 알아볼 수 있다. 그것은 하나님의 산에서 백성이 야훼와 마침내 연합한 일이 이루어졌다는 것이다. 이 전승은 더 큰 야훼 숭배자 집단을 알지 못하며, 예컨대 미디안 사람과 같은 다른 집단과의 종교적 공동체도 알지 못한다. 야훼는 이스라엘과만 계신다. 이렇게 이미 이전에 정립된 야훼와 이스라엘 사이의 특별한 관계의 강화와 인증이 이루어진다. 이스라엘은 계약관계가 되며, 하나님의 산에서부터 아래로 전해진 야훼의 뜻을 이행해야 한다. 후대의 신학, 특히 신명기와 그 이후의 신학은 그것을 "선택"과 "언약" 개념 아래 기술하였다. 그러니까 언약은 선택에 대한 인증이라는 것이다.

이 모든 것 가운데 역사적인 것은 무엇일까? 이에 답하기는 어렵다. 당연히 온 이스라엘이 하나님의 산에 있었던 것은 아니다. 온 이스라엘은 아직 존재하지 않았다. 그러나 그들 자신이나 또는 그들의 후손으로 나중에 이스라엘의 일부가 된 집단은 하나님의 산에 있었을 것이다. 만일 그렇다면 이 집단은 그곳에서 출애굽기 18–34장에 쓰인 그대로 경험하지는 않았을 것이다. 그러나 이 집단은 전승이 형성되면서 작용할 수 있었고 또 작용했던 것을 경험하였을 것이다. 이 가정은 이 집단이 하나님의 산에서 야훼와 접촉하게 되었으며, 야훼를 알게 되었을 것이라는 것을 시사한다. 이것은 야훼가 본래부터 산신(山神)이었으며, 사람이 살지 않는 광야 지역의 산신령(numen)으로서 서로 다른 출신의 사람들을 끌어와 공동의 숭배를 받은 신이었다는 가정과 일치한다. 일부는 오래된, 일부는 그보다 후대의 구약 본문들도 이를 지지하는데 이 본문들은 야훼가 오래 전부터 이스라엘과 함께 팔레스티나에 거처를 마련하셨을 때(신 33:2; 삿 5:4-5 = 시 68:8-9; 합 3:3-4; 왕상 19) 이 산이나 최소한 이 지역이 야훼가 거하는 곳임을 알려준다.

야훼는 이 경우에 해당되지 않지만 많은 경우 신과 산을 결합하는 것은, 심지어는 이 둘의 이름을 동일화하는 것은 종교사적으로 특이한 것은 아니다.[113] 이 맥락에서 그 사이에 유명하게 된, 누비아의 솔렙에서 나온 아메노피스 3세의 지명(地名) 목록과 아마라-서쪽에서 나온 람세스 2세의 지명 목록의 기록이 관심을 끌고 있다.[114] *tȝ šȝsw y-h-wȝ* "*Yhwȝ*-유목민의 땅" 또는 "*Šȝsw-Yhwȝ*의 땅"이 그것이다. 여러 가지 해석이 가능하다는 것은 불확실성을 뜻한다. *Yhwȝ*가 지역을 말하는 것인지 장소를 말하는 것인지 아니면 산, 신 또는 단순히 한 인간을 말하는 것인지는 확실히 알지 못한다. 이것은 적어도 팔레스티나의 남동쪽을 가리킬 수 있다. 왜냐하면 아마라-서쪽의 목록에서 *Šȝsw-Yhwȝ* "*Šȝsw S'rr*의 땅"이 멀리 떨어져 있지 않으며, 이것은 세일/에돔일 개연성이 가장 높다. 비교적 넓은 공간을 무대로 활동한 *Šȝsw*-유목민은 팔레스티나와 이집트 사이가 아닌 지역에서도 잘 알려져 있다.[115] 의문시되는 지역과 시간(13/12세기)은 나중에 이스라엘에서 발아한 유목민 집단의 이동과 아주 잘 일치하기 때문에, 상형문자 *Yhwȝ*를 야훼 이름의 흔적으로 간주하고 싶은 유혹이 크다.[116] 야훼의 기원과 야훼의 첫 장소에 관하여 더 자세하게 나가서는 안 된다. 왜냐하면 야훼의 역사는 야훼가 이스라엘의 하나님이 된 때부터 시작되었고, 광야의 산의 신으로서의 그의 본래의 성격은 선역사의 안개 속에 싸여서 단지 아주 미미한 흔적으로만 암시되고 있기 때문이다.

---

[113] 바알 차폰, 바알 헤르몬, 바알 레바논, 카르멜 신 참고. 카르멜 신에 대해서는 Tacitus, Hist. II, 78, 3; "카르멜은 유다와 시리아 사이에 있는데 하나님의 산이라 불린다."

[114] 위 123쪽 각주 51을 보라. 그 밖에 S. Herrmann, Der atl Gottesname. EvTheol 26 (1966) 281-293; M. Görg, Anfänge israelitischen Gottesglaubens. Kairos 18 (1976) 256-264 보라. M. C. Astour, Yahweh in Egyptian Topographie Lists. Fs E. Edel. ÄAT 1 (1979) 17-34은 설득력이 없다.

[115] 위 123-124쪽을 보라.

[116] 신명의 고아랍어 어원에 대하여 Cf. E. A. Knauf, Midian (1988) 43-48 (Lit.)와 VT 34 (1984) 467-472.

그러므로 나중에 이스라엘과 일체가 된 집단은 광야에 있는 하나님의 산에서 야훼를 만났을 것이다. 이 집단은 그의 요구와 뜻 아래 자신을 내려 놓았으며 그와 함께 팔레스티나로 왔다. 그들이 어떤 집단이었는지 그것도 우리는 알지 못한다. 그들이 이집트에서 탈출한 자들이었는지는 가능하지만 개연성은 별로 없다. 그렇다면 출애굽과 하나님의 산이 전승사적으로는 독립된 별개의 것으로 전승 과정이 진행되면서야 비로소 서로 연결되었다는 것, 또 이 과정은 비교적 후대에 일어난 것이라는 사실은 어떻게 설명되는 걸까? 아니면 그것은 후대의 레아 지파에 합류한 사람들일까? 아니면 라헬 그룹에 합류한 사람들일까? 이에 대하여 아무것도 확실하게 알 수 없다. 우리는 위에서 출애굽과 갈대바다 기적에 대하여 시도했던 검토들을[117] 여기서 반복해야 한다. 유감스럽게도 하나님의 산 전승은 이스라엘 선역사 가운데 가장 어두운 단계에 여전히 머물러 있다.

4. 광야 유랑

하나님의 산에서 발행하여 백성들은 모세의 인도 아래 천천히 광야를 지나 가나안 땅을 향하여 이동한다.[118] 백성들이 지나간 곳은 대부분 알려져 있지 않으며 그 위치를 확인할 수 없다.[119] 하나님의 산에서 발행한 이후

---

[117] 위 134쪽 이하를 보라.

[118] Cf. V. Fritz, Israel in der Wüste. Marburger Theol. Studien 7 (1970); A. Schart, Mose und Israel im Konflikt. Eine redaktionsgeschichtliche Studie zu den Wüstenerzählungen. OBO 98 (1990).

[119] R. de Vaux, L'itinéraire des Israélites de Cadès au Plaines de Moab. Hommages à M. Dupont-Sommer (1971) 331-432; G. I. Davies, The Way of the Wildemess: A Geographical Study of the Wilderness Itineraries in the OT. The Society for OT Study, Mon. Ser. 5 (1979); Z. Kallai, The Wandering Traditions from Kadesh-Barnea to Canaan. A Study in Biblical Historiography. JJS 33 (1982) 175-184; J. M. Miller,

는(민 10:11ff.) 대부분 알려지지 않았지만 다음 두 장소는 확인할 수 있다. 민수기 10장 12절과 12장 16절의 바란 광야(와디 페란)[120]와 민수기 13장 26절과 20장 1절의 가데스 샘(엔 크데스와 엔 쿠데라트)[121]이다. 확인할 수 있는 두 장소에도 불구하고 어느 정도 합리적으로 이해할 만한 경로는 복구할 수 없다. 유랑 노정에서 백성들은 반복적으로 모세와 야훼에 맞서는 모반이 일어난다. "광야에서의 백성들의 불평"이 그것이다.[122] 여정 중에 정탐꾼들이 약속의 땅으로 정탐을 떠난다(민 13/14장). 그 가운데 후대 헤브론에 거주하는 갈렙족의 에포님인 갈렙이 지대한 역할을 한다.[123] 다시 갈대바다로 돌아가라는 야훼의 명령에(민 14:25) 이스라엘은 따르지 않는다. 그것은 호르마에서 돌파전을 위태롭게 하며 –이에 대해 두 번이나 서로 다른 맥락에서 보도된다(민 14:39-45; 21:1-3)– 실패한다. 백성의 지속적인 거역에 대하여 야훼는 반항적인 세대가 다 죽을 때까지 40년간의 광야 유랑을 정하신다(민 14:33-34; 33:38). 마침내 이스라엘은 다시 한 번 가데스에 나타난다(민 20:1). 거기서부터 직진하는 것이 아니라 굽은 길을 따라 동요르단으로 진군한다.

The Israelite Journey through (around) Moab and Moabite Toponymy. JBL 108 (1989) 577-595.

[120] 위 146-147쪽을 보라.

[121] 신명기 사가의 본문과 포로기 이후의 본문에서도 가데스바네아가 언급된다(민 32:8; 34:4; 신 1:2,19; 2:14; 9:23; 수 10:41; 14:6-7; 15:3). H. C. Trumbull, Kadesh-Barnea (1884)과 H. F. Fuhs, Qādeš - Materialien zu den Wüstentraditionen Israels. BN 9 (1979) 54-70은 여전히 참고할 만한 글이다. 발굴에 관한 것으로는 R. Cohen, Excavations at Kadesh-Barnea, 1976-1982. Qadmoniot 16 (1983) 2-14. 다음도 참고하라. E. A. Knauf, Supplementa Ismaelitica 14: Mount Hor and Kadesh Barnea. BN 61 (1992) 22-26; J. A. Dearman, The "border" area between Ammon, Moab and Israel in the Iron Age. OT Essays 9 (1996) 204-212.

[122] Cf. G. W. Coats, Rebellion in the Wilderness. The Murmuring Motif in the Wilderness Traditions of the OT (1968).

[123] Cf. W. Beltz, Die Kaleb-Traditionen im AT. BWANT 98 (1974).

이 광야 유랑은 복잡한 전승사의 결과이자 특히 문학적 과정의 결과이다. 이것을 가지고는 역사적 작업을 거의 착수할 수 없다. 역사 서술과 아무 연관이 없다는 것에 이미 괴테가 우리의 주의를 환기해 주었다. 그는 자신의 관찰과 결론을 그의 젊은 시절의 논문 "광야의 이스라엘"에 기술하였고, 나중에 이것을 "서동의 디반에 대한 보다 나은 이해를 위한 짧은 기록과 논문집"으로 냈다. 핵심 문장들은 아직도 여전히 생동적이다. 그러므로 여기서 인용할 것이다.

모세의 첫 번째 책이 믿음의 승리를 그리고 있다면, 나머지 4권의 경전은 불신을 주제로 삼고 있다. 물론 충만하게 그 모습을 드러내지 않는 믿음을, 불신은 논박하고 무너뜨리지 않지만, 지극히 미세하게 한 걸음씩 한 걸음씩 가로막는다. 이 불신은 종종 은혜로써, 또 자주 끔찍한 벌로써 치유되지도 근절되지도 않고, 다만 순간적으로 진정될 뿐이다. 또 불신은 살금살금 계속해서 걸어간다. 그래서 신뢰할 만한 민족 유일신의 가장 영광스러운 약속을 이루기 위해 감행한 경이로운 모든 일이 그 시초부터 좌초될 뿐 아니라 결코 온전히 성취될 수 없게 된다. 적어도 첫눈에 혼란스러울 뿐 아니라, 전체를 관통해 흐르는 근본적인 실마리가 우리를 재미없고 언짢게 한다면, 이 책은 지극히 애석하고, 이해할 수 없는 편집 때문에 전혀 즐길 수 없는 책이 되어버린다. 삽입된 수많은 율법 때문에 이야기의 흐름은 도처에서 가로막히는데, 그런 율법 대부분이 그 본래 목적과 의도를 통찰할 수 없다. 적어도 율법이 왜 그 순간에 거기 있어야 하는지, 혹은, 그것들이 나중에 나온 것이면, 왜 그것들을 여기로 끌어다 끼워 넣게 되었는지를 통찰할 수 없다. 도무지 알 수 없는 건, 이 엄청난 행군, 어쨌든 넘어야 할 장애물이 그토록 많은 행군에서, 왜 의도적으로 시시콜콜한 종교적 의식을 위한 짐 더미를 겹겹으로 늘리려 노력하는가 하는 점이다. 그렇게 해서는 앞으로의 모든 행진이 무한히 어려워질 게 틀림없는데 말이다. 매일 매시간 대책도 이를 행할 힘도 별로 없다. 또한 두 발로 땅을 굳게 디디고 서 있어야 할 군대 지도자는 걸핏하면 몸을 던져 얼굴을 땅에 박고 높은 곳으로부터의 은총과 처벌을 간구한다. 은총도 처벌도 단지 무위(無爲)로 끝나버려서, 헤매고 있는 민족과 더불어 그 본디 목적도 완전히 잃어버리고 눈 밖으로 사라져 버린다. 왜 바로 이러한 때에 아직도 온통 불확실한 미래를 위한 율법이 선포되는 것인지 이해할 수가 없다.[124]

문헌비평 및 양식비평적 분석은 사안들이 출애굽 전승과 광야의 하나님의 산 전승에서와는 다르다고 결론짓는다. 이것은 완결된 전승 복합물이 아니라 일부는 홍해와 하나님의 산 사이에, 일부는 하나님의 산과 땅 정복 사이에 배열된 짧은 기록과 개별 민담들의 혼합체이다. 여기서 하나의 수긍할 만한 배열을 식별해내기 어렵다. 거의 모든 개별 단편과 마찬가지로 다른 위치에 배치되었을 수 있고 우리는 그것을 식별해내지 못할 수도 있다. 특히나 이 자료의 독립성을 분명하게 드러내는 문학적 중복도 등장한다. 따로 분리할 수 있는 주요 개별 민담들은 다음과 같다. 만나[125]와 메추라기(출 16:2-36; 민 11:4-24a,31-34), 반석에서 나온 물(출 17:1-7; 민 20:2-13), 아말렉 전투(출 17:8-16), 망아(忘我) 상태에서의 예언 수여(민 11:24b-30), 아론과 미리암의 피부병(민 12:1-15), 고라 당의 멸망(민 16)이다. 이 단편들은 서로 관련이 없다. 그들은 별개의 구슬로 광야 여정의 실로 연결되어 있다. 가데스-전승의 블록과 같은 어떤 것이 있었다는 과거 한때 사랑받던 가설과 오아시스 가데스가 후대 이스라엘의 첫 시작을 편성/조직하는 데 집합소였다는 가설은[126] 비판적 검증을 견디지 못하였다. 왜냐하면 소위 가데스-전승(출 17:1-7; 민 20:1-13; 27:14; 33:36; 비교 신 32:51; 33:8; 겔 47:19; 48:28; 시 95:8)에 대하여 말하자면, 이 전부가 본래부터 가데스에서

---

[124] 출처: Goethe, West-Östlicher Divan. Gesamtausgabe, im Inselverlag zu Leipzig (1949) 202-203.

[125] Cf. P. Maiberger, Das Manna. Eine literarische, etymologische und naturkundliche Untersuchung. ÄAT 6 (1983).

[126] 고전적으로: E. Meyer, Die Israeliten und ihre Nachbarstämme (1906, repr. 1967) 51-82; 또 다음도 참고하라. S. Herrmann, Geschichte 108-112.

혹은 그 주변에서 일어났다는 것은 결코 확실하지 않다는 것이다. 더더구나 "다툼의 물"(마사와 므리바와 므리밧-카데쉬)을 가데스 샘과 연결하는 것이 믿을 만한 전통이나 구성에 기초하는지도 확실하지 않다. 역사적인 관심은 무엇보다도 전체 구성의 기초에 놓인 사상이다. 즉 이스라엘 지파들의 동맹공동체는 이미 고전적 구원 시대에 그 고정된 형태와 제도를 수립했다. 그들은 점점 내외정치적인 기능을 가진 연합체로 이행하기 시작했다. 이러한 생각은 비역사적 전제, 즉 모세의 인도 아래 광야를 통과한 이들은 다름 아닌 후대의 열두 지파로 된 이스라엘이었다는 전제에 의존한다. 이 가정이 허술하다면, 그 전체는 개별 구성 요소로 산산조각 날 것이고, 역사가에게는 조각난 구성 요소만 남을 것이다. 역사가는 어떤 경우에든 대표할 수 있는 두 가지 가정을 하고 자료에서 그 증거를 찾고자 할 것이다.

1. 팔레스티나의 후대 이스라엘은 그들에게 중요했던 제도와 여건을 기원론적으로 고전적인 구원 시대로 투영했다. 이 제도와 여건이 모세에게서 기원한다는 중요도와 가치를 부여하고, 이를 통해 그것들을 매우 신성하게 만들기 위해서였다. 특히 이러한 유형에서 인상적인 경우는 금송아지 이야기(출 32), 즉 이스라엘 왕 여로보암 1세의 "금송아지"를 문제시하는 기원론(왕상 12:26ff.)이다.[127] 모세는 그와 같은 것을 이미 하나님의 산에서 심판하였고 파괴하였다. 이로써 그것은 단번에 그리고 영원히 해결되었다.

---

[127] 이제는 이에 관한 연구가 많이 되었다. J. Hahn, Das "Goldene Kalb". Die Jahwe-Verehrung bei Stierbildem in der Geschichte Israels. EH XXIII, 154 (1981). 그 밖에 H. Ch. Brichto, The Worship of the Golden Calf: A Literary Analysis of a Fable on Idolatry. HUCA 54 (1983) 1-44; J. Vermeylen, L'affaire du veau d'or (Ex 32-34). Une clé pour la „question deutéronomiste"? ZAW 97 (1985) 1-23; P. Weimar, Das Goldene Kalb. Redaktions kritische Erwägungen zu Ex 32. BN 38/39 (1987) 117-160.

2. 나중에 이스라엘로 합일된 집단이 각각의 광야 전통을 가지고 왔다는 것은 완전히 배제할 수 없다. 그 예로 샤수-유목민 유형의 연합체를 들 수 있다. 이것은 광야 여정에서 일어난 모든 것이 나중에서야 거기 광야 여정으로 옮겨졌다는 것을 말하는 것은 아닐 것이다. 본래 광야에 속한 전승들도 있다. 그러나 어떤 것이 그것인지는 더 알아낼 수 없으며, 어떤 경우든 전혀 알아낼 수 없다. "광야 전통들"도 나중에 농경지에 대한 관심과 연결되었을 수 있다. 말하자면 역투사된 기원론을 통해(기원 민담) 그 유래는 알 수 없을 정도로까지 변형되었다는 것이다.

아말렉 전투 민담(출 17:8-16)이 이스라엘의 선역사에서 유래하는 역사적 기억을 담고 있을까? 이것은 가능하다. 단지 우리가 어떤 기억인지 모를 뿐이다. 이 민담은 그 장소나 시간을 확정할 수 없다. 르비딤이 어디에 위치했는지 우리가 정확하게 알 수 없다는 것을 제외한다면, 이 민담이 8절의 "르비딤"에서 일어났다고 하는 것은 편집적 삽입이다. 오경의 최종본문에서, 또 이미 오경의 전 단계에서 이 민담은 광야에 있는 하나님의 산에서 일어난 사건들 이전에 나온다. 그러나 이것은 당연히 아무것도 말해주지 않는다. 이것은 사사기의 영웅 민담과 흡사하다. 즉 야훼는 본래의 싸우는 자이고 이기는 자이다. 모세와 여호수아와 이스라엘은 바로 엑스트라일 뿐이다. 이 민담은 이스라엘과 아말렉인 사이의 "철천지원수 관계"의 근거를 마련한다. 야훼가 아말렉을 적대시한다는 것으로 이 원수관계를 이해함으로써 말이다. "여호와가 아말렉과 더불어 대대로 싸우리라"(16절). 실제로 구약성서에서 오직 아말렉인만 이스라엘의 대적으로 나온다. 그들은 팔레스티나 농경지의 남쪽 변두리에서 부족연합을 형성하였다(민 13:29; 창 14:7). 그들에 대해 우리가 아는 것 가운데 역사적으로 믿을 만한 유일한 것은 다윗이 그들과 군사적으로 충돌했다는 것이다(삼상 27:8; 30; 삼하 8:12). 그에 따르면 아말렉은 이스라엘과 유다의, 일종의 전형적인 대적으로 등장하여 포로기 이후 시대까지 남쪽과 동쪽의 대적을 일컫고자 할 때마다 계속하여 언급된다(삿 3:13; 6:3; 7:12; 10:12; 신 25:17-19; 완전히 후대의 삼상 14:48과 15장). 이러한 이해할 수 없는, 아주 강한 적대감은 출애굽기 17장 8-16절에서 소위 모세에 의해 정당화된다. 이 적대감의 원인으로는 후에 이스라엘에 통합된 이스라엘 이전의 남쪽 집단이 아말렉인에게 가졌던 적대감을 들 수 있다. 그러나 이것은 다윗 시대로부터도 유래할 수도 있으며 거기서부터 광야 시대로 역투사된 것일 수도 있다.[128]

유사한 어려움이 레위 지파가 언급되는 곳에서도 생긴다. 두 군데서 레위는 그 외 익명의 군중에서 두드러진다. 출애굽기 32장 25-29절과 민수기 16장(특히 1,7-8,10절)의 고라 무리[129]의 멸망이 그것이다. 두 이야기에는 장소가 언급되지 않는다. 그중 하나를 금송아지 이야기(출 32)에 삽입한 것은 열왕기상 12장 31절에서 기인하는 것일 것이다. 다른 하나가 가데스에서 펼쳐진다는 것은 오직 자료의 편집적 배열에서 나온 것이다. 어쨌든 이 둘은 레위인이 이미 이스라엘의 선역사에서 어떠한 역할을 수행하지는 않았을까 하는 질문을 불러일으킨다. 이 맥락에서 왕정 시대에 생겨난 것이 분명한, 모세의 레위 축복 말씀이 중요하다(신 33:8-11)

(8) '레위에게 주소서'(?)[130] 주의 둠밈을, 주의 우림을 주의 경건한 자에게 (주소서). 주께서 그를 맛사에서 시험하시고 그를 위해 주께서 므리바 물가에서 싸우셨습니다.
(9) 그는 자기 아버지에 대하여 '   ' 말하기를, 내가 그를 보지 못하였으며 그는 자기 형제들을 인정하지 아니하였다. '   '[131]!

---

[128] Cf. J. H. Grønbaek, Juda und Amalek: Überlieferungsgeschichtliche Erwägungen zu Ex. 17, 8-16. Studia Theologica 18 (1964) 26-45; B. P. Robinson, Israel and Amalek. The Context of Exod. 17,8-16. JSOT 32 (1985) 15-22.

[129] Cf. J. Liver, Korah, Dathan and Abiram. ScrH 8 (1961) 189-217; J. Magonet, The Korah Rebellion. JSOT 24 (1982) 3-25.

[130] 8절 앞부분에서 뭔가 떨어져나간 것 같다. 칠십인역은 δότε Λευι를 증거하는데, 이것은 이전에 우리가 δὸς τῷ Λευι로부터 생긴 것으로 편하게 설명하였다. "레위에게 주라"이다. 이것은 잘 어울린다. 그러나 IV Q Test. 4, 14는 hbw llwy (복수형!)를 담고 있으며, 이에 따라 위에서 실험적으로 번역하였다. nsh와 ryb에 대하여 Cf. O. Eißfeldt, Zwei verkannte militärtechnische Termini im AT [1955]. KS 3, 354-358.

[131] 9aα절의 "또 자기 어머니에 대하여"와 9aβ절의 "또 그의 자녀를 알지 아니하였다"는 삽입되었다.

실로 그들은 주의 말씀을 준행하였고 주의 언약을 지켰습니다.

(10) 그들은 야곱에게 주의 법도를, 이스라엘에게 주의 율법을 가르치며
그들은 주 앞에 분향하고 온전한 번제를 주의 제단 위에 드립니다.

(11) 여호와여 그의 재산을 풍족하게 하시고 그의 손의 일을 받으소서
그를 대적하는 자들과 그를 미워하는 자들의 '허리'[132]를 꺾으사 그들이 다시
일어나지 못하게 하옵소서

당연히 이 말씀은 레위인의 제사장의 기능과 특권을 전제한다. 그들은 야훼
의 법적 의지를 수호하고 이를 가르치면서 선포해야 하며,[133] 게다가 제의와
신탁문제는 그들의 의무이다.[134] 그러므로 이 말씀은 창세기 49장 5-7절보다
후대의 것이다.[135] 이 말씀은 고전적인 구원 시대의 한 사건을 통해 레위인의
제사장권을 정당화한다. 즉 레위는 야훼와의 연합을 독점하기 위하여 자신의
지파 연합에 충성스럽게 행동하였다. 이것은 출애굽기 32장 25-29절을 상기시
켜준다. 그러나 이 "레위인 단락"은 분명히 맛사와 므리바에 위치시킬 수 없
다. 거꾸로 맛사와 므리바 전통(출 17:2-7; 민 20:2-13)에서 레위 지파가 아무런
역할을 하지 않는 것처럼 말이다. 기원론은 현존하는 구약성서의 자료에서
퍼왔다고 보기 어렵다. 레위에 대해 출애굽기 32장 25-29절에서와 유사한 것
을 보도한 맛사-므리바 전승이 있었다가 망일(亡逸)된 것일까? 그 전승은 레
위가 이미 남쪽에서 매우 이른 단계에 ─그것이 어떤 신이던 간에─ 제사장
기능을 수행하기 시작하였다는 것에 대한 기억을 담고 있었을까? 그것은 창세
기 34장의 재앙과 연결되어 일어났을까? 이것 또한 어느 누구도 대답할 수

---

[132] 마소라본문의 *mtnym*은 사마리아오경을 따라 *mtny*로 읽는다.

[133] Cf. P. J. Budd, Priestly Instructions in Pre-Exilic Israel. VT 23 (1973) 1-14.

[134] 두 권의 주요 단행본은 W. Graf Baudissin, Die Geschichte des atl Priesterthums
(1889)과 A. H. J. Gunneweg, Leviten und Priester. FRLANT 89 (1965)이다. 이 외에
A. Cody, A History of OT Priesthood. AnBib 35 (1969); M. Haran, Temples, Temple
Service in Ancient Israel (1978). 또 다음도 참고하라. G. Schmitt, Der Ursprung des
Levitentums. ZAW 94 (1982) 575-599; H. Schulz, Leviten im vorstaatlichen Israel
und im mittleren Osten (1987).

[135] 아래 204-206쪽을 보라.

없는 질문들이다.

마지막으로 이어지는 것은 더 이상 광야 유랑의 주제에 속하지 않고 동 요르단의 농경지에 속한다. 에돔인들은 백성들이 통과해가는 것을 허락하지 않고, 에돔 동쪽으로 우회하기를 강요한다(민 20:14-21). 모압 지역을 통과하는 진군(민 21:13-20)은 어려움 없이 진행된다. 그러나 그런 다음 "이스라엘"은 헤스본의 아모리 왕 시혼을 맞닥뜨린다(민 21:21-32; 수 12:2-3). 시혼은 모압인에게서 엘-벨카 지역을 아르논에 이르기까지 빼앗았었다(26절). 야하스(히르벳 립?)에서 전투가 벌어지고, 거기서 시혼은 패배하고 아르논에서 얍복강까지의 지역을 빼앗긴다(23-24절). 그다음 유사한 일이 다시 바산 왕 옥과 벌인 에드레이(데라) 전투에서 반복된다(민 21:33-35; 수 12:4-5). "이스라엘"은 얍복강과 헤르몬의 남쪽 지류 사이의 지역을 소유하기에 이른다(수 13:5).[136] 매우 상이한 보도와 구성이 이미 땅 정복이라는 주제에 속한다. 이들은 소위 이스라엘 땅 정복과 관련된 모든 것이 그러하듯이 일반화되거나 민족화된 모습을 띠고 있다. 당연히 이것들에서 역사적인 어떤 것을 끌어낼 수 있을는지는 의심스럽다. 적어도 헤스본(헤스반) 왕 시혼과의 전쟁은 후대 이스라엘의 동요르단 집단이 이 이름의 지역통치자와 빚은 갈등을 암시하는 것일 수 있다고 오랫동안 가정되었다. 민수기 21장 21-32절 전승의 성격과 특히 소위 27-30절 헤스본 노래의 높은 추정

---

[136] 전승사적, 문학적, 지형적 문제에 대하여 기본적인 것은 다음을 참고하라. M. Wüst, Untersuchungen zu den siedlungsgeographischen Texten des AT. I. Ostjordanland. BTAVO 9 (1975) 9-57. 그 밖에 다음도 참고하라. M. Noth, Die Nachbarn der israelitischen Stämme im Ostjordanlande [1946-1951]. ABLAK 1, 434-475; W. A. Sumner, Israel's Encounters with Edom, Moab, Sihon and Og According to the Dtr. VT 18 (1968) 216-228; J. R. Bartlett, Sihon and Og, Kings of the Amorites. VT 20 (1970) 257-277; J. Van Seters, The Conquest of Sihon's Kingdom: A Literary Examination. JBL 91 (1972) 182-197.

연대가 이를 암시하는 듯 보였다.[137] 하지만 그것은 매우 의심스럽다. 헤스본 발굴에서[138] 철기 시대 이전 층은 전혀 나타나지 않았으며, 헤스본 노래는 기원전 7세기 이전에 생겨난 것일 수 없으며, 또 왕 시혼의 이름은 <시후/쉬후> *sīḥu/sīḫu* "맨발"로 소급되는 지명에서 발전한 것으로 추정된다.[139] 이 왕과 왕국, 그리고 "이스라엘"과의 전쟁에서의 패전은 후대에 나온 전설이며, 이 전설에서 사람들은 동쪽에서부터 시작된 이스라엘 땅 정복에 대한 전체적인 모습을 그려보고자 노력하였다. 바산(엔 누크라)의 옥은 더이상 역사적 인물로 볼 수 없다. 그는 본래 신명기 3장 1-7절과 여호수아 12장 4-5절의 후대의 문맥에 속하며, 오직, 동요르단 땅의 나머지를 전쟁으로 빼앗긴 시혼이라는 인물을 설정할 필요가 있었기 때문에 이스라엘의 의식 속에 들어왔다.[140] 그가 어디 출신인지[141] 어떤 역할을 하였는지는 전혀 알지 못한다. 후대의 이스라엘이 바산 땅에 거주하지 않았기 때문에 특히나

---

[137] Cf. M. Noth, Nu 21 als Glied der „Hexateuch"-Erzählung [1940/41]. ABLAK 1, 75-101; M. Weippert, The Israelite „Conquest" and the Evidence from Transjordan. In: F. M. Cross (ed.), Symposia 75th Anniversary ASOR (1979) 15-34; R. G. Boling, The Early Biblical Community in Transjordan. The Social World of Biblical Antiquity Seris 6 (1988). 비판적으로는 Cf. Z. Kallai, Conquest and Settlement of Trans-Jordan. A Historiographical Study. ZDPV 99 (1983) 110-118; J. A. Sauer, Transjordan in the Bronze and Iron Ages: A Critique of Glueck's Synthesis. BASOR 263 (1986) 1-26; H.-Chr. Schmitt, Das Hesbonlied Num 21,27aßb-30 und die Geschichte der Stadt Hesbon. ZDPV 104 (1988) 26-43. 잘못된 맥락에 위치한 이 노래를 다윗의 모압 전쟁들에 대한 조롱시로 해석하는 J. R. Bartlett, The Historical Reference of Numb. XXI, 27-29. PEQ 101 (1969) 94-100의 시도는 설득력이 없다.

[138] Cf. E. K. Vogel, HUCA 42 (1971) 1-96; E. K. Vogel – B. Holtzclauw, HUCA 52 (1981) 1-92.

[139] Cf. St. Timm, Moab zwischen den Mächten. Studien zu historischen Denkmälern und Texten. ÄAT 17 (1989) 62-96.

[140] Cf. M. Wüst, Ibid, 42-52.

[141] Cf. U. Hübner, Og von Baschan und sein Bett in Rabbat-Ammon (Dt. 3, 11). ZAW 103 (1993) 86-92; A. R. Millard, Back to the Iron Bed: Og's or Procrustes'? SVT 61 (1995) 193-204.

그렇다.

부록: 모세

간추린 참고문헌: E. Meyer, Die Israeliten und ihre Nachbarstämme (1906, repr. 1967); P. Volz, Mose. Ein Beitrag zur Untersuchung über die Ursprünge der israelitischen Religion (1907); G. Beer, Mose und sein Werk (1912); H. Gressmann, Mose und seine Zeit (1913); P. Volz, Mose und seine Zeit (1932); M. Buber, Moses (1952^2); E. Auerbach, Moses (1953); H. Cazelles et al, Moïse, l'homme de l'alliance (1955); H. H. Rowley, Mose und der Monotheismus. ZAW 69 (1957) 1-21; H.-J. Kraus, Die prophetische Verkündigung des Rechts in Israel. ThSt 51 (1957); R. Smend, Jahwekrieg und Stämmebund. FRLANT 84 (1963) 87-97; A. H. J. Gunneweg, Mose in Midian. ZThK 61 (1964) 1-9; H. Schmid, Mose. Überlieferung und Geschichte. BZAW 110 (1968); S. Herrmann, Mose. EvTheol 28 (1968) 301-328; G. W. Coats, Moses in Midian. JBL 92 (1973) 3-10. E. F. Campbell, Moses and the Foundations of Israel. Interpretation 29 (1975) 141-154; idem, Moses in Historical and Theological Perspective. Magnalia Dei, Gedenkschrift für G. E. Wright (1976) 120-131; T. L. Thompson, History and Tradition. JSOT 15 (1980) 57-61; H. Schmid, Die Gestalt des Mose. Probleme atl Forschung unter Berücksichtigung der Pentateuchkrise. Erträge der Forschung 237 (1986); G. W. Coats, Moses. Heroic Man, Man of God. JSOT, Suppl. Ser. 57 (1988); E. Aurelius, Der Fürbitter Israels. Eine Studie zum Mosebild im AT. Coniectanea Biblica, OT Series 27 (1988); E. A. Knauf, Midian. Untersuchungen zur Geschichte Palästinas und Nordarabiens am Ende des 2. Jt. v. Chr. ADPV (1988) 125-141; G. Garbini, Le serpent d'airain et Moise. ZAW 100 (1988) 264-267; R. Smend, Mose als geschichtliche Gestalt. Historische Zeitschrift 260 (1995) 1-19.

모세가 누구였는지 아무도 모른다. 역사적으로 신뢰할 만한 모세의 상을 얻는 것은 구약학에서 지속적으로 연구되는 주제이다. 오경에서 모세는 이스라엘의 고전 구원 시대의 주역이다. 그는 야훼 아래 또는 야훼 다음으로 모든 것 가운데 모든 것이다. 첫눈에 보기에 모세 없이는 출애굽, 홍해 기적, 하나님의 산에서의 사건들, 광야 유랑, 시작되는 땅 정복에 대해 아무것도 이야기할 수 없다. 바로 이러한 탁월한 모세의 위치가 역사적 문제의 원인이다. 왜냐하면 모세에 관한 이렇게 많은 자료에도 불구하고 아니면 바로 그 때문에 그가 본래 누구였는지 어떤 사람이었는지를 알아내지 못하기 때문이다. 모세는 이러한 자료 뒤에 숨어 있다. 쉴러의 "발렌슈타인"(Wallenstein) 3부작 프롤로그에 나오는 널리 인용되는 어구가 그에게 딱 들어맞는다. "호의(증오가 아니라)가 여러 당에 의해 혼돈되어, 역사 속의 그의 인물상은 흔들린다". 우리는 이 불확실함의 이유를 찾아내어 나열해보자.

1. 후대의 전체 전통은 야훼가 선택한 백성을 이끌고 가는 대구원 사건인 출애굽을 이스라엘 백성의 탄생 시점으로 간주하고 기념한다. 출애굽과 갈대바다 기적은 고전적인 구원 시대의 출발점이 된다. 이에 비해 땅 점령 후의 이스라엘 역사는 이어지는 후속일 뿐이다. 주로 야훼에게서 멀어지는 배역의 역사요, 이 배역과 씨름하는 역사이다. 이것은 구원 시대에도 이미 예시된 것이다. 그러나 후대에는 여러 어깨에 짐을 나눠서 지지만, 구원 시대에는 모세 혼자 짐을 진다. 그는 또 엄청난 축복을 혼자서 받고, 이 축복은 그를 통해 백성들에게 나눠진다. 이러한 상황에서 나중에 태어난 세대들은 자신들의 관점, 이상, 희망을 고전적인 모세 시대로 이동시켜 놓고, 이 시대의 전승에 형태를 부여하고 형태를 변경하는 작업을 끊임없이 하였을 것이다. 이렇게 이상적 구원 시대의 이스라엘과 그 지도자 모세는, 전통과는 상이한 유래의 자료들을 끌어당기는 자석이 되었다. 그 자료 가운데는 분명히 당시 이스라엘과도 모세와도 아무런 상관이 없었던 것도 있을 것이다. 전체 전승이 여러 층으로 되어 있고 이상과 감정으로 겹쳐져 있다는 통찰은 역사가에게 더 특별한 조심을 요구한다. 모세는 이스라엘의 구원 역사의 영광의 최정상에 서 있다. 이 영광이 너무나 커서 이러한 영광 뒤에서는 더 이상 이 인물의 역사성을 느낄 수 없을 정도이다.

2. 출애굽 전승과 그다음에 이어지는 전승들은 주로 민담의 형태로 존재한

다. 민담 장르는 자신의 고유한 규칙을 따른다. 민담은 복잡한 역사적 정황과 과정들을 단순화하고 마치 집광렌즈처럼 집약하거나 마치 프리즘처럼 이들을 굴절시킨다. 이것은 인물의 사실적 모습에 영향을 미친다. 인물의 사실적 모습은 극히 축소된다. 대체로 한편에서는 주인공인 모세가 행동하며, 다른 한편에서는 이스라엘 백성이, 지파별로도 혹은 다른 어떤 집단으로도 나뉘어 있지 않고, 하나의 통일된 집단으로 나타난다. 아주 드물게 이 동질적 집단에서 몇몇 집단이 매우 부각되는데, 레위 지파(출 32:25-29), 이스라엘의 장로들(출 24:1,9 외), 고라 도당(민 16)이 그들이다. 개별적 인물은 매우 드물다. 파라오, 아론,[142] 미리암, 여호수아, 엘닷과 메닷(민 11:26-27), 다단과 아비람(민 16), 이따금 비이스라엘인으로 이드로/르구엘(출 18 외) 또는 호밥(민 10:29-32)과 갈렙(민 13/14)이다. 포로기 이후의 제사장문서와 그 부록들에서 그림은 달라진다. 중심 주인공에 대한 원칙이 더 오래된 민담 자료에 적용된다. 그리고 이 주인공 자리는 다름 아닌 모세가 차지한다. 이런 방식으로 모세가 자신이 본래는 유래하지 않은 민담 속으로 들어갔을 것이다.

3. 민담 자료들이 더 큰 전체로 결합되는 것은 복잡한 전승사 및 편집사 과정의 결과이다. 이 과정에서 개별 자료들은 세 개의 큰 주제로 통합되었다. 출애굽과 갈대바다 기적(출 1–15), 광야 인도와 하나님의 산에서의 계약 체결(출 15:22–20:21; 24; 32–34; 민 10:11–12:16), 농경지로의 진입(민 13; 14; 16; 20; 25; 32; 신 34)이 그것이다. 이 세 개의 전승그룹에서 모두 모세라는 인물이 지배적인 역할을 한다. 각각의 그룹은 모세에 대해 하나의 다른 모습을 전해주지만, 가끔은 심지어 여러 모습의 모세를 전해준다. 역사가의 작업이 이 때문에 특히나 더 어려워진다는 것은 자명한 일이다.

4. 구약성서의 오경에서 차지한 모세의 중심적 위치는 오경 밖에서는 그리 찾아볼 수 없다. 모세가 –흔히 그의 형 아론과 함께– 등장하는 자리는 얼마 되지 않지만 곧장 언급할 수 있다. 포로기 이전의 문서로 사사기 1장 16절과

---

[142] Cf. H. Valentin, Aaron. Eine Studie zur vor-priesterschriftlichen Aaron-Überlieferung. OBO 18 (1978).

4장 11절, 열왕기하 18장 4절, 예언서에서는 이사야 63장 11-12절; 예레미야 15장 1절과 미가 6장 4절, 시편에서는 77편 21절, 90편 1절, 103편 7절, 105편 26절, 106편 16,23,32절, 마지막으로 신명기 역사서에는 네 군데로 여호수아 9장 24절, 24장 5절, 사무엘상 12장 6절과 열왕기상 8장 53절이다. 이 본문 가운데 다수는 바빌론 포로 이전에 생겨나지 않았다. 그래서 모세의 상을 형성하고 드높인 것은 포로기 이후 시대의 신학적 노력의 산물일 것이라는 의심은 타당해 보인다.

모세의 출생 이야기(출 2:1-10)가 던지는 질문에 대한 대답은 비교적 간단하다.[143] 이 이야기는 비역사적이며, 버려진 영웅적 아이의 편력 전설 이야기들 가운데 하나이다. 이와 유사한 것이 고대 세계의 유명한 인물에 대하여 되풀이 되며 이야기되었다. 기본 특징은 일치하지만, 세부적인 면에서 다른 것으로는 기원전 제3천년기 후반기 아카드 왕 사르곤 1세의 이야기,[144] 페르시아 왕 키루스 2세(559-530),[145] 크레타섬의 제우스, 로물루스와 레무스 등이 있다.[146] 이로써 모세가 파라오의 공주의 양자가 되어 누릴 수 있었던 이집트 상류층 교육의 내용과 영향에 대한 모든 사변적 공론은 해결되었다. 그 예는 사도행전 7장 22절과 히브리서 11장 23-26절에서부터 지그문트 프로이트의 종교비판적 대논문 "인간 모세와 단일신 종교"(*Der Mann Moses und die monotheistische Religion*, 1937-1939), 그리고 "그의 출생은 무질서한 것이었다. 그 때문에 그는 열정적으로 질서를 사랑했으며, 범해서는 안 되는 것, 즉 계명과 금기를 (사랑했다)"와 같은 인상적인 문장으로 시작되는 토마스 만(Thomas Mann)의

---

[143] Cf. B. S. Childs, The Birth of Moses. JBL 84 (1965) 109-122; D. B. Redford, The Literary Motif of the Exposed Child. Numen 14 (1967) 209-228; I. Willi-Plein, Ort und literarische Funktion der Geburtsgeschichte des Mose. VT 41 (1991) 110-118.

[144] AOT², 234-235; ANET³, 119. W. Beyerlin (ed.), Religionsgeschichtliches Textbuch zum AT. ATD. E 1 (1975) 123-124. 이에 대하여 B. Lewis, The Sargon Legend. ASOR. DS 4 (1980); J. S. Cooper – W. Heimpel, The Sumerian Sargon Legend. JAOS 103 (1983) 67-82.

[145] Herodot I, 107-122.

[146] 개관은 W. H. Schmidt, Exodus, BK II, 1 (1974) 55-57.

소설 "계명"(*Das Gesetz*, 1943/44)에까지 이른다. 우리는 모세의 출신에 대하여 아무것도 정확하게 알 수 없다. 우리가 적어도 확실히 아는 것은 모세가 이집트에서 태어났으며, 그 이름은 이집트식 이름[147]이라는 정도이다. 모세, 히브리어로 <모쉐> *Mōšē*는 예를 들어 "신 아무개는 그를 낳은 자이다"(*R'-mś-św* = 람세스, *Ḏḥwtj-św* = 투트모세) 또는 "신 아무개가 태어났다"(*R'-mś* = 라모세)의 유형에 따르면 어근 *mśj* "낳다"라는 이집트 인명과 관련이 있다. 이집트어에는 그 단축형도 있으며(*Mś-św* 또는 *Mś* = 모세), 신명 요소는 없다.[148] 여기에 전체 전승에서 추정해볼 수 있는 다음과 같은 것을 추가할 수 있다. 즉 모세는 이집트 이름에도 불구하고 이집트인이 아니라 "아시아인" 셈족인이었다는 것이다. 이집트로 이주해와서 이집트에서 산 셈족인은 자기의 자녀들에게 흔히 이집트 이름을 주었다.[149] 이러한 추측은 어느 정도 확실한 토대 위에 있다.

그러나 "모세가 누구였는가"라는 질문에 결코 대답할 수 없다. 모세라는 역사적 인물에 가까이 다가가기 위한 시도에서는 흔히 유비라는 수단이 사용된다. 모세를 세계사의 다른 인물이나 유형과 비교함으로써 이해하려고 하는 것이다. 즉 모세를 얻을 수 있는 유비의 기준에 따라 범주화하고, 특정한 역사적 현상의 대표자로 기술하려는 것이다. 이것은 역사적으로 매우 적합한 방법이다. 단지 이러한 시도가 얼마나 역사적 모세로 인도하느냐가 문제가 된다. 왜냐하면 이러한 모든 시도는 구약성서 전승의 다소 중요한 요소들에 기반하고 있기 때문이다. 달리 표현하자면, 모두가 옳은 것을 담고 있다. 그러나 어떤 것도 전체를 망라하지는 못한다. 모두 다 비판의 대상이다. 그러나 각각의 시도에서 이러한 시도가 역사적 문제를 어느 정도로 밝혀주고 어둡게 하는지는

---

[147] Cf. J. W. Griffiths, The Egyptian Derivation of the Name Moses. JNES 12 (1953) 225-231; W. Helck, VT 15 (1965) 43-47.

[148] 이 이름이 출 2:10("내가 그를 물에서 건져냈기 때문이다")의 히브리어 어근 *mśh* "건져내다"에서 민간어원적으로 유래했다는 것은 언어적으로 틀리며 역사적으로 가치가 없다.

[149] G. Posener, Les asiatiques en Égypte sous les XIIᵉ et XIIIᵉ dynasties. Syria 34 (1957) 145-163 외에 엘레판틴 파피루스와 이집트에서 나온 아람어 석비, 파피루스들, 오스트라카의 인명도 참고하라.

확실하지 않다. 이것을 무시하고 우리가 모세를 이해하고자 시도하였던 범주에 따라 대표적인 것을 선택하여 소개할 것이다.[150] 모세는 이런 사람이었다.

1. **신화적 인물**, 능력을 빼앗긴 달신 또는 구원자·신이다(H. Winckler, P. Jensen). 이것은 18세기 말에 사랑받은 이론이었으나 오늘날에는 더 이상 누구도 대변하지 않는다.

2. **종교 창시자**이다. 이는 짜라투스투라, 예수, 무함마드의 유비에 따른 이해이다(H. Ewald, G. Beer, W. Eichrodt). 종교창설자에게 전형적인 것은 자기가 중개하는 새로운 신에 대한 인식과 거기서 나온 임무이다. 그러나 우리는 모세를 통해 전달된 새로운 신 인식에 대해 믿을 만한 어떤 것도 실제로 알지 못한다. 왜냐하면 바로 이 점에서 후대에 생겨난 모세 상의 이상적인 덧칠을 명백히 알 수 있기 때문이다. 모세는 이스라엘 사람들에게 유일신을 전하였는가? 유일신교는 종교사적으로 천천히 발전했다는 것은 명약관화한 것이고 기원전 6세기 이전에는 형성되지 않았다. 모세는 하나님의 뜻을 법으로 선포했는가? 그러나 오경의 법의 자료들은 –적어도 그 대다수가– 모세보다는 훨씬 후대이며 다른 생활 집단에서 유래한다. 모세는 이스라엘 사람 또는 적어도 그들 선조의 한 집단에게 야훼를 알려주었는가? 이것은 가능하지만 증명할 수 없으며 어쨌든 구약성서의 전통에 반한다. 이스라엘의 종교는 팔레스티나의 농경지에서 처음 생겨났으며, 여기에 모세는 속하지 않는다. 그가 뭔가를 "창설했다"면, 기껏해야 일종의 이스라엘 이전의 야훼 예배였을 것이다. 그러나 이 추측은 선역사의 어둠 속으로 빠진다.[151]

3. **개혁가**, 즉 종교창시자의 특별한 경우이다(H. Ewald, E. König, N. Söderblom). 2번과 같은 비평적 질문이 제기된다.

---

[150] Cf. R. Smend, Das Mosebild von Heinrich Ewald bis Martin Noth. Beiträge zur Geschichte der bibl. Exegese 3 (1959); E. Oßwald, Das Bild des Mose in der kritischen atl Wissenschaft seit J. Wellhausen. Theol. Arbeiten 18 (1962). 이후부터는 해당 관점의 주요 대표자들의 이름을 참고문헌을 제공하지 않은 채로 괄호 안에 제시할 것이다.

[151] Cf. K. Koch, Der Tod des Religionsstifters. Kerygma und Dogma 2,8 (1962) 100ff.

4. 민족을 세운 자(J. Wellhausen, H. Gunkel). 땅 정복과 팔레스티나 농경지를 토대로 한 정착 생활에 대한 전제로서 "영적인 공동체 의식" 형성을 의미한다. 그러나 이스라엘의 공동체 의식은 오늘날 우리가 알고 있는 한 팔레스티나에서야 생겼고, 그래서 이 이론의 기초에 있는 땅 정복의 모형은 낡은 이론이다.

5. 수도회 창설자(P. Volz, W. Caspari, E. Sellin). 모세가 야훼를 섬기고 오직 야훼의 배타적 신권을 고수하는 데 온 힘을 쏟은 "야훼-연맹(Liga)"이라는 집단을 이스라엘 내부에 창설했다. 그러나 이 모든 것은 후대의 상황과 조건의 역투사에 기초하고 있다.

6. 신학자, 즉 이론가이자 학설가이다(H. Ewald, P. Volz, O. Procksch, W.F. Albright). 이 이해는 주로 소위 모세의 유일신교와 연결되는데, 이 유일신교는 종교사적으로라야 진지하게 생각해볼 수 있는 것으로 여기서는 배제되어어야 한다.[152]

7. 주술사, 광야에서 기적을 행한 사람, 뱀을 부리는 사람, 샘 발견자, 신탁을 받는 사람이다(G. Beer). 이와 같은 것들이 이야기되는 민담들은 모세의 역사적 인물에 대한 정보를 얻는 데 어느 정도로 소용이 있는 지식인가?

8. 솔론이나 리쿠르그와 같은 입법자이다. 이와 같은 사람으로서 모세는 고대부터 동서양의 의식 속에 살아있었다. 그러나 그에게 귀속되는 법전들은 모세보다 더 후대의 것이며, 계속해서 모세로부터 유래한다고 주장되는 –전혀 맞지 않다– 십계명은 충분하지 않다.

9. 예언자, 더 정확히 말해 하나님이 임무를 부여한 예언자의 원형이다(H. Ewald, B. Duhm, R. Kittel, O, Procksch, Th. Vriezen). 이것은 예언을 모세에게 투사한 신명기의 이론이다(신 18:9-22). 왜냐하면 모세가 야훼의 뜻을 전달한 고전적 중개자로 간주되기 때문이다. 그러나 이 예언도 농경지의 산물이며, 예언자 중 한 사람으로서 모세의 상은 후대의 이스라엘 예언에서 나온 것이다.[153]

10. 제사장이다(J. Wellhaus, E. Meyer, E. Hölscher, E. Auerbach). 모세는 레위인이었으며[154] 이스라엘 제사장직을 맡은 조상의 한 사람이었다. 그에게

---

[152] B. Lang (ed.), Die Geburt des biblischen Monotheismus (1981).
[153] Cf. L. Perlitt, Moses als Prophet. EvTheol 31 (1971) 579-588.

는 제사장의 주요 기능의 하나로 잘 알려진, 토라를 가르칠 책임이 부과되었다.[155] 그러나 토라만을 가르치는 것 이상의 것을 해야 할 책임이 있는 제사장 직은 농경지에서 생겨났다.

11. 대사사의 유형에 따른 **카리스마적 인물** <모쉬아> *mōšī^{a'}* "구원자, 구세주"이다(A. Alt, R. Smend). 그의 구원 행위는 출애굽이었다. 이러한 이해가 실제로 모세-전승(출 2–15; 17:8-16)의 한 작은 부분과 일치한다는 것을 인정해야 한다 할지라도, 여기서도 농경지 정착의 역투사를 생각할 수 있다.

12. **"모세 작'의 담지자**, 암픽트요니의 하나님 법을 선포하기 위한 직분이다. 예언적, 사사적, 계약 중재적 기능이 통합되어 있는 직분이다(H.-J. Kraus). 이것은 임시방편에 지나지 않는다. 그러한 복잡한 직분은 이스라엘의 선역사에서 생각할 수 없는 것이며, 암픽트요니-가설도 포기되어야 한다.[156]

13. **겐족으로 전향한 이집트의 구리장이**로 다윗 시대에 "놋뱀"을 생산하였다. 이 뱀은 열왕기하 18장 4절에 따르면 히스기야 왕이 없앤다(Garbini). 그러나 모세가 이 뱀을 "빚었다"는 기록은 민수기 21장 4-9절에 기초하는 것이지 그 반대가 아니다.

14. 바이-이르수(*By/'rsw*)라는 이름을 가진 아시아인으로, 이집트 공식이름은 *Ramses-ḫ'-m-nṭr.w*이다. 그는 세토스 2세의 아들 시프타와 여왕 타보스렛이 통치할 때 "전체 땅의 대곳간지기"의 직을 맡았다. 왕위를 찬탈하고자 시도하였지만 결국에 그는 자신의 추종자들과 아시아 용병들과 함께 후대의 파라오 세트낙트에 의해 그 땅에서 추방되었다(Knauf). 제19왕조에서 20왕조로 넘어가는 과도기의 혼란은 과거에 어렴풋하게만 알 수 있었는데, 이제는 세트낙트의 소위 엘레판틴 비문을 통해[157] 명백해졌다. 앞서 검토한 모세가 바이-이루

---

[154] 이 문제에 대하여 Cf. W. H. Schmidt, Exodus. BK II, 1 (1974) 65-67.

[155] 사사기 18:30을 인용할 수 있다. 이 본문에서는 마소라 본문의 "므낫세" 대신 칠십인역 전승의 일부와 이탈라 루그두넨시스(*Itala Lugdunensis*)와 불가타를 근거로 "모세"로 읽는다.

[156] 위 84쪽 이하를 보라.

[157] R. Drenkhahn, Die Elephantine-Stele des Sethnacht und ihr historischer Hintergrund. ÄA 36 (1980).

수와 일치한다면, 모세에 관한, 유일하게 역사적으로 들어맞는 구약성서의 정보는 출애굽기 11장 2,3절과 12장 35절에 숨겨진 짧은 기록이다. 이들은 엘레판틴 비문에 있는 유사한 정보와 일치한다. 어쨌든 연대기가 옳다면 적어도 "출애굽"에 대한 정확한 연대가 산출될 것이다. 즉 기원전 1187/86년이다.[158] 이 언급할 만한 이론에 대해서는 아래서 다시 다룰 것이다.[159]

마르틴 노트가 다룬 모세 문제는 비평적으로 자세히 다룰 만한 가치가 있기 때문에 지금까지 언급하지 않았다.[160] 이것은 깊이 생각해볼 만한 대단한 이론이다. 노트는 모세가 우리에게 역사의 인물이 아니라 전승사의 인물이라는 올바른 통찰에서 출발하였다. 모세는 이스라엘의 고전적인 구원 시대의 모든 전승의 주된 주제였다. 그러나 이 주제는 시간이 경과하면서야 비로소 더 큰 전체와 합쳐져서 구성되었기 때문에, 모세가 본래부터 그 모든 것에서 중심인 물이었다는 것은 그리 개연성이 없다. 여기서 다음의 질문이 제기된다. 여러 전승 집단 가운데 어떤 집단이 그의 본래 출신지인가? 모든 구속사 주제가 모세를 자신에게 고유한 주제라고 주장할 만큼 정당한 이유를 갖고 있다. 노트의 이해에 따르면 모세와 시내산 단락을 연결 짓는 것은 비교적 약하다. 이 단락이 전승사적으로 후대의 것이며 고대 역사 소신조에 빠져 있기 때문이다.[161] 광야 인도도 더 낫지 않다. 모세는 여기서 수많은 개별 민담의 영웅이지만, 전승 단락의 중심인물은 아니다. 왜냐하면 광야 유랑에도 가데스에도 그러한 인물은 없다. 모세는 아마도 본래부터 "출애굽" 전승군에 속하지 않을 것이다. 그의 이집트 이름은 중요하지 않다. 기원전 제2천년기에 이집트가 헤게모니를 장악한 이후 이집트 인명은 팔레스티나와 남시리아 전반에 걸쳐 사용되었고, 그뿐만 아니라 농경지 변두리에 있는 유목민에게도 사용되었다. 모세가

---

[158] Cf. E. Hornung, Grundzüge der ägyptischen Geschichte (1978²) 163; R. Drenkhahn (n. 157) 79-85.

[159] 아래 173-176쪽을 보라.

[160] M. Noth, Überlieferungsgeschichte des Pentateuch (1948) 172-191와 Geschichte Israels.

[161] 노트는 폰라트의 테제를 따른다 (위 143쪽 각주 94를 보라).

사위관계를 맺은 미디안인의 광야 지역에서 소명을 받는 내용에 관한 민담인 출애굽기 3-4장은 전승사적으로 부차적이다. 이는 출애굽기 18-20장의 하나님의 산 전승을 선취한 것일 뿐이다. 이것은 하나님의 산 전승이라는 소용돌이에 빠져 이 전승에 의해 각인된 제의 기원을 다룬다. 그러나 제의 기원에서의 계시 담지자로서 모세는 족장들만큼이나 그렇게 기원적 인물은 아니다. 전승 주제인 "농경지로의 진입"은 아직 남아 있다. 여기서 노트는 모세라는 인물이 전승사적으로 모세 무덤의 전통(신 34:1-12 dtr/P)에 단단히 뿌리 박혀 있음을 발견한다. 무덤은 고대에 번번이 전승사를 형성하는 역할을 하였다. 여기서 노트는 역사적 결론을 끌어낸다. 모세는 동요르단의 베두인 족장이었으며 그의 무덤은 땅을 찾는 라헬 지파의 노정에 있는 느보산 근처에 위치했다. 모세의 무덤과 인물에 대한 경배가 그를 오경에 들여놓았다. 그러므로 우리가 모세에 대해 역사적으로 아는 것 중 가장 확실한 것은 그가 죽었으며 매장되었다는 것이다.

이것은 믿을 수 있는 근거가 충분한 것인가? 이 질문은 쉽게 답변될 수 없다. 마르틴 노트는 전승사적 방법들을 능숙하고 일관적으로 다루었다. 그는 이 방법론에 이 방법론이 제공할 수 없는 능력까지 요구하였다. 왜냐하면 전승사적 관찰로부터 역사를 역으로 추론하는 것이 가능한지, 또는 해도 되는지가 의문시되기 때문이다. 만약 이것이 가능하고 허락된다면, 그러한 결론을 신뢰할 만하게 만드는 조건들이 정확하게 기술될 수 있을 것이다. 노트는 그것을 하지 않았다. 거기서 나온 결과는 두 가지 논쟁 방법을 정확하게 구별하지 않고 우리가 노트에 반대하여 전승사적으로 그리고 역사적으로 논증할 수 있다는 것이다. 그 예로서 우리는 신명기 34장의 모세의 무덤을 들 수 있다.[162] 고대 오리엔트 민족에게 있어서 무덤 전통이 종종 전승을 형성하는 묘판(苗板)이었음은 의심의 여지가 없다. 오늘날에도 아라비아의 수많은 거룩한 무덤(weli)이 그렇다. 신명기 34장에 결정적인 것은 바로 모세가 다른 사람과 같이

---

[162] Cf. S. Schwertner, Erwägungen zu Moses Tod und Grab in Dtn 34,5.6. ZAW 84 (1972) 25-45. 신명기 34장의 문학적 형태에 대하여 Cf. Ph. Stoellger, Deuteronomium 34 ohne Priesterschrift. ZAW 105 (1993) 26-51.

장사되지 않고 야훼가 그를 묻었다는 것이다. 야훼 외에 누구도 그의 무덤을 알지 못한다. 신명기 34장은 이 무덤이 와디 아윤 무사에 있는 벳-(바알-)브올 근처 어딘가에 있다는 것 이상은 알려주지 않는다. 그러므로 여기서 전승사적으로 형성된 것으로서의 미지의 무덤이 가정되어야 하는데 이는 가정하기 매우 어려운 것이다. 그것이 아니면 이 중요한 무덤의 위치가 시간이 경과하면서 지워졌을 것이다. 그러나 이것은 모세에게 주어진 중요한 역할을 고려할 때 개연성 있는 것은 아니다. 게다가 그렇지 않으면 중요하지 않을 동요르단의 족장이 어떻게 무덤 전승을 통해 이스라엘의 고전 구원 시대의 중요한 중심인물이 될 수 있었는지에 대한 문제가 대답되어야 할 것이다. 여기에 가정된 라헬 지파 생성 자체가 역사적 전승사적 문제이다. −만일 우리가 동편에서 이 땅으로 오는 라헬 집단을 역사적 실제의 산물이 아니라 이론의 산물로 간주한다면, 무슨 일이 일어났는지 완전히 침묵해야 한다. 이집트에 있는 모세도 이와 유사하다. 이집트식 이름이 기원전 제2천년기 이래 팔레스타나와 남시리아 전역에서 가능하다는 노트의 가정에 대하여 모세가 그 유일한 증거이다. 그래서 우리는 그 반대의 경우를 증명할 때까지 그가 이집트 출신이라는 것을 가정해야 한다. 그러나 모세가 이집트 출신이라면, 그의 이집트 탈출을 다루고 있는 저 전승군에 그를 위치시키는 것이 타당함을 뜻한다. 출애굽기 3:1−4:17의 문맥은 제의 기원 모티브 −떨기나무에 나타나신 하나님(3:2-6)− 모티브를 담고 있지만, 전체적으로 보면 제의 설화는 아니다. 왜냐하면 이 문맥은 모든 문서에서(J, E 또는 신명기 이전) 출애굽 지도자로서의 모세의 소명으로 귀결되고 있기 때문이다. 이것은 떨기나무 민담과 아무 관계가 없는 제사장 문서의 출애굽기 6장에도 적용된다. 그러나 소명 이야기에서 모세를 교체하기는 쉬운 일이 아니다. 소명 주제는 출애굽기 18–20장의 하나님의 산 전승과도 아무런 관계가 없다. 유사한 경우를 들자면, 족장 민담에서 "조상들의 하나님"은 독립적인 역사적 의미를 지닌다. 비록 그가 전승된 최종 형태에서 가나안의 엘과 이스라엘의 야훼와 결합되어 있다 해도 말이다.[163] 독립된 역사적 무게인가? 이로써 역사적 논거가 전승사적 논거와 충돌하는 것은 피할

---

[163] 위 107-115쪽을 보라.

수 없게 된다. 이것을 피하고자 한다면, 모세의 소명을 역사에서 도려내어 다음과 같은 과정이 뒷받침되어야 한다. 즉 소명민담의 장르는 사사기 6장 11-24절과 예레미야 1장 5-10절과 같은 유형에 따라 추후에 모세와 연관되었고 적용되었다. 즉 이 장르는 하나님의 산 전승에 의해 변형된 지역민담이 —떨기나무 민담에 의해— 다시 한 번 변형되었다. 이것은 거의 개연성이 없다. 그러나 모세의 소명이 전승의 기본 요소라면, 가장 단순한 가정이 선호된다. 즉 그가 실제로 "출애굽"의 주제에 속하였다는 것이다.

전승사적 관점을 다루는 것이 얼마나 어려운지는, 하나님의 산 전통을 다시 날카롭게 관찰하고 있는 단서들을 볼 때도 드러난다.[164] 게제(H. Gese)의 논거를 따르는 것이 바람직하다. 그는 이스라엘의 자의식에서 나온 야훼와 이스라엘의 특별한 관계가 하나님의 산에서 형성되었다는 데서 출발한다. 시내산의 사건은 이 관계와 계약의 기원이다. 그러므로 야훼와 이스라엘이라는 개념은 하나님의 산이라는 복합물의 연관에 속한다. 야훼의 이스라엘은 거기서 굳게 자리 잡고 대체할 수도 교체할 수 없게 되었다. 그들과 함께 모세는 하나님의 산에 속한다. 다시 말해 교체할 수 없는 계시 수령자이자 계약의 중개자이다. 바로 이 사람과 함께 —오직 그하고만!— 야훼가 "직접 대면하여"(민 12:8) 말씀하셨다고 한다. 그렇다면 하나님의 산 전통은 전승사적으로 출애굽 전통 앞에 배열되어야 할 것이다. 즉 야훼, 이스라엘, 모세는 하나님의 산 전통에서 출애굽 전통으로 옮겨졌다. 이것은 자신의 연원을 하나님의 산에 근거를 둔 이스라엘이 자신의 기원을 출애굽과 갈대바다에 투사한 것을 의미할 것이다. 이스라엘은 익명의 출애굽 집단에서 소위 자신을 재인식하였고, 애굽을 탈출하게 한 익명의 신에서 야훼를 인식하였고 계약 중재가 모세를 출애굽 인도자로 만들었다.

---

[164] 다양한 관점과 뉘앙스가 담긴 문헌: W. Beyerlin, Herkunft und Geschichte der ältesten Sinaitraditionen (1961); H. Seebass, Mose und Aaron, Sinai und Gottesberg (1962); H. B. Huffmon, The Exodus, Sinai, and the Credo. CBQ 27 (1965) 101ff.; H. Gese, Bemerkungen zur Sinaitradition [1967]. Vom Sinai zum Zion (1974) 31-48; J. M. Schmidt, Erwägungen zum Verhältnis von Auszugs- und Sinaitradition. ZAW 82 (1970) 1-31; E. W. Nicholson, Exodus and Sinai in History and Tradition (1973). 또한 다음도 참고하라. W. H. Schmidt, Exodus, Sinai und Mose. Erwägungen zu Ex. 1-19 und 24. Erträge der Forschung 191 (1983).

그뿐만 아니라 게제는 본래 출애굽 집단은 자신들의 구원이 한 신에 의해 이루어진 것으로는 전혀 생각하지 않았고, 그래서 구원이 구원자 신에 대한 질문을 야기했으며, 유목민 단계에서 시내 집단과 접촉한 이후 이 질문에 대한 대답으로 "야훼"가 등장한 것은 아닌지 검토하였다. 이것은 비록 사안을 단순화하지 않고 문제들을 다른 식으로 재구성하게 하지만 역시 합리적이며 명쾌해 보인다. 그래서 이제 설명되어야 할 것은 이스라엘이 왜 자기들의 존재와 신에 대한 질문에 대해 하나님의 산이 아니라 늘 출애굽과 갈대바다를 가리키며 대답했는가 하는 것이다. 야훼는 애굽에서부터 이스라엘의 하나님이다 (호 12:10; 13:4 외)라고 말이다. 게다가 어떻게 모세가 시내산 전통에서 출애굽 전통으로 옮겨갈 수 있었는지도 설명되어야 한다. 왜냐하면 구원자에서 계시의 수령자가 되는 길은 전승사적으로도 역사적으로도, 계시의 수령자가 구원자가 되었다는 가정보다 더 개연성이 있기 때문이다.

최근에나 현재나 어느 정도 전승사적 피로감이 나타나고 있다. 전승사적 방법이 한계에 이르렀다는 인상도 짙어지고 있다. 모세의 역사적 모습을 찾을 때 이 방법으로부터 도움을 받을 수 있으리라는 희망은 점점 사라지고 있다. 아마도 모세가 모든 것 중의 전부였다는 질문이나 주장에 이르기까지 경향의 전환이 두드러지게 나타나는 것 같다. 즉 셈족 계열의 이집트인으로 미디안 야훼 숭배자들과 관련이 있는 자, 출애굽의 인도자요, 갈대바다에서의 카리스마를 지닌 구원자요, 계시의 수령자요, 하나님의 산에서의 계약 중재자요, 동요르단 땅에 이르기까지 광야 인도자이다. 이 모든 것은 전체 이스라엘과 함께 한 것은 분명 아니고, 지도자의 탁월함 덕분에 본래 속하지 않은 다른 전통을 가져와서 고전적 구원 시대라는 복합물 형성을 준비한 "모세 무리"라는 한 집단과 함께 한 것이다.[165] 전승사가 이르게 되는 아포리아(난제)에 대한 절망은 비평적 구약학자들에게서도 다음과 같이 말하는 이해할 만한 경향을 조장한다. 보도하는 대로 대체로 그렇게 받아들이자! 연구가 진전되기를 기다려야 한다. 이 진전은 모세에 대한 옛 이미지를 갱신하고 새로운 것을 생산해내리라 기대된다. 새로운 역사적 통찰도 그러할지, 새 자료가 나오지 않는 한은 좀

---

[165] 가령 S. Herrmann, Geschichte 91-111, 특히 110-111.

의심스럽다. 유감스럽게도 새로운 자료가 나올 희망의 근거는 거의 없다. 새 자료들은 이스라엘 밖의 것이거나 아니면 최소한 구약성서 밖에서 유래하는 것일 것이다. 대체적으로 저 너머 유목민 집단의 역사와 전승 형성에 대하여 누구도 구약성서만큼 기록하지는 않았다.

5. 역사적으로 검증된 추측인가?

앞에서 여러 장에 걸쳐 이스라엘의 선역사에 대한 우리의 지식이 미미하고 불확실하며 틈이 많고 신뢰할 수 없다는 점을 지겨울 정도로 꾸준히 지적하였다. 또 우리가 왜 실제로 아무것도 그렇게 확실하게 알 수 없는지 그 이유에 대해서도 언급하였다. 이를 놓치지 않고 있는 사람은 다음의 문장들을 읽을 때 억누를 수 없는 놀라움을 경험할 것이다.

> 그러니까 북서 아라비아의 신 야훼가 어떻게 팔레스티나의 이스라엘 민족의 신이 되고 이 민족은 야훼의 백성이 되었는가? 우리는 가설적인 대답을 다음과 같은 순서로 구성할 수 있을 것이다. 기원전 13세기에 미디안 사람 미르얌이 어떻게 엘-아카바의 남동쪽에서 한두 승의 이집트 전차가 바다에 빠졌는지를 목격하였다. 이에 관한 노래를 미르얌은 자신의 동족들이 50년간 전승할 정도로 아주 마음에 들게 지어 불렀다. 시리아인 모세가 이집트의 사실상 통치수장인 시프타와 타우스렛의 최고 관리로서 그들이 죽고 난 후 직접 왕위를 차지하려고 자신의 후원 아래 셈족의 용병과 팔레스티나의 <아피루>와 미디안의 <샤슈> *šśw*를 이집트로 불러들였다. 이 찬탈 시도가 실패한 후에 미디안인 집단이 생명의 위협을 당하는 상황에 놓인 팔레스티나 집단에게 자신들의 노래와 신을 전하였다. 이 집단이 이 신의 인도 아래 무사히 팔레스티나에 도착하였다. 이들이 자신들의 군대와 그 경험을, 이집트의 통치 아래 있던 와해된 가나안 왕국 체제에서부터 나온 이주자들로부터 받아하여, 이제 막 형성되고 있는 중앙팔레스티나의 농부-지파들에게 전해주었다.[166]

위의 상황에 대해 −"가설적 대답"이라는 개념에 제한하여− 매우 자세하게는 아니지만, 그 주요 특징에 있어서 우리가 알고 있는 것들은 상당히 정확하고 신뢰할 만한 것 같다. 그러나 이것은 인용한 문장의 저자의 견해의 전부는 결코 아니다. 하지만 그는 "사건에 대한 근거가 있는 추정"[167]을 제시하고 있음을 분명히 하고 있다. 역사학에서 근거 있는 추정이 허락되는지 그렇지 않은지에 대해 진지하게 논쟁이 되지는 않는다. 당연히 그것은 허락되며, 이스라엘 선역사와 같은 자료 상황하에서는 더더욱 요구되는 것이다. 게다가 성서 이야기를 단순히 반복하여 말하는 것에 만족하지 않는 사람은 이미 그렇게 다뤄왔다. "추정"에 대한 대안이라고는 이러한 유형의 이야기 단락에 대한 자유로운 의견을 포기하는 것일 것이다.

크나우프가 사건이 일어났을 것이라고 추정한 대로 정말 사건이 그렇게 일어났을까? 대답은 −만일 우리가 증명하기 어렵거나 전혀 증명할 수 없는 특정한 전제들을 받아들일 준비가 되었다면− "그렇다"이다. 예를 들면, 출애굽기 15장 21b절의 고대의 바다 노래가 신빙성 있는 유일한 본문이라는 가정이 여기에 속한다. 여기서 소위 (홍해) 바다 기적에 관하여 믿을 만한 것을 뽑아낼 수 있다. 그에 반해 그 외의 모든 본문은 편집된 것이고, 해석이거나 후대의 해석이다.[168] 이 노래를 지은이는 미리암이다. 전승에 따르면 미리암은 모세의 누이이나, 실제로는 마르얌이라는 이름의 미디안 여인이다. 이러한 사실은 그녀의 이름에서 나온 것은 아니지만, "미디안이 이 노래의 지리적 고향이었던 것과 마찬가지로 야훼의 문학적 고향이 된"[169] 이 노래 자체에서 나온 것이다. 여기에서는 다음의 사실이 개연성 있는 것

---

[166] E. A. Knauf, Midian (1988) 145.

[167] Cf. E. A. Knauf, Midian (1988) 144; 137-139.

[168] E. A. Knauf, Midian, 142.

[169] Cf. E. A. Knauf, Midian, 87, n. 400; 146.

이어야 한다. 즉 하나님의 산이 시나이반도가 아닌 그 외 다른 어느 곳에 있어서는 안 되고, 미디안인의 지역에 있었다는 것이다.[170] 그렇다면 이 노래 자체도 미디안 언어로 지어졌을 것이다. 실제로 자음요소는 히브리어로 뿐만 아니라 "공동-아랍 가나안어로"도 읽혀지며 해석될 수 있다.[171] 심지어 여기서 *rkbw*, 히브리어로 "그의 (복수의) 전차(운전자)"가 본래는 고대 아랍-가나안어의 쌍수 "한 쌍의 전차"였다고 상정할 수 있을 것이다. 그뿐만 아니라 모세를 시프타와 타보스렛 시대의 이집트 관리 바이-이르수[172]와 동일시하는 것을 개연성 있는 것으로 받아들여야 할 것이다. 세트낙트의 엘레판틴 비문을 통해 이 남자와 그의 삶의 자취와 맞아떨어지는 역사적 윤곽이 알려진 이후 무엇이 이를 반대할 수 있겠는가? 그는 아시아의 용병을 모집하였고, 이때 팔레스티나의 <아피루>[173]와 미디안의 <샤슈> *š3šw*가 여기에 합류하였을 것으로 추측된다. 그렇지 않다면, 모세가 하필이면 야훼의 고향인 미디안으로 도피한 이야기를 설명하기 어렵거나 설명할 수 없다.[174] 마지막으로 우리는 미디안의 노래가 팔레스티나의 아피루에게, 그리고 아마도 극히 작은 집단에 지나지 않는 소위 모세의 추종자에게 전수된 것을 수용할 만한 것으로 간주해야 할 것이다. 야훼가 이스라엘의 하나님으로, 민족들의 하나님으로, 세계의 하나님으로 서서히 상승하게 하는 불이 점화된 것이다.

이와 같은 관점을 가진 사람은 추정에 의거하고 있는 것이다. 그러나 이것은 결코 근거 없는 것이 아니라 역사적으로 검증할 수 있고 검증될 수

---

[170] 위 145-147쪽을 보라.
[171] E. A. Knauf, Midian, 142-144.
[172] 위 167-168쪽을 보라.
[173] E. A. Knauf, Midian, 138-139.
[174] E. A. Knauf, Midian, 135.

있는 추정이다. 그런 추정을 진지하게 받아들이게 하고자 한다면 특정한 조건을 따라야 한다. 이러한 추정을 구성하고 있는 모든 개별 요소는 명확하고 중요한 어떠한 역사적 논증과도 대립되어서는 안 된다. 즉 역사적으로 대립되는 것들을 최소화해야 한다는 기본 원칙에 배치되어서는 안 된다는 것이다. 각 요소를 하나의 전체로 결합하는 것이 서로 모순되지 않고 해당 시대와 장소에 대한 역사적 연관에 부합해야 한다. 즉 추정을 통한 재구성이 실제 역사에 또 개연성 있는 역사에 부합해야 한다는 기본 원칙이다. 각 요소와 그 전체에 너무 큰 무게를 두어서는 안 된다. 즉 역사에 대해 이성적인 유연성을 가져야 한다는 기본 원칙이다. 종교와 신학은 역사적 역할 이외의 다른 역할을 해서는 안 된다. 마지막으로 후대의 새로운 정신사적 모체, 즉 기독교, 유대교, 서양의 정신사, 그리고 오늘날의 여건에 의지하고 있는 모든 관점을 피해야 한다. 이 모든 원칙은 쉽게 충족될 수 없다. 특히 마지막 기본 원칙이 그러하다. 이러한 의미에서 이스라엘의 선역사에 대한 수많은 추정, 그리고 이 책에 개진된 추정들을 –거의 모두가 추정적인 것이다– 모본으로 삼는다면, 크나우프가 제시한 견해가 가장 따를 만한 것이 될 것임이 분명하다.

제**2**부

이스라엘의 초기 역사: 시작과 전개

제1장 당시 이스라엘의 팔레스티나 정복과 그 결과

1. 과정

이스라엘 지파들이 팔레스티나 땅을 정복한 문제는 얼핏 보기에 언급할 만한 문제가 없는 것처럼 보인다. 이 사건들의 과정과 결과에 관한 여호수아 1–12장은 비교적 상세하고 매우 시각적으로 보도해준다. 이에 따르면 크게 특징적으로 다음의 사건이 일어난다. 출애굽과 광야 시대의 위대한 지도자 모세가 죽자마자 이스라엘의 열두 지파는 여호수아의 지도 아래 소위 깃발을 세우고 행진 규정에 따라 요르단강을 넘는다. 제사장은 하나님이 지파들과 함께하심을 보증해주는 야훼의 언약궤를 멘다. 이스라엘은 서요르단 땅으로 넘어와 전쟁을 치르며 공동 작전으로 가나안의 많은 성읍을 정복하고 파괴하고 진멸한다. 그들은 수많은 전쟁에서 승리하여 야훼가 약속한 땅 전체를 차지하고, 여호수아는 마침내 제비를 뽑아 각 지파들에게 농경지를 배분한다(수 13–19장). 전쟁을 치르며 지나온 길은 다음과 같다. 동요르단에서의 마지막 휴식처이자 땅 정복을 위한 출발점(2:1)인 아벨-핫싯팀(텔 엘-함맘), 예리코의 정탐꾼(2장), 예리코 고지에서 요르단강을 기적적으로 건너며 길갈의 진영에 체류(3–5장),[1] 예리코의 정복과 파괴

---

[1] E. Vogt, Die Erzählung vom Jordanübergang Josue 3-4. Biblica 46 (1965) 125-148; F. Langlamet, Gilgal et les récits de Ja traversée du Jourdain. Cahiers de la RB 11

(6장), 아골 골짜기(와디 엔-누웨메)를 지나 산지로 올라감[2], 아이 성읍(데르 두브완의 에트-텔)의 정복과 파괴(7–8장)[3], 기브온(엘-지브) 주민과의 보호 연맹 체결(9장)[4], 예루살렘, 헤브론, 야르뭇, 라키시, 에글론의 연합군과 치른 기드온 전투(10:1-15), 유다 산지와 고원에서 막게다(벳 마크둠?), 립나(텔 보르나트), 라키시(텔 에드-두웨르?)[5], 에글론(텔 에툰?), 헤브론(엘-할릴), 데빌(히르벳 에르-라부드)을 정복하고 파괴함(10:28-43)[6], 메롬 물가에서의 대전투로 북쪽 고지 하조르(텔 왓카츠)를 정복하고 파괴함(11:1-15). 이스라엘에게 패배한 동서요르단 땅의 왕들 명단으로 종결된다(12장).[7] 땅 정복의 결과는 여호수아 11장 16-20절에서 이렇게 기록된다.

(1969); B. Peckham, The Composition of Joshua 3-4. CBQ 46 (1984) 413-431 참고.

[2] Cf. 특히 H.-D. Neef, Die Ebene Achor – das "Tor der Hoffnung": Ein exegetisch topographischer Versuch. ZDPV 100 (1984) 91-107.

[3] Cf. Z. Zevit, Archaeology and Literary Stratigraphy in Joshua 7-8. BASOR 251 (1983) 23-35; Ch. T. Begg, The Function of Josh 7,1-8,29 in the Deuteronomistic History. Biblica 67 (1986) 320-334.

[4] Cf. Ch . F. Fensham, The Treaty between Israel and the Gibeonites. BA 27 (1964) 96-100; J. Blenkinsopp, Gibeon and Israel. The Role of Gibeon and the Gibeonites in the Political and Religious History of Early Israel (1972); J. Halbe, Gibeon und Israel. VT 25 (1975) 613-641; H. Rösel, Anmerkungen zur Erzählung vom Bundesschluß mit den Gibeoniten. BN 28 (1985) 30-35; Chr. Schäfer-Lichtenberger, Das gibeonitische Bündnis im Lichte deuteronomischer Kriegsgebote. Zum Verhältnis von Tradition und Interpretation inJos 9. BN 34 (1986) 58-81; R. K. Sutherland, Israelite Political Theories in Joshua 9. JSOT 53 (1992) 65-74.

[5] 다음에 나오는 위치 확인은 의심스럽다. G. W. Ahlström, Is Tell ed-Duweir Ancient Lachish? PEQ 112 (1980) 7-9; idem, Tell ed-Duweir: Lachish or Libnah? PEQ 115 (1983) 103-104.

[6] Cf. K. Elliger, Josua in Judäa. PJB 30 (1934) 47-71; K. L. Younger, The „Conquest" of the South (Jos 10,28-36). BZ. NF 39 (1995) 255-264.

[7] Cf. V. Fritz, Die sog. Liste der besiegten Könige in Josua 12. ZDPV 85 (1969) 136-161.

여호수아가 이같이 그 온 땅 곧 산지와 온 네겝과 고센[8] 온 땅과 평지와 아라바 (광야)와 이스라엘 산지와 (거기에 속한) 평지를 점령하였으니 곧 세일로 올라가는 할락 산에서부터 헤르몬 산 아래 레바논 골짜기의 바알갓까지라 그들의 왕들을 모두 잡아 쳐죽였으며 여호수아가 그 모든 왕들과 싸운 지가 오랫동안이라 기브온 주민 히위 족속 외에는 이스라엘 자손과 화친한 성읍이 하나도 없고 이스라엘 자손이 싸워서 다 점령하였으니 그들의 마음이 완악하여 이스라엘을 대적하여 싸우러 온 것은 여호와께서 그리하게 하신 것이라 그들을 진멸하여 바치게 하여 은혜를 입지 못하게 하시고 여호와께서 모세에게 명령하신 대로 그들을 멸하려 하심이었더라.

여기까지 읽으면 팔레스티나에서의 이스라엘의 땅 정복이 어떻게 진행되었으며 무슨 일이 일어났는지를 알 수 있다.

이 정복 과정을 역사적인 것으로 사용할 수 없다는 것에 대하여 오늘날에는 더 이상의 자세한 근거를 필요로 하지 않는다. 땅 정복[9]은 이스라엘 열두 지파 연대가 공동으로 대활약한 결과이다. 그러나 우리가 알기로는 "이스라엘"은 팔레스티나 농경지에서 단계적으로 형성되었으며 그것은 오랫동안에 걸쳐 지속적으로 이루어진 과정으로서 왕국 형성 시기에도 완전히 이루어진 것은 아니었다. 이어서 여호수아서의 보도는 팔레스티나를 그

---

[8] 당연히 이집트가 아니라 가나안 성읍 고센 지역이다. 그 위치는 알려져 있지 않다. M. Noth, Zur historischen Geographie Südjudäas. 1. Das Land "Gosen" [1935]. ABLAK 1, 197-204의 추정 내용을 참고하라.

[9] 우리는 계속하여 이 과정을 이렇게 명명할 것이다. 이것은 독일어권과 그것을 넘어 알트 이래 관습이 되었다. "땅 정복" 개념은 유럽의 민족이동사건을 기술한 데서 유래하지만 오래전에 폭넓은 의미로 모든 가능한 소유 상황과 정착 상황에 적용되었다. 그뿐만 아니라 유목민이 아무런 역할을 하지 않는 그런 것, 즉 도리아족의 이주나 그리스의 지중해안 식민지화, 켈트족 상부 이탈리아 지역에의 로마인 정착 등에도 적용된다. Cf. Brockhaus Enzyklopädie, Bd. 11 (1970[17]) 92. 중립적인 표현 "정착"을 선호하고자 하는 사람은 잘 하는 일이며 벨하우젠을 인용할 수 있다. J. Wellhausen, Israelitische und jüdische Geschichte (1914[7]) 34. 아래 188쪽도 보라.

지역적·정치적 차이를 전혀 고려하지 않은 채 전체를 균질한 것으로 관찰하고 있다. 땅 정복에 대한 과정도 고전적인 구원 시대의 사건들과 마찬가지로 일반화되고 민족화되어 있다. 세부 기술 내용 역시 팔레스티나의 각 부분에 근사적으로도 들어맞지 않으며 대부분의 경우 진멸로 마무리되고, 진멸된 지역에 다시 사람들이 거주해서는 안 된다. 농경지에서는 백지상태 (*tabula rasa*)가 어느 정도 이루어졌다. 이스라엘은 그곳의 원주민을 다 죽이고 그 땅에 들어갔는데, 이는 거기서 방해받지 않고 완전한 새 출발을 할 수 있게 하기 위함이었다. 전체적 구성은 더 자세히 관찰해보면 본래 독립적으로 존재했던 개별 단편으로서 이차적으로 결합된 것임을 알아챌 수 있다. 그것은 주로 민담들인데, 그중 상당수는 기원론적 유형이며, 많은 것은 아무리 해도 역사적으로도 고고학적으로도 무엇과도 연관 지을 수 없고 이해 가능하게도 할 수 없는 것들이다. 예를 들면 예리코는 후기 청동기 시대에 붕괴하지 않았고, 아이는 땅 정복 시기 오래전에, 그 이름이 말해주듯이 "폐허더미"였으며 초기 청동기 시대 이후로는(기원전 제3천년기) 더 이상 도시로서의 거주지가 아니었다. 여호수아서 전반부의 정보가 고고학적으로 "확인"할 수 있는 확실한 경우는 하나도 없다. 증명 가능한 후기 청동기 시대의 하조르의 파괴 자체도 여러 가지 이유가 있을 수 있다. 한마디로 말해, 현재 형태의 여호수아 1–12장의 보도는 신명기 역사서에서 유래한다. 그 보도는 그것이 기술하고 해석하는 사건보다 한 오백 년 후대의 것이다.[10] 분명히 땅 정복에 대한 실제 역사적인 것은 땅 정복 이론에 희생당하고 말았을 것이다.

이러한 과정이 어떤 방식으로 일어났는지 우리는 곧바로 알아볼 수 있다.

---

[10] Cf. J. Van Seters, Joshua's Campaign of Canaan and Near Eastern Historiography. SJOT 3,2 (1990) 1-12.

처음에는 베냐민 지파의 영토에 정착하였다(수 2–9장). 본래 이 지파에게 만 해당되었던 개별 전승이 있었으며 이 전승들은 예정에도 없이 들러 남쪽 지역(10장) 북쪽 지역(11장)을 정복하는 전승과 매우 느슨하게 결합되었다. 이미 신명기 사가 이전에 시작된, 결합된 자료들의 일반화와 민족화가 온 이스라엘이 팔레스티나 전 지역을 정복했다는 상을 갖게 하였을 것이다. 그러나 이러한 결론은 전체 팔레스티나가 실제로 이스라엘 소유가 되었을 때야 끌어낼 수 있었다. 즉 다윗과 솔로몬 시대 이전으로는 이러한 결론을 내릴 수가 없었다. 그에 따르면 이 결론은 요구의 의미로, 이론적인 소유권 청구의 의미로 가능한 것이었다. 여호수아 1장과 23장, 또 11장 16-20절에 있는 신명기 사가의 요약문과 프로그램은 다윗 왕국의 영토가 땅 정복 시대로 역(逆)투사되었다는 것을 분명히 알게 해준다. 그러니까 야훼는 처음부터, 다윗이 실제로 통치하였던 저 광활한 전 지역을 이스라엘의 지파들에게 할당해 주셨던 것이다. 즉 여호수아서의 땅 정복 기술은 그 지역에 대한 권리와 통치권을 정당화해주고 있는데, 이것은 주로 다윗-솔로몬 시대에 일시적으로 현실이 되었고 그 이후에는 이상으로만 남게 되었다.

무엇보다도 분명히 해야 할 것은 여호수아서 외에도 구약성서에 땅 정복에 관한 보도가 더 있으며, 이들은 땅 정복 이론과 결코 일치하지 않는다는 것이다. 이에 관해서는 여러 차례 언급할 것이다. 사사기 1장의 구절들을 매우 중요하게 다루어야 한다. 사사기 1장 19,21,27-35절은 전체적으로 땅 정복 주제에 대한 작은 이야기와 기록의 혼합물이다.[11] 이것은 이스라엘

---

[11] Cf. G. E. Wright, The Literary and Historical Problem of Joshua 10 and Judges 1. JNES 5 (1946) 105-114; E. O'Doherty, The Literary Problem of Judges 1,1-3,6. CBQ 28 (1956) 1-7; C. H. J. de Geus, Richteren 1:1-2:5. VT 16 (1966) 32-53; R. Smend, Das uneroberte Land. Das Land Israel in biblischer Zeit, hrsg. von G. Strecker (1983) 91-102 [= GS 2,217-228]; H. N. Rösel, Das "negative Besitzverzeichnis" - Traditionsgeschichtliche und historische Überlegungen. BEATAJ 13 (1988) 121-135;

지파 목록으로 특히 그들이 땅 정복 과정에서 정복할 수 없었던 성읍과 지역들에 각별한 주의를 기울인다. 그 지파들이 각각 소개되고 있다. 각 지파는 자기들의 땅을 정복한다. 전체 이스라엘의 대 활약상에 대해서는 한마디도 언급하지 않으며, 여호수아의 말도 한마디 없다. 이 본문은 이스라엘이 전체 팔레스티나를 소유할 정당한 자격이 있다는 소유권 주장에서 출발하지만, 그러나 그 내용은 이 권리 주장이 땅 정복 시기에 현실이 될 수 없었다는 점을 보여주는 데 있다. "이스라엘이 강성해진 다음"에서야 "이스라엘은 가나안 사람에게 노역을 부과했다. 그러나 그들을 쫓아낼 수는 없었다"(28절). 그러니까 이 본문 저작의 상한선인 다윗-솔로몬 시대 이전에는 쫓아낼 수가 없었다. 사사기 1장 19,21,27-35절에서 대부분 요르단 서쪽 지파들의 땅 소유 상태는 부정적인 방식으로 재구성된다. 다름 아닌 "미정복 지역 목록"(알트)이다. 이 목록을 따라가 보면 다음과 같은 사실이 드러난다. 유다는 산지에 정착하였으나 해안 평야까지는 진출할 수 없었는데, 그곳의 주민이 "철제 무기", 즉 전차를 가지고 있었기 때문이다. 그들은 가나안과 필리스티아를 의미한다. 다른 지파들은 다음의 지역을 정복하지 못했다.

1. 베냐민 지파: 예루살렘.
2. 므낫세 지파: 벳스안(베산의 텔 엘-회츤), 타아나크(텔 타안네크), 도르 (에트-탄투라의 엘-부르즈).
3. 에브라임 지파: 게제르(텔 제제르).
4. 스불론 지파: 키트론(?), 나하롤(?).

E. Mullen, The Deuteronomistic Reintroduction of the Book of Judges. HThR 76 (1983) 33-54. 역사적 가치에 대한 매우 비판적 입장으로는 A. G. Auld, Judges 1 and History: A Reconsideration. VT 25 (1975) 261-285.

5. 아셀: 아코(악고), 시돈, *마할렙(나흐르 카시미예 어귀의 하할립)[12].

6. 납달리: 벳세메쉬(엘-아베디예?), 벳-아낫(?).

7. 단: 하르 체레스(= 수 19:41의 이르세메스 = 엔 쉠스의 에르-루멜레)[13], 아얄론(얄로), 사알빔(?).

이 목록 문서를 토대로 폭넓은 역사적 추론을 할 수 있다. 예루살렘을 예외로 한다면 언급된 모든 지역은 그 위치를 확인할 수 있는 한 팔레스티나 평야에, 즉 해안 평야, 아코 평야, 메기도 평야, 벳스안의 요부에 위치한다. 여기에다 예루살렘 서쪽 구릉지 몇 군데가 추가된다. 이것이 첫 번째 의미하는 바는 이스라엘 지파들의 거주지가 특히 –배제되지 않는다면– 팔레스티나 산지에 위치했다는 것이다. 청동기 시대에(제3/2천년기) 삼림이 우거진 산지들은 희박하였고 그곳에는 가나안 성읍들이 전혀 존재하지 않았다. 바로 그 이유 때문에 바로 거기에 지파들이 기반을 둘 수 있었다. 후대에도 이스라엘 역사의 모든 중요한 중심은 평야가 아니라 산지에 있었다. 이러한 사정은 이스라엘의 의식에 깊이 각인되었다. 왕정 시대에도 아람인은 "아람 왕의 신하들이 왕께 아뢰되 그들의 신은 산의 신이므로 그들이 우리보다 강하였거니와 우리가 만일 평지에서 그들과 싸우면 반드시 그들보다 강할지라"(왕상 20:23)라고 말한다. 이스라엘의 땅 정복의 첫 번째 결과는 팔레스티나의 정치 지형에 상당한 변화를 가져다준 것이라고 단언할 수 있다. 산지 지역이 처음으로 언급할 만한 중요한 역할을 하기

---

[12] 사사기 1:31에서 여호수아 19:29의 자음 본문에 따라 마소라 본문의 *Ahlāb* 대신 이렇게 읽을 수 있다. 다음의 지명 *Helbā*는 그에 대한 이형으로 삭제할 수 있다.

[13] K.-D. Schunck, Wo lag *Har Hereš?* ZDPV 96 (1980) 153-157와는 다르게, 아얄론 근처에 거주지(히르벳 히르샤 또는 히르벳 하리시스)를 가진 "딱지산"이라는 이름의 산등성이.

시작했던 것이다.

그럼에도 불구하고 "미정복 지역 목록"은 더 많은 것을 가르쳐준다. 이스라엘 지파가 거주한 산지는 동서 방향으로 가로질러 형성된 가나안 성읍들의 횡목에 의해 두 곳에서 차단된 모습을 보여준다. 이 횡목에 의해 이스라엘 땅은 대강 세 등분된다.

1. **가나안 북쪽 빗장(횡목)**: 벳산, 이블르암, 타아나크, 메기도이다. 이 선을 지중해안의 도르까지 더 연장할 수 있다. 이 횡목은 메기도 평야로 뻗어 있으며, 중앙팔레스티나와 갈릴리 산지의 지역들을 지리적으로 갈라놓는다. 다행스럽게도 이 모습은 제2천년기의 문학 자료에서 확인되기도 하고 보충되기도 한다. 왜냐하면 그 당시 언급된 지역들과 거기에 추가된 몇 개의 지역이 투트모세 3세 이후의 이집트 지명 목록에서, 또 부분적으로는 아마르나 편지에서 가나안의 소유로 밝히고 있기 때문이다. 그러므로 가나안의 북쪽 횡목의 역사는 최소한 기원전 15세기까지, 아니 훨씬 더 멀리 거슬러 올라간다.

2. **가나안 남쪽 빗장(횡목)**: 예루살렘, 아얄론, 하르-헤레스, 사알빔, 게세르이다. 여기에 여호수아 9장 17절의 기브온(엘-지브), 그비라(히르벳 케피레), 브에롯(엘-비레?), 기럇여아림(아부 고쉬의 데르 엘-아즈하르)도 속한다. 남쪽 횡목 지역도 이미 기원전 제2천년기의 이집트 문헌과 아마르나 편지에서 증거하고 있다. 가나안 남쪽 횡목은 매우 특별한 의미를 갖는다. 왜냐하면 그것은 농경 상황에 부합되지 않고, 예루살렘 산지의 분수령에서부터 그것을 넘어 게제르에 있는 구릉지까지 이르기 때문이다. 이것은 연결된 팔레스티나 중앙 산지를 반으로 갈라 두 부분으로 나누어 놓는다. 그 결과 산지에 사는 지파들의 거주지도 갈라지게 되었다. 바로 이러한 이유

로 남쪽 횡목은, 메기도 평야의 본래적 특징들을 소위 정치적으로 강조하였던 북쪽 횡목보다 역사적으로 훨씬 더 강한 영향을 남겼다.

모든 면에서 이스라엘의 땅 정복은 가령 필리스티아(블레셋)의 땅 정복과는 완전히 다르게 경과되었다는 결론이 나온다. 필리스티아 사람은 해안 평야로 와서 거기에 이미 있었던 여러 도시에 정착하고 가나안의 도시 체제 형태를 채택하였고, 이어 바로 가나안의 생활 방식도 수용하였다. 그에 반해 이스라엘 지파들은 우선 잘 발달한 팔레스티나 지역의 땅을 피해 비교적 고립된 산지를 고수하였고, 또 가나안 도시 문화의 유혹에도 당장 굴하지 않았다. 이것은 땅 정복 과정 이해에 매우 중요하다.

그러나 바로 이 자리에서 중요한 문제가 생기는데 이 단락은 이에 관해서 설명할 것이다. 우리는 "땅 정복"이라고 말하는 데 익숙하다. 그런데 이것은 무슨 뜻인가? 누가 땅을 정복하였는가? 땅 정복 개념은 여기서 중립적으로 사용된다. 이 개념은 우리가 역사적인 것과 연관하고자 하는 시도에 대해 아무것도 말해주지 않는다.[14] 유감스럽게도 극복할 수 없는 어려움이 이 문제 해결의 길을 가로막고 있다. 이 어려움은 한편으로는 사용할 수 있는 문헌의 성격에 있다. 이 자료들은 우리가 요구하는 여러 가지 질문에 답하려고도 하지 않으며 답할 수도 없다. 다른 한편으로는 어려움은 우리가 다음의 두 가지 질문에 대하여 서로 근거를 대면서 다른 답을 제시할 수 있다는 데 있다. 그러니까 고고학적인 발견과 통찰이 땅 정복 문제를 밝히는 데 무엇을 할 수 있는가? 시간적으로, 지역적으로, 멀리 또는 가까이 있는 유사한 현상들이나 사건들과의 역사적 유비가 어떤 가치를 가지고 있는가?

---

[14] 위 181쪽 각주 9를 보라.

땅 정복에 대해서는 새로운 땅 분배와 정착을 통한 땅의 취득이라는 형식적인 정의로 논의를 시작하는 것이 적절할 것 같다. 주인 없는 땅인지, 아니면 이미 다른 사람이 살았던 땅인지, 아니면 이 둘의 혼합 형태인지가 중요하다. 정복 과정 그 자체는 단순한 약탈에서부터 전쟁을 통한 정식 정복, 또는 이전 소유자와의 계약 체결, 느린 속도의 유입, 이전에 주인이 없던 땅에서 새 왕국을 형성하는 것에 이르기까지 다양한 유형으로 이루어질 수 있다. 땅 정복 과정의 담지자들은 도시민이나 촌락민, 농부, 수공업자, 상업과 무역인, 유목민 등 다양한 사회적 집단에 속한 사람들일 수 있다. 유목민의 경우에 대하여 우리는 "정주화"라고 일컫는다. 즉 이전에는 정착하지 않았던 집단의 정착이다. 정착하지 않는 것이 유목민들 사이에 존재하는 수많은 형태와 현상의 한 가지 공통된 특징이다. 여기서 앞 장에서 말했던 "유목민"의 개념 문제를[15] 다시 상기해야 한다. 이스라엘의 고유한 전승의 증거 문서에 따르면 후대 이스라엘은 과거에는 유목민이었다. 그러나 이것이 반드시 들어맞는 것은 아니다. 특히 이스라엘이 전승들을 일반화하고 민족화함으로써 지역적, 사회적, 종족적 차이들이 그 자취를 감출 수 있었을 때 말이다. 어쨌든 ─우리가 보듯이─ 땅 정복은 특히, 초기를 배제하지 않더라도─ 팔레스티나 산지에서 일어났다. 고대에 팔레스티나 산지는 울창한 삼림으로 우거졌다. 오늘날의 불모지 상태는 수백 년간 지속된 벌목의 결과이다. 이스라엘의 땅 정복이 산지에서 이루어졌다면, 그것은 농경지를 얻고 또 마을의 거주지를 확보하기 위해서 그곳의 삼림을 개간해야 했다는 것을 의미한다. 실제로 산지 지역에 대한 고고학적 고찰은 제1철기 시대(기원전 약 1200-1000)에 그 이전에는 없었던 수많은 새로운 거주지가 그곳에 돌연 나타났다는 결론을 내놓았다. 이것은 오래 지속된 고된 개척

---

[15] 위 56쪽 이하를 보라.

의 결과이다. 이 시대와 이 지역에서 유래한 본래의 문헌 기록들이 존재하지 않는 이유가 더 있다. 산지를 개간해야 했던 사람들은 글을 알지 못하는 사람이었다는 것이다.

물론 위에 언급한 것들은 부차적 여건일 뿐이다. 모든 일이 구약성서가 민수기 13장에서 사사기 1장까지 보도하는 것처럼 그렇게 단순하게 일어 났다는 전통적인 이해를 제외한다면, 개별 과정을 설명하는 모델에는 기본 적으로 세 가지가 있다.[16]

a) 이주 모델

이 모델은 구약성서에서 제시된 땅 정복의 그림에 대한 비판적 분석에 따라 이미 19세기 후반부터 발전되었다.[17] 이 모델의 특징은 땅 정복을 다 수의 땅 정복으로 해결하는 것이다. 통일된 전체 이스라엘이 아니라 유목 민 이주자의 여러 물결이 광야 여러 방향으로, 여러 시간대에 팔레스티나 로 들어왔으며 거기에 정착하였다는 것이다. 그들은 팔레스티나 땅에서 비 로소 "이스라엘"로 함께 성장해 갔다. 이 과정은 대체로 평화적으로 이루어 졌는데, 특히 저항에 부딪히지 않고 정착할 수 있는 곳, 예를 들면 산지에서 그러했다. 그러나 자주 전쟁이 수반되었는데, 그러니까 유목민의 정착에 대한 희망이 팔레스티나의 원주민인 가나안인의 권리와 유목민의 권리 주

---

[16] M. Weippert, Die Landnahme der israelitischen Stämme in der neueren wissenschaftlichen Diskussion. FRLANT 92 (1967)는 매우 뛰어난 비판적 서술과 평 가를 제공해준다. 모델과 유비에 대하여 다음도 참고하라. B. S. J. Isserlin, The Israelite Conquest of Canaan: A Comparative Review of the Arguments Applicable. PEQ 115 (1983) 85-94. 그리고 특히 M. and H. Weippert, Die Vorgeschichte Israels in neuem Licht. ThR 56 (1991) 341-390.

[17] 과거 연구사에 대한 요약은 L. B. Paton, Israel's Conquest of Canaan. JBL 32 (1913) 1-53; H. H. Rowley, From Joseph to Josua (1950).

장과 갈등을 빚게 되는 곳에서는 그러했다. 이런 곳에서는 도시들이 정복되거나 파괴되어야 했다. 이러한 의미로 땅 정복은 실제로 "정복"이었다. 이 과정들은 민수기와 여호수아서의 전쟁 이야기에 그려져 있으며 일반화되고 민족화되었다. 그들은 일부는 남쪽에서, 일부는 동쪽에서 온 여러 이주자로 나뉘어 있었던 것 같다. 이 집단 중에는 모세의 영도 아래 이집트에서 나와 야훼를 가져온 자들도 있었다. 이주 모델은 팔레스티나의 고고학 발굴이 발전된 이래로, 고고학으로 증명할 수 있는 특정한 사실과 무리 없이 연관됨으로써 힘을 얻었다. 후기 청동기 시대와 제1철기 시대 초기에 팔레스티나 성읍의 파괴 단층을 외부에서 이주해온 집단들에게 인과론적으로 귀속해야 한다는 것이 명백했다.[18] 이 모델의 장점은 분명하다. 이것은 비판적인 모델임에도 불구하고 땅 정복에 대한 성서의 그림과 그리 멀지 않고, 우리가 영어권에서 "고고학적 증거"라고 부르는 것도 타당하게 고려할 수 있게 해준다. 하지만 이 모델에 대하여 중요한 비판적 질문을 제기할 수 있다. 그 주된 질문은 외부에서 침입하여 일부는 평화롭게, 일부는 군사적 정복을 통해 팔레스티나를 차지했는데, 이들은 대체 어떤 종류의 유목민이었는가 하는 것이다. 기원전 제2천년기와 제1천년기 초기의 고대 오리엔트에는 그러한 활동을 할 수 있었던 집단들은 알려져 있지 않다. 이 모델에서 가나안인에 비해 초기 이스라엘인이 열등하다고 말하는, 여기저기에 흩어져 있는 구약성서의 보도들은 어떤 의미를 갖는가?[19] "고고학적 증거"가 성과가 있다면, 그것은 무엇인가? 첫째, 외부에서 유입된 유목민의 다양성을 암시하는 것인가? 아니면 둘째, 많은 정복 민담들이 이미 자신들이

---

[18] 요약적인 것은 다음을 참고하라. B. Mazar, The Exodus and the Conquest. WHJP I, 3 (1971) 69-93; Y. Aharoni, The Settlement of Canaan. 94-128.

[19] 민 13:28; 삿 1:19ff.; 수 17:16; 삿 4:3 등 참조. "철제 전차"에 대한 비판적 견해로 R. Drews, The "Chariots of Iron" of Joshua and Judges. JSOT 45 (1989) 15-23.

처한 현 상황들을 설명하고자 하는 기원론을 담고 있는 것인가? 이 모델은 구약성서의 땅 정복 본문에 대한 비판적 해석에 정확하게 어떤 태도를 갖는가?

b) 침투 모델

이 모델은 알트(A. Alt)에 의해 처음으로 그리고 가장 영향력 있게 발전했다.[20] 땅 정복은 스텝 지대와 사막 지대 변두리의 작은 가축 사육 유목민의 계절이동목축의 결과이다.[21] 계절이동목축-유목민은 산지의 삼림 지역에서 먼저 여름 목초지 농업[22]을 하였으며, 계절이동목축의 이동의 추(錘)가 서서히 멈추면 단계적으로 정착하고 농경 생활 방식으로 넘어갔다. 이 과정은 처음에는 평화스럽게 이루어졌고 오랜 시간이 걸렸다. 알트가 명명한 "땅 확장" 단계인 두 번째 단계에서야 비로소 여기저기서 가나안 사람과의 전투가 발생했고, 성서의 정복 민담들은 이것이 희미하게 반영된 것일 수 있다. 계절이동목축-유목민은 이따금 사막에서, 비옥한 초승달 지대의 나라들이 인구를 다시 늘리고자 하는 재생지역에서, 농경지로 침투하고 침입한 큰 이동 물결 가운데 하나, 소위 아람 민족의 대이동에 속하였다. 이러한 모델에 상반된 –그러니까 먼저 정복하고 그다음에 정착하는– 성서에 기술된 순서나 "고고학적 증거"나 다 받아들일 수 없다. 이 모델은 이주 모델보다 훨씬 더 분명하면서도 잘, 구약성서의 설명을 해명할 수 있다는 장점이 있다. 훨씬 더 많이 그리고 역사적으로 개연성 있게 설명해준다고 할 수 있다. 이 모델의 가장 큰 약점은 또다시 유목민 문제이다. 알트는

---

[20] A. Alt, Die Landnahme der Israeliten in Palästina (1925). KS 1, 89-125; idem, Erwägungen über die Landnahme der Israeliten in Palästina (1939). 126-175.
[21] 위 55-57쪽을 보라.
[22] [역주] 목초지로 부지를 농업에 사용하는 것이다.

팔레스티나 베두인의 생활양식에 관한 현대적 유비에서 출발하였고, 그것을 기원전 제2천년기 말경으로 역투사하였다. 그러나 그사이 당시에 계절이동목축-유목민이 존재하기나 했었는지는 매우 의문시되었다. 기원전 제2천년기의 고대 오리엔트 본문에서 유목민은 주로 정착하지 않은, 소위 사육을 병행하는 농부였으며, 일부는 실제로 농경지의 변두리에 살고, 일부는 성읍과 촌락 사이의 농경지에 살았다(산지유목민, 농경지유목민). 그들은 이동할 수 있고 한 장소에서 다른 장소로 이주할 수 있지만, 결코 그렇게 할 수 없었고, 비교적 한정된 공간에서만 큰 폭의 이동 없이 자기들의 천막에서 살 수 있다. 기후에 제약을 받는 이동목축은 ─이 모델은 계절이동목축의 여부에 따라 성립하기도 하고 무너지기도 한다─ 아무튼 기원전 제2천년기에도 제1천년기 전반기에도 확실히 밝혀지지 않는다. 이것은 유비의 가치를 축소하고 거기서 끌어낸 결론을 문제 있는 것으로 보이게 한다. 일시적으로 광야에서 나와 농경지로 몰려드는 유목민의 대이주 물결은 현재 우리의 통찰에 따르면 존재하지 않았다.

c) 혁명 모델[23]

이것은 1962년 멘덴홀(G. Mendenhall)이 기초하였는데[24] 바로 다른 두 개의 모델과 비판적 논쟁을 벌이는 와중이었다. 다른 모델들은 세 가지 기본 전제에서 출발한다. (1) 이스라엘은 외부에서 팔레스티나로 왔다. (2) 그들은 유목민이었다. (3) 그들의 연대감은 인종적 유사성에 기초하고 있

---

[23] 이 책의 제1판에서 "사회적 모델"이라고 하였다. 그러나 M. Weippert, Scheideweg, 86가 이를 통해 다른 두 개의 모델에 비해 카테고리가 변경된다는 점을 지적한 것은 옳다. 그는 "혁명모델"이라는 표현을 선호하는데, 그러나 이것은 적절한 사회학적 용어이기 때문에 피해야 하는 것이다.

[24] G. Mendenhall, The Hebrew Conquest of Palestine. BA 25 (1962) 66-87; idem, The Tenth Generation (1973).

다. 멘텐홀의 판단에 따르면 이 세 가지 전제는 틀린 것이다. 후기 청동기 시대에 유목민이 있긴 했지만 그들은 사회적으로도 정치적으로도 중요하지 않았다. 결정적인 사회적 차이는 농부와 유목민이 아니라 도시민과 지방민이라는 차이였다.[25] 이러한 과정 때문에 성읍의 통치 질서에 대립한 개인과 집단이 이 질서에서 이탈하여 더 이상 도시 영주 사회와 연합하지 않고 그들 없이 또는 그들에 맞서 목축과[26] 경작에 종사하게 되었다. 결국 도시에 반기를 든, 사회적으로 영락한 자들, 뜨내기들, 부랑자들(outlaws)이다. 이들은 야훼를 들인, 애굽에서 나온 모세의 추종자들로부터 지지와 후원과 인도함을 받았다. 이 "부랑자들"은 아마르나 시대의 <하피루>에 상응한다.[27] 그래서 구약성서가 초기 이스라엘을 "히브리인"이라고 칭한다면 그것은 적절한 것이다. 이 개념에 따르면, 땅 정복은 팔레스타인 농경지 내에서 벌어진 사회적 계층 변화 과정의 결과이다. 이집트에서 온 강제노동자 집단을 제외하면 언급할 만한 외부에서의 유입은 없다. 이에 대해 고고학적 관찰도 긍정적으로 말한다. 철기 시대 전기에 팔레스티나 산지에 새로 정착한, 규모가 작고 성벽이 없는 대부분의 촌락들은 기술적으로 진보한 건축들로 눈을 돌린다. 계단식 농토, 샘과 여과 시설, 포장된 길, 집 건축 등의 발달은 이를 실행에 옮긴 사람이 많은 경우 가나안 성읍국가에서 모집되었음을 보여준다. 이것이 모두에게 해당되지는 않을 것이다. 산지 유목민도 그곳을 세운 사람들 가운데 있었을 것이지만 아주 미미한 정도에

---

[25] Cf. E. Otto, Stadt und Land im spätbronzezeitlichen und früheisenzeitlichen Palästina. Geographia Religionum 6 (1988) 225-241.

[26] 팔레스티나의 철기 시대 농업 경제에 대하여 자세한 것은 D. C. Hopkins, The Highlands of Canaan. Agricultural Life in the Early Iron Age. The Social World of Biblical Antiquity Series 3 (1985); O. Borowski, Agriculture in Iron Age Israel (1987) 참고.

[27] 위 95-96쪽을 보라.

지나지 않을 것이다.[28] 어쨌든 이스라엘의 연대의식은 인종적이 아니라 오직 종교적인 이유에서 비롯된 것이다. 야훼는 기존 질서에 끼어들지 못한 사람들의 신이 되었다. 사회적 모델은 데우스와 특히 고트발트에 의해 계속 발전되었다.[29] 고트발트는 저항하는 농민 집단이 야훼주의로 집단 개종한 것으로 설명한다. 이로부터 "평등"한 사회 질서를 향한 희망이 움텄으나, 이것은 왕정이 등장하면서 비로소 종말을 고했다는 것이다. 이 모델은 분명 큰 장점을 지닌다. 다른 두 모델보다 인종사회적 최신 연구 결과에 더 잘 들어맞는다.[30] 초기 이스라엘이 성읍의 가나안인과 첨예하게 대립한 것도 잘 설명되고, 민족 대(大)이동이라는 가정이 없어도 아무런 문제가 없다. 호전적인 약탈유목민이나 평화로운 계절이동목축-유목민과 같은 문제들은 여기서 중요하지 않다. 다른 한편으로는 많은 질문이 여전히 대답되지 않는다. 기원전 제2천년기의 하피루의 성격은 초기 이스라엘과 이 집단들과의 가능한 상관성의 문제와 마찬가지로 최종적으로 설명할 수 없다.[31] 이집트에서 나와 동요르단 땅에서 형성되기 시작한 모세의 무리가 소위 성읍 질서에 맞선 부랑자들의 혁명에 불씨를 붙였다는 가정은, 구약

---

[28] 세부적인 것은 특히 H. Weippert, PVZ와 I. Finkelstein에 있다. (아래 각주 31을 보라).

[29] Cf. J. Dus, Das Seßhaftwerden der nachmaligen Israeliten im Lande Kanaan. CV 6 (1963) 263-275; N. K. Gottwald, Were the Early Israelites Pastoral Nomads? Rhetorical Critizism (1974) 223- 255; idem, Domain Assumptions and Society Models in the Study of Premonarchial Israel. SVT 28 (1975) 89-100; idem, The Tribes of Yahweh. A Sociology of the Religion of Liberated Israel, 1250-1050 B. C. E. (1979). 그렇게 많이 새로운 것을 제시하지는 않는다. J. Dus, Israelitische Vorfahren – Vasallen palästinischer Stadtstaaten? Revisionsbedürftigkeit der Landnahmehypothese von A. Alt. EH XXIII, 404 (1991). 땅 정복에 대해서만 아니라 N. K. Gottwald의 논문집, The Hebrew Bible in its Social World and in ours (1993)도 보라.

[30] Cf. G. P. Murdock, Social Structure (1949); C. Lévi-Strauss, Les structures élémentaires de la parenté (1949).

[31] 위 95-96쪽을 보라.

성서의 보도를 통해 전혀 근거를 세울 수 없는 혁명 모델만큼이나 문제가 많다. —여기에 덧붙일 점은 계절이동목축 모델도 구약성서의 땅 정복 본문으로 전혀 근거를 댈 수 없다는 것이다. 그러나 만일 멘덴홀과 그의 추종자들이 옳다면, 그렇다면 우리는 무엇보다도 가나안 성읍들 사이에 있는 팔레스티나 평야에서 적어도 초기 이스라엘을 만날 수는 없는 것일까? 그러나 초기 이스라엘 사람들은 주로 산지에 살았다. 마지막으로 유목민 유산은 이스라엘의 전승에서 매우 강하기 때문에 이스라엘의 유목민적 선사 시대에 대한 거부는 그 자체로 역사적 개연성을 갖지 못한다. 그래서 우리는 혁명 모델에서도 유목민 문제가 주된 것으로 전부는 아니더라도 많은 것을 결정하는 주요 문제인 것이다. 현재 우리가 알고 있는 바에 따르면 이스라엘의 땅 정복 과정에 관한 최종적인 판단은 전혀 내릴 수 없다.[32]

---

[32] 이 주제에 관한 연구 문헌들은 수없이 증가하고 있지만 누구도 이들을 간과할 수 없다. J. A. Soggin, Einführung in die Geschichte Israels und Judas (1991) 111-112은 1988년까지 정보중심으로 요약한 것이다. 다음은 서로 다른 주제와 관점의 연구를 선별한 것이다. Y. Aharoni, Nothing Early and Nothing Late: Re-Writing Israel's Conquest. BA 39 (1976) 55-76; A. Malamat, Israelite Warfare and the Conquest of Canaan (1978); V. Fritz, Die kulturhistorische Bedeutung der früheisen zeitlichen Siedlung auf der Ḥirbet el-Mšāš und das Problem der Landnahme. ZDPV 96 (1980) 121-135; idem, BASOR 241 (1981) 61-73도 보라; N. P. Lemche, Det revolutionrere Israel. Dans Teologisk Tidsskrift 45 (1982) 16-39; B. S. J. Isserlin, The Israelite Conquest of Canaan: A Comparative Review of the Arguments Applicable. PEQ 115 (1983) 85-94; D. N. Freedman – D. F. Graf (ed.), Palestine in Transition. The Emergence of Ancient Israel. The Social World of Biblical Antiquity Series 2 (1983); B. Halpern, The Emergence of Israel in Canaan. SBL, Mon. Ser. 29 (1983); R. Gonen, Urban Canaan in the Late Bronze Period. BASOR 253 (1984) 61-73; N. P. Lemche, Early Israel. Anthropological and Historical Studies on the Israelite Society before the Monarchy. SVT 37 (1985); J. Sanmartín-Ascaso, Geschichte und Erzählung im Alten Orient, I. Die Landnahme Israels. UF 17 (1985) 253-282; J. A. Callaway, A New Perspective on the Hill Country Settlement of Canaan in the Iren Age I. Palestine in the Bronze and Iren Ages. In: Papers., Olga Tufnell (1985); E. Noort, Geschiedenis als brandpunt – over de rol van de archeologie bij de vestiging van Israël in Kanaan. Gereformeerd Theol. Tijdschrift 87 (1987) 84-102; R. B. Coote – K. W. Whitelam,

상술한 세 모델 가운데 단순히 어느 것 하나로 결정할 수 없다. 아무튼 유목민 문제에서 출발해야 한다. 앞에서 이에 대해 언급한 것을 여기서 다시 반복할 필요는 없다.[33] 이스라엘은 항상 자기들의 조상을 정착민이 아니라 유목민으로 알고 있었고 그렇게 확신하였다. 우리는 유목민 생활양식의 현상을 지금까지 일반적으로 생각했던 것보다 매우 다르게 보는 것에 익숙해야 한다. "유목민" 개념은 말하자면 그 아래 여러 인종과 출신 집단이 모여 있는 우산과 같은 개념이다. 그들에게는 비정착화가 공통적이며, 그들의

The Emergence of Early Israel in Historical Perspective. The Social World of Biblical Antiquity Series 5 (1987); V. Fritz, Conquest or Settlement? The Early Iren Age in Palestine. BA 50 (1987) 84-100; P. Arata Mantovani, La „conquista" di Israele. RiBi 36 (1988) 47-60; M. Weinfeld, Historical Facts behind the Israelite Settlement Pattern. VT 38 (1988) 324-332 [비교적 보수적인 내용: The Pattern of Israelite Settlement in Canaan. SVT 40 (1980) 270-283); I. Finkelstein, The Archeology of the Israelite Settlement (1988); idem, Arabian Trade and Socio Political Conditions in the Negev in the 12th- 11th Centuries B. C. E. JNES 47 (1988) 241-252; O. Eitan, The Settlement of Nomadic Tribes in the Negeb Highlands in the 11th Century B. C. In: M. Heltzer – E. Lipiński (ed.), Society and Economy in the Eastern Mediterranean (1988) 313-340; A. Leonard, The Late Bronze Age. BA 52 (1989) 4-39; I. Finkelstein, The Emergence of Early Israel: Anthropology, Environment and Archaeology. JAOS 110 (1990) 683-685; D. Edelman (ed.), Toward a Consensus on the Emergence of Israel in Canaan. SJOT 4,2 (1991) 1-116; M. and H. Weippert, Die Vorgeschichte Israels in neuem Licht. ThR 56 (1991) 341-390; N. A. Silberman, Who Were the Israelites? Archaeology 1/45 (1992) 22-30. 70; N. Rösel, Israel in Kanaan. Zum Problem der Entstehung Israels. BEATAJ 11 (1992); D. Vieweger, Überlegungen zur Landnahme israelitischer Stämme unter besonderer Berücksichtigung der galiläischen Berglandgebiete. ZDPV 109 (1993) 20-36; M. Weippert, Scheideweg 85-93; R. S. Hess, Early Israel in Canaan: A Survey of Recent Evidence and Interpretation. PEQ 125 (1993) 125-142; P. Kaswalder, L'archeologia e le origini di Israele. RiBi 41 (1993) 171-188; K. W. Whitelam, The Identity of Early Israel: The Realignment and Transformation of Late Bronze-Iron Age Palestine. JSOT 63 (1994) 57-87; W. G. Dever, Ceramics, Ethnicity, and the Question of Israel's Origins. BA 58 (1995) 200-213; I. Finkelstein, Ethnicity and Origin of the Iron I Settlers in the Highlands of Canaan: Can the Real Israel Stand Up? BA 59 (1996) 198-212.

[33] 위 56-61쪽을 보라.

땅 정복은 그들이 정착하여 더 이상 장막에 살지 않고 가옥에 거주하며, 촌락을 이루는 것에 있다. 가축사육 경제에서 농경으로의 전이가 아니라 바로 여기에 이 이행 과정의 본질이 있다. 왜냐하면 땅에 정착한 농경민도 유목민도 농사를 짓고 가축을 사육한다. 경우에 따라 정착화 과정에서는 목축보다는 농경이 더 중요했다는 것을 가정해야 한다. 이스라엘의 팔레스티나 땅 정착에 대한 윤곽 그 이상은 얻어낼 수 없다. 그것은 다음과 같은 모습이다. 지난 20년 동안 인구사회학적 연구 결과와 거기서 형성된 이론적 개념에 따르면, 소위 이스라엘의 땅 정복이 지역적, 시간적, 인구 정책적으로 통일적으로 이루어졌다는 생각과는 결별해야 한다.[34] 고대 이스라엘 지파들에 의한 "땅 정복"은 없었을 것이다. 그 대신에 지역적으로 다양하고 시간적으로 상이한, 다수의 정착화 과정이 있었고, 거기에 여러 민족 집단이 참여했다. 예를 들면 브엘세바 오지와 같은 사막 가까운 지역에서의 정착은 중앙팔레스티나나 갈릴리의 울창한 산지에서와 같은 방식으로 일어나지는 않았을 것이다. 게다가 땅 정복이 팔레스티나에서 사회사, 경제사적으로 인지할 수 있는 여러 집단 가운데 한 집단에 의해서만 독단적으로 청동기 시대 말기, 철기 시대 초기에 일어났다는 것은 –고고학적으로 개연성이 없다는 것을 제외하더라도– 개연성이 없다.[35] 과거에는 땅 정복 논의에서 유목민만큼은 입에 올리는 것조차 금기시하였지만 다행히 그런 시대는 지났다. 우리가 실제로 많은 것을 확실히 알지 못하지만, 땅 정복 이론을 세울 때 지리적, 인구정책적 사건에 상응하게 유목민은 물론 농경민도 수

---

[34] S. Herrmann, Israels Frühgeschichte im Spannungsfeld neuer Hypothesen. In: Studien zur Ethnogenese, Bd. 2. Abhandlungen der Rheinisch-Westfälischen Akademie d. Wissenschaften 78 (1988) 43-95도 다른 강조점과 내용에도 불구하고 이러한 사실을 강조한다.

[35] 위 192-193쪽을 보라.

공업자도 고려해야 한다. 이에 따라 다음과 같이 구별할 수 있다.

1. 주로 가축을 사육하면서 농작도 겸하는, 그 유형과 출신이 다양한 유목민들이 자기들의 목초지 근처에서 오랜 지속적인 과정을 거치면서 정착 농민의 생활방식으로 이행해 갔다. 이렇게 이행한 집단들은 스텝 지대 유목민이며 농경지의 "산지유목민"이었지, 농경지 밖에서부터 이주해 들어온 자들은 아니었을 것이다. 그들 가운데 많은 이들은 최소한 일부는 성읍에서 사회적으로 몰락하여 도태한 이들에서 유래하였고 여러 도시에서 거주 밀도가 낮은 산지에 살게 되었을 것이다. 거기서 그들은 삼림을 개간하고, 비정착 유목민의 생활양식 단계를 지난 후에 도시에 종속되지 않은 자기들만의 농경적 정착화로 천천히 이행했다. 이 집단들은 아무튼 정착화의 단계에 이르고 새로운 촌락의 사회 질서가 확정될 때까지 도시 출신의 **부랑자들**을 통해 지속적으로 인구 공급을 받고 보충되었을 것으로 추측된다. 훨씬 더 넓은 생활 공간을 가진 유목민 역시 외부에서 유입되어 여기에 통합되었을 것이다. 왜냐하면 이스라엘이 광야에서 왔다는 구약전통에 보존된 확신은 단순히 고안해 낸 것이 아닐 것이기 때문이다. —그렇게 고안해 낼 동기가 전혀 없다.[36]

2. 후기 청동기 시대 가나안 성읍국가의 체계는 기원전 1200년경 상당한 위기에 빠져들었다는 또 다른 측면에 주목해야 한다. 문헌과 고고학적 자료는 이 침체 원인들에 대하여 대략적인 윤곽 이상의 것을 허락하지 않는다. 해적과 바로 이은 소위 해양 민족[37]이 해상 무역로를 혼란에 빠뜨렸기

---

[36] 다르게는 귀향한 포로민의 땅 소유권에 대한 이론의 의미로, Cf. K. W. Whitelam, Israel's Traditions of Origin: Reclaiming the Land. JSOT 44 (1989) 19-42.

[37] 위 44-46쪽을 보라.

때문에 과잉 생산된 농업 경제 생산물과 다른 농작물을 다른 지역의 시장으로 내갈 수 있는 가능성이 극적으로 감소했을 가능성이 매우 높다. 게다가 해양 민족의 침입으로 인해 특히 해안 지역에서의 정치적 불안이 증가하였을 것이다. 아무튼 농경민과 수공업 인구, 또 일부 무역업자들이 도시에서 사회적 침체를 겪게 되었다고 가정할 수 있다. 이로 인해 다시 사회적 긴장이 뒤따랐을 것이다. 팔레스티나[38] 후기 청동기 시대의 성읍들의 대부분 파괴단층이 이것과 인과관계에 있다는 것을 배제할 수 없다. 이 가정은 이러한 사태 때문에 위기에 처한 농민과 수공업자가 도시 밖으로 이주하여 도시 저편에서 농사를 짓거나 유목민이 되었을 것이라는 것을 시사한다. 그들은 산지 지역 정착에 참여하였고, 거기서 그들은 정착하게 되었거나 막 정착하게 된 유목민을 만나 그들과 함께 공동의 촌락을 결성하거나 그들의 촌락으로 유입되었을 것이다.[39]

지금까지 이론적인 구성을 어느 정도 시도해 보았다. 그러나 다양한 출신의 이 새로운 정착민으로부터 어떻게 지파로 구성된 이스라엘이 생성될 수 있었는가 하는 질문에 대답하기는 여전히 어렵다. 공통의 반(反)가나안주의가 큰 역할을 했을 것이다. 특히 이러한 가정은, 만일 이스라엘의 공동체 의식 형성에 방해가 되는 것을 일부는 남쪽에서, 일부는 동쪽에서 온 팔레스티나 외부의 유목민 집단에게 귀속시킨다면, 틀리지는 않을 것이다. 그들은 야훼를 들여왔으며, 야훼의 고향은 분명히 팔레스타인 농경지는 아니었다. 그들은 출애굽의 전승도 가져오고, 갈대바다를 건너고 광야에 있는 하나님의 산에서 언약을 체결한 전승도 가져오고, 또 심지어 그 전승들이

---

[38] 위 189-190쪽을 보라.
[39] 이에 대하여 Cf. M. Weippert, Scheideweg, 90-92.

형성한 기본 자료도 가져왔다. 그들은 우세했으며, 우세할 만한 능력을 가지고 있었다. 그 땅에서 그들은 새 정착민을 만났고, 정착화의 과정에서 지역 특성에 따라 이스라엘 지파들의 대집단이 형성되었다. 그러니까 부산물로 말이다. 씨족 질서와 가족 질서는 부족보다 더 오래되었다. 이들은 유사한 조건 아래 사는 다른 사람들과 연합되었다고, 즉 서로 친족이라고 여겼다. 그러니까 우리가 일반적으로 아람인이라고 부르는 사람들과 말이다. 그래서 우리는 땅 정복과 이스라엘 백성의 첫 출발은 동시에 일어났다고 말할 수 있다. 이것은 같은 사건의 양면이다.

땅 정복은 참여한 모든 집단이 서서히, 긴 시간에 걸쳐 자신들의 권리를 요구하는 과정이었기 때문에 땅 정복 과정의 연대를 정하기란 가능하지 않다. 하한선은 왕국이 형성되는 기원전 1000년경이다. 그 때부터 지파들의 영토 소유 상태에 대한 언급할 만한 변화는 더 이상 나타나지 않는다. 그러므로 땅 정복은 기원전 12/11세기로 생각할 수 있다. 가장 처음 시작한 것은 아마도 기원전 13세기가 될 것이다.

부록: 여호수아

여호수아는 에브라임 사람이다(민 13:8,16; 수 24:30; 삿 2:9). 그는 구약성서 전승에서 먼저는 모세의 시종으로(출 24:13; 민 11:28; 수 1:1 외), 다음에는 모세의 후계자로(민 27:12-23; 신 1:38; 34:9), 땅 정복 시 이스라엘 지파들의 지도자로(수 1-24), 모세가 시작한 임무를 완성한 자로 나온다. 거의 모든 땅 정복 전통에서, 그러니까 여호수아서의 전통은 여호수아라는 인물과 연결되어 있다. 모세가 고전 구원 시대에 가장 영향력이 큰 인물이었던 것과 같이 여호수아는 고전 구원 시대 이후에 그러한 인물이다. 그러나 구약성서의 땅 정복에 관한 상이 일반화되고 민족화된 것이라면, 더욱이 우리가 이스라엘 지파들에게서 상이하고 복잡한 땅 정복 과정을 가정해야 한다면, 그러니까 전체 이스라엘에 의한 "땅 정복"이 없었고 오히려 전체 이스라엘이 팔레스티나 농경지에서야 비로소 형성된 것이라면, 구약성서에서 여호수아에게 귀속

된 역할은 역사적이 아니라 –모세의 경우와 마찬가지로– 전승사적으로 설명
되어야 한다. 알트는 매우 중요하고, 많은 관심을 받은 그의 논문에서 그렇게
기술하였다.[40] 그는 이 논문에서 여호수아의 무덤에서 시작하였다. 여호수아
24장 30절과 사사기 2장 9절에 따르면 여호수아의 무덤은 에브라임 산지의
딤낫-세라 또는 딤낫-헤레스(히르벳 티브네)에 있었다. 그러니까 족보 전승이
여호수아를 에브라임 사람이라고 간주한다면 그것은 맞다. 그렇다면 여호수
아는 역사적으로 이 산지에서 에브라임 지파로 구성된 집단의 땅 정복에 귀속
된다. 알트는 여호수아 17장 14-18절과 여호수아 24장을 통해 이것이 확실하
다고 보았다. 땅 정복에 관한 다른 전승(수 10:1-15)에서 그는 기브온 전투에서
의 여호수아의 역할을 통해 다음과 같은 위치에 이르게 된다. 즉 여호수아의
기능은 대사사의 유형에 따른 카리스마적 구원자의 기능이었으며,[41] 바로 여
기서부터 다른 모든 구원과 정복이 그에게 귀속되었다는 것이다.[42] 그러므로
여호수아라는 인물은 모세라는 인물과 유사한 운명을 겪었다. 즉 전승과의
단단한 연결을 통해 많은 전승을 끌어들이는 자석이었다. 마르틴 노트의 모세
이론의 경우에 가능하고 필요했던 것처럼, 무덤의 불확실성을 근거로 알트에
게 반박할 수 없다.[43] 왜냐하면 여호수아 무덤은 잘 알려져 있던 것으로 보이
기 때문이다. 서기 4세기부터 유대인들과 기독교인들은 그의 무덤이 어디에
있는지[44] 자세히 알았으며, 중세 시대에 이르러 이 전통은 사라졌다. 알트의
예리한 구성에서 의문시되는 것은 여호수아가 여호수아 10장 1-15절을 거쳐

---

[40] A. Alt, Josua (1936). KS 1, 176-192. 이 외에 R. Boling, Levitical History and the Role of Joshua. The Word of the Lord Shall Go Forth, Fs D. N. Freedman (1983) 241-261; Cf. A. G. Auld, Joshua, Moses and the Land (1980).

[41] 아래 246-247쪽을 보라.

[42] 기브온 전투에 대한 보도는 매우 고대적인 전승 단편을 담고 있다. 즉 "곧은 자의 책"(sefer hayyāšār "야살의 책", 수 10:12-13)에 있는 유명한 태양-달-말씀이다. 자주 시도되듯이 이 말씀을 힘입어 이 사건의 연대를 설정하려는 것은 유희이다. Cf. J. F. A. Sawyer, Joshua 10, 12-14 and the Solar Eclipse of 30 Sept 1131 B. C. PEQ 104 (1972) 139-146.

[43] 위 169-170쪽을 보라.

[44] Cf. J. Jeremias, Heiligengräber in Jesu Umwelt (1958) 46-48; D. Jericke, Josuas Tod und Josuas Grab. Eine redaktionsgeschichtliche Studie. ZAW 108 (1996) 347-361.

여호수아 2-9장의 베냐민 지파의 땅 정복 민담으로 전이되었다는 가정이다. 왜냐하면 이 민담이 실제로 베냐민에 제한되어 있었다고 할 때에야 겨우 상상할 수 있기 때문이다. 그러나 여호수아 2-9장의 전승들이 라헬 집단에게 속한다는 가정으로 충분할 것이다. 그 남쪽 "날개"는 베냐민과 에브라임을 포괄한다. 그러므로 여호수아라는 인물이 여호수아 2-10장을 통해 그려진 전승 집단에 속하며, 그래서 중부 팔레스티나 중심인물이 전체 팔레스티나 중심인물로 되었다는 것은 개연성이 있다. 이 경우에 역사적 여호수아는 전사였을 것이며, 에브라임과 베냐민의 땅 정복 후기 단계에서, 가나안인과 개별적으로 전투를 치르게 되었을 때 중요한 역할을 했을 것이다. 적어도 의미 있는 것은, 여호수아는 기원론적 땅 정복 민담의 영웅이었을 수 있고, 그 배경은 어쨌든 실제 정복은 아니었을 것이다.

2. 결과

땅 정복의 유래에 대한 일반적인 검토에 이어, 이스라엘 개별 지파들의 특별한 운명에 대해 우리가 알 수 있는 한 숙고해 보아야 한다. 이때 단순화를 위해 다음에서는 이 "지파들"이 항상 마치 처음부터 완성되어 존재했던 것처럼 말할 것이다. 잘못된 생각을 피하기 위해 지파들이 실제로 땅 정복 과정의 산물이라고 간주할 것이다. "미정복 지역 목록"(삿 1:19,21,27-35)과 여기저기 흩어져 있는 보도들, 특히 사사기의 보도들은 제외하고 다음의 자료를 사용할 것이다.

1. 동요르단과 서요르단 땅에 위치한 이스라엘 지파의 지역에 관한 이론적 본문은 민수기 32장, 33:50-34:29 (35장)과 여호수아 13-19장 (20장과 21장) 이다. 동요르단 땅의 두 지파 반은 민수기 32장에서 다루어진다. 여호수아 13장은 거기에 종속되어 있다.[45] 그러므로 우리는 여호수아 13-19장 전체에서 여호수아 13장과 여호수아 14-19장을 구별해야 한다. 여호수아 14-19

장에는 근본적으로 두 가지 문서가 편집되었다. a) 지파 경계 체계, 즉 개별 지파들의 지역적인 경계를 경계 지점에 따라 기술한 것이다.[46] 여기에 국가 형성 이전 시기로 소급되는 전승들이 담겨 있다. 그러나 최종 형태는 단순히 땅 정복 이후 지파들의 실제적인 농경지 소유를 알려주는 것이 아니라, 전체 팔레스티나가 이스라엘 지파에 속하며 처음부터 속하였다는 일반적인 가정에서 출발한다. b) 이것은 요시야 왕 시대에 열두 행정 구역으로 나뉜 이후의 유다 왕국의 지명 목록이다. 다시 말해 기원전 7세기 후반의 문서이다.[47] 전체적으로 지파들의 이론적 지형이며, 말하자면 지파들의 소유 상태와 경계를 점점 더 정확히 파악하기 위한 목적으로 포로기 이후 시대까지 수백 년간 편집되었다. 자료는 최종 형태에서 가려내기 어려운 오래된 보도들이다. 이것은 점점 더 역사적 사실로부터 멀어짐으로써 힘을 기울여 주석하고 짜 맞추어야 할 대상이 되었다. 결과는 지파의 지리적 허구로서 그 사실을 쉽게 간파해낼 수 없다.[48]

---

[45] M. Wüst, Untersuchungen zu den siedlungsgeographischen Texten des AT. I. Ostjordanland. BTAVO B 9 (1975)의 증명; S. Mittmann, Die Gebietsbeschreibung des Stammes Ruben in Josua 13,15-23. ZDPV 111 (1995) 1-27.

[46] Cf. A. Alt, Das System der Stammesgrenzen im Buche Josua [1927]. KS 1, 193-202; M. Noth, Studien zu den historisch-geographischen Dokumenten des Josua-Buches (1935). ABLAK 1, 229-280; O. Bächli, Von der Liste zur Beschreibung. Beobachtungen und Erwägungen zu Jos 13-19. ZDPV 89 (1973) 1-14.

[47] Cf. A. Alt, Judas Gaue unter Josia (1925). KS 2, 276-288; Z. Kallai-Kleinmann, The Town Lists of Judah, Simeon, Benjamin and Dan. VT 8 (1958) 134-160; F. M. Cross – G. E. Wright, The Boundary and Province Lists of the Kingdom of Judah. JBL 75 (1956) 202-226; Y. Aharoni, The Province List of Judah. VT 9 (1959) 225-246.

[48] Cf. H. Weippert, Das geographische System der Stämme Israels. VT 23 (1973) 76-89; Z. Kallai, Territorial Patterns, Biblical Historiography and Scribal Tradition. A Programmatic Survey. ZAW 93 (1981) 427-432; E. Cortese, Giosuè 13-19 e l'antica geografia delle tribu. RiBi 33 (1985) 135-163; N. Na'aman, Borders and Districts in Biblical Historiography. Seven Studies in Biblical Geographical Lists. Jerusalem Bibl. Studies 4 (1986); Z. Kallai, Historical Geography of the Bible. The Tribal Territories

2. 지파 축복 말씀: 창세기 49장(야곱의 축복), 신명기 33장(모세의 축복)과 보충적인 사사기 5장 14-18절(드보라 노래 중). 이 모음집은 이스라엘 지파에 대한 극히 짧고 그 특징을 드러내는 말씀이다. 일부는 찬양시, 일부는 꾸짖음과 심지어는 조롱하는 시로서 왕국 형성 이전에 지파 안에 퍼져 있었다. 모두는 아니지만 몇 개는 확실히 후대의 구성물과 창작품이다. 또 이 말씀들은 여러 차례 편집적으로 손질되었다. 그럼에도 불구하고 그들은 땅 정복의 결과를 역사적으로 전해주는 가치가 매우 큰 자료들이다.[49]

a) 시므온과 레위

시므온과 레위는 땅 정복 초기 단계에 셰켐 지역의 산지에서 기반을 잡고자 시도했던 것으로 보인다(창 34). 이 시도는 재앙으로 끝났으며 두 지파의 운명을 결정하게 되었다.[50] 후대의 열두 지파 체제에서 그들은 수 열둘을 근거로 여전히 함께 언급된다. 레위는 땅 정복 수행 지파에서 배제된다. 레위에 속한 자들 일부는 다른 지파로 흡수되고, 일부는 제사장의 기능을 넘겨받았다. "오직 레위 지파에게는 모세가 기업을 주지 아니하였으니 이는 그들에게 말씀하신 것과 같이 이스라엘의 하나님 여호와께서 그들의 기업이 되심이었더라"(수 13:33). 적어도 이론적으로 레위는 한 지파로 땅 정복 공동체의 일원이 되었다. 신명기 33장 8-11절에서도 레위는 그런 모습

---

of Israel (1987); idem, The Southern Border of the Land of Israel – Pattern and Application. VT 37 (1987) 438-445.

49 Cf. E. Täubler, Biblische Studien (1958); H.-J. Zobel, Stammesspruch und Geschichte. BZAW 95 (1965); C. M. Carmichael, Some Sayings in Gen 49. JBL 88 (1969) 435-444; A. Caquot, Les bénédictions de Moïse (Dtn 33,6-25). I. Ruben, Juda, Lévi, Benjamin. Semitica 32 (1982) 67-81; H. Seebass, Die Stämmesprüche in Gen 49,3-27. ZAW 96 (1984) 333-350.

50 위 77-78쪽을 보라.

으로 나타난다. 이 말씀은 레위인 제사장 특권이 완전히 굳어지기 이전, 왕정 초기 시대에 생긴 것으로 보이며(8/11절), 남쪽 광야에서의 사건에 대한 기억(8b/9a절)을[51] 더 이상 해명해주지 않는다.[52] 시므온 지파의 쇠퇴는 그렇게 극적인 것은 아니었다. 어쨌든 시므온 지파는 땅 정복 과정에 더는 그 활약이 나타나지 않고, 농경지 최남단으로 내려가 그 의미를 완전히 상실하게 되었다. 시므온 지파는 브엘세바 오지에서 유목하였고(대상 4:24-43), 한때 성읍 정주민과 갈등에 빠졌을 것이며(삿 1:17) 결국 정착하게 되어 대-유다로 흡수되기에 이른다.[53] 미정복 지역 목록과 신명기 33장에서 시므온은 빠져 있다. 여호수아 19장 1-9절에 따르면 시므온은 지파 지리적 이론에서 유다 왕국의 최남단 행정 구역을 "기업"으로 받는다. 창세기 49장 5-7절은,

(5) 시므온과 레위는 형제요 그들의 무기(?)[54]는 폭력의 도구로다.

(6) 내 혼아 그들의 모의에 상관하지 말지어다 내 영광아 그들의 집회에 참여하지 말지어다 그들이 그들의 분노대로 사람을 죽이고 그들의 혈기대로 소의 발목 힘줄을 끊었음이로다.

(7) 그 노여움이 혹독하니 저주를 받을 것이요 분기가 맹렬하니 저주를 받을 것이라 내가 그들을 야곱 중에서 나누며 이스라엘 중에서 흩으리로다.

---

[51] 출 17:2,7; 32:25-29; 민 20:2-13 참조.

[52] 위 155-157쪽을 보라. Cf. D. L. Christensen, Dtn 33, 11 – A Curse in the "Blessing of Mose?" ZAW 101 (1989) 278-282.

[53] N. Na'aman, The Inheritance of the Sons of Simeon. ZDPV 96 (1980) 136-152은 시므온의 독립성이 매우 강했음을 가정한다. 호르마의 정복(지금까지 정확한 위치를 알 수 없다)은 시므온 지파의 정착의 시작이었다는 것이다.

[54] 추정에 대하여 다음을 보라. S. W. Young, A Ghost Word in the Testament of Jacob (Gen 49,5)? JBL 100 (1981) 335-342; M. Cohen, VT 31 (1981) 472-492; O. Margalith, VT 34 (1984) 101-102.

이 말씀을 판단하기란 어렵다. 두 지파가 운명공동체임은 언급하면서 레위의 제사장직에 대해서는 한 마디도 없기 때문에 오래된 것으로 보인다. 이 말씀은 창세기 34장에도 반영된 것과 같은 사건들을 암시할 것이다. 다른 한편 이 말씀은 비교적 후대에 형성된 문학으로서 고대의 것이라는 인상을 준다. 즉 먼 선사 시대에 있었던 사건을 가지고 두 지파의 쇠퇴에 대한 근거를 세우고 야훼의 결정으로 돌리는 예언적 저주 신탁으로 읽힌다. 어쨌든 시므온과 레위는 이스라엘 역사의 구성 요소에서 배제된다.

b) 유다

유다 지파의 거주지는 중앙팔레스티나 산지의 남쪽 부분이다.[55] 대략 예루살렘과 헤브론 사이에 있지만, 이 두 성읍은 포함되지 않는다(삿 1:19; 수 15). 이 지역의 중앙에는 베들레헴이 있다. 아마르나 시대에 베들레헴은 "예루살렘 땅의 한 도시"였으며(EA 290, 15-16), 이것을 유다인들이 넘겨받은 것으로 보인다. 이 지역은 북쪽으로는 남쪽 가나안 횡목으로 그 경계가 지어진다. 유다인들은 시간이 흐르면서 서쪽으로 연접해 있는 고원 산지로 점점 더 발을 들여 놓았다.[56] 창세기 38장(아둘람 = 히르벳 에쉬-셰 마드쿠르)도 이를 가리킨다. 유다는 필리스티아의 해안 평야까지는 당연히 침투하지 못했다. 본래의 거주 지역은 계속해서 산지(<하르 예후다> 유다산지)

---

[55] R. de Vaux, The Settlement of the Israelites in Southern Palestine and the Origins of the Tribe of Judah. Translating and Understanding the OT, Essays in Honor of H. G. May (1970) 108-134; L. E. Axelsson, The Lord Rose up from Seir. Studien in the History and Traditions of the Negev and Southern Judah. Coniectanea Biblica, OT Series 25 (1987).

[56] Cf. A. F. Rainey, The Administrative Division of the Shephela. Tel Aviv 7 (1980) 194- 202; B. Mazar, The Early Israelite Settlement in the Hill Country. BASOR 241 (1981) 75-85.

에 위치했다.[57] 지파 이름은 여기서 유래한다. 남쪽으로의 확장은 가능하였다. 유다의 관심 지역은 확실히 그곳이었다(삼상 27:10). 그러나 헤브론 남쪽의 산지 비탈과 브엘세바 요부의 시므온 지파의 유목 지역 사이에는 다른 많은 집단의 거주지가 있었다. 특이하게도 유다에도 시므온에도 속하지 않으며 "이스라엘"에도 속하지 않는 집단이다. 그들은 우리가 오늘날 공동체의 제휴민이라고 부르는 것이다. (a) 갈렙 족속은 헤브론과 헤브론 근처에 있는 겐족의 지파 연합체(민 13-14장)이다. 겐족의 일부는 에돔 족속 가운데 대표된다(창 36:11,42). 여호수아 14장 6-15절은 왜 도시 헤브론이 갈렙 족속의 시조인 갈렙에게 돌아갔는지 설명한다.[58] (b) 옷니엘 족속도 마찬가지로 데빌(히르벳 에르-라부드, 에드-다헤리예의 북쪽) 안과 그 부근에 있는 겐족의 지파 연합체이다. 그들이 스스로 옷니엘 자손임을 표방했거나 이스라엘이 그들을 옷니엘이라 이름하는 시조에게로 귀속시켰다(수 15:15-19; 삿 1:11-15). (c) 겐 족속[59]은 헤브론 남쪽과 남동쪽에 있는 지파 연합체로서(수 15:57; 삿 1:16[60]; 삼상 30:29), 남쪽 사막 지역을 자신의 분깃으로 갖는다(삼상 27:10). 흩어진 겐족 유목민은 메기도 평야에도 존재한다(삿 4:11,17; 5:24). 겐족의 시조 가인은 창세기 4장 1-16절의 민담 배후에 있다. (d) 여라므엘 족속은 정확하게 규명할 수 없고 위치도 알 수 없는, 유다 남쪽의 지파 연합체로, 남쪽 광야에 자신의 분깃을 갖는다(삼상 27:10; 30:29). 이러한 "비이스라엘" 집단들에 대해 유다는 시간이 흐르면서 우위

[57] 다르게는 A. R. Millard, The Meaning of the Name Judah. ZAW 86 (1974) 216-218.

[58] R. North, Caleb. BeO 8 (1966) 167-171; W. Beltz, Die Kaleb-Traditionen im AT. BWANT 98 (1974).

[59] M. Dijkstra, The Statue Sinai Nr.346 and the Tribe of the Kenites. BEATAJ 13 (1988) 93-103; I. Kalimi, Three Assumptions about the Kenites. ZAW 100 (1988) 386-393.

[60] 이에 대하여 Cf. S. Mittmann, Ri 1,16f. und das Siedlungsgebiet der kenitischen Sippe Hobab. ZDPV 93 (1977) 213-235.

를 점하였다. 그들의 관계는 먼저 경제적이고 종교적 유형의 것이었다. 적어도 마므레와 브엘세바와 같은 중요한 성소들은 문제의 지역에 위치해 있었다. 그래서 다윗 아래 유다 왕국으로 그 모습을 드러낸 대-유다가 형성되어 나왔다(삼하 2:1-4). 이러한 발전은 창세기 49장 8-12절에 선취되어 있다.

(8) 유다야 너는 네 형제의 찬송이 될지라 네 손이 네 원수의 목을 잡을 것이요 네 아버지의 아들들이 네 앞에 절하리로다 …[61]

(9) 유다는 사자 새끼로다 내 아들아 너는 움킨 것을 찢고 올라갔도다 그가 엎드리고 웅크림이 수사자 같고 암사자 같으니 누가 그를 범할 수 있으랴

(10) 규가 유다를 떠나지 아니하며 통치자의 지팡이가 그 발 사이에서 떠나지 아니하기를 …[62] 오시기까지 이르리니 그에게 모든 백성이 복종하리로다

(11) 그의 나귀를 포도나무에 매며 그의 암나귀 새끼를 아름다운 포도나무에 맬 것이며 또 그 옷을 포도주에 빨며 그의 복장을 포도즙에 빨리로다

(12) 그의 눈은 포도주로 인하여 붉겠고 그의 이는 우유로 말미암아 희리로다

세 부분(8/9/10-12절)으로 구성된 축복의 해석은 논란 중이다.[63] 긍정적 이유들은 유다 왕국의 현재(8절), 과거(9절), 미래(10-12절)를 기술하는 문학적 형성에 대한 가정을 지지한다. 예루살렘 궁정신학의 단편이며, 이것은 다윗 메시아의 기대로 귀착된다. 신명기 33장 7절은 완전히 다르다.

---

[61] 반 구절의 시구(詩句)가 빠졌을 것이다.

[62] 여기서 수수께끼 같은 단어 <실로> *šylh*에 대한 논쟁에 빠져서는 안 된다. C. Westermann, Genesis. BK I, 22. 23의 요약정리 참고. 필자가 보기에는 과거에 추측했던 <모쉘로> *mōš°lō* "그의 통치자"가 여전히 개연성이 가장 높다.

[63] Cf. A. Caquot, La parole sur Juda dans le Testament lyrique de Jacob (Genèse 49,8-12). Semitica 26 (1976) 5-32.

여호와여 유다의 음성을 들으시고 그를 그의 백성에게로 데려다 주소서 '당신의 손으로 싸우소서'[64], 그를 위하여. 주께서 도우사 그의 대적을 물리쳐주소서.

이 말씀은 의심의 여지 없이 왕국 이전 시대에서 유래한다. 흔히 생각하듯 이 말씀이 소위 왕국 분열을 전제한다는 것은 개연성이 전혀 없다. 왜냐하면 북과 남의 분열에 대해 북 왕국 이스라엘이 애통해하고 있지 않으며 북 왕국 이스라엘이 "재통일"에 대한 희망을 가지고 있다는 표시가 전혀 없기 때문이다. 그렇다면 이것은 왕국 이전의 북쪽에서 형성되었으며, 유다를 포함하는 전 이스라엘의 공동소속감에 대한 적합한 표현이면서 동시에 유다가 남쪽의 가나안 횡목으로 말미암아 북쪽 지파들로부터 분리된 것을 탄식하고 있는 것이다. 이 말씀은 이스라엘이 하나의 민족으로 되어가고 있는 진일보한 단계임을 반영하고 있고 왕국 형성 단계에서 그리 멀지 않은 시기에 있음을 뜻할 것이다. 전체 이스라엘에 대한 "백성"('am)이라는 표현은 사사기 5장 11,13절에서와 같이 사용되는데, 드보라 노래에서도 유다는 언급되지 않는다.

c) 베냐민

땅 정복 제2단계에서 단을 제외한다면 베냐민 지파의 지역은[65] 지금까지 이스라엘에서 가장 작은 지파이다. 예루살렘과 베델 사이의 산지의 분수령에서부터, 요르단 지구에서는 예각 삼각형 모양으로, 예리코까지 이른다 (수 18:11-28; 삿 1:21). 남쪽 에브라임 산지의 동쪽 경사지는 광야와 같고

---

[64] 마소라 본문의 *b^eyādāw rāb* "그의 손으로 (그를 위하여) 그가 싸우다" 대신 *b^eyādēḵā rīb*로 읽을 수 있다.

[65] 이 지파의 역사에 대하여 Cf. K.-D. Schunck, Benjamin. Untersuchungen zur Geschichte und Entstehung eines israelitischen Stammes. BZAW 86 (1963).

사람이 전혀 살지 않기 때문에, 실제로는 분수령과 외곽 지역을 가진 예리코의 양면에 있는 매우 좁고 긴 부분이다. 이렇게 작은 지파가 이스라엘 역사에 중요한 역할을 했다는 것은 놀라운 일이다. 이 지파는 이스라엘의 첫째 왕을 배출했다. 이것은 분명 교통지리적으로 좋은 여건과 무관하지 않다. 왜냐하면 베냐민 땅은 중요한 도로로 나뉘어 있거나 국경을 이루기 때문이다. 예루살렘–세켐, 예루살렘–예리코, 베델–예리코, 그뿐만 아니라 예루살렘–벳호론–게제르–해안 평야가 있다. 이 도로의 중요성은 이 길 모두가 로마 시대에 도로로 건축되고 보호되었다는 데서 여실히 드러난다. 이름 베냐민은 "오른쪽의 아들", 즉 남쪽의 아들을 의미한다. 북쪽에 연이어 있는 "요셉의 집"에 속해서 라헬 집단의 지파에 속함을 알려준다. *DUMU^{MEŠ}-ya-mi-na=Banu-yamina*의 칭호 아래 있는 유목민 연합체는 중부 유프라테스강의 마리 문헌에서도 나온다. 베냐민 사람들은 이 거대한 연합체의 흩어진 집단으로 간주되었다. 그러나 이것은 약 1000km나 되는 지리적 간격이나 500년 이상의 시차를 고려할 때 전혀 개연성이 없다. 이 유형의 이름은 어디서나 생길 수 있었다. 창세기 49장 27절은 왕정 이전 베냐민 사람들의 삶의 방식과 생계를 들여다보게 해준다.

> 베냐민은 물어뜯는 이리라 아침에는 빼앗은 것을 먹고 저녁에는 움킨 것을 나누리로다

그들은 교통 요충지를 왕래하는 사람이라면 누구나 주의해야 할 노상강도, 약대강도, 야생 사슴이었다. 신명기 33장 12절은 더 후대의 것이다.

> '베냐민은'[66] 여호와의 사랑을 입은 자, 그는 '언제나'[67] 안전히 살리로다 '지존하신 분'[68]이 그를 보호하시고 그를 자기 어깨 사이에 있게 하시리로다

여기서는 분명히 베냐민 영토에 성소가 있음이 전제되어 있다. 이 성소는 "어깨 사이"에, 즉 산 비탈, 산허리에[69] 위치해 있다. 베델과 예루살렘이 물망에 오른다. 예리코 평지에 위치한 예리코의 길갈이 아니다. <케테파우> $k^etef\bar{a}w$ ("그의 어깨")의 쌍수 형태를 문자적으로 받아들이고 산지 지역이라는 일반적인 의미로 받아들이지 않으면, 단지 예루살렘만 의미할 수 있다.[70] "하나님의 거처"에 대한 동사 <샤칸> $\check{s}kn$도[71], 또 수정된 하나님의 칭호 "지존하신 분"(창 14:19-20)도 이것을 암시한다. 이 축복 말씀은 후기 왕정 시대에 유래했을 가능성이 있다.

d) 단

단 지파는[72] 땅 정복 첫 단계에 먼저 베냐민의 서쪽, 산비탈과 구릉지에 발판을 삼으려고 시도하였다(삿 1:34-35). 이곳이 단의 가장 위대한 아들, 힘이 센 삼손 이야기(삿 13–16)의 무대이다. 그러나 단의 시도는 성공하지 못했다. 왜냐하면 이 지역에 남쪽 횡목의 가나안 성읍들이 지배하고 있었기 때문이다. 그래서 단 지파는 어쩔 수 없이 물러날 수밖에 없었고 땅 정복

---

[66] '베냐민은'은 중자탈락으로 인해 도입양식구와 함께 사라진 것으로 추정된다. 지파의 이름은 각 축복의 몸체 부분에서 항상 언급되며, 초반부에서도 두 번(22절의 단과 23절의 납달리) 언급된다는 점에 주목할 필요가 있다.

[67] '언제나'($k\mathring{a}l$-$hayy\bar{o}m$)의 위치를 바꾼다.

[68] '$\bar{a}l\bar{a}w$가 중복되는데 이는 양식적으로 맞지 않다. 그 가운데 하나는 '$ly\bar{o}n$이 훼손되고 자리를 잘못 잡은 것으로 보인다.

[69] Cf. 민 34:11; 수 15:8, 10; 18:12 외.

[70] 이론적으로는 요시야 시대까지 베냐민 지파에 속한다. 수 15:8; 18:16,28; 삿 1:21과 비교. Cf. J. D. Heck, The Missing Sanctuary of Deut 33,12. JBL 103 (1984) 523-529.

[71] Cf. 신 12:11; 14:23; 16:6, 11; 26:2 외.

[72] Cf. H. M. Niemann, Die Daniten. Studien zur Geschichte eines altisraelitischen Stammes. FRLANT 135 (1985).

제2단계에서 상부 요르단 저지에 안착하게 된다. 거기에서 그들은 라이스 도성(텔 엘-카디)의 주인이 되어 이 성을 단이라 개명한다(삿 18).[73] 이 과정은 여호수아 19장 40-48절에도 반영되어 있다. 그 결과가 민수기 34장 7-11절의 바탕에 자리해 있다. 여기서 단은 마치 동쪽에 있는 판상 산맥(졸란)으로도 진출한 것으로 보인다. 어쨌든 이것은 일반적이지 않은 경우인데, 이스라엘 지파들이 초기에는 오히려 가나안 성읍들로부터 멀리 떨어져 있었기 때문이다. 여기서 바로 우리는 이미 땅 정복의 후기 단계에 있게 된다. 이 단계에서 작은 지파가 소위 도시가 되고 가나안 성읍국가의 법도 받아들였을 것이다. 단 이름은 전혀 분명하지가 않다. 아마도 인명일 것이다.[74] 창세기 49장 16-17절은 다음과 같다.

(16) 단은 이스라엘의 한 지파 같이 그의 백성을 심판하리로다
(17) 단은 길섶의 뱀이요 샛길의 독사로다 말굽을 물어서 그 탄 자를 뒤로 떨어지게 하리로다

이것은 두 말씀이 결합된 것이다. 첫 번째는 작고 중심에서 벗어난 지역에 위치함에도 불구하고 단 지파가 가진 자치권을 찬양한다. 두 번째는 노상강도를 암시하는 것 같다. 실제로 단은 아코와 티로에 있는 지중해 해안 평야와 다마스쿠스를 연결해주는 교통 요충지에 있었다. 골란 지역의 단 사람들은 다마스쿠스에서 랍바-암몬(암만)으로 가는 도로를 불안하게 하였

---

[73] Cf. M. Noth, Der Hintergrund von Ri 17-18 [1962]. ABLAK 1, 133-147; A. Malamat, The Danite Migration and the Pan-Israelite Exodus-Conquest. Biblica 51 (1970) 1-16; Y. Amit, Hidden Polemic in the Conquest of Dan: Judges XVII-XVIII. VT 40 (1990) 4-20.

[74] Noth, PN 187; PIAP 102. 창세기 49:16도 동사 *dyn* "재판하다"와 함께 나오고, 이 의미는 아라비아의 텔 엘-카디에도 여전히 담겨 있다.

을 가능성이 있다. 신명기 33장 22절은 이를 암시해준다.

단은 바산에서 뛰어나오는 사자의 새끼로다

바산(엔-누크라)은 사자의 –바산의 사자, 즉 특별한 야생 사자–의 기질을 나타내거나 아니면 지리적 의미일 것이다. 사사기 5장 17a절의 질타는 특이하게 들린다.

단은 배에 머무름이 어찌됨이냐?

단 사람들이 지중해 해안에서 무역하는 페니키아인을 위해 일했다는 의미인 것일까?[75]

e) 요셉

"유다의 집" 외에 "요셉의 집"은 초기 이스라엘의 지파 연합체 가운데 가장 크고 중요한 지파이다. 그 거주지는 중앙팔레스티나 산지의 북쪽 부분, 베델과 메기도 평원의 남쪽 변두리 사이에 위치했다(수 16–17). 이름 요셉은 의심의 여지 없이 인명이다. 요셉은 지파가 아니라 지파들의 연합체이다. 다시 말해 주로 므낫세와 에브라임 지파의 연합체이다. 이것을 족보는 므낫세와 에브라임을 요셉의 아들로 간주하는 방식으로 표현하고 있다(창 41:50-52 J). 독립적인 지파들로서의 정당성은 족장 야곱의 편에서의 가족법에 따른 인정 행위를 통해 추가적으로 확보된다(창 48 JEP). 므낫세

---

[75] Y. Yadin, "And Dan, why did he remain in ships" (Judges V, 17). AJBA 1 (1968) 9-23은 알려진 것보다 더 많은 것을 우리에게 알려준다.

는 "요셉의 집"의 전 지역의 북부, 나중에 "사마리아"로 명명된 지역에 살 았으며, 에브라임은 남부에 살았다. 둘 사이의 경계는 셰켐의 남쪽으로 약 5-10km에 걸쳐 나 있다.[76] 두 지역은 지리적으로 또 정치적으로 서로 다른 모습을 띤다. 므낫세의 북쪽은 에브라임의 남쪽보다 지리적으로 개방되어 있고 온화하다. 게다가 거기에는 산지의 다른 지역보다 더 많은 가나안 성 읍, 특히 셰켐이 있다. 므낫세 지파는 가나안 성읍 사이에 정착하였다. 이 지파는 어느 정도 가나안인과 한 지주의 농지를 경작하거나 공생하며 살았 다(삿 9; 대상 7:14-19). 이 모든 것이 에브라임에게는 해당되지 않는다. 두 지파가 "요셉 가문"에 공동으로 소속했는지는 해결되지 않은 문제이다. "요셉"은 가장 초기에 같은 지파에 속했다가, 나중에 서로 다른 땅 정복 상황에 처하여 므낫세와 에브라임으로 나뉜 족속들의 연합체였거나, 아니 면 본래 두 개의 연합체였는데, 이들 운명공동체가 이차적으로 더 상위의 "요셉의 집"으로 재구성되었을 것이다. 하지만 운명공동체였는지는 어디 서도 뚜렷하게 인지되지 않는다. 에브라임은 유다와 같이 본래부터 지역 이름이다(<하르 에프라임>, 에브라임 산지). 므낫세는 인명으로[77] 지도자 이름을 소급해서 가리킨다. 사안은 전승이 마길이라는 두 번째 지파 이름 을 언급함으로써 더 복잡해진다. 우리는 그가 므낫세와 어떤 관계에 있는 지 잘 알지 못한다. 마길(민 32:39-40; 수 17:1; 삿 5:14)도 인명이다.[78] 이 지파의 역사에서 두 명의 지도자가 서로 떨어져 나왔거나 큰 연합체가 두 개의 작은 연합체로 분리된 것일까? 아니면 마길은 독립적인 지파로서 나

---

[76] Cf. K. Eiliger, Die Grenze zwischen Ephraim und Manasse. ZDPV 53 (1930) 265-309; H. Seebass, Das Haus Joseph in Jos 17,14-18. ZDPV 98 (1982) 70-76; idem, Zur Exegese der Grenzbeschreibungen von Jos 16,1-17, 13. ZDPV 100 (1984) 70-83; Z. Kallai, The Settlement Traditions of Ephraim. ZDPV 102 (1986) 68-74.

[77] Noth, PN 222: 별칭; Cf. PIAP 125.

[78] Noth, PN 231-232; PIAP 108.

중에 어떤 이유로 므낫세와 이론적으로 병합된 것인가? 이에 대해 우리는
알지 못한다. "요셉의 집"의 역사는 수수께끼로 가득 차 있다. 에브라임과
므낫세는 중앙팔레스티나 산지에서뿐만 아니라 특이하게도 동요르단 땅에
도 존재했다. 에브라임은 얍복강 남쪽으로 규모가 크지는 않지만 아름답고
비옥한 고원인 고대의 길르앗 땅인, 오늘날 아르드 엘-아르데라 불리는 지
역에 위치했다(삿 12:4). 므낫세는 얍복강 북쪽으로 삼림이 우거진 산지인
소위 **아질룬**에 위치했는데, 길르앗이라는 이름은 여기서 비롯된 것이다.[79]
그러나 여기서 구별해야 할 것은, 더 고대의 전승에서는 마길이 그곳에 정
착했다고 하는 반면(민 32:39-42; 신 3:15; 수 17:1), 일반화되고 민족화된
땅 정복 이론은 이미 모세가 그 지역을 므낫세 반 지파에게 주었다고 말하
고 있다는 것이다(수 1:12; 13:7,29-31; 22:1-34).[80] 우리는 이를 어떻게 이해
해야 하는가? 마르틴 노트는 땅 정복 이론에 의해 주장된 과정은 바로 역순
이 되어야 한다는 입장을 대변하였다. 에브라임과 므낫세, 더 정확하게 말
하면 마길 족속이 동요르단 지역을 서요르단 땅에서부터 차지하였다는 것
이다.[81] 그러나 최근에는 므낫세가 동요르단 땅에 거주한 것을 후대 서기관
들이 전승된 자료에 작업을 가한 결과로 간주하는 목소리가 점점 더 증가
하고 있다.[82] 이것을 타당한 것으로 지지해주는 이유가 적합해 보인다. 그렇

---

[79] Cf. M. Ottoson, Gilead. Tradition and History. Coniectanea Biblica, OT Series 3
(1969); S. Mittmann, Beiträge zur Siedlungs- und Territorialgeschichte des nördlichen
Ostjordan landes. ADPV (1970) 209-231.

[80] Cf. M. H. Segal, The Settlement of Manasseh East of the Jordan. PEFQSt 50 (1918)
124-131; A. Bergman (=Biran), The Israelite Tribe of Half-Manasseh. JPOS 16 (1936)
224-254.

[81] M. Noth, Das Land Gilead als Siedlungsgebiet israelitischer Sippen [1941]. ABLAK
1, 347-390; Gilead und Gad [1959]. Ibid. 489-543.

[82] Cf. M. Wüst (위 203쪽 각주 45를 보라); A. Lemaire, Galaad et Makîr. VT 31 (1981)
39-61.

다면 길르앗 전체 전승 이야기 가운데 기원론적 장소 민담은 어떻게 라헬 집단의 족장 야곱과 단단히 연결된(창 31:21-33:17) 것일까? 소위 "동요르단의 야곱"은 요셉의 집의 동요르단 지역과의 관계를 암시해준다. 이 관계의 유형과 범위는 아직 더 고찰할 필요가 있다. 야곱과 모세의 요셉 축복(창 49:22-26; 신 33:13-17)은 구약학계에서 단계적으로 매우 오래되거나 또는 매우 후대의 것으로 간주되는 시문의 범주에 속한다.[83] 이들은 서로 종속되어 있지 않다. 이것은 여기서 개별적으로 고찰하지 않을 것이다. 어쨌든 신명기 33장 13-17절의 인용으로 충분할 것이다.

(13) ... 그 땅이 여호와께 복을 받았으니 '위로부터'[84] 하늘의 보물, 땅 아래에 저장한 물과

(14) 태양이 결실하게 하는 선물과 태음이 자라게 하는 선물과

(15) 옛 산의 '선물과'[85] 영원한 작은 언덕의 선물과

(16) 땅의 선물과 거기 충만한 것과 가시떨기나무 가운데에 계시던 이의 은혜로 말미암아 요셉의 머리에, 그의 형제 중 구별한(귀한) 자의 정수리에 '그것이 임할지로다'[86]

(17) '장자는 수송아지이며' 위엄이 있으니, 그 뿔이 들소의 뿔 같도다 이것으로 민족들을 받아 땅 끝에'까지' 이르리니[87]

---

[83] 실제로 관계가 있는 민수기 23장과 24장의 발람 신탁도 유사하다. 신명기 33:17은 민수기 23:22와 24:8등과 비교하라.

[84] 이름 요셉이 나오는, 13a절과 평행하는 반 구절이 빠진 것 같다. 마소라 본문의 "이슬로부터"($miṭṭāl$) 대신 "아래에"($taḥat$)의 평행구로 $mē'āl$로 읽는다.

[85] $ūmim$-$meged$가 "꼭대기에서"($ūmērōš$) 보다 더 개연성이 있다.

[86] $tb'th$는 $tābōnā$와 $te'etē('th의)$ 혼합형(forma mixat)이다.

[87] 칠십인역, 페쉬타, 불가타, 사마리아 오경을 근거로 마소라 본문의 "그의 소"($šōrō$) 대신 "소"($šōr$)로 읽으면 "장자"($b^ekōr$) 앞에 관사가 보충될 수 있다. 칠십인역에 따라 "까지"($'ad$)를 보충한다.

이러한 유형의 축복으로는 역사적으로 많은 것을 시작할 수 없다. 제의적인 양식으로 요셉의 비옥함과 번성함뿐 아니라 대적을 향한 그의 돌파력도 찬양되고 기원(祈願)된다. 여기서 "요셉"이 누구를 의미하며 무엇을 의미하는지 안다면 우리는 더 현명한 판단을 내릴 수 있을 것이다. ─"가시떨기 나무 가운데 계시는 이", 그 형제의 나실인(하나님이 구별한 자), 활 쏘는 자(창 49:23), 야곱의 전능자, 이스라엘의 반석의 목자(창 49:24)와 같은 야훼의 개별 표현은 시적인 보편성의 수준에서 전개되고, 오히려 "요셉의 집"이 더 이상 존재하지 않은 시대에서 나온 문학적 창작물이라는 인상을 자아낸다. 개별 모티브들이 더 오래되었다 할지라도 우리는 그것을 역사적으로 파악할 수 없다.

f) 잇사갈과 스불론

잇사갈과 스불론 지파는 함께 속한다. 잇사갈은 하부 갈릴리 산지의 동쪽 부분에 위치하고 가나안 사람이 거주한 벳스안의 만곡까지 이른다(수 19:17-23). 스불론의 거주지는 하부 갈릴리의 서쪽 부분에 위치해 있다(수 19:10-16). 다볼산(제벨 에트-토르)이 두 지역의 대략적 경계를 이룬다. 잇사갈은 미정복 지역 목록에는 나오지 않는다. 스불론은 사사기 1장 30절에서 다루어진다. 잇사갈에 대한 야곱 축복에 대단히 주의를 기울일 필요가 있다(창 49:14-15).

> (14) 잇사갈은 양의 우리[88] 사이에 꿇어앉은 건장한 나귀로다
> (15) 그는 쉴 곳을 보고 좋게 여기며 토지를 보고 아름답게 여기고 어깨를 내려 짐을 메고 압제 아래에서 섬기리로다[89]

---

[88] Cf. O. Eißfeldt, Gabelhürden im Ostjordanland [1949]. KS 3, 61-66.

[89] H. Donner, Der Spruch über Issachar (Gen 49, 14-15) als Quelle zur Frühgeschichte

이 말은 -잇사갈에 대한 "건장한 나귀"라는 경구는 찬양인데- 잇사갈이 벳스안의 요부와 메기도 평원에 위치했고 가나안 도시들에 종속되어 있었을 가능성이 있음을 의미한다. 만약 우리가 잇사갈의 땅 정복에 대해 말해도 된다면, 그것은 다른 이스라엘 지파들의 경우와는 다르게 이루어졌다는 것이다. 즉 가나안 사람을 제외하는 것이 아니라 그들과 함께하였던 것이다. 이때 므낫세와 같이 잇사갈은 한 지주가 경영하는 농지에 가나안 성읍민들과 함께 일하게 되었을 뿐만 아니라 자신의 자립성을 희생하고 그다음에는 역사에서 바로 사라졌다. 이 과정은 메기도의 성주 비리디야가 아멘호텝 3세에게 쓴 것으로 보이는 아마르나 편지 AO 7098[90]을 통해 더 자세하게 밝혀진다.[91] 여기서 파괴된 도시 슈나마(슈넴, 솔렘)가 메기도 성주의 감독 아래 이집트의 소유지로 재건축된다는 말이 언급된다. 비리디야가 야푸[92]와 누립타에서 데려왔다고 자랑하는 노동자(목적격으로 $^{LU.MES}ma$-as-sa^{MES})가 그 땅을 경작한다. 이들을 칭하는 용어가 히브리어 <마스> *mas* "역군"[93]에 해당하는데 이 *massu*-사람들은 잇사갈 사람들에 특징적인 요소를 두고 하는 말일 것이다. 이것은 실제로 창세기 49장 14-15절에 상응하며 동시에 이 축복이 매우 오래된 것이며, 특히 잇사갈이 후대에 별로 언급할 만한 역할을 더 이상 하지 않았다는 것을 보여준다. 잇사갈 사람들은 유목민으로 살았고[94], 다른 지파에서 땅 정복이라고 부르는 것이 그들에게서는 스스로

Israels [1987]. BZAW 224 (1994) 180-188; 그 밖에도 Cf. J. Heck, Issachar: Slave or Freeman? (Gen 49,14-15). JEThS 29 (1986) 385-396.

[90] F. Thureau-Dangin, RA 19 (1922) 97-98. 108. AO 7098 = EA 365에 출판되었다.

[91] Cf. A. Alt, Neues über Palästina aus dem Archiv Amenophis IV. [1924]. KS 3, 158-175, 특히 169-175.

[92] 나사렛에서 멀지 않은 욥바(야파)이다. 수 19:12 참고.

[93] 이 의미에 대하여 Cf. H. Donner (각주 89) 185-186.

[94] *mišpᵉtayim* "가축의 떼"와 *mᵉnūḥā* "쉼, 고향, 정주" 참고.

가나안에 예속되는 방식으로 이루어졌다. "품꾼, 품팔이꾼"을 의미하는 <이쉬 사카르> '*īš śākār*에서 나왔음직한[95] 잇사갈이라는 이름도 이것을 암시해준다. 이 이름은 축복 말씀만큼이나 잇사갈 답지 않다. 강하지만 개간하고 싶어 하지 않는 게으른 나귀에 대한 멸시, 그러니까 평원의 지파에 대한 산지 지파의 증오가 두 개의 축복 말씀에 나타나 있다. 바로 여기에서 땅 정복 과정에 대해 더 정확한 통찰을 얻을 수 있다. 잇사갈 사람들이 다름아닌 가나안인의 "품꾼"이었다는 것, 즉 고용살이를 한, 사회적으로 하층 도시민 계층이었다는 것은 개연성이 없다 할지라도 대체로 가능하다. 그렇다면 나아가 다음과 같이 추론할 수 있을 것이다. 다른 "이스라엘 사람"은 스스로를 자유롭게 하였으며 그래서 반가나안적이었던 반면, 잇사갈은 종속 상태를 기꺼이 감내했다고 말이다. 사정이 어떻든 간에 일정 시간 동안 잇사갈은 "지파"로 존재했을 것이다. 이는 드보라 노래에서의 언급을 통해 증명된다(삿 5:15). 이 품꾼이 야훼 신앙의 변절자가 되었고, 기껏해야 그 정도로만 이스라엘에 속하였던 것일까? 이것은 신명기 33장 18-19절을 관찰해보면 개연성이 있다.

(18) 스불론이여 너는 밖으로 나감을 기뻐하라 잇사갈이여 너는 장막에 있음을 즐거워하라
(19) 그들이 백성들을 불러 산에 이르게 하고 거기에서 의로운 제사를 드릴 것이며 바다의 풍부한 것과 모래에 감추어진 보배를 흡수하리로다

스불론과 잇사갈은 의심할 나위 없이 다볼산에 위치한 공동의 산악 성소를 가진 일종의 제의공동체를 구성했다. 다른 집단들도 거기에 참여했는지, 아니면 "백성들"(19절)이 두 지파를 칭하는 것인지는 확실하지 않다. 스불

---

95 다르게는 S. Beyerle, Der Name Issachar. BN 62 (1992) 51-60.

론의 "나감"(<야차> *yṣ'*의 <체에트> *ṣēt*)은 <야차 게불> *yṣ' gᵉbūl* (수 15:3, 4, 9, 11)이라는 형태로부터 설명될 수 있을 것이다. 이것은 대략 확장을 의미할 것이며, 스불론은 정기적인 땅 정복에서 한 지역에 이른 반면, 잇사갈은 계속해서 천막에 남아 유목민으로 살았다는 것을 말해준다. 지중해 해상 무역의 혜택은 창세기 49장 13절도 알려주듯이 주로 스불론에게 해당되었을 것이다.

스불론은 해변에 거주하리니 그 곳은 배 매는 해변이라 그의 경계가 시돈까지 리로다

이 말씀은 실제 영토에 대해 기술하지 않고, 영토에 대한 권리를 요구하고 있는데, 이는 마치 사사기 1장 31-32절에서 영토에 대한 권리가 아셀 지파에게 귀속되고 있는 것과 마찬가지이다. 이에 대해 드보라 노래(삿 5:17)는 스불론에 대한 창세기 49장 13절의 말씀과 유사한 것을 말하고 있다. 이 권리 요구를 두고 인접한 두 지파는 때때로 서로 경쟁한 것이었을까? 여호수아 19장 28절의 삽입문에도 있는 아셀 경계가 시돈까지 나있었다는 사실이 이를 지지해 줄 수 있을 것이다. 아마도 "시돈의 날개"(창 49:13)는 후대의 추가일 것이다. 두 지파가 지중해 쪽으로 향해 있었고, 페니키아인과 무역을 했고 종종 페니키아의 무역선에 대해 무역할당액을 부과했다는 것을 어쨌든 배제할 수 없다.

g) 아셀

아셀은 창세기 30장 12-13절에 따르면 실바의 아들이다. 아셀은 족보상 잇사갈과 스불론 뒤에 배열되었다. 그의 거주지는 상부 갈릴리 서쪽의 스불론 지파 북쪽에 위치하지만(수 19:24-31) 아코 평야까지 이르지는 않는다

(삿 1:31-32). 아셀 지파는 페니키아 해안 쪽으로 향하는 농경지의 경사면에 변두리에 위치해 있었다. 아셀에 대해 많은 것을 알 수는 없다. 창세기 49장 20절은 그리 많은 것을 알려 주지 않는다.

아셀에게서 나는 먹을 것은 기름진 것이라 그가 왕의 수라상을 차리리로다

이것은 이 지역 농지의 비옥함을, 아니면 해상 무역을, 아니면 둘 다를 가리키는 것일까? 아셀은 예루살렘 궁정에(왕상 4:16; 5:7)에 진상한 것일 까?[96] 이에 대해 신명기 33장 24-25절 역시 별로 도움이 되지 않는다.

(24) 아셀은 아들들 중에 더 복을 받으며 그의 형제에게 기쁨이 되며 그의 발이 기름에 잠길지로다
(25) 네 문빗장은 철과 놋이 될 것이니 네가 사는 날을 따라서 '네 능력이'[97] 있으리로다

이것은 둘 또는 세 개의 말씀으로 구성된 복합물이다. 소원은 아셀이 사랑 받는 자여야 하지만 실제로 그렇지 않다는 것을 전제하는 것 같다. 어쨌든 비옥함을 재차 언급하면서 거기에 덧붙여 어떠한 대적이든 물리칠 수 있음을 말하고 있다. 이 말씀의 연대에 대해서도 그 세부 내용에 대해서도 확실한 판단을 할 수 없다.

h) 납달리

납달리 지파의 거주지는 상부 갈릴리 동쪽, 티베리아 호수 북서쪽에 위

---

[96] S. Gevirtz, Asher in the Blessing of Jacob (Gen 49,20). VT 37 (1987) 154-163.
[97] IV AB II, 21-22 (우가리트어 db'atk)에도 불구하고 dåb'ēkā로는 아무것도 시작할 수 없다. 칠십인역에 따라 me'ōdēkā로 추정한다.

치하며, ―적어도 이론상으로는― 티베리아 호의 해안까지 이르고 훌레 분지까지 들어가 있다(수 19:32-39; 삿 1:33). 이 지파의 이름은 유다와 에브라임과 같이 지리적 칭호에서 유래한 것으로 추측된다(수 20:7; 삿 4:6). 납달리는 드보라 전투에 참여한 출중한 지파였다(삿 4:10; 5:18). 나아가 메롬 물가에서의 전투(수 11:1-15)는 납달리 지파가 참여한, 땅 정복의 후기 단계에 있었던 군사적 대립이었을 가능성이 농후하다. 창세기 49장 21절은 그 의미가 모호하다.

> 납달리는 놓인 암사슴이라 아름다운 소리를 발하는도다

이것은 웅변술에 대한 찬양일까 아니면 다변(多辯)에 대한 꾸지람일까?[98]

신명기 33장 23절은 더 분명하지가 않다.

> 납답리는 은혜가 풍성하고 여호와의 복이 가득하도다. 너는 서쪽(바다 쪽)과 남쪽을 '차지할지로다'[99]

23b절은 난해한 지리(地理)가 달린 방주(傍註)라는 인상을 자아낸다. 아니면 "바다"(yam)와 "남쪽 땅"(dārōm)은 단순히 사방을 말하는 것일까? 그렇다면 이것은 납달리 지파가 서쪽과 남쪽으로 확장한 것을 암시할 것이다. 누가 희생된 것일까?

---

[98] 궁켈의 추측에 따라 'imrē-šāfer 대신 'immerē-šāfer를 선호한다면 "아름다운 송아지를 낳다"(납달리의 주 산업)이라는 뜻이 나온다. S. Gevirtz, Naphtali in the "Blessing of Jacob". JBL 103 (1984) 513-521도 참고하라.

[99] 마소라 본문의 yᵉrāšā 대신 칠십인역이나 사마리아 오경에 따라 yīraš로 읽는다.

요약하면 갈릴리 북쪽은 이스라엘 역사에서 전혀 힘의 중심이 아니었다고 말할 수 있다.[100] 나사렛 예수 이전에 갈릴리는 역사적 결정들이 내려졌던 지역들로부터 아득히 멀리 떨어진 저편 역사의 어둠에 싸여 있었다. 페니키아 해안으로의 개방성은 헬라 시대에 이르러서야 역사적으로 영향력을 갖게 되었다. 이스라엘의 갈릴리 지파들은 이렇게 땅 정복 이후 다소 악전고투하였다. 이와 유사한 것이 이스라엘의 동요르단 지파, 길르앗과 아쥴룬 산지에 있는 에브라임과 므낫세 족속, 나아가 갓과 르우벤에게도 해당된다.

i) 갓

여호수아 13장 24-28절에 따르면 갓은 얍복강과 사해 북단 사이에 위치한 동요르단 판상산맥의 서쪽 경사지에 거주했다. 그러나 전통적인 지파 지도는 학습된 추측 때문에 바로 동요르단 땅에서 오류로 빠지게 되었다.[101] 여호수아 13장은 민수기 32장에 따라 정리되었다. 민수기 32장의 기술에 따르면 갓 지파는 아르논강(셀 엘-모지브)과 와디 제르카 마인 사이에 자리한다. 주요 장소는 디본(디반)이었다. 이것은 여호수아 13장 15-23절에서 르우벤에게로 잘못 귀속된 지역이다. 민수기 32장 34-35절은 메샤 왕의 모압 비문(KAI 181, 10째줄)에 있는 정보와 완전히 일치한다. "갓의 사람은 옛적부터 아타롯 땅에 거했다."(KAI 181, 10째줄). 창세기 49장 19절은 다음과 같다.

---

[100] 갈릴리 지파의 전체적인 위치에 대하여 다음을 참고하라. C. Meyers, Of Seasons and Soldiers: A Topographical Appraisal of the Premonarchic Tribes of Israel. BASOR 252 (1983) 47-59; Z. Gai, The Period of the Israelite Settlement in the Lower Galilee and in the Jesreel Valley. Maarav 7 (1991) 101-115.

[101] M. Wüst (위 203쪽, 각주 45) 참고.

갓 – 군대의 추격을 받으나 도리어 '그들의' 뒤꿈치를 추격하리로다[102]

이 말씀은 억압받는 상황과 그에 대항하는 성공적인 방어에 대해 말한다. 물망에 오르는 대적으로는 아르논강 북쪽 지역을 호시탐탐 노린 모압인이다. 신명기 33장 20-21절의 본문은 문제가 있다. 다음과 같이 재구성할 수 있을 것이다.

(20) 갓을 광대하게 하시는 이에게 찬송을 부를지어다 '갓은'[103] 암사자 같이 엎드리고 팔과 정수리를 찢는도다
(21) [그는 자기에게 가장 좋은 것을 보았다. 그 곳에 '그의 분깃이 준비되어 있었'기 때문이다. 백성의 수령들이 '왔다'.][104] 그가 야훼의 공의를 행하고, 그의 법도를 이스라엘과 함께 (행하도다).

괄호를 치지 않은 부분에서 둘 또는 세 개의 말씀으로 된 완결된 이야기를 가정할 수 있다. 1. 자신의 지역을 항상 방어해야 하는 지파를 위한 <마르하바> marḥaba-소원.[105] 2. 창세기 49장 19절의 유형에 따른 말씀. 3. 지리적으로 광야로 이어지는 개활지(開豁地)임에도 불구하고 –단 지파에서와 유사하게(창 49:16-17)– 갓 지파의 이스라엘 소속을 강조하는 말씀. 아마도 괄호 친 문장들은, 민수기 32장과 여호수아 22장 9-34절과의 관련 속에서 추가된 것일 것이다.[106]

---

[102] 고대역에 따라 ''qārām으로 읽는다. 20절의 첫 자음 <멤>(m)을 19절로 끌어당긴 것이다.
[103] 중자탈락으로 간주하여 "갓"을 보충한다.
[104] 마소라 본문의 "입법자의 분깃"(ḥelqat meḥōqēq) 대신에 ḥelqō meḥuqqqāq로 읽는다. 다음에 오는 '준비되어 있다'(sāfūn)는 방주로 간주하여 삭제한다. 마소라 본문의 단수 '그가 왔다'(wayyētē)는 복수형 '그들이 왔다'(wayye ᵉtāyū)로 읽는다.
[105] 신아라비아어의 일반적인 인사는 "넓은 땅을 (알라가 네게 만들어 주리라)!"이다.

j) 르우벤

르우벤 족속은 땅 정복 초기 단계에 서요르단 땅을 발판 삼으려는 시도를 하였던 것으로 추측된다.[107] 족보에서 헤스론이라는 사람이 르우벤의 후손으로 또 유다의 후손으로 나타난다(민 26:6-7,21-22). 사해의 북서단에 <에벤 보한> 'eben bohan, 즉 "엄지돌"이라 불리는 뾰족한 바위가 눈에 띈다. 전승은 "보한"을 인명으로 이해하였다. "르우벤 사람 보한의 돌"(수 15:6; 18:17). 이것은 후대의 추측일 수 있다. 여호수아 13장 15-23절의 잘못된 지파 지도에 따르면 르우벤은 실제로 갓 지파의 땅이 있는 곳에 자리했다. 민수기 32장 37-38절은 그에 반해 르우벤의 거주지가 와디 제르카 마인의 북쪽에 있다고 암시한다. 중심 도시들은 전혀 보이지 않는다. 추측해보건대 중심 도시는 그 위치를 확인할 수 없는 야셀(야제르, 민 32:1 외)이며, 그에 반해 민수기 32장 37절에도 불구하고 헤스본(헤스반)은 확실히 아니다. 왜냐하면 텔 헤스반 발굴을 통해 그곳에 기원전 8세기 이전에 작은 마을 하나만 있었다는 것이 밝혀졌기 때문이다.[108] 창세기 49장 3-4절은 의심의 여지 없이 문학적 창작물이다.

> (3) 르우벤아 너는 내 장자요 내 능력이요 내 기력의 시작이라 위풍이 월등하고 권능이 탁월하다마는
> (4) 물처럼 '네가 끓었은즉' 너는 탁월하지 못하리니 네가 아버지의 침상에 올라 더럽혔음이로다 내 침상에 '네가 올랐었도다'[109]

---

[106] 5bα절로부터 21bα절에 대한 방주(傍註)로 가정할 수 있다.

[107] Cf. C. Steuernagel, Die Einwanderung der israelitischen Stämme in Kanaan (1901) 15ff.; M. Noth, Israelitische Stämme zwischen Ammon und Moab (1944). ABLAK 1, 391-433.

[108] W. Vyhmeister, The History of Heshbon from Literary Sources. AUSS 6 (1968) 158-177은 매우 무비판적으로 평가한다. 그 밖에 Cf. St. Timm, Moab zwischen den Mächten. ÄAT 17 (1989) 90-96, esp. 94-95, n. 23, 24.

이 말씀은 르우벤이 더 이상 존재하지 않았거나 최소한 그에 대해 알려진 것이 없던 시대로부터 유래한다. 이 말씀은 르우벤의 잘못에도 불구하고 항상 열두 지파 체제의 앞자리에서 당시 지도적 역할을 하고 있던 르우벤 지파가 전체 이스라엘에서 잘려나간 이유를 말하고 있다. 이 말씀은 어쨌든 르우벤 족속의 유목민적 삶의 방식을 전제하고 또 드보라 전투에 불참했다는 이유로 르우벤 지파를 질타하는 사사기 5장 15-16절보다 후대의 것이다. 야곱 족장이 일인칭으로 나오고 창세기 35장 22절의 어둡고, 단편적인 민담 전승이 소급적으로 연관되어 있는 것을 볼 때, 이 말씀은 비교적 후대의, 정확하게 연대를 매길 수 없는 문학적 산물임이 분명하다.[110] 신명기 33장 6절은 훨씬 더 오래되었다.

르우벤은 죽지 아니하고 살기를 원하며 그 사람 수가 적지 아니하기를 원하나이다

여기서도 르우벤의 존재는 전제되어 있지만, 죽음을 앞둔 지파이다. 절망적인 쾌유 기원에도 불구하고 그는 다시 회복하지 못했다. 그는 암몬인의 팽창, 아마도 모압인과 또 남쪽에 있는 형제 지파인 갓의 팽창에 희생물이 되었다.

---

[109] 4절 상반절 마소라 본문의 '끓음'(*pāḥaz*) 대신 모든 고대역에 따라 *pāḥaztā*로 읽는다. 마찬가지로 하반절 마소라 본문의 '그가 올랐었다'('*ālā*)는 '*ālītā*였을 것으로 추정된다.

[110] Cf. St. Gevirtz, The Reprimand of Reuben. JN ES 30 (1971) 87-98; F. M. Cross, Reuben, First Born of Jacob. ZAW 100, Suppl. (1988) 46-65.

지도 3

제2장 팔레스티나 이스라엘 지파의 삶의 양식과 규정

소위 사사 시대의 이스라엘 지파의 생활양식 및 규정에 대해서 구약 전승에서 끌어낼 수 있는, 확실한 것은 매우 적다. 그러나 이마저도 서로 짜맞추거나 추론을 거쳐서 얻을 수 있어서 역사적으로 정확하지 않다. 이것은 결코 당연하지 않다. 왜냐하면 왕국 형성 시기에 가까이 다가가면 갈수록 자료 상태가 훨씬 더 양호할 것으로 기대하고 희망할 수 있기 때문이다. 그러나 유감스럽게도 이러한 희망과 기대에 부응하지 못한다. 땅 정복과 왕국 형성 사이의 이스라엘의 초기 시대의 자료 상태는 이스라엘의 선사 시대만큼이나 좋지 않다. 양적으로는 훨씬 더 열악하다. 우리는 구약성서의 사사기에 보존되어 있거나 그 틀 안에 있는 자료 이상의 것을 사용할 수 없다. 그 가운데 대부분은 이스라엘이 직면한 위험과 구원에 관한 것이다. 여기서는 이것을 언급하지 않고 제3장에서 특별히 다룰 것이다.[1] 여기에 오경, 여호수아와 사무엘상 1–6장에서 나온 부분적 설명도 추가된다. 성서 밖에서 사용할 만한 자료는 전혀 없다. 팔레스티나의 가나안 성읍들에서 나온 문서 보도는 전혀 없다. 어쨌든 농경지의 이스라엘 지파들의 구조에 빛을 비추는 문서는 전혀 없다. 당연하게도 이웃한 나라들, 특히 기록을 좋아하는 이집트인, 아시리아인, 바빌론인은 이제 막 생겨난 작고 중요하지

---

[1] 아래 244쪽 이하를 보라.

않은 팔레스티나 집단의 정착과 그 구조에 대해 전혀 기록하지 않았다. 그들은 주로 자신들의 일에 몰두하느라 그 팽창력은 느슨해졌고 지협인 시리아-팔레스티나에 대한 관심은 줄었다. 바로 이것이 이스라엘에게 큰 기회가 되었다. 그러나 우리가 아는 한 그 이웃들은 이 지협에서 새롭고 독특할 뿐 아니라 정치적으로 전도유망한 세력이 형성되고 있다는 것을 인지하지 못했다.

땅 정복과 왕국 형성 사이의 시기가 이스라엘 역사에 매우 근본적이고 결정적인 것이었기 때문에 이러한 만족스럽지 못한 자료 상태에 대해 심하게 불평할 수가 없다. 바로 이 시기에 처음으로 이스라엘이 역사적 존재로 그 모습을 갖추었기 때문이다. 앞서 일어난 것은 역사적 영향을 크게 남겼다 할지라도 서언이요, 서곡이었던 것이다. 그러나 이스라엘은 그 유래가 서로 다르고, 서로 다른 전승을 가진 집단들의 공동체였다. 배타적이기까지 한 것은 아니지만, 야훼 하나님의 통치권은 점점 더 그 중심을 차지할 뿐 아니라 그 영향력이 커졌다. 그러나 어떠한 과정을 거쳐 이스라엘이 이러한 공동체가 되었는지는 전혀 알 수 없다. 이 시기에 이스라엘의 공동체 의식이 서서히 형성되었을 것이다. 그 의식은 지파들에게 공동 소속임을 인식하고 또 다른 사람들과 다르게 자신을 인식하는 것을 가능하게 해주었을 것이다. 나아가 이스라엘 전체에 걸쳐서는 아니어도, 적어도 이스라엘 내 집단들 안에서는 공동체적 삶이 제도적으로 공고해지는 데 필요한 토대가 미약하기 하지만 처음으로 형성되었을 것이다. 결국 공동의 정치적 행동도 처음으로 어느 정도로까지는 가능하게 되었고 천천히 확장되어 갔을 것이다.[2] 사울 아래 지파들의 대출발, 국가적 군사왕정의 형성은 자고 일어

---

[2] Cf. H.-J. Zobel, Zusammenschlüsse von Stämmen in der vorstaatlichen Zeit Israels. Theol. Versuche 14 (1985) 29-37.

나보니 하늘에서 뚝 떨어진 것이 아니라 앞서 있었던 발전의 귀결인 것이다. 우리는 이에 대해 거의 아무것도 알지 못하며 기껏해야 미미한 것일 뿐이다. 이러한 기초적 토대가 되는 역사적 지점에 우리가 알 수 없는 빈틈이 있다는 사실은 이 틈을 채우기 위해 우리가 마르틴 노트의 암픽트요니 가설을 더 이상 사용하지 못한다는 사실보다도 더 고통스럽다.[3] 이 가설은 결코 빈틈이 없는 것은 아니지만 분명한 주제 전개와 인상 깊은 짜임새를 보여주는 전체 역사상에 구약의 대략적 설명과 조화하게끔 하는 하나의 설명 모델을 전하였다. 이 가설은 대체로 역사비평 등장 이전의 구약성서의 전통적인 역사상과 같은 역할을 수행하였다. 이제 우리는 우리가 가진 적은 양의 보도들을 더 이상 암픽트요니식으로 해석할 수 없게 되었다. 이로써 이 보도들은 개별적 사건들로 해체된다. 개별화는 이 시기를 특징짓는 용어이다. 사사 시대 이스라엘은 이곳저곳에서 전체 연합체로서가 아니라 거의 개별적 이스라엘 지파들로 파악할 수 있다. 각 지파는 자신들의 사안들을 그때마다 스스로 처리하였고, 외부의 위협에 직면했을 때 경우에 따라 연합하였으나, 그 외에는 계속해서 각각 자체로 생존했다. 그들 저마다의 특수한 제도들은 두말할 것도 없이 규칙에 따라 운영되었다. 그러나 규칙적인 것, 일반적인 것은 대체로 전승의 대상이 아니다. 몇 안 되지만 인지할 수 있고 추측할 수 있는 것으로 다음과 같이 요약할 수 있다.

1. 열두 지파 연합체 대표들로 이루어진 정규적 제의를 행했던 암픽트요니의 중앙성소는 세속적 열두 지파 연합체와 마찬가지로 존재하지 않았을 것이다. 이스라엘 초기 시대에 세켐에서든 또는 기타 다른 곳에서 공동의 대언약 제의가 있었다는 것은 허구이며, 그와 함께 우리가 거기서 끌어낸

---

[3] 위 81쪽 이하를 보라.

모든 추론적 결론도 허구이다. 그러나 그 땅에 **야훼성소**는 당연히 많이 있었다. 야훼성소가 가나안의 바알 성소들과 항상 뚜렷하게 구별되었던 것은 아니다. 오히려 계승하고 혼합하였다. 이미 족장 민담(saga)들은 야훼가 그 땅에 널리 흩어져 있던 가나안 제의 장소를 쇠퇴하게 하였다는 것을 알려주고 있다.[4] 전승은 땅 정복과 국가 형성 사이의 시기에 이루어진 과정을 족장 시대에 투영하고 있다. 야훼성소 가운데 이웃한 여러 지파에 속한 자들을 공동의 야훼제의로 통합시키고 멀리 떨어진 지역에서 온 순례자들을 끌어들인 초지역적인 성소가 있었다. 예를 들면 다볼산은 잇사갈과 스불론의 공동의 성소였으며 여기에 다른 지파들, 특히 북쪽의 지파들도 순례하였을 것이다(신 33:18-19; 삿 4:6,14; 후대에는 호 5:1에도). 중부 팔레스티나 지파들에게는 주로 실로(히르벳 셀룬)가 그 성소로 고려된다(삼상 1:3; 3:1ff.). 베델과 미스바(삿 20:26ff.; 21:8)도 그러한지는 확실하지 않은데, 왜냐하면 사사기 19–21장의 자료는 문제의 소지가 있기 때문이다.[5] 후대 시대로부터 역추론 해도 된다면, 길갈(수 3–5; 삼상 11:15)과 브엘세바(삼상 8:2; 왕상 19:3; 암 5:5; 8:14)도 초지역적인 의미를 지닌 성소였을 것이다. 이제 이 모든 성소에서 야훼가 숭배되었고 야훼의 활동에 대한 전통이 살아 있었기 때문에 이스라엘의 공동의식이 형성될 때 그러한 초지역적인 제의장소가 갖는 기능을 과소평가해서는 안 된다.

2. 만약 암픽트요니식의 중앙성소가 없었다면, 거기서 전체 이스라엘의 이름으로 관직을 수행했을 암픽트요니식의 제사장단도 없었을 것이다. 그러나 농경지 성소의 야훼화 및 이스라엘화와 함께 나란히 **야훼 제사장직**이

---

[4] 위 102-104쪽을 보라.
[5] 위 264-266쪽을 보라.

형성되고 발전했으리라는 것은 당연하다. 이 과정을 역사적으로 더 이상 들여다볼 수는 없다. 야훼 제사장직은 곳곳에서, 예를 들면 실로의 엘리 제사장 가문(삼상 1-3; 4:4)이 계승했다. 베들레헴 출신의 한 유다인의 역사가 보여주듯이 한 집의 제사장으로 고용되었을 수 있다. 미가라고 이름하는 에브라임 지파 사람의 집에서 제사장직을 시작하였다가 그다음에는 단 지파에 속한 자들이 그를 한 지파의 제사장으로 삼아 북쪽 고지로 데려간다(삿 17-18). 이러한 고대의 이야기는 레위 지파의 제사장적 특권이 아직은 확립된 것이 아니라는 것도 가르쳐준다. 이러한 특권은 여로보암 1세 시대에까지도 제한 없이 적용되지 않았다(왕상 12:31). 역사가 나중에서야 이차적으로 야훼화되지 않았다면, 야훼 신앙은 바로 "정통적인" 방식으로 이루어진 것이 아니라, 새긴 상, 에봇, 드라빔과 같은 훗날에 무시하기 힘든 물건들과 연결되었다는 것을 역사는 가르쳐준다(삿 17:3,5; 18:14,17-18,20,30-31). 그러나 후대 시대의 처벌이 초기 시대에도 적용되었을 것이라는 생각에서 우리는 벗어나야 한다. 이스라엘인은 가나안 사람들이 있는 농경지에서 옛적부터 그곳의 제의적 물건과 제의 형태를 수용하여 야훼와 연관하기를 주저하지 않았다. 이들은 고대의 농경 절기를 받아들이고 고대의 제사행위를 수행하였다. 이 모든 것은 가나안 시대로까지 거슬러 올라가는 고대의 성소에서 이루어졌다.[6] 이스라엘 사람들은 그 땅의 풍습 가운데 살았고 또 그 땅의 풍습을 수용하였다. 당연히 이것은 야훼가 점점 더 가나안화 되고, 본래 야훼에게는 전혀 속하지 않았던 그 땅의 신들에 동화되는 결과를 낳았다. 야훼와 바알의 관계나 그 둘 사이의 경쟁에 관한 후대의 문제는 여기에 그 뿌리를 두고 있다. 이 과정은 동화 또는 병합이라 불린다. 그러나 본래 팔레스티나 밖에 그 기원을 가진 야훼 예배

---

[6] Cf. R. Dussaud, Les origines canaanéennes du sacrifice israélite (1921).

는 소위 이스라엘 이전에 있었다는 점을 생각해야 한다. 이스라엘은 팔레스티나 농경지에서 비로소 형성되었고, 이스라엘과 함께 그들의 종교가 형성되었다. 그러나 이 종교의 요람에는 바알이 있었다.

3. 암픽트요니식의 중앙성소가 없었다면 암픽트요니의 하나님의 법 선포도 없었을 것이다. 그럼에도 불구하고 **하나님의 법** 개념이 무의미한 것은 아니다. 왜냐하면 전체 구약성서는 언제 어느 시대 어느 지역에서든 똑같이 모든 법은 야훼로부터 유래하며, 그에 의해 주어진 것이라는 확신에서 출발하기 때문이다. 이것은 그 뿌리가 왕국 이전 시기까지 거슬러 올라간다는 가정을 개연성 있게 해준다. 당연히 이스라엘은 가나안의 법 관행에 종속되었다. 예를 들면 언약서(출 20:22–23:33)와 같은 농경지의 법은 본래 가나안의 것으로 이스라엘은 이를 자신에 맞게 개선하여 수용하였다. 개선 수용은 점점 더 이 법이 야훼의 뜻이며 야훼에 의해 법제화되어 선포되었다는 사고와 연결되었다. 이스라엘은 성소에서의 예배 절기로써 이러한 사고를 확립하였으며 그래서 법조문이 낭독되고 제의참여자들은 이 법을 이행할 의무를 지게 되었다는 것을 배제할 수 없다. 그러나 이것은 –만약 있다면– 개별적인 것이었지, 어느 지역에나 필요하다 할지라도 전체 이스라엘의 것으로 생각해서는 안 된다. 문제가 되는 본문들에 아무리 전체 이스라엘이 참여했다고 할지라도 말이다(신 27; 수 8:30-35; 24:25-28). 이 본문들은 비교적 후대의 것이다. 이 본문들에는 초기 시대, 그러니까 이미 선사 시대에 전체 이스라엘의 지파 연합체가 존재했다는 것은 너무나 자명한 것이다. 야훼에 의해 권위가 부여되고 재가된 법이 갖는 통합력은 다시금 결코 과소평가해서는 안 된다. 그것은 야훼 신앙인들을 법규에 표현된 자신들의 하나님의 법 의지와 결합했고, 이로써 그들을 서로 묶어주었다. 유감스럽게도 우리에게는 초기 야훼법의 내용에 대해 정확히 알지 못한다.

초기에 구전을 통해 전수되다가 이후 언젠가 문서로 고정되었고, 구약성서의 포괄적인 법 수집에 편입되었다고 가정할 수 있다. 그러나 초기 야훼법의 유형이나 범위를 이 후대의 수집으로부터 믿을 만하게 재구성할 수 없는데, 이는 야훼법의 유형과 내용이 본래 어떠했는지에 대해 우리가 알지 못하기 때문이다.

알브레흐트 알트는 기초적인 양식사 및 법역사적 연구에서 결의론적 법조문과 필연적 법조문의 차이를 밝혀냈다.[7] 그는 결의론적 법은 농경지 거주자의 생활환경과 사회적 구조에 귀속해야 한다고 생각한 반면, 필연적 법은 원래 유목민의 것으로 간주하였다. 그가 이해한 바에 의하면 이스라엘 사람들은 원래부터 스텝 지역과 사막 지역에서 작은 가축을 치는 유목민이었기 때문에, 필연적 법이 본래적인 것이면서 어쨌든 가장 오래된 신의 법이라는 가정은 타당한 것이었다. 알트에 의해 촉발된 이 연구는 이 분야에서 계속되었으며 고대 오리엔트의 법전과 구약성서의 법전이 이 두 가지 장르의 법 가운데 순수하게 어느 하나만을 담고 있는 것은 매우 드물고, 대개는 혼합되고 복잡한 형태로 되어 있어서 사회적으로 분명하게 구분하거나 귀속하는 것이 쉽지 않다는 통찰을 가져다주었다.[8] 이로써 필연법을 하나님의 법으로, 심지어 암픽트요니식 하나님의 법으로 보는 일반적이고도 종종 대표되는 해석은 양식 비평적이고 역사적인 이유로 불가능한 것이 되었다.

4. 본래는 하나였던 것으로 보이지만 사사기서의 편집 과정에서 반으로 쪼개져 두 개로 된 소위 "소(小)사사" 목록이 사사기 10장 1-5절과 12장 7-15절에 전승되어 있다. 대(大)사사들과는[9] 대조적으로 이 인물들에 관한

---

[7] A. Alt, Die Ursprünge des israelitischen Rechts [1934]. KS I, 278-332.
[8] Cf. 특히 E. Gerstenberger, Wesen und Herkunft des „Apodiktischen Rechts". WMANT 20 (1965).
[9] 아래 246-247쪽을 보라.

이야기가 아니라 단지 짧은 기록만 전한다. 예를 들면

> 그 뒤를 이어 스불론 사람 엘론이 이스라엘의 사사가 되어 십 년 동안 이스라
> 엘을 다스렸더라 스불론 사람 엘론이 죽으매 스불론 땅 아얄론에 장사되었더
> 라 그 뒤를 이어 비라돈 사람 힐렐의 아들 압돈이 이스라엘의 사사가 되었더라
> 그에게 아들 사십 명과 손자 삼십 명이 있어 어린 나귀 칠십 마리를 탔더라
> 압돈이 이스라엘의 사사가 된 지 팔 년이라 비라돈 사람 힐렐의 아들 압돈이
> 죽으매 에브라임 땅 아말렉 사람의 산지 비라돈에 장사되었더라(삿 12:11-15).

이런 식으로 입다를 포함하여 다양한 지파의 성읍 출신인 여섯 명의 "소
사사"가 열거된다. 그들의 기능은 동사 어근 <샤파트> špṭ로 기술된다. 이
목록은 그들을 연차 순으로, 즉 관직을 이어받은 순서에 따라 후임자를 소
개한다. 눈에 띄는 것은 이 사람들의 관직 기간이 사사오입식의, 그러니까
의심쩍은 수로 기록되어 있지 않다는 것이다. 이 목록 이상의 것은 존재하
지 않는다. 즉 소사사들의 정확한 기능은 어떤 것도 확실하게 알 수 없다.
마르틴 노트는 그들을 알트의 방식에 따라 암픽트요니식으로 해석하였
다.[10] 그는 소사사들이 우리에게 알려진 유일한 직무인 전체 이스라엘의
암픽트요니의 직무를 맡은 사람들이라 보았고, 그들의 임무를 더 자세히
규정하고자 하였다. 이때 그는 어근 <샤파트> špṭ "다스리다"의 법적 의미
에서 출발하여 법적 기관에서의 소사사의 활동으로 추론하였다. 하지만 일
반적인 재판 및 판결 활동은 아니다. 왜냐하면 이것은 "민법"과 형사법의
경우에 성문(城門) 재판에서 공동체의 장로들의 권한에 속하고[11], 종교법

---

[10] M. Noth, Das Amt des "Richters Israels" [1950]. GS II, 71-85; 다음도 참고하라.
H.-W. Hertzberg, Die kleinen Richter [1954]. Beiträge z. Traditionsgeschichte des AT
(1962) 118-125.

[11] Cf. L. Köhler, Die hebräische Rechtsgemeinde, in: Der hebräische Mensch (1953)
143-171.

의 경우에는 제사장의 임무에 속하였기 때문이다. 오히려 노트는 이미 클로스터만이[12] 언급한 추측을 수용하였다. 그에 따르면 하나님의 법을 진흥하는 것이 소사사들의 주된 직무였다. 그들은 그것을 알아야 했고 연구해야 했으며 주석하고 암픽트요니의 절기 성회에서 지파의 대표들에게 낭독해야 했다. 즉 그들의 기능은, 알팅그(Allthing)[13]에서 판결해야 했던 아이슬란드의 뢰그쇠구마드르(*Lögsögumaðr*)와 유사한 "법 대변인"의 기능이었다. 이 이론의 옳고 그름은 암픽트요니와 암픽트요니식 하나님의 법 문제에 달렸다. 그에 반해 리히터는 이미 1965년에 어근 <샤파트> *špṭ*가 친족어인 셈어에서와 같이 결코 "재판하다"만을 의미하는 것이 아니라 "통치하다, 지배하다" 또한 의미함을 지적하였다.[14] 그는 여기서 다른 결론을 끌어냈다. "그들은 도시나 지파 출신이며 한 도시나 그에 해당하는 지역의 민사행정과 판결을 위해 (지파) 장로들이 임명한 자로서 부족법에서 도시법으로 넘어가는 과도기에 있는 법규를 대표하는 자들이다. 이러한 법은 지속적으로 발전하여 왕정 법이 된다." 당연히 우리는 이에 대해 정확하게 알지 못한다. 적어도 다음의 관점은 리히터의 해석을 지지해준다. 소사사들은 전체 이스라엘이 아니라 개별 지파의 사사였다. 그들은 지파질서에서 성읍질서로 이행되는 과도기에 있었으며, 이러한 이행은 실제로 사사 시대에 이루어졌다. 어근 <샤파트> *špṭ*의 의미는 제대로 규정되었다. 이 관직의 일반화와 국가화는 후대의 전체 이스라엘적인 해석의 결과이다. 사사들을 승계적으로 "왕의 연감에 대한 유비"로 보는 것 또한 그렇다. 쏘긴에 따르면 아시리아 연호관리와 로마의 집정관의 경우와 유사하게 최종 형태의 목록은 연대를 설정하는 데도 기여한다.[15] 대사사와 소사사의 차이를 없애

---

[12] A. Klostermann, Der Pentateuch II (1907) 419ff.
[13] [역주] 930년까지 거슬러 올라가는 세계에서 가장 오래된 아이슬란드의 의회 기관.
[14] W. Richter, Zu den "Richtern Israels". ZAW 77 (1965) 40-71.

는 경향을 따르는 것은[16] 문제가 있어 보인다. 왜냐하면 그럴 경우, 소사사들에게는 군사적인 임무도, 대사사들에게는 민사적 임무도 귀속해야 하지만, 정작 전승은 −입다의 예외적인 경우를 제외하면[17]− 이에 대해 아무것도 알려주지 않기 때문이다.[18] 이스라엘 밖에 있는 가장 유사한 것으로 카르타고의 수펫을 지적하며 마치고자 한다.[19]

5. 개별 이스라엘 지파의 우두머리는 다른 칭호 외에 <나시> *nāśī* (복수형은 <네시임> *nᵉśī'm*)를 달고 있는 것으로 보인다(민 1:5-16; 13:1-16; 34:17-28 외).[20] 이 칭호의 기원은 완전히 밝혀지지 않았다. 이 칭호가 <나

---

[15] J. A. Soggin, Das Amt der "Kleinen Richter". VT 30 (1980) 245-248.

[16] 가령 K.-D. Schunck, Die Richter Israels und ihr Amt [1966]. BEATAJ 17 (1989) 77-87와 S. Herrmann, Geschichte 150-51; 다음도 참고하라. A. L. Hauser, The "Minor Judges" - A Revaluation. JBL 94 (1975) 190-200; E. Th. Mullen, The "Minor Judges": Some Literary and Historical Considerations. CBQ 44 (1982) 185-201; P. Kaswalder, I Giudici di Israele. Studium Biblicum Franciscanum, Liber Annuus 41 (1991) 9-40.

[17] 위 223-224쪽을 보라.

[18] 사사기 10장 1절에서 많이 알려주지 않는다. 이것은 조화시키기 위한 이차적인 시도일 수 있다.

[19] Cf. V. Ehrenberg, PW IV A2 (1932) 643-651; J. Dus, Die "Sufeten Israels". ArOr 31 (1963) 444-469; C. Krahmalkov, Notes on the Rule of the Šōfṭīm in Carthage. Rivista di studi fenici 4 (1976) 153-157; W. Huss, Vier Suffeten in Karthago? Le Museon 90 (1977) 427-433.
[역주] 단어 *Sufet* <수펫>의 어근은 Sin, Pe, Tet라는 세 자음으로 구성되며, 히브리어 schofet, 라틴어 su(f)fes, 복수형은 su(f)fetes; 그리스어 βασιλεύς에 맞먹는다. 카르타고에서 이 직책은 한니발 시대(기원전 440-406)까지 거슬러 올라간다. 수펫은 백성의 의회에서 매년 선출되었다. Wikipedia, "supet" 참고.

[20] Cf. M. Noth, Das System der zwölf Stämme Israels. BWANT IV, 1 (1930, repr. 1980) 151-162; J. van der Ploeg, Les chefs du peuple d'Israel et leurs titres. RB 57 (1950) 40-61; E. A. Speiser, Background and Function of the Biblical Nāśī [1963]. Oriental and Biblical Studies, ed. Finkelstein and Greenberg (1967) 113-122; T. Ishida, The Leaders of the Tribal Leagues "Israel" in the Pre-Monarchic Period. RB 80 (1973) 514-530.

사 콜> nāśā qōl "목소리를 높이다"에서 온 것이라면 "대변인"의 의미가 된다. 그렇지 않다면 수동적 의미를 지닌 "귀인, 지도자의 고귀한 자"를 뜻하는 것일까? <네시임> nᵉśī'm의 기능에 대하여는 구약성서에서 아무것도 알아낼 수 없다. 그들이 일종의 전체 이스라엘의 의회를 구성했다는 가정은 아무런 토대가 없다. 이는 온 이스라엘의 대표자 성회가 더 후대 시기에 성립된 이론에서 나온 것이지 이스라엘의 초기 역사에는 실제로 존재하지 않은 것과 마찬가지다.[21]

6. 이스라엘 지파 구조는[22] 구약성서에 흩어져 있는 보도들에서 드러난다 (예를 들면, 수 7:16-18; 삼상 10:20-21). 이에 따르면 지파(šebeṭ, maṭṭē)는 여러 족속(mišpāḥā)으로 이루어지는데, 그 일원의 대략적인 수에 따라 <엘레프> 'elef "천 단위"로 일컬어진다. 족속은 대가족(bēt 'āb "아버지의 집" 또는 단순히 bayit "집"), 즉 공동 조상의 삼사 대 후손들로 구성된다. 대가족은 그리스 형제단(Phratrie)과 로마의 친족 집단(gens)에 해당된다. 대가족은 결코 친족 연대로만 결합되는 것은 아니며 공동체를 통해서도 성립된다. 족속이 대부분의 경우 지파보다 더 오래되었으며, 여러 족속에서부터 가령 땅 정복 과정에서, 공동의 운명을 근거로 한 지파가 결성된다고 가정한다면 이는 틀린 것은 아니다. 언급된 집단 사이의 경계는 유동적이며 특히 가족에서 그리고 매우 드물기는 하지만 족속과 지파에서도 그러하다. 끊임없이 자연발생적으로 겹치고, 병합되고, 나뉘고, 새로이 형성된다. 이

---

[21] H. Reviv, The Pattern of the Pan-Tribal Assembly in the OT. JNSL 8 (1980) 84-94.

[22] Cf. W. Thiel, Verwandtschaftsgruppe und Stamm in der halbnomadischen Frühgeschichte Israels. Altorientalische Forschungen IV, Schriften z. Geschichte u. Kultur des Alten Orients (1976) 151-165; L. E. Stager, The Archaeology of the Family in Ancient Israel. BASOR 260 (1985) 1-35.

는 환경에서 경제 구조와 땅 분배에 힘들고도 복잡한 영향을 미친다. 왕정 이전 시대에 그 영향이 어떠했는지는 아무것도 알지 못하지만, 후대에 펼쳐진 상황의 원인 역시 사사 시대로 거슬러 올라간다고 가정해도 될 것이다. 이스라엘의 고전 토지법에 따르면 야훼는 모든 땅과 토지의 소유자이다. 가족의 소유권은 토지법적으로 야훼의 소유에 종속된다. 즉 기본적으로 매매할 수 없으며 물려줄 의무가 있는 기업(*naḥ*^{a}*lā*, 후대의 ^{a}*ḥuzzā*)이다.[23] 족속관계와 가족관계의 이동과 증가하는 복잡성으로 인해 이스라엘에서의 토지 분배는 시간이 흐르면서 점점 어려워졌다. 어느 정도의 균형과 수정을 가져온 것은 후대에 제비를 통한 땅 분배였는데, 이것은 차지하고 있던 주인이 없어졌을 때 지역공동체에 의해 이루어졌다.[24] 하지만 이 관행이 이미 왕정 이전 시대에 있었는지에 대해서는 알지 못한다. 그러나 무엇보다도 다음 사항이 중요하다. 즉 땅 정복과 그 지역의 병합 또는 인계 이후 가장 큰 단위인 지파는 점점 더 순전한 픽션이 되었다는 것이다. 지파와 같은 공동소속은 여전히 존재하였겠지만 실질적인 것이라기보다는 훨씬 더 이론적인 것으로 존재했을 것이다. 지파 개념이 지역 개념에 자리를 내주었다고 말할 수 있을 것이다. 어쨌든 지역연합체가 족속연합체와 동일시되는 것이 드물지 않았다(미 5:1 외). 이는 마치 실제적인 삶에서 족속이 가장 크고 영향력 있는 집단이었던 것으로 보이는 것과 마찬가지이다.

7. 방금 언급한 것은 **군사제도** 영역에 다시금 한정시킬 수 있다. 의심할 바 없이 개별 족속연합체 차원에서의 징집이 있었지만 –예를 들면 사사기

---

[23] Cf. F. Horst, Zwei Begriffe für Eigentum (Besitz): *naḥ*^{a}*lā* und ^{a}*ḥuzzā.* Verbannung und Heimkehr, Fs W. Rudolph (1961) 135-156.

[24] Cf. A. Alt, Micha 2,1-5. ΓΗΣ ΑΝΑΔΑΣΜΟΣ in Juda [1955]. KS 3, 373-381.

6장 34절에서 매우 분명하게—, 훨씬 더 크고 중요한 경우에는 지파의 소집, 즉 한 지파 차원에서의 무기를 드는 남자를 징집해야 했다. 왕국 이전 이스라엘은 직업군인이나 용병이나 기사나 전차 부대에 대해 알지 못했다. 오직 중무장을 한 남성들의 보병 군대만 있었으며, 이들은 스스로 알아서 무장해야 했던 <깃보레 하하일> *gibbōrē haḥayil* 즉 "군역의무를 진 땅소유자"로서 기동력이 없는 전투부대였다. 지파군대의 조직은 지파 조직에 상응한다. 부대의 단위는 천부(*'elef*, 복수형은 *'alāfīm*)와 오십부(*ḥamiššīm*)로 되어 있는데, 이는 족속과 대가족 형태의 부대 단위이다. 백부와 십부는 드물게만 언급된다.[25] 지파 차원에서 징집된 지파군대는 때로는 연합 형태로 이루어지기도 했는데, 자신들의 전쟁을 야훼가 치르는 전쟁의 이름으로 수행하였다. 즉 그들은 야훼를 전사로 간주하였고 그에게 승리를 돌렸다. 학자들은 이로부터 이미 이스라엘의 초기 시대에 거룩한 전쟁을 수행하기 위한 정식 제도가 있었다고 추론하려고 하였다.[26] 항상 가지고 다니는 언약궤에 좌정하신 야훼가 직접 자신의 대적인 이스라엘의 대적을 치신다. 전쟁을 치르기 전에 야훼께 희생 제사를 드리고, 전사들은 제의적으로 정결한 상태에 있어야 한다. 야훼는 친히 전쟁에 개입하시며, 가끔은 대적에게 하나님에 대한 두려움과 공포가 임하게 함으로써 대적들을 무찌르신다. 승리한 후에는 대적과 대적의 모든 동산과 부동산에 진멸(*ḥerem*) 행위가 수반된다. 이것은 멸절과 완전한 폐기를 뜻한다. 그 어떤 것도 군대의 손에 넣어서는 안 된다. 거룩한 전쟁에 대한 이러한 사상에다 사람들은 이론의 탑을 쌓았다. 그러나 정확히 말해 그러한 제도에 대해 말할 수 있는 것이

---

[25] Cf. A. Bertholet, Kulturgeschichte Israels (1919) 189-194; H. Schmökel, Kulturgeschichte des alten Orients (1961) 499-506; R. de Vaux, Das AT und seine Lebensordnungen 2 (1960) 13-20.

[26] 특히 Cf. G. v. Rad, Der Heilige Krieg im Alten Israel (1965⁴).

전혀 없음이 드러났다. 위에 언급한 과정에 대한 개별 요인이 여기저기에 나타난다. 고대 이스라엘이 관여된 모든 사람과 함께 언젠가 거룩한 전쟁을 치렀다는 것은 어떤 자료에서도 찾아볼 수 없다. 거룩한 전쟁은 주로 후대의, 성문서의 역사 서술 개념에서 나타난다. 가령 역대기에서 말이다.[27] 즉 전쟁이 본래 어떻게 수행되었어야 했는지를 기술하는 공리적 언명에서 등장한다. 우리는 확실히 알 수 있는 것으로 그 대상을 축소해야 한다. 분명히 인지할 수 있는 것은 이스라엘의 지파들이 그들의 전쟁을 야훼의 전쟁으로 치렀다는 것이다. 이 점에서 그들은 고대 오리엔트의 이웃들과 다르지 않다. 원래 신은 항상 전쟁을 인도하는 자로 간주된다. 특히 그는 또한 언제나 승리자인 것이다. 신에 대해 이와 같이 이야기하고 나면, 바로 이러한 확신을 기술하는 동기가 나타난다.[28] 이론 형성은 그러한 초기 이야기에 뒤이어 이루어진다. 이론 형성은 신명기 전에 시작된 것이 아니며(신 20:1-20), 수많은 중간 단계를 거쳐서 이슬람의 거룩한 전쟁 지하드까지 이른다.

8. 이스라엘 지파, 족속, 가족의 **사회** 질서는 −기타 모든 고대 문화, 특히 지중해 지역의 문화에서와 같이− 가부장적이다. 고대의 모계 사회의 흔적

---

[27] 제3위의 역사 서술 개념에 대하여 Cf. Th. Willi, Die Chronik als Auslegung. FRLANT 106 (1972) 215ff.

[28] 이 사안에 대한 평가 전환의 시작은 M. Weippert, „Heiliger Krieg" in Israel und Assyrien. ZAW 84 (1972) 460-493. 다음도 참고하라. F. Stolz, Jahwes und Israels Kriege. AThANT 60 (1972); C. Colpe, Zur Bezeichnung und Bezeugung des „Heiligen Krieges". Berliner Theol. Zeitschrift 1 (1984) 45-57, 189-214; S.-M. Kang, Divine War in the OT and in the Ancient Near East. BZAW 177 (1989); T. R. Hobbs, A Time for War. A Study of Warfare in the OT. OTS 3 (1989); A. van der Lingen, Les guerres de Yahvé. L'implication de YHWH dans les guerres d'Israël selon les livres historiques de l'Ancien Testament. Lectio Divina 139 (1990).

을 종종 추정할 수는 있지만 증명할 수는 없다. 대가족은 법으로 제한된 가부장 통치권(patria potestas)에 종속되었다. 그보다 큰 모든 집단은 장로단에 의해, 즉 고위층 집안의 우두머리에 의해 인솔되었다.[29] 지역 내에서 장로회는 가나안 성읍의 고위층 귀족과 같은 기능, 아니 그보다 훨씬 더 높아 보이는 기능, 예를 들면 성문에서의 판결 같은 기능을 수행하였다. 전체 이스라엘과 관계된 일을 다루는 장로단은 없었다. "이스라엘의 장로들"이 언급될 때면 이는 함께 참여하는 개별 지파에서 장로들을 말하거나 (삼하 3:17; 5:3; 17:4,15 외) 아니면 허구이다(삼상 8:4 외).[30] 이런저런 관찰에 따르면 왕국 이전의 이스라엘은 소위 "단편 사회"의 유형에 따라 조직되었을 것이라는[31] 의혹이 생긴다. 이것은 "우두머리 없는" (즉 정치적으로 중앙기관을 통해 조직되지 않은) 사회이며, 여기서 정치 조직은 동일한 계급과 족속에 따라 구분된 다층적 집단으로 매개된다.[32] 우리가 아는 바가 별로 없고, 또 이 개념이 나온 인종적인 유비가 시간적으로나 공간적으로

---

[29] 지파의 장로들: 신 31:28; 삼상 30:26 외. 지역의 장로들 (족속 장로들): 삼상 11:3; 16:4; 왕상 21:8 등. 이에 대하여 G. Bettenzoli, Gli "Anziani di Israele". Biblica 44 (1983) 47-73; idem, Gli "Anziani" in Giuda. Ibid. 211-224.

[30] 이 문제의 전체 범위에 대해, W. Thiel, Die soziale Entwicklung Israels in vorstaatlicher Zeit (1980). 다음도 보라. N. K. Gottwald, Bibliography on the Social Scientific Study of the OT. American Baptist Quarterly 2 (1983) 168-184.

[31] 예를 들면 F. Crüsemann, Der Widerstand gegen das Königtum. WMANT 49 (1978) 201-208.

[32] Chr. Sigrist, Regulierte Anarchie. Untersuchungen zum Fehlen und zur Entstehung politischer Herrschaft in segmentären Gesellschaften Afrikas (1967) 30. 그 밖에 Cf. Chr. Sigrist-Neu (ed.), Ethnologische Texte zum AT 1: Vor- und Frühgeschichte Israels (1989). 비판적 관점은 M. Clauss, Gesellschaft und Staat in Juda und Israel (1985)와 J. W. Rogerson, Was Early Israel a Segmentary Society? JSOT 36 (1986) 17-26. 다음은 이러한 관찰 방식이 이미 해묵은 것임을 보여준다. J. Wellhausen, Ein Gemeinwesen ohne Obrigkeit. Rede zur Feier des Geburtstages S. M. des Kaisers und Königs am 27.1.1900 im Namen der Georg-August Universität Göttingen (1900).

이스라엘로부터 멀리 떨어져 있다 할지라도 이것을 배제할 수 없다. 적어도 근동에서 소위 사파이트에서 출발한 아랍-베두인 사회는[33] 이 모델에 따라 이해할 수 있다.

---

[33] 이에 대하여 E. A. Knauf, ADAJ 27 (1983) 589-593와 ZDMG. S 6 (1985) 124-132.

제3장 팔레스티나 이스라엘 실존의 위협과 구원

땅 정복과 왕국 수립 사이의 시기에 일어난 사건들은 사사기, 정확히 말해 사사기 2:6–16:31까지의 본문과 부록인 사사기 17–21장이 다루고 있다. 사사기는 신명기 역사서의 일부이다. 그럼에도 불구하고 여호수아서의 신명기 사가의 편집은 고대 신명기 사가 이전 자료들을 가능한 한 축소하지 않은 채 언급하고, 그것을 바른 신명기 사가의 이해를 증진하기 위해 이 자료들을 두 개의 프로그램적 설교(수 1; 23)로 감싸고 있는 반면, 사사기는 이와는 다른 식으로 편집되어 있다. 독자들은 먼저 기본적으로, 사사 시대 역사가 어떻게 전개되었는지 알게 된다. 독자는 "일종의 소논문"을 읽는 것 같다.[1] 여호수아 사후 역사의 방향이 어디로 노정되어 있는지 독자에게 자세히 보도하는 하나의 역사 프로그램이다(삿 2:6–3:6). 이 프로그램에 따르면 땅 정복과 왕국 수립 사이의 이스라엘의 역사는 부단한 기복의 역사이다. 즉 야훼를 배반하는 것과 그에 대한 심판, 구원과 평화 시대가 지속적으로 반복되고 있다. 이스라엘은 야훼가 가증히 여기는 일을 행하며, 농경지의 바알 신을 섬기고, 다른 민족들의 신들을 섬기며, 이런 일들로 야훼의 진노를 산다. 징벌이 뒤따른다. 야훼가 이스라엘을 대적에게 넘겨주자, 대

---

[1]   J. Wellhausen, Die Composition des Hexateuchs und der historischen Bücher des AT (1963⁴) 213.

적은 이스라엘을 억압하며 종으로 삼고 그들의 실존을 위협한다. 그렇게 되자 이스라엘은 야훼께 도움을 청하고, 야훼는 그들을 불쌍히 여겨 참으시고 영웅과 구원자를 일으켜 그들로 하여금 위협을 막고 대적을 쫓아낼 수 있게 하신다. 그러나 평화로운 시기가 있은 후에는 또 다시 배반이 시작되어 (이러한 과정이) 왕국이 수립되기까지 몇 번이고 되풀이된다. 우리가 보는 대로 이러한 역사신학적 도식에 전통적인 고대 자료들이 치밀하게 삽입되어 있다. 이스라엘 또는 팔레스티나에 있는 이스라엘의 일부가 겪는 위협과 구원에 대해 이야기해주는 영웅 민담이 주를 이룬다. 여기서 사사기 2:6-3:6의 기획적인 요소는 계속 반복되며, 이 도식 안에 고대 자료는 적재적소에 끼워져 있다. 즉 야훼가 이스라엘이 억압받는 것을 불쌍히 여기고 그들을 구원하기로 결정하는 곳에 위치해 있다. 그러니까 이른바 사사기서의 틀, 즉 역사 과정에서 되풀이되어 나타나는 요소의 반복이 하나의 프로그램을 지향한다.

사사기서의 문학적 분석의 문제는 매우 어렵고 지금까지도 최종적으로 해결되지 않았다. 마르틴 노트는 한 사람의 신명기 사가에서 출발하여 프로그램은 물론 그 틀도 그에게 귀속시켰다. 그는 고대의 영웅 민담 모음(에훗-입다)과 소사사의 목록을 자료로 가지고 있었다고 한다.[2] 이후로 학자들은 점점 더 프로그램과 틀 단편 사이의 차이에 주목하였고,[3] 사사기서의 형성을 달리 보는 법을 배웠다. 리히터의 기본 분석에 따르면[4] 기원전 9세

---

[2] M. Noth, Überlieferungsgeschichtliche Studien (1957²) 47-61.

[3] 먼저 W. Beyerlin, Gattung und Herkunft des Rahmens im Richterbuch. Tradition und Situation, Fs A. Weiser (1963) 1ff. 제의사적인 추론들은 문제가 있다.

[4] W. Richter, Traditionsgeschichtliche Untersuchungen zum Richterbuch. BBB 18 (1963, 1966²); idem, Die Bearbeitungen des "Retterbuches" in der deuteronomischen Epoche. BBB 21 (1964); idem, Zu den "Richtern Israels". ZAW 77 (1965) 40-72; V. Becker, Richterzeit und Königtum. Redaktionsgeschichtliche Studien zum Richterbuch. BZAW 192 (1990); R. Bartelmus, Forschung am Richterbuch seit M.

기 후반의 북이스라엘의 구원자의 책을 상정할 수 있다(삿 3:12–9:55). 이것은 전부 세 차례 신명기 전통에 입각하여 편집되었다. (1) 틀 단편의 추가, (2) 3장 7-11절 추가, (3) 2장 7-19절과 10장 6-16절, 연대적 숫자와 사사들의 유형과 죽음 기록 추가이다. 마지막에 소사사 목록, 삼손 전승(13–16장), 부록(17–21장)이 추가되었다. 여기서 세부적인 문학적 분석은 다루지 않겠다. 신명기 사가 이전의 구원자 이야기 모음이 사사기서의 기초가 되었고, 이것이 단계적으로 신명기 전통에 입각하여 편집되었으며 마침내 전체 신명기 역사서에 수용되었다는 것은 확실하거나 적어도 매우 개연성이 있는 것으로 간주해도 될 것이다.

야훼가 선택한 구원자, 고대 민담의 영웅들은 대체로 칭호가 없으며 공동의 칭호를 적용할 수도 없다. 그러나 두 가지 예외가 있다. 사사기 3장 9절과 15절에서 <모쉬아> *mōšî'* "구원자"라는 표현이 나타나는데, 이 표현은 이 영웅들의 행위를 기술하는 데 적합하고 객관적이다. 왜냐하면 영웅 민담들은 영웅들의 행동을 한 번 이상 동사 <야샤> *yš'* "구원하다"로 기술하고(삿 3:9,31; 6:14-15,36-37; 13:5) 그들의 구원 행위를 가능하게 한 것은 야훼의 <루아흐> *rū'h*, 그의 카리스마였다는 것에 대해 전혀 의심하지 않는다. 그러니까 정확히 말해 바로 야훼가 영웅 민담의 본래의 영웅이며, "카리스마적 지도자"[5]는 그의 도구이다. 바로 이 사실이 신명기 사가의 버전인 사사기 10장 13-14절에 참작되었다. 그러나 사사기 2장 16-19절에서

Noth. ThR 56 (1991) 221-259.

[5] 이 용어는 Max Weber, Aufsätze zur Religionssoziologie 3 (1923) 47-48, 93-94 등에서 유래한다. 이따금 가정되는 것은 신명기 사가 이전의 사사 이야기들이 북 왕국 이스라엘의 예언자집단에서 전승되었다는 것이다. 그렇다면 이것은 카리스마를 가진 지도자들의 유산(Charismatikertum)이 왕국 이전의 현실에 맞지 않은 "예언적" 이상이라는 추측을 낳는다. 그러나 이러한 예언적 집단은 막연한 실체이며, 거기에 우리는 너무 많은 것을 의지해서는 안 될 것이다. 야훼가 인간이라는 수행 도구를 사용하여 승리를 일으켰다는 사상은 이미 대부분의 고대 이야기에 널리 존재한다.

는 ─그러니까 바로 여기와 신명기 사가의 프로그램에서만─ 구원자들은 <쇼페팀> šōf tīm "사사"로 명명된다. 이 표현은 카리스마적 인물의 성격을 기술하는 데 부적합하고 그래서 완전히 잘못 이해한 것이다. 왜냐하면 고대의 영웅들은 재판이나 판결이나 통치 기능들과 아무런 관계가 없기 때문이다. 이러한 표현은 소위 소사사에게 훨씬 더 잘 어울리며,[6] 본래 그들에게 속했던 것일 것이다. 신명기 전통의 프로그램의 저자는 잘못 이해하고 있다. 즉 그는 카리스마적 구원자들이 그들의 구원 행위 이후에 소사사의 기능으로 돌아갔다고 가정하였고, 이러한 가정에서 구원자 입다(삿 11-12)가 소사사 목록에도(삿 12:7) 등장한다는 점을 통해 확인되고 있다고 보았다. 그때부터 "소사사" 외에 "대사사"라는 말이 언급되게 되었으며 바로 여기서 사사기의 책 이름이 유래한다.

주의를 기울여 읽으면 신명기 사가 이전에 존재한 구원자의 책을 신명기 전통의 개념에 끼워넣는 일이 그리 쉽지만은 않음을 숨길 수 없다. 신명기 역사가는 프로그램과 틀 단편 안에서 끊임없이 팔레스티나 농경지로부터 이스라엘이 위협받는 것과 구원에 대해 말하고 있다. 그에 반해 고대 민담은 그들이 전체 이스라엘이 아니라 단지 개별 지파들이거나 지파 집단들이었다는 것을 알려 준다. 게다가 신명기 사가는 대사사들에게 그때마다의 구원 행위 이후의 지속적인 내정 기능을 부여하고 있다. 신명기 사가는 그들을 소사사의 모델에 따라 해석하였다고 말할 수 있다. 이를 지지해 주는 것으로 전승이 아니라 창작에 기초하고 있는 신명기 사가의 연대기가 있다. 이 연대기는 사사들의 관직 기간을 20, 40, 80년으로 말하고 있다(삿 3:11, 30; 5:31; 8:28; 13:1; 16:31). 카리스마를 지닌 구원자들이 활동하였다는 표시가 없다. 그들은 구원 행위 이후 "일반인"의 삶으로 돌아갔을 것이다.

---

[6] 위 234-237쪽을 보라.

그들의 카리스마는 야훼가 그들에게 특정 목적을 위해 주신 것이었고 구원 이후에는 사라졌다. 이 모든 검토 내용은 다음의 사항을 분명히 해준다. 사사기서에 들어 있는 신명기 사가 부분은 역사적 자료로 볼 수 없다는 것이다. 이것들은 일반화와 민족화의 관점 아래 이루어진 이론적 재구성일 뿐이다. 이로써 사사기서의 틀 안에 등장하는 사건과 인물은 역사적으로 믿을 만한 것을 보증해주지 않는다.

사사 시대의 역사를 재구성하는 데 있어 그 역사적 신뢰성은 결코 담보할 수 없는 것이다. 어느 정도 포괄적이고, 역사학자들의 요구를 만족시킬 만한 이 시대의 상을 얻어낼 가망성은 없다. 이것은 고대 자료를 선택적으로 수용한 신명기 사가의 편집 때문이 아니라, 고대 자료의 성격 때문이다. 영웅 민담 이외에 이용할 만한 자료가 없는 사람은 동고트 치세하의 이탈리아 역사를 디트리히 본 베른(Dietrich von Bern)의 영웅 이야기로부터 전개할 수밖에 없었던 어느 역사가와 동일한 입장에 있다.[7] 분명히 민담은 역사를 보존하고 있다. 그러나 비역사적인 것과 분리할 수 없을 정도로 혼합되어 역사적으로 확실한 것을 가려낼 가능성은 매우 낮다. 게다가 민담 자료는 전혀 변형 없이 우리에게 전해진 것이 아니라 취사선택에 의해 우리에게 전해졌는데 그 이유와 원칙을 우리는 알 수 없다. 이스라엘 지파들이 땅 정복과 왕국 형성 시기 사이에 그들의 대적과의 대결 상황을 하필이면 여섯 명의 카리스마적 인물인 사사(삼손 제외)의 등장을 통해 완전히 파악할 수 있다고 착각해서는 안 된다. 우리가 실제로 아는 것은 약간의 부분적 설명에 지나지 않을 뿐이며 그것도 희미하게 밖에는 조명해 주지 못한다.[8]

---

[7] [역주] 동고트족의 테오도리쿠스 왕(455-526년)은 493년, 전체 이탈리아를 지배하고 동고트왕국을 세웠다. 이 왕은 니벨룽겐의 노래에서 디트리히 본 베른으로 알려져 있다.

a) 옷니엘(삿 3:7-11)

옷니엘 단락은 어둡고 수수께끼에 싸여 있으며 역사적인 것으로 사용할 수 없다. 민담이 아니라 신명기 정신의 언어와 양식을 가진 짧은 기록이다. 북이스라엘의 카리스마적 인물에게 유다적인 것을 추가하고자 하는 하나의 예를 보여주는 이야기이다. 옷니엘은 유다인이 아니라 헤브론 남쪽 지역 출신의 겐족이다. 좀 더 언급하자면 그는 역사적 인물이 아니라 옷니엘 족속의 시조가 되는 영웅이며, 옷니엘 족속은 헤브론의 갈렙 족속과 친족관계인 겐 족속의 지파 연합체의 하위 집단이다(수 15:15-19; 삿 1:11-15).[9] 그는 아람-나하라임의 왕 구산-리사다임과 전쟁한다. 구산은 하박국 3장 7절에서 미디안과 평행구로 나타난다. 히브리어 <리샤타임> *riš'ātayim*은 간단히 "한 쌍의 악인"이라는 뜻이다. 아람-나하라임은 상부 메소포타미아이다. 과거에는 "아람"을 "에돔"으로 수정하여 읽는 것을 선호하였는데 이는 포기되어야 한다. 왜냐하면 이러한 본문 변경은 이 이야기를 역사적으로 가능한 것으로 만들려는 목적에 이용되기 때문이다. 그러나 이는 불가능한 것이다. 그래서 더 이상 결연함과 예지를 갖고 숨겨진 역사적 관련성을 밝히려고 시도해서는 안 된다.[10]

---

[8] 이 시기에 대하여 전체적으로 E. Täubler, Biblische Studien, Die Epoche der Richter (1958); M. Orlinsky, The Tribal System and Related Groups in the Period of Judges. OrAnt 1 (1962) 11-20; A. Malamat, The Period of the Judges. WHJP I, 3 (1973) 129-163; A. D. H. Mayes, Israel in the Period of the Judges. Studies in Biblical Theology II, 94 (1974); H. Rösel, Die "Richter Israels". Rückblick und neuer Ansatz. BZ.NF 24 (1980) 180-203; N. P. Lemche, The Judges - Once More. BN 20 (1983) 47-55; M. Tsevat, The OT Stories and their Hittite Analogies. JAOS 103 (1983) 321-326; Chr. Schäfer-Lichtenberger, Stadt und Eidgenossenschaft im AT (1983). 특히 언급해야 할 것은 A. Soggin의 사사기 주석서, Judges (1981)이다. 지형적 문제는 H. Rösel, Studien zur Topographie der Kriege in den Büchern Josua und Richter. ZDPV 91 (1975) 159-190; 92 (1976) 10-46에서 다룬다.

[9] Cf. M. Noth, Josua. HAT 1,7 (1953²) 90-92.

[10] E. Täubler, Cushan-Rishataim, HUCA 20(1947) 136-142; A. Malamat, Cushan Rishataim and the Decline of the Near East around 1200 B.C., JNES 13 (1954) 321-342.

b) 에훗(삿 3:12-30)

베냐민 사람 에훗과 그의 활동에 관한 전승은 매우 다채롭고 생생한 영웅 민담의 형태로 존재한다. 이 민담은 여러 차례 걸쳐 신명기 전통으로 다듬어지고 틀이 갖춰졌다. 이 이야기가 보도하는 위기는 전적으로 베냐민 지파에게로 향하고 있는데, 에훗이 속한 게라라는 이름의 베냐민 족속에게만 해당하는 것일 수 있다.[11] 이 위기는 동요르단의 모압 왕인 에글론에게서 비롯된 것인데, 에글론은 요르단강 하구 서쪽의 요르단 지구대에 대한 모압의 통치권을 확장하고 "종려나무성읍" 예리코를 점령하는 데 성공하였을 것이다.[12] 이로부터 우리가 알 수 있는 것은 예리코가 땅 정복 시기부터 기원전 9세기까지 사람이 거주하지 않는 저주받은 폐허 더미였다(수 6:26; 왕상 16:34)는 이론이 매우 의문시된다는 것이다.[13] 모압이 확장함에 따라 베냐민 지파가 이 지역에서 가졌던 통치권을 두고 갈등이 일어났을 것이다. 민담은 용감하고 영리한 왼손잡이 에훗이 어떻게 공물을 바치는 기회에 모압 왕을 그의 집 다락방에서 죽였는지를 이야기해준다. -만일 27절과 28절이 편집적 확장이 아니라면- 에훗은 이로 인해 생겨난 혼란을 기동력 있는 베냐민 및 에브라임 지파와 함께 요르단강 나루를 장악하여 도망가는 모압인들을 도륙하는 데 이용한다. 정치-지리적 결과는 왕정 이전 시기에, 적어도 잠정적으로, 일반적인 것으로 간주되었던 것으로 보인다. 요르단강 하구는 이론적으로 모압과 베냐민 지파의 경계였으며, 요르단

---

[11] 에훗의 "아버지 이름" 게라는 창세기 46:21과 역대상 8:3,5절에서 족속의 이름으로 나온다.

[12] 에글론이 모압과 암몬과 아말렉 사람들로 동맹을 맺었다는 것(3:13)은 전혀 알 수 없는 일이다. 위험을 증거하고 극대화하려는 시도이다. 이와 유사한 사사기 6:3; 10:11을 참고하라.

[13] 고고학적 발굴에 대하여 H. and M. Weippert, Jericho in der Eisenzeit, ZDPV 92 (1976) 105-148.

지구대 하부의 동쪽 부분은 "모압 평지"(민 22:1; 33:48)로 불렸다.[14] 그러나 고대 이야기가 실제로 베냐민과 모압의 대결을 그리고 있다는 것을 보증할 만한 것은 없다. 오히려 이는 개연성이 없는 것이다.

c) 삼갈(샴갈, 삿 3:31)

아낫의 아들 삼갈이라는 표기는 사사기 3장 30절과 4장 1절의 신명기 사가의 맥락에서 이차적으로 추가된 것이다. 아마도 삼갈이 드보라 노래(5:6)에서 연대를 설정할 목적으로 언급되고 있기 때문일 것이다. 그럼에도 불구하고 이 표기는 옷니엘에 관한 단락보다 더 신뢰할 만하다. 사사기 15장 14-17절에서 알려진, 적은 무기로 대승리를 거두었다는 이야기의 모티브가 작용하고 있는 것으로 보이지만 이 이름이 허구가 아님이 분명하다. <샴갈> *Šamgar*은 후리족 또는 서셈족 기원을 가지고 있을 수 있다.[15] <벤-아낫> *ben-'Anāt*은 출신[16]을 말하거나 군사적 칭호가 아닌 인명이다.[17] 가까운 양식적 평행이 다윗의 용사들의 행위에 관한 표기에 나타난다(삼하 23:8ff.). 삼갈은 가나안

---

[14] 간추린 참고문헌: E. G. Kraeling, Difficulties in the Story of Ehud. JBL 54 (1935) 205-210; H. Rösel, Zur Ehud-Erzählung. ZAW 89 (1977) 270-272; C. Grottanelli, Un passo del libro dei Giudici alla luce della comparazione storico-religiosa: il giudice Ehud ed il valore della mano sinistra. Atti del I convegno italiano di Studi del Vicino Oriente antico (1978) 35-45; J. A. Soggin, 'Ehud und 'Eglon: Bemerkungen zu Ri III 11 b-31. VT 39 (1989) 95-100; E. A. Knauf, Eglon and Ophrah: Two Toponymic Notes on the Book of Judges. JSOT 51 (1991) 25-44. 이 이야기가 아이러니와 정치적 풍자를 다룬다는 관점으로는 M. Brettler, Never the Twin Shall Meet? The Ehud Story as History and Literature. HUCA 62 (1991) 285-304과 L. K. Handy, Uneasy Laughter: Ehud and Eglon as Ethnic Humor. SJOT 6 (1992) 233-246. 다음도 참고하라. H. Rösel, Ehud und die Ehuderzählung. ÄAT 30 (1995) 225-233 (다른 참고문헌 추가).

[15] 서셈어에서의 어근 *mgr*에 대하여 Cf. P. Bordreuil - A. Lemaire, Nouveaux sceaux hébreux, araméens et ammonites. Semitica 26 (1976) 44-63 (Nr. 33).

[16] 벳아낫 또는 아나돗과 같은 팔레스티나의 지명 참고.

[17] Cf. E. A. Knauf, Eine altkanaanäische Inschrift aus *Rôd el-'Air:* Sinai 527. GM 70 (1984) 33-36.

성주였을 것이며, 필리스티아인과의 적대관계 때문에 자기와 이웃한 이스라엘 군대의 호감을 샀을 것이다.[18]

d) 바락과 드보라(삿 4-5장)

메기도 평원에서 펼쳐진 이스라엘 지파들의 연합과 가나안과의 군사적 대결에 관하여 두 개의 본문이 전해주고 있다. (a) 영웅 민담 장르의 산문 이야기(삿 4)와 (b) 시간적으로 사건과 더 가까이 있는 시로 된 승리 노래, 이른바 드보라 노래(삿 5)이다. 이것은 매우 운 좋은 경우이다. 두 본문은 세부적인 면에서는 상당히 차이가 있지만 분명히 같은 사건을 가리키고 있다. 이 둘의 상호관계에 대해 많이 고찰되었다. 오늘날 우리는 전체적으로 드보라 노래가 기술하고 있는 것에 우선권을 부여하는 데서 출발해도 될 것이다.[19]

(a) 사사기 4장에 따르면 이스라엘의 대적은 "민족들의"라는 부가어를 가진 하로셋(하로쳇 학고임)이라는 성읍 출신의 시스라라고 하는 가나안 영주이다. 하로셋의 위치는 분명하지 않다. 하로셋은 메기도 평원과 아코 요부(만곡) 사이 중간 지역에 있는 기손 강가(나흐르 엘-무캇타)에 위치했을 것이다.[20] 이름 시스라는 확실히 셈어가 아니다. 학자들은 인도유럽어,

---

[18] 간추린 참고문헌: Ch. Fensham, *Shamgar ben 'Anath*. JNES 20 (1961) 197-98.; E. Danelius, *Shamgar ben 'Anath*. JNES 22 (1963) 191-193; A. van Seims, Judge *Shamgar*. VT 14 (1964) 294-309; P. C. Craigie, A Reconsideration of *Shamgar ben Anath*. JBL 91 (1972) 239-40; N. Shupak, New Light on Shamgar ben 'Anath. Biblica 70 (1989) 517-525.

[19] 이와 다른 예는 M. Noth, Geschchihte Israels (1953²) 139-40이다. 일반적인 견해에 대하여는 예를 들면 B. B. Halpern, The Resourceful Israelite Historian: The Song of Deborah and Israelite Historiography. HThR 76 (1983) 379-401; H.-D. Neff, Deboraerzählung und Deboralied: Beobachtungen zum Verhältnis von Jdc. IV und V. VT 44 (1994) 47-59.

[20] 더 오래된 단초는 지스르 엘-하리티예에 있는 텔 엘 아므르이다. 그러나 고고학적인

일리리아어[21] 또는 후리어에서 기원한 것이라고 생각하였다. 이것은 시스라와 해양 민족과의 연관을 시사하는 것일 수 있다. 이미 신명기 사가의 이야기에서 시스라는 하조르의 왕 야빈의 최고 사령관으로 낮추어져 등장한다. 신명기 사가는 하조르가 이미 여호수아 시대에 파괴되었고 야빈 왕이 당시에 죽었다는(수 11:10-15) 것을 염두에 두지 않고 수용하였다. 시스라와의 군사적 충돌의 이유에 대해서는 아무것도 알 수 없다. 이야기는 베냐민 지파 지역에 있는 중앙팔레스티나 산지에서 살았던 드보라(삿 4:5)라는 여예언자가 납달리 사람 바락 벤 아비노암을 카리스마적 구원자로 지명하였다고 보도한다. 메기도 평원에서 전투가 일어났다. 오직 스불론과 납달리, 두 지파에서만 징집된 사람들은 바락의 지도 아래, 기손강의 하로셋에 있는 가나안인에 맞서 다볼산(제벨 에트-토르)에서부터 평야로 내려간다. 가나안의 전차와 보병부대가 전멸하려 할 때 시스라가 먼저 도망한다. 그러나 그는 곧 피로에 지쳐 잠에 떨어지고, 그 사이 겐족의 유목민 아내 야엘이라는 사람에 의해 장막에서 죽임을 당한다. 바락이 장막에 들어갔을 때 그는 시스라의 시체만 발견했을 뿐이다. 이야기는 애석하게도 만족스럽지 못한 데가 많다. 한편에는 대적 시스라와 그의 군대가 있으며, 다른 한편에는 스불론과 납달리 지파에서 징집한 군대가 있다. 장소 정보는 전혀 명확하지가 않다. 전쟁의 이유와 경과는 어둠에 묻혀 있다.[22]

이유 때문에 히르벳 엘-하르바즈 (이스라엘 이름은 텔 레게브)가 선호된다. A. F. Rainey, Eretz-Israel 15 (1981) 64-65와 Tel Aviv 10 (1983) 46-48쪽은 일반적으로 메기도와 타아나크(스가랴 12:11에서 "므깃도 평원"과 같은 의미이다) 사이의 지역을 옹호한다. 그는 어근 <하라쉬> ḥrš < *ḥrṭ "일구다, 경작하다"도 그쪽으로 돌린다. 아카드어 <에리스투> eristu < *ḥariṭṭu "일궈진 땅" 참고. 물론 이것은 반드시 지역의 이름이 아니라 한 장소의 이름일 수 있다.

[21] [역주] 발칸반도 서쪽 일리리아 민족의 인도유럽어족 언어.
[22] 간추린 참고문헌: A. Alt, Megiddo im Übergang vom kanaanäischen zum israelitischen Zeitalter [1944]. KS 1, 256-273; A. Malamat, Hazor, "The Head of all

(b) 매우 오래되고 본문상 난해한 드보라 노래(삿 5)에는 두 대적이 서로 대치하고 있다. 즉 비록 한 사람의 지휘 아래 있는 것은 아니지만, 출중한 시스라가 참여한(5:20,26) "가나안의 왕들"(5:19)이 한편에 있고, 다른 한편에는 최소한 이스라엘 여섯 지파의 연합인 "이스라엘"(5:2,7-9,11), "야훼의 백성"(5:11,13)이 있다. 이것은 의심의 여지 없이 이스라엘의 공동체 의식이 어느 정도 진보된 단계를 전제하고 있다. 드보라 노래는 어떤 이유로 이스라엘과 가나안의 전투가 벌어지게 되었는지에 대해서도 무언가 알려주고 있다. "아낫의 아들 삼갈의 날에 또는 야엘의 날에는 대로가 비었고 길의 행인들은 오솔길로 다녔도다"(5:6). 이것은 가나안 사람들이 이스라엘인의 주요 도로를 완전히 차단한 것을 말한다. 이 전투가 메기도 평원에서 점화되었다는 점을 생각한다면, 북쪽 왕래하는 길목을 가로막고 있던 가나안 성읍들이 매우 활발하였으며, 남쪽에서 북쪽으로 또 동쪽에서 서쪽으로 평원을 가로지르며 서로 이어지는 교차로들이 끊어진 것임은 의심할 여지가 없다. 결과는 갈릴리, 중앙팔레스티나와 동요르단 땅에 있는 이스라엘 지파들이 서로 왕래할 수 없게 될 정도로 방해 받게 된 것이다. 필요하지는 않았더라도 그러한 왕래는 바람직한 것이었다. 바로 이러한 왕래가 가나안 사람들에 의해 위협받게 되었다는 것이 다시금 분명해진다. 그러나 억압은

those Kingdoms". JBL 79 (1960) 12-59; V. Fritz, Das Ende der spätbronzezeitlichen Stadt Hazor Stratum XIII und die biblische Überlieferung in Josua 11 und Richter 4. UF 5 (1973) 123-139; P. Weimar, Die Jahwekriegserzählungen in Ex 14, Jos 10, Ri 4 und I.Sam 7. Biblica 57 (1976) 38-73, 특히 51-62; H. Jason, Judges 4-5 – An Epic Work? Shnaton 5-6 (1982) 79-87; Y. Amit, Judges 4: Its Content and Form. JSOT 39 (1987) 89-111; C. Grottanelli, The Story of Deborah and Baraq: A Comparative Approach. Studie materiali di storia delle religioni 53 (1987) 149-164; H. D. Neef, Der Sieg Deboras und Baraks über Sisera. Exegetische Beobachtungen zum Aufbau und Werden von Jdc 4,1-24. ZAW 101 (1989) 28-49; N. Na'aman, Literary and Topographical Notes on the Battle of Kishon. VT 40 (1990) 423-436. 다른 것으로는 A. Soggin, Judges (1981) 60-61.

거꾸로 반항을 불러일으킨다. "이스라엘의 어머니"(5:7) 드보라의 지도 아래 또 드보라가 지명한 바락의 지휘 아래 지파를 초월하는 위대한 행동을 보여줄 시간이 이스라엘에게 도래한 것이다.[23] 노래하는 자는 이 행동에 참여한 에브라임, 베냐민, 마길, 스불론, 잇사갈, 납달리 지파의 이름을 거명하고 찬양한다(5:13-15,18). 그러니까 우선적으로 이 사건에 관여한 지파들이다.[24] 그러면서 노래하는 자는 마땅히 참여해야 함에도 불구하고, 이런저런 이유로 참여하지 않은 지파들, 즉 르우벤, 길르앗, 단과 아셀을 꾸짖는다(5:15b-17). 바로 갈릴리와 동요르단 땅의 변두리에 위치한 지파들이다. 여기서 우리는 고대의 열 지파-이스라엘을 목도하게 되는데, 기타 다른 곳에 흔히 보이는 므낫세와 갓(?) 대신 마길과 길르앗이 등장하기 때문에도 고대적이다. 유다와 시므온은 한 번도 언급되지 않는다. 그러니까 이들은 열 지파의 이스라엘에 속하지 않았음이 분명하다. 그 이유는 남쪽 가나안 횡목이 이 지파들을 중간, 북쪽, 동쪽의 지파들로부터 고립시키고 있었기 때문에, 그래서 그들의 도움과 참여를 기대하지 않았다는 데 있음이 분명하다.[25] 충돌은 북서-남동 방향으로 10-15km 길이에 달하는 전장(戰場), 대략 타아나크(텔 타안네크)과 메기도(텔 엘-무테셀림) 사이에서 일어났다. 메기도의 동쪽과 북동쪽으로는 샘 근원과 연중 마르지 않는 많은 시내들이

---

[23] 지명하는 말씀은 5:12에 나온다. "일어날지어다, 바락이여, 사로잡은 자를 끌고 갈지어다, 아비노암의 아들이여!"(사역).

[24] 5:18의 스불론과 납달리의 두드러진 역할은 사사기 4장에서 이 두 지파로 제한되게 하였을 것이다. 거꾸로 5:18이 드보라노래에서 사사기 4장에 대한 이차적인 성찰을 말하는 것(R. de Vaux, Histoire ancienne d'Israel 2: La Période des Juges, 1973, 100-103)이 아니라면 말이다.

[25] A. Weiser, Das Deboralied, ZAW 71 (1959) 67-97쪽은 이 노래를 드보라 전투를 기념하고 이 전투의 제의적 현재화를 위한 절기의 예전으로 해석한다. 여기서 지파들을 나열한 것은 다름 아닌 일종의, 절기에 참석한 자들의 출석 내지 불출석 목록이다. 바로 후자가 상상하기 어렵다는 점을 제외한다면, 이 테제는 50년대와 60년대 초의 절기라는 발상에 대한 기쁨의 표시이다.

있으며 그 아래 기손강(나흐르 엘-무캇타) 상류가 있다. 아름답고 극적으로 전투를 기술하는 5장 19-22절에서 분명히 언급되고 있는 "메기도의 물가"이다.[26]

(19) 왕들이 와서 싸울 때에 가나안 왕들이 므깃도 물가 다아낙에서 싸웠으나 은을 탈취하지 못하였도다
(20) 별들이 하늘에서부터 싸우되 그들이 다니는 길에서 시스라와 싸웠도다
(22) 그 때에 '말들'의 말굽이 소리를 내며 그의 준마들을 향해 '돌진', 돌진![27]
(21) 기손 강은 그 무리를 표류시켰으며 기손 강은 '그들을 저지하였도다'(?)[28] 내 영혼아 당당히 걸어라 (사역)

이 전투는 겨울 반 년 동안 있었던 것으로 보인다. 대략 이른 비와 늦은 비가 내리는 시기이다. 왜냐하면 건조한 여름에 기손강의 상류는 거의 물이 흐르지 않기 때문이다. 어떻든 간에 가나안이 전차로 더 잘 무장하였음에도 불구하고 이스라엘은 이 전투에서 승자가 되었다. 시스라는 사사기 4장에서와 같이 유목민 아내 야엘의 손에 죽음을 맞는다.[29] 드보라 전투가

---

[26] 21절과 22절은 다음 두 가지 이유에서 서로 교체되어야 할 것 같다. 가나안 전차의 공격은 기손강 물에서의 공격의 와해가 일어나기 전에 일어났을 것이다. (그렇다면 21절의 동사어미는 22절의 말발굽과 말에 가리킨다). 또 노래하는 자의 자기 격려는, 그것이 비록 이차적이라 할지라도 한 단락의 종결을 암시한다.

[27] 마소라 본문의 *'iqqebē-sūs middaharōt* 대신 *'iqqebē-sūsīm daharōt*로 읽는다. 보통명사 *'abbīr* "강한 자"는 렘 8:16; 47:3; 50:11에서도 말을 가리킨다.

[28] 21절에서 두 번째 *naḥal*은 중복오사 또는 훼손된 본문을 해독하려는 시도로서 삭제해야 한다. 마소라 본문의 *qᵉdūmīm* '옛 강' 대신 *qiddemām*으로 읽어야 할 것 같다 (Sellin).

[29] 간추린 참고문헌: O. Grether, Das Deboralied (1941); G. Gerleman, The Song of Deborah in the Light of Stylistics. VT 1 (1951) 168-180; R. Smend, Jahwekrieg und Stämmebund. FRLANT 84 (1963) 10-19; H.-J. Zobel, Stammesspruch und Geschichte. BZAW 95 (1965) 44-52; D. N. Freedman, Early Israelite History in the Light of Early Israelite Poetry. Unity and Diversity (1975) 3-34; M. D. Coogan, A Structural

왕국 이전 이스라엘 역사의 언제쯤 있었던 것인지에 관한 질문에 답하기는 쉽지 않다. 그러나 이스라엘의 공동체 의식이 점차적으로 형성되고 있는 점과 또 사사 시대 초기에 지파들이 이 정도 규모의 전투를 가나안과 벌일 수 있었던 상황을 감안한다면, 초기 연대보다는 후대 연대가 될 것이다. 아마도 기원전 11세기 후반기의 아주 초기로, 사울 왕으로부터 그렇게 멀지는 않을 것이다.[30] 드보라 전투를 통해 북쪽의 가나안 횡목이 제거되거나 무력화된 것은 아니다. 그러나 승리는 직접적인 억압으로부터의 해방을 가져다주었고 이스라엘을 살아 있게 하고 묶어주는 구심력을 입증해주었다. 이것은 후대에 추가된 이 노래의 결구에 잘 드러나 있다. "여호와여 주의 원수들은 다 이와 같이 망하게 하시고 주를 사랑하는 자들은 해가 힘 있게 돋음 같게 하시옵소서"(5:31). 게다가 이 사건이 이스라엘 지파들의 의식에 미친 영향을 결코 과소평가해서는 안 된다. 메기도 물가에서의 전투는 야훼의 인도 아래 공동의 행동을 통해 무엇을 할 수 있는지를 이스라엘에게 처음이자 동시에 큰 규모로 보여주었다. 이 전투는 가나안의 전차에 대한 두려움을 덜어주었으며 시간이 흐르며 가나안 성읍국가보다 이스라엘 지

Analysis of the Song of Deborah. CBQ 40 (1978) 132-166; G. Garbini, II cantico di Debora. La parola del passato 178 (1978) 5-31; A. Soggin, Judges (1981) 79-101 (mit Lit.); A. Caquot, Les tribus d'Israel dans le cantique de Debora Ouges 5,13-17). Semitica 36 (1986) 47-70; J. Gray, Israel in the Song of Deborah. Ascribe to the Lord, Biblical and other Studies in Memory of P. C. Craigie. JSOT, OT Series Suppl. 67 (1988) 421-455. 이 노래를 "가상적" 본문들을 후대에 결합한 것으로 해석하는 입장은 U. Beckmann, Das Deboralied zwischen Geschichte und Fiktion. Eine exegetische Untersuchung von Ri 5. EOS Verlag, St. Ottilien, Diss.: Theol. Reihe 33 (1989). 이 사안에 대한 이러한 관점이 관철될 것이라는 것은 전혀 받아들일 수 없다. 또 J. D. Schloen, Caravans, Kenites and Casus Belli: Enmity and Alliance in the Song of Deborah. CBQ 55 (1993) 18-38도 보라.

[30] Cf. 특히 A. D. H. Mayes, The Historical Content of the Battle against Sisera. VT 19 (1969) 353-360.

파들이 우월하다는 의식이 시간이 흐르며 점점 투철해지는 길을 열어주었다. 팔레스티나에서 역사적 무게는 천천히 평야에서 산지 지역으로 이동되었다. 이스라엘의 민족종교 형성에도 상당한 영향을 미쳤다. 야훼는 현존하시는 것으로 입증되었다. 야훼는 광야 하나님의 산에서 특별히 전쟁을 치르기 위해 전투가 일어난 곳으로 서둘러 오셨다(5:4-5). 야훼가 이스라엘을 세우셨을 뿐만 아니라 절체절명의 위기에서도 구원하셨음을 사람들은 보았던 것이다.

e) 기드온(삿 6-8장)

사사기 6-8장은 므낫세 지파 오브라 출신 아비에셀 집안의 기드온의 소명과 활동에 대한 민담과 일화를 신명기 정신에 입각한 틀과 내용을 담은 수집물이다.[31] 이 수집물의 개별 단편에서는 전통사 및 문학적 성장을 훨씬 다양하게 관찰할 수 있다. 문학적 분석만 어려운 것이 아니다. 역사가들도 유보적인 자세를 갖는 것은 바람직하다.[32] 기드온의 경우 민담 전승의 규칙을 통해 형성되었기 때문에 무대 배경의 이면을 살펴보는 것이 특히나 어렵다. 기드온이 카리스마적 인물로 등장한 것은 낙타를 탄 미디안 무리들

---

[31] 오브라의 위치에 대하여 아래 272쪽 각주 9번을 보라.

[32] 간추린 참고문헌: A. Malamat, The War of Gideon and Midian, a Military Approach. PEQ 84 (1952) 61-65; L. Alonso-Schökel, Heros Gedeon. VD 32 (1954) 1-20; E. Kutsch, Gideons Berufung und Altarbau. ThLZ 8·1 (1956) 75-84; W. Beyerlin, Geschichte und heilsgeschichtliohe Traditionsbildung. VT 13 (1963) 1-25; W. Richter, Traditionsgeschichtliche Untersuchungen zum Richterbuch. BBB 18 (1966²) 112-246; A. Soggin, Das Königtum in Israel. BZAW 104 (1967) 15-20; L. Schmidt, Menschlicher Erfolg und Jahwes Initiative. Studien zu Tradition, Interpretation und Historie in den Überlieferungen von Gideon, Saul und David. WMANT 38 (1970) 15-53; J. A. Emerton, Gideon and Jerubbaal. JThSt. NS 27 (1976) 289-312; P. Gilbert, Vérité historique et esprit historien. L'historien biblique de Gédéon face à Herodot (1990).

이 동쪽에서부터 서쪽 요르단 땅으로 침입해왔을 때이다.[33] 신명기 사가의 도입구에서(6:2-5) 미디안인의 위협은 억압의 모델에 따라 외지의 세력으로 기술된다. 메뚜기 떼와 같이 미디안 군대가 그 땅으로 침입해 들어와 농지를 황폐하게 하고 그 토지소산들을 가자에 이르기까지 약탈하자 이스라엘 사람들은 두려워 떨며 굴과 바위틈으로 숨어들었다. 이것은 역사적으로 개연성이 매우 적다. 왜냐하면 이 정도의 침탈은 가나안 성읍국가의 저항을 불러일으켰을 것이기 때문이다. 그렇지 않으면 미디안 사람들이 이스라엘 농경지 가운데 이스라엘이 필요한 만큼만 정교하게 남겨두었던 것일까? 결국 메기도 평원의 동쪽 변두리에서 미디안을 계속 추격해서 이긴 한 번의 승리만으로도 단번에 그리고 영원히 미디안의 위협을 제거하기에 충분한 것이었다. 게다가 이 승리는 비교적 작은 무리만으로 -자기의 아비에셀 집안으로?- 쟁취한 승리였다. 온 므낫세, 아셀, 스불론, 납달리(6:35), 에브라임(7:24-8:3)의 참여가 이차적 확장 그 이상이라 할지라도, 기드온의 군대는 -드보라 전투와 비교할 때- 여전히 비교적 작은 지파 연합에 불과할 것이다. 미디안의 위협을 오히려 보잘것없는 것으로 보는 것이 역사적으로 더 개연성이 있다. 낙타가 매우 빨리 달리기 때문에 미디안인은 멀리 떨어진 곳도 급습하여 약탈할 수 있었을 뿐, 우리가 아랍어로 <라찌아>(gazwa)로 부르는 것 이상의 것은 아닐 것이다.[34] 미디안 사람들은 평지의 가나안 성읍 지역을 피하고 저항이 적을 거라 기대한 산지로 쳐들어갔을 것이다. 길이 없는 산지의 경사지가 아니라 도로로 개방된 산지, 예를 들면

---

[33] Cf. O. Eißfeldt, Protektorat der Midianiter über ihre Nachbarn im letzten Viertel des 2.Jt. v. Chr. [1968]. KS 5, 94-105; W. J. Dumbrell, Midian – a Land or a League? VT 25 (1975) 323-337. 매우 비판적인 입장: E. A. Knauf, JSOT.S 24 (1983) 147-162; Midian (1988) 32-38.

[34] 또는 많은 약대의 목초지를 찾기 위한 원-베두인의 농경지 습격일까? Cf. E. A. Knauf, Midian (1988) 32 n.165, 35.

므낫세 지파의 산지로 쳐들어갈 경우 이곳에서 위험에 처하게 되면 신속하게 후퇴할 수 있었다. 이곳에서 그들은 실제로 이스라엘 소작농에게 위협적인 존재였다. 그들은 힘겹게 수고한 농산물과 목초지를 약탈해 갔고 빠르게 쳐들어왔다가 신속하게 빠지면서 근본적인 두려움을 확산시켰다. 이러한 곤경 상황에서 기드온은 야훼의 사자를 통해 오브라에서 카리스마를 가진 지도자로 부름 받는다(6:11-24). 그는 자신이 속한 므낫세 족속 연합인 아비에셀을 소집했다(6:34). 위협을 당한 다른 지역 출신의 자원자들이 기드온과 제휴하였다는 것을 배제할 수는 없음에도 불구하고, 특히 그는 아비에셀을 소집했던 것이다. 작은 무리지만 용감한 동반자와 함께 그는 전략적으로 특히나 유리한 곳에서 미디안을 습격하였다. 그곳은 하롯샘(아인 잘루드)에서 멀지 않은, "골리앗강"의 상부(7:1-22) 어딘가에 있는 메기도 평원의 출구인데, 거기서부터 아래로 벳스안 요부로 내려가고, 계속 가면 동요르단 땅에 닿을 수 있다. 이 민담은 이 사건을 야훼 전쟁으로 양식화하였다. 구체적으로 말하면, 이 민담은 전사 기드온의 미미하고 약함에 대해, 기드온의 두려움에 대해 미디안 사람 가운데 불러일으킨 하나님의 두려움에 대해 이야기한다. 나중에 기드온은 도망가는 미디안 사람들을 동요르단 땅까지 추격하고(8:4-21),[35] 단번에 그리고 영원히 그들이 다시는 팔레스티나 농경지를 탐낼 엄두를 내지 못하게 한다. 우리가 연대를 매기기는 힘들지만, 기드온의 승리는 이스라엘의 의식에 깊이 각인되었다. 수백 년 후에도 다음과 같이 기억된다. "주께서 이 나라를 창성하게 하시며 그 즐거움을 더하게 하셨으므로 추수하는 즐거움과 탈취물을 나눌 때의 즐거움 같이 그들이 주 앞에서 즐거워하오니"(사 9:3).[36]

---

[35] 유형에 대하여 다음을 참고하라. S. Mittmann, Die Steige des Sonnengottes (Ri 8, 13). ZDPV 81 (1965) 80-87; H. Rösel, ZDPV 92 (1976) 16-24.

[36] 기드온-전승 편집 종결과 사사기 9장에 대하여 아래 271-275쪽을 참고하라.

f) 입다(삿 10:6-12:6)

입다 전승도[37] 일반화하고 민족화하는(10:9) 신명기적 틀을 갖춘 편집의 민담과 일화 모음이다. 그에 따르면 길르앗 사람 입다는 길르앗 땅(아르드 엘-아르드) 일부와 혹은 길르앗 전부(히르벳 젤아드)를 소유했었던 암몬 사람의 억압에서 길르앗 땅을 해방시킨다. 입다는 출생이 미천하였다(11:1). 그는 미심쩍은 무뢰배의 우두머리였으며(11:3) 전쟁 경험이 없지 않았다. 곤경에 처한 길르앗 장로들은 입다에게 <카친> qāṣīn의 관직을 부여한다 (11:5-6). 이것은 여기서 아마도 "군사 지도자"를 의미할 것이다. 후대의 확장과 윤색을 제거한다면, 길르앗 사람과 원 암몬 사람 사이의 지역적 갈등에 대하여 기술하는 10장 17-18절; 11장 1-11*, 29(?), 32-33절이 기본층으로 남는다. 여기로부터 두 적수의 체제에 대한 결론을 끌어내서는 안 된다.[38] 사사기 11장 8-11절이 믿을 만한 전승을 담고 있다면, 입다는 길르앗의 "머리"로 승진한다. 이것은 아마도 그가 "대사사들" 가운데 유일하게 싸움에서 이긴 후 관직을 얻게 되었음을 보여주는 것일 것이다. 아무튼 그는 암몬 사람을 길르앗에서 쫓아내는 데 성공하였고, 이 결과 그는 이스라엘에서 명성을 누리게 되었다. 이것은 그가 생존하는 동안 소사사의 관직에 있게 된(12:7) 전제이기도 하였을 것이다.

---

[37] 간추린 참고문헌: W. Richter, Die Überlieferungen um Jephtah. Biblica 47 (1966) 485-556; S. Mittmann, Aroer, Minnith und Abel Keramim Ode 11,33). ZDPV 85 (1969) 63-75; M. Wüst, Die Einschaltungen in die Jiftachgeschichten, Ri 11,13-26. Biblica 56 (1975) 464-479; A. Soggin, II galaadita Jefte, Giudici XI, 1-11. Henoch 1 (1979) 332-336; H. Rösel, Jephtah und das Problem der Richter. Biblica 61 (1980) 251-255.

[38] Cf. U. Hübner, Die Ammoniter. Untersuchungen zur Geschichte, Kultur und Religion eines transjordanischen Volkes im 1. Jahrtausend v. Chr. ADPV 16 (1992) 167-68.

g) 삼손(삿 13-16장)

삼손은 단 지파의 가장 위대한 자손으로 어느 면에서나 월등한 인물이다. 삼손 전승은[39] 단지 임시방편적으로 신명기 전통의 틀을 이루고 있으며 또한 신명기 전통 이전의 구원자-모음을 구성하는 이야기도 분명 아닌데, 사사기에 있는 기타 이야기와는 다른 유형과 장르의 자료를 담고 있다. 영웅 민담이 아니라, 일화와 해학, 문학적 소품, 출생과 나실인 봉헌을 담고 있는 긴 이야기이다(13:2-25). 무대는 중앙 팔레스티나 산지의 서쪽 변두리와 거기에 인접한 구릉지로서 단 지파가 땅 정복의 초기 단계에 발판을 삼고자 시도하였던 지역이다.[40] 삼손은 소라(차라) 출신이다. 그러나 무대는 필리스티아 해안 평야이다. 왜냐하면 필리스티아 사람이 그의 대적이었지 남쪽 횡목의 가나안 성읍들이 아니었기 때문이다. 이 점에 있어서 삼손 전승은 나중 왕국 수립 시기에서야 그 완전한 영향력을 갖게 되는 발전을 예견할 수 있게 한다. 삼손은 의심할 여지 없이 에훗, 바락, 기드온과 같은 카리스

---

[39] 간추린 참고문헌: J. Blenkinsopp, Structure and Style in Judges 13-16. JBL 82 (1963) 65-76; A. G. van Daalen, Simson (1966); J. A. Wharton, The Secret of Yahweh: Story and Affirmations inJudges 13-16. Interpretation 27 (1973) 48-66; J. L. Crenshaw, Samson (1978); R. Wenning – E. Zenger, Der siebenlockige Held Simson. Literarische und ikonographische Beobachtungen zu Ri 13-16. BN 17 (1982) 43-55; R Mayer-Opificius, Simson, der sechslockige Held? UF 14 (1982) 149-151; H. Gese, Die ältere Simsonüberlieferung (Ri c.14-15). ZThK 82 (1985) 261-280; C. Nauerth, Simsons Taten. Motivgeschichtliche Überlegungen. DBAT 21 (1985) 94-120; O. Margalith, Samson's Foxes. VT 35 (1985) 224-229; idem, More Samson Legends. VT 36 (1986) 397-405; S. Niditch, Samson as Culture Hero, Trickster and Bandit: The Empowerment of the Weak. CBQ 52 (1990) 608-624. J. Kim, The Structure of the Samson Cycle (1993); H.-J. Stipp, Simson, der Nasiräer. VT 45 (1995) 337-369; P. Carstens, Samson og Herakles og forholdet naturkultur. Religionsvidenskabeligt Tidsskrift 26 (1995) 41-56; H. J. Lundager Jensen, Jemets alder. Samson, Amiram, Prometheus, kvinden og Djaevelen. Ebd. 57-80.

[40] 위 211-213쪽을 보라.

마적 지도자가 아니며, 입다와 같은 군대지휘관도 아니다. 삼손은 일개 전사이고, 엄청난 힘을 지녔지만 율법에 따라 행동하는 전사였다. 강자는 혼자 있을 때 가장 강하다. 그가 혼인 관계에 있는(14:1 외) 필리스티아인에 맞서 싸운 싸움은 그가 그들에게 여기저기서 해를 입히고, 그들에게 싸움을 걸고, 심한 조롱을 하는 것에 한정되어 있다. 삼손은 도발적인 수수께끼 내기를 하고(14:10-18), 아스칼론에서 단번에 삼십 인을 죽이고(14:19), 타작마당에서 여우 꼬리에 횃불을 달아 추수할 밭으로 몰아넣기도 하고(15:1-8), 나귀 턱뼈로 수천의 필리스티아 사람을 죽이고(15:9-19), 가자의 성문짝과 두 문설주와 문횡목을 어깨에 멘 채 헤브론으로 끌고 온다(16:1-3). 이것을 어떻게 보아야 할지 잘 모르겠다. 결국 그의 긴 머리가 화근이 된다(16:4-22). 그는 필리스티아 사람의 손에 떨어진다. 굉음을 지르며 그는 역사의 무대에서 내려온다. 그의 종말은 그의 기이한 모습만큼이나 가치가 있다. 그는 필리스티아 다곤 신전의 기둥을 마치 갈대처럼 부수고 필리스티아 사람들과 함께 그 잔해 아래 깔려 매장된다(16:23-31).

왕정 이전에 팔레스티나의 이스라엘 지파가 밖으로는 물론 –"지파간의 긴장과 갈등을 통해"– 안으로도 위협을 받았을 것이라는 것은 쉽게 알 수 있다. 구약 전승에는 이에 대해 그나마 해석할 수 있는 흔적이 있다. 어쨌든 여기저기에 지파들의 경쟁이, 특히 중부 팔레스티나에서 발견되는데 이러한 경쟁은 정식 전쟁을 통해 악화되기도 했다.

a) 사사기 7:24-8:3은 한 일화를 전해주는데 이에 따르면 에브라임 사람들은 기드온에게 자기들을 미디안 전쟁에 참여시키지 않았거나 걸맞은 임무를 주지 않았다고 불평한다. 그들은 오히려 질책을 당한다. 이 일화는 므낫세 지파에서 유래한 것이 분명하다. 기드온은 므낫세 사람이고, 에브라임 사람들은 너무 늦게 와서 야훼로부터 지력을 더 적게 공급받은 사람들

이다. 우리가 알고 있듯이 요셉 집에는 결코 형제애만 넘치는 것이 아니다. 창세기 48장 13-20절에서도 인지할 수 있듯이 오히려 그 반대 –반 므낫세 적–이다.

b) 서요르단 지역 이스라엘과 동요르단 지역 이스라엘 사이에도 갈등이 있었다. 서요르단 사람들이 길르앗 야베스에 진멸을 수행했다고 하는 사사기 21장 8-12절 외에 특히 사사기 12장 1-6절이 이에 해당하는데 이것은 바로 입다와 길르앗 사람들이 에브라임 사람들과 치른 특이한 십볼렛 전쟁이다. 이 대결은 역사적으로 어디에도 확실하게 위치시킬 수 없다. 이에 대한 우리의 지식은 너무 적다.

c) 사사기 19–21장은 기브아의 수치스러운 역사와 그 결과를 생생하게 이야기해준다.[41] 이 이야기는 해석하기 어렵다. 율리우스 벨하우젠의 후계자들은 먼저 이 이야기를 역사적 배경이 없는 후대의 컴포지션(편집적 구성)으로 간주하였다.[42] 그러나 마르틴 노트는 이것을 암픽트요니 전쟁에 관

---

[41] 간추린 참고문헌: M. Noth, Das System der zwölf Stämme Israels. BWANT N, 1 (1930, repr. 1980) 162ff.; O. Eißfeldt, Der geschichtliche Hintergrund der Erzählung von Gibeas Schandtat [1935]. KS 2, 64-80; G. Fahrer, Tradition und Interpretation im AT. ZAW 73 (1961) 1-30; G. Wallis, Die Anfänge des Königtums in Israel [1962/63]. Geschichte und Überlieferung (1968) 45-65; K.-D. Schunck, Benjamin. BZAW 86 (1963) 57-79; M. Liverani, Messaggi, donne, ospitalita; communicazione intertribale in Giud. 19-21. Studi storico-religiosi 3 (1979) 303-341; H.-W. Jüngling, Richter 19 - ein Plädoyer für das Königtum. AnBib 84 (1981); W. J. Dumbrell, "In those days there was no king in Israel; every man did what was right in his own eyes." The Purpose of the Book of Judges Reconsidered. JSOT 25 (1983) 23-33; T. Rudin-O'Brasky, The Appendices to the Book of Judges Qudg. 17-21). Beer-Sheva 2 (1985) 141-165 (히브리어); E. J. Revell, The Battle with Benjamin (Judg. XX 29-48) and Hebrew Narrative Techniques. VT 35 (1985) 417-433. P. E. Satterthwaite, "No King in Israel": Narrative Criticizm and Judges 17-21. Tyndale Bulletin 44 (1993) 75-88; D. M. Hudson, Living in a Land of Epithets: Anonymity in Judges 19-21. JSOT 62 (1994) 49-66.

[42] Cf. H.-W. Jüngling, Ibid, 1-49의 연구사 개관.

한 문학적 기록으로 해석하였다. 암픽트요니의 한 지파, 즉 베냐민 지파가 암픽트요니의 법을 심각하게 위반함으로써 나머지 지파들의 징벌 행위를 야기했고 이로 인해 베냐민 지파는 거의 몰살될 뻔하였다는 것이다. 암픽트요니 가설이 무너짐으로써 이 해석은 진부한 것이 되었으며, 오늘날에는 도처에서 과거 입장으로 회귀하는 것을 볼 수 있다. 융글링(H.-W. Jüngling)은 주목할 만한 근거를 바탕으로 역사라는 것이 비교적 후대의 경향 이야기이자 국가 내적 질서를 유지해주는 요소로서의 왕정의 필요성에 대한 일종의 변호라는 입장을 대변한다. 많은 것이 이를 지지해주지만 역사적 핵은, 만약 이런 것이 있기라도 한다면, 이러한 방식으로는 드러나지 않는다. 지역적인 대결이 있었을 것이며, 이것이 후에 전체 이스라엘이 관계한 것으로 해석되었을 것이다. 다시 말해 이 해석에서 비교적 후대의 연대를 볼 수 있다. 왜냐하면 사사기 19–21장은 그 유형과 유래가 상이한 다른 구약 본문에 분명히 종속되어 있다. 그래서 이 때문에 기타 다른 본문보다 더 후대의 것이다. 즉 손님을 맞는 주인의 접대와 함께 남색(男色)을 요구하는 장면은(19:22-24) 창세기 19장 1-8절에서 온 것이며, 시체 절단 모티브(19:29)는 사무엘상 11장 7절에서, 연기로 신호를 약속하는 전술은 여호수아 8장에서 온 것이다. 이러한 종속성을 넘어서 20장의 이야기는 기적적인 제의적 전쟁이 막간 예배를 통한 중단으로써 나타나는 양식으로 되어 있다. 전체 이야기는 후대 저자들이 왕정 이전 시대에 이스라엘의 내전이 어떻게 진행되었는지에 대한 확신을 기록한 것처럼 읽힌다. 그럼에도 불구하고 허구에 기초한 것이라고 단순히 치부할 수 없는 모티브가 있는데, 예를 들면 길르앗 야베스 성읍에 대한 베냐민 지파의 우호적 관계이다(21:8 이하).[43] 사사기 19–21장의 역사적 배경에 대해 우리가 지금까지 일반적으

---

[43] 삼상 11; 31:11-13; 삼하 2:4-7 참고.

로 받아들여지는 다음과 같은 사실보다 더 자세히는 알 수 없다. 즉 남쪽 가나안 횡목의 북쪽에 위치한 중부 팔레스티나는 이미 왕정 이전 시대에 긴장 지역이었다. 이 지역에서 라헬 집단의 지파들은 언제나 서로 화합하는 것이 쉽지 않았다. 베냐민 지파가 가장 어려운 상태에 놓였는데, 그들의 거주지는 다른 지파의 거주지보다 작았으며, 그들은 우호적 관계를 만드는데 교통지리적으로 좋은 위치가 항상 도움이 되었던 것은 아니었던 것으로 보인다(창 49:27 참고).

제2부가 베냐민을 약간 언급하는 것으로 끝맺는 것은 바람직하고 또한 역사적으로 적절하다. 왜냐하면 제3부가 이 지파로 시작하기 때문이다. "물어뜯는 이리"인 이 지파는 이스라엘의 첫 왕을 배출하였다.

제3부

왕국 형성 시대

제1장 사울 왕국의 건국

   팔레스티나 토양에서 이스라엘이 왕국이 되기까지는 특히나 오랜 시간
이 걸렸다. 이스라엘이 이웃 민족인 동요르단의 암몬, 모압, 에돔보다 훨씬
늦게 또는 거의 동시에, 아니면 더 일찍 왕국을 수립했는지는 확실히 단언
할 수 없다. 왜냐하면 이스라엘의 사사 시대에 이미 동요르단 지역에 왕정
국가가 존재했음을 암시한다고 볼 수 있는 구약성서 본문들은 대체로 그
역사성이 의심스럽고 신뢰할 수 없으며 논란이 되기 때문이다.[1] 비교한 이
웃 나라들과 무관하게 이스라엘 지파들은 땅 정복 이후 초기에도 오랜 기
간 동안 왕국을 이루지 못하고 있었음은 분명하다. 이에 대한 이유는 다양
하다. 한편으로는 농경지에 사는 지파들의 특별한 생활방식을 고려해 볼

---

[1]   암몬에 관하여, Cf. U. Hübner, Die Ammoniter. Untersuchungen zur Geschichte,
   Kultur und Religion eines transjordanischen Volkes im 1. Jahrtausend v. Chr. ADPV
   16 (1992) 특히 163-170. 모압에 관하여, Cf. St. Timm, Moab zwischen den Mächten.
   Studien zu historischen Denkmälern und Texten. ÄAT 17 (1989). 에돔에 관하여, Cf.
   Weippert, Edom, 특히 469-475; E. A. Knauf, GM 73 (1984) 33-36; idem, Alter und
   Herkunft der edomitischen Königsliste Gen 36, 31-39. ZAW 97 (1985) 245-253; W.
   Kornfeld, Die Edomiterlisten (Gen 36; 1Chr 1) im Lichte des altarabischen
   Namensmateriales. Mélanges bibliques et orientaux, Fs M. Delcor (1985) 231-236;
   J. R. Bartlett, Edom and the Edomites. JSOT, Suppl. Ser. 77 (1989); N. Na'aman,
   Israel, Edom and Egypt in the 10th Century B.C.E. Tel Aviv 18 (1991) 71- 93. B.
   MacDonald, Early Edom: The Relation between the Literary and Archaeological
   Evidence. Scripture and Other Artefacts, Fs Ph. J. King (1994) 230-246.

수 있다. 먼저 이스라엘은 정치적으로는 매우 느슨하게 연결되어 있었고, 지역적으로는 통일되어 있지 않았으며, 내적으로는 공동으로 야훼 하나님을 숭배하지만 긴장이 없지만은 않았던 지파들의 연대 이상은 아니었다. 이 연대는 외적·내적 문제를 개별 족속과 지파 자체에게 맡겼으며 기껏해야 특별한 곤경에 처할 때 지파 연대에 맡겼다. 이스라엘식으로 표현하자면, 지파 연대는 당면한 위기와 위협으로부터의 구원을 야훼께 맡겼는데, 야훼는 경우에 따라 카리스마적 지도자를 일깨워서 그로 하여금 이스라엘과 이스라엘의 일부가 직면한 위험을 막게 하였다. 모든 힘을 한 국가로 집약할 필요는 없었다. 다른 한편으로는 (이스라엘) 내부적으로 왕국 수립과 왕정에 대한 반감이 있었다. 구약 전승에 이러한 흔적이 남아 있다. 이른바 반(反)왕정 또는 왕정 비판적인 구약성서 본문들이 많이 보인다.[2] –이것이 후대에 생겨나거나 이미 존재한 왕정 제도에 대한 문제를 반영한 것이 아니라면 말이다.[3] 야훼가 그들을 다스린다는 신정 통치에 대한 열망은 왕정 거부에 대한 결정적인 동기로, 왕정이 생기기 전에 이미 이스라엘에 강력하게 작용했다. 포로기 이후와 같은 신정통치법이 아니라 야훼를 왕으로 가진 이스라엘에는 왕이 필요 없다는 확신이었다. 이러한 확신이 사사기 8장 22-23절에서보다 더 근본적으로 표현된 곳은 없다.

> 그 때에 이스라엘 사람들이 기드온에게 이르되 당신이 우리를 미디안의 손에서 구원하셨으니 당신과 당신의 아들과 당신의 손자가 우리를 다스리소서 하는지라 기드온이 그들에게 이르되 내가 너희를 다스리지 아니하겠고 나의 아들도 너희를 다스리지 아니할 것이요 여호와께서 너희를 다스리시리라 하니라[4]

---

[2] 특히 신 17:14-20; 삿 8:22-23; 9:8-15; 삼상 8; 10:17-27; 11:12-14; 호 3:4; 7:3; 13:10-11.

[3] Cf. F. Crüsemann, Der Widerstand gegen das Königtum. Die antiköniglichen Texte des AT und der Kampf um den frühen israelitischen Staat. WMANT 49 (1978).

이스라엘이 자신들의 하나님의 뜻과 그의 통치권에 연결되어 있음을 이러한 신정 통치의 원칙에서 엿볼 수 있다. 이스라엘에게 역사적 존재의 근거가 된, 하나님이 다스린다는 신정 통치 개념이 이스라엘에 독특성을 부여하였고, 역사에서 사라지지 않고 계속 이어지게 하였다.

그럼에도 불구하고 이스라엘은 결국 왕국을 수립하기에 이른다. 그러나 먼저 값을 치러야 했다. 결국 실패로 끝났지만, 므낫세 지파의 아비멜렉에 의한 첫 번째 왕국 수립 시도가 있었다(삿 9).[5] 사사기 9장의 문학적 문제를 해결하기는 무척 어렵다. 왕정 이전의 고대의 기본층은 여러 차례 편집을 거쳤을 것이며, 이 과정에서 반왕정 경향이 점점 더 증대했을 것이다.[6] 9장이 본래 신명기 역사서에 속했는지의 여부는 불확실하다. 마르틴 노트는[7] 기드온 이야기에서 아비멜렉 이야기로 넘어가는 신명기 사가 본문인 사사기 8장 28-34절을 가리키면서 이 질문에 긍정적으로 대답해야 한다고 믿었다. 그러나 반대 주장도 합당한데, 특히나 사사기 9장이 땅 정복과 왕국 수립 사이의 시기를 성격짓는 신명기 전통에서 떨어져 나와 있는 데다 또

---

[4] Cf. B. Lindars, Gedeon and Kingship. JThSt. NS 16 (1965) 315-326. J. Dishon, Gideon and the Beginnings of Monarchy in Israel. Tarbiz 41 (1972) 255-268은 기드온이 왕의 제안을 수용하였다고 가정하는데 이것은 전혀 개연성이 없다. Cf. S. E. Loewenstamm, The Lord Shall Rule over you (Judges VIII, 23). Tarbiz 41 (1972) 444-445.

[5] Cf. H. Reviv, The Government of Shechem in the El-Amama-Period and in the Days of Abimelech. IEJ 16 (1966) 252-257; A. Soggin, Il regno di Abimelek in Sichern (Giudici 9) e le istituzioni della citta-stato siro-palestinese nei secoli XV-XL Studi in onore di E. Volterra VI (1969) 161-189; H. Schmid, Die Herrschaft Abimelechs O. dc 9). Judaica 26 (1970) 1-11; V. Fritz, Abimelech und Sichern in Jdc. IX. VT 32 (1982) 129-144; H. Rösel, Überlegungen zu "Abimelech und Sichem in Jdc. IX". VT 33 (1983) 500-503; T. A. Boogart, Stone for Stone: Retribution in the Story of Abimelech and Shechem. JSOT 32 (1985) 45-56.

[6] Cf. F. Crüsemann, Ibid., 32-42.

[7] Überlieferungsgeschichtliche Studien (1957²) 52.

대사사 전승 유형에 따른 영웅 민담이 아니라 역사 이야기요, 초기 이스라엘 역사 서술의 일부라는 사실이 그렇다. 사정이 어찌 되었든 간에 전통은 이미 신명기 사가 이전(vordtr) 시대에 아비멜렉을 기드온과 연결시켰는데 이는 아비멜렉이 여룹바알의 아들이었고 므낫세 지역 오브라 출신이기 때문이다(9:1). 그러나 사사기 6장 25-32절에 따르면 기드온이 가졌다는 이름은 여룹바알이며 기드온의 고향은 마찬가지로 오브라이다(삿 6:11). 여룹바알이 본래는 독립적인 인물이었을 확률이 매우 높으며 전승에서 일찍이 기드온과 동일시되었을 것이다.[8] 아비멜렉이 실제로 기드온과 동일시되는 여룹바알의 아들인지 단순히 동명이인인지는 더 이상 알 수 없다.

아비멜렉의 왕국 수립 시도는 그의 출신을 관찰할 때에야만 이해할 수 있고 역사적으로 평가될 수 있다. 부계(父系)로 볼 때 아비멜렉은 이스라엘 사람이며 므낫세 지역인 오브라(텔 초파르)[9] 출신이다. 모계(母系)로 볼 때 그는 가나안 도시 셰켐 귀족에 속한다. 이러한 독특한 이중 소속은 므낫세 지파가 처한 특별한 상황이 빚은 현상이다. 므낫세 지파는 땅 정복 이후로 이 지역의 가나안 도시와 공생관계로 혹은 지주와 소작인 관계로 살았던 것이다. 이러한 이중 관점으로부터 아비멜렉의 정치적 의도를 파악할 수 있다. 아비멜렉은 동일하지는 않지만 유사한 구조를 가진 두 종류의 소규

---

[8] Cf. H. Haag; Gideon – Jerubbaal – Abimelek [1967]. Das Buch des Buches (1980) 150-158; 다르게는 J. A. Emerton, Gideon and Jerubbaal. JThSt.NS 27 (1976) 289-312.

[9] 나블루스 서편의 동쪽 변두리에 있는 텔 초파르는 고대 셰켐(텔 발라타)에서 약 3km 떨어져 있다. 오브라와 동일하다고 보는 이유들에 대하여 Cf. H. Donner, Ophra in Manasse. Der Heimatort des Richters Gideon und des Königs Abimelech. In: Die Hebräische Bibel und ihre zweifache Nachgeschichte, Fs R. Rendtorff (1990) 193-206. 그에 반해 E. A. Knauf, Eglon and Ophrah: Two Toponymic Notes on the Book of Judges. JSOT 51 (1991) 25-44은 진샤풋을 옹호하는데 그다지 명확하지가 않다.

모 혹은 최소 규모의 사회 집단을 마주하고 있었던 것이다. 그러니까 한편에는 셰켐 귀족 체제의 가나안 성읍국가가 있었고, 다른 한편에는 므낫세 지역 장로들이 이끄는 오브라 지역사회가 있었다. 그는 이 둘에 다 속해 있다고 느꼈다. 두 종류의 귀족정치 체제가 군주국으로 대체되어야 하고, 이 군주국들을 군합국(君合國)[10]으로 통일해야 한다는 야망이 그에게서 무르익었다. 먼저 그는 셰켐 성읍 영주들을 움직여 자기에게 —거의 헬라의 전제 정치에 해당해 보이는— 통솔권을 인정해주도록 한다. 셰켐 신전의 돈으로 그는 기존 질서에 불만을 가진 사회적 하층민을 병사로 모집한다. 오브라로 진군하여 그곳에 있는 므낫세 귀족(정치)을 소탕한다. 이렇게 그는 무력 행동으로 오브라에 대한 군주권을 얻었고, 이런 그를 셰켐 도시민들은 지체하지 않고 셰켐의 왕으로 앉혔다. 귀족정에서 군주정으로의 교체는 가나안 성읍국가에서는 흔한 과정이었다. 이런 식으로 얻은 통치권은 다음 단계의 정치적 야망을 위한 토대가 될 수 있었다. 물론 이러한 토대에는 이질적인 것이 있다. 셰켐 사람들이 자발적으로 아비멜렉을 인정한 것과 무력으로 오브라를 불법 탈취한 것은 서로 비교될 수 없기 때문이다. 특히 므낫세 편이 왕정에 저항했음에도 아비멜렉은 자신의 뜻을 관철시켰다. "왕관을 쓰지 않은 팔레스티나의 왕"(A. Alt)인 셰켐을 차지했기 때문에 그는 자신의 세력을 확장하는 데 지리적으로 특히나 유리한 거점을 확보할 수 있었다. 아비멜렉의 목표는 기타의 여러 소규모 정치적 집단을 추가하고 병합함으로써 자신의 세력의 토대를 확장하는 데 있었던 것으로 보인다. 이 점에서 아비멜렉이 성과를 거뒀다는 것을 우리는 그가 어느 날 셰켐에서 남동쪽으로 10km 떨어진 아루마(텔 엘-외르메)로 관저를 옮겼다는 데서 짐작해 볼 수 있다. 관저를 옮긴 것은 셰켐의 내부적인 어려움 때문일 것이

---

[10] [역주] 둘 이상의 독립국이 한 군주를 모시는 명목상의 연합

다. 아무튼 아비멜렉을 향한 강렬한 분노가 폭발하는 데는 오랜 시간이 걸리지 않았다. 셰켐 사람들은 아비멜렉에 반대하는 노상강도를 고용해서 가알이라 불리는 이주자에게 저항 조직을 넘겨준다. 아비멜렉의 충실한 셰켐 총독인 스불이 아무것도 할 수 없게 되자 아비멜렉은 어쩔 수 없이 병력을 동원하여 셰켐으로 밀고 들어가서 자신의 근거지를 파괴해버린다. 이렇게 함으로써 아비멜렉은 스스로 자기 무덤을 파게 된다. 그의 몰락은 막을 수 없게 된다. 통제 구조는 산산이 깨어졌다. 아비멜렉은 수세에 몰렸고 결국 데베스(투바스) 포위 중에 불명예스러운 죽음을 맞이하게 된다. 한 여자가 그의 머리에 맷돌을 던져 그의 두개골이 깨지고, 그의 부하는 그로 하여금 명예롭게 죽게 한다.

아비멜렉의 정치적 실패 이유는 명약관화한 일이다. 우리가 인지할 수 있는 한 그가 나라를 세우고자 한 시도는 오로지 그의 개인적 주도에 의한 것이지 이스라엘 세력과 같은 폭넓은 세력에 의해 이루어진 것이 전혀 아니다. 아비멜렉은 므낫세 지파의 군대에 의지하지 않았다. 하물며 다른 이스라엘 지파의 군대를 의지했겠는가! 그가 사용한 유일한 군대 형태는 용병이었다. 이렇게 해서는 추진력 있는 조직이 전혀 생겨날 수가 없다. 더구나 아비멜렉의 시도는 전적으로 가나안식으로 이루어졌다. 민족국가적 차원의 혁신이 아니라, 성읍국가 중심으로 작은 단위들을 영토상 병합한 것이다. 이러한 영토국가는 셰켐의 라바유와 그의 아들들의 통치 형태나 중부 시리아의 아브디-아쉬르타와 그의 아들 아지루의 왕국을 연상시킨다. 이 둘은 아마르나 시대에 있었다. 나중에 생기는 다윗의 대제국과 같이, 초국가적 영토국가는 대체로 무엇보다 민족국가라는 원칙을 의식적으로 수행함으로써 성립하며, 제도적으로 이를 공고히 하는 것이 절실히 요구된다. 아비멜렉에게는 그럴 만한 시간이 없었고, 그와 같은 일을 수행할 능력이 없었다. 마지막으로 가나안과 이스라엘 사람들을 동일 선상에서 비교할 시간이 아직은 이르지 않았다. 대립과 증오감은 여전히 매우 컸다. 아비멜렉의 왕국 수립 시도는 적절치 않은 수단을 사용한 것이었다. 어쨌든 그에게서 비롯된 것은 그 주도자인 자신과 함께 막을 내려야 했다. 아비멜렉은 이스라엘에게 이러한 방법으로는 지속적인 왕국이 수립될 수 없음을 예시했다. 그의 파멸은 이스라엘 지파에게 영향을 미쳐 반왕정 경향을 적잖이 강화시켰다.[11]

만약에 왕정 이전 지파들의 생활양식에서 비롯한 필요에 따라 이스라엘이라는 민족국가가 형성된 것이 아니라는 게 옳다면, 외적인 요인이 작용하였을 것이다. 그것은 기원전 제2천년기에서 제1천년기로 전환할 때의 팔레스티나의 역사적 상황에서 찾아볼 수 있을 것이다. 실제 그러한데, 또 그런 의미에서 이스라엘의 첫 번째 국가는 실제로 곤경의 산물이었다. 각 지파들이 자신들이 위협에 노출되어 있다고 여긴 것은 나일강이나 메소포타미아에 있는 고대 오리엔트의 대제국으로부터의 위협이 아니었다. 이 왕국들은 당시에 세력이 약한 상태에 있었고, 자신들의 국경을 넘어 손을 뻗칠 만한 능력이 없었다. 특히 중부 시리아와 팔레스티나에 대한 장악력이 결코 약해진 적이 없었던 이집트의 신왕국은 후대의 람세스 제20왕조 그리고 제21왕조의 타니스의 왕들과 그 당대의 테베의 아문 제사장 영주들 아래 점점 더 쇠진하였다. 내적으로는 통일되지 못했고, 이집트 외부 지역에서의 통치권은 단지 형식적인 것일 뿐이었다. 이러한 제반 정치 상황이 이스라엘 왕국 수립을 가능하게 해주었다. 동요르단 이웃 왕국들이나 사막 변두리의 유목민 혹은 가나안은 그리 큰 위협이 되지 못했다. 이들에 맞서

---

[11] 사사기 9:8-15의 요담우화가 아비멜렉의 역사 이야기에 들어와 완결된 것은 우연이 아니다. Cf. R. Bartelmus, Die sog. Jotham-Fabel – eine politisch-religiöse Parabeldichtung. ThZ 41 (1985) 97-120; J. Ebach – U. Rüterswörden, Pointen in der Jothamfabel. BN 30 (1985) 11-18.

이스라엘 지파들은 야훼가 부른 카리스마적 지도자의 인도 아래 해방 전쟁을 하였고 그것으로 충분했다. 위협은 필리스티아로부터 왔다.

해양민족 이동[12]의 일부였던 필리스티아는 람세스 3세와 그의 후계자 시대에 팔레스티나 해안 평야의 남쪽 지역으로 와서 이집트 군사식민지로 정주하였을 것이다. 이집트 세력이 나일강 지역으로 밀려나자, 그들은 자신을 팔레스티나에 대한 이집트 통치권의 당연한 후계자로 여겼다. 그들은 해안에 위치한 펜타폴리스의 영토를 넘어 팔레스티나의 다른 지역을 자신의 통치 아래 두려는 야심을 가지고 침략하기 시작했다. 처음에 그들은 심각한 군사적 저항을 예상할 필요가 없었다. 필리스티아 방백들[13]은 중무장 보병(삼상 17:4-7), 특히 봉토를 받고 용병들과 함께 군대 의무를 진 용병대를 소유하였다(삼상 27:2-12; 29:1-11). 이 때문에 그들은 기동력이 없는 이스라엘 지파들의 군대를 능가했다. 필리스티아가 세력을 확장하는 모습은 구약성서에서 때때로 전광석화로 이해할 수 있다. 그들은 빠른 속도로 해안 평야에서 카르멜산까지 수중에 넣었다. 이에 대해 더 자세히는 알 수 없는데, 특히 이것은 이스라엘에게 어떤 위협을 의미하지 않았기 때문이다. 그들이 구릉지에 나타났을 때는 심상치가 않았다. 두 군대가 선호한 회집 장소는 아펙(텔 라스 엘-아인)으로 나흐르 엘-오쟈의 수원지에서 멀지 않은 곳이었다. 거기서 처음으로 이스라엘 군대와 대접전이 일어난다(삼상 4). 이스라엘은 대패하였고, 야훼의 언약궤는 전리품으로 필리스티아인의 수중에 떨어졌다. 그런 다음 필리스티아인은 예루살렘 남서쪽으로 약 40km

---

[12] 위 47-49쪽을 보라.

[13] <세라님>(Sᵉrānīm), 그리스어 <튜란노이>(τύραννοι)와 친족어이다. F. Pintore, Seren, tarwanis, týannos. Studi orientali in ricordo di Franco Pintore (1983) 285-322; W. Helck, Ein sprachliches Indiz für die Herkunft der Philister. BN 21 (1983) 31 참고; 이에 반하여 E. Edel, Bemerkungen zu Helcks Philisterartikel in BN 21. BN 22 (1983) 7-8.

떨어진 그일라(텔 퀼라)에도 나타났다(삼상 23:1). 마지막으로 그들은 산지를 공격하여 수중에 넣었으며 그곳을 관할하고 감시하기 위해 베냐민의 기브아(텔 엘-풀; 삼상 10:5), 게바(제바; 삼상 13:3), 그리고 믹마스 협곡에(무흐마스의 와디 에츠-추네니트, 삼상 13:23), 심지어는 유다 베들레헴에도(삼하 23:14) 견고한 수비대(maṣṣāb, neṣīb)를 세웠다. 이 수비대에서부터 그들은 산지에 정찰대(mašḥīt)를 보내 순찰하고, 질서를 유지하게 하였으며 아마도 공물을 징수하게도 했을 것이다(삼상 13:17; 14:15; 23:1). 필리스티아 사람들이 어느 정도로 산지에서의 통치권을 공고히 할 수 있었는지는 알 수 없다. 어쨌든 갈릴리와 동요르단 땅은 이러한 일을 겪지 않았다. 사무엘상 13장 19-20절은 필리스티아 세력 확장의 결과에 대해 알려준다.

> 그 때에 이스라엘 온 땅에 철공이 없었으니 이는 블레셋 사람들이 말하기를 히브리 사람이 칼이나 창을 만들까 두렵다 하였음이라 온 이스라엘 사람들이 각기 보습이나 삽(?)이나 도끼나 괭이를 벼리려면 블레셋 사람들에게로 내려갔었는데 ….[14]

이것은 무기 생산 금지와 연관된 철 독점권 그 이상도 그 이하도 아니다. 이 기록이 과장이고 일반화한 것이라 할지라도, 어쨌든 이는 모든 것을 거머쥔 필리스티아의 막강한 영향력을 드러낸다.

산발적이고 우발적이었던 이전의 위협적 상황과는 달리 이제는 지속적이며 만성적인 위협으로부터 이스라엘이라는 왕국이 서서히 생겨나게 된다. 구약성서는 이에 대하여 사무엘상 8–11장에서 보도하고 있다.[15] 이 네

---

[14] Cf. J. Muhly, How Iron Technology Changed the Ancient World. BAR 8,6 (1982) 20-54.

[15] 사무엘상 7장에서 이스라엘이 미스바에서 사무엘의 인솔 아래 필리스티아에 대해 이뤘다고 하는 대승리에 관한 보도가 앞선다. 이것이 역사적으로 신뢰할 만하다면,

장의 문학적 분석은 어렵고[16] 구약학자들의 의견 일치는 요원하다. 이는 당연히 원자료를 역사적인 것으로 사용할 수 있는지의 질문과 닿아 있다. 우리는 사무엘상 8–11(12)장의 전체 이야기가 전통사적으로나 문학적으로 복잡한 하나의 과정을 거쳐 성립되었으며 그 세부적 과정은 더 이상 밝힐 수 없다는 것에서 출발해도 될 것이다. 왕정 수립에 대해 서로 경쟁하거나 서로 보충하는 상이한 민담 전승들은 왕정의 본질과 가치에 대한 신학적 성찰과 연결되어 있다. 원래 상이한 전승들을 어떻게 서로 구분할 지에 대한 물음과 각 전승이 관계가 있는지, 있으면 얼마나 있는지의 문제, 또는 각 전승의 연관 관계가 편집 작업의 산물인지에 대한 문제가 생긴다. 두 종류의 본문을 근본적으로 구별하게 해준 것은 적어도 벨하우젠의 공적이다. 하나는 왕정 수립을 가치평가와 연결하는 것이며(이른바 왕정에 적대적이거나 비판적인 사무엘상 8:1-22a; 10:17-27; 11:12-14와 부록인 12장), 다른 하나는 왕정 형성 이야기를 소위 중립적으로 제공한다(이른바 친왕정적인 사무엘상 9:1–10:16; 11:1-11,15).[17] 두 본문 그룹은 분명히 본래부터

왜 이스라엘의 왕국 형성이 필요하기나 한 것이었는지 이해할 수 없다. 이 장은 분명히 신명기 사가의 것이다. 그것은 사사 시대의 서술을 "사사"로 간주되는 사무엘의 승리 없이는 마무리하지 않는 신명기 사가의 신학 노선에 있다. 이로써 필리스티아 문제는 역사에서 강제로 제거된다. 사무엘상 7장은 왕국 형성으로 가는 불행한 서곡이다.

[16] 간추린 참고문헌: J. Wellhausen, Die Composition des Hexateuchs (1899³, 1963⁴) 240-243. 이 연구는 이런저런 방식으로 다른 모든 비평적 노력에 종속된다. H. Wildberger, Samuel und die Entstehung des israelitischen Königtums. ThZ 13 (1957) 442-469; K.-D. Schunck, Benjamin. BZAW 86 (1963) 80-108; A. Soggin, Das Königtum in Israel. BZAW 104 (1967) 29-45; F. Langlamet, Les recits de l'institution de la royauté. RB 77 (1970) 161-200; F. Crüsemann, Ibid., 54-84. 문헌비평 분석과 연결된 전통사에 대하여 다음도 참고하라. H. Seebass, ZAW 77 (1965) 286-296; 78 (1966) 148-179; 79 (1967) 155-171.

[17] 친 왕정 또는 반 왕정 단편들을 비판적으로 구별하지 않고 해결하려는 시도에 대하여 Cf. L. Eslinger, Viewpoints and Points of View in 1 Samuel 8-12. JSOT 26 (1983) 61-76; A. Wénin, Samuel et l'instauration de la monarchie (1 S 1-12). Une recherche

연속하는 이야기가 아니라 편집적 구성의 산물이었다. 이러한 사실은 신빙성의 문제보다 역사적으로 덜 중요하다.

1. 사무엘상 8:1-22a; 10:17-27; 11:12-14; (12)[18]: 사무엘상 8장의 보도에는 필리스티아 사람이 한 번도 등장하지 않는다.[19] 사무엘의 아들들이 사사직을 수행하는 방식에 대한 불만이 왕국 형성에 대한 첫 번째 동인이 된다. 이 불만으로 인해 이스라엘 장로들은 어느 날 라마의 사무엘에게 가서 그에게 다른 민족들에게 왕이 있는 것처럼 왕을 요구한다. 그러니까 그 주요 동기는 이스라엘에게는 없으나 다른 민족들이 가진 제도를 모방하는 것이었다. 여기서 다른 민족들이 어떤 민족을 말하는 것인지, 동요르단 땅의 주변 민족인지, 아니면 가나안 민족인지 이에 대해 고찰하는 것은 그리 쉽지 않다. 왜냐하면 이는 세부적인 것이 아니라 원칙을 말하고 있기 때문이다. 이 원칙은 사무엘을 매우 당황하게 하였다. 그는 야훼께 묻는다. 야훼는 이를 전반적으로 자신의 신정정치의 위기로 설명한다. 이스라엘의 요구는 사무엘이 아니라 이스라엘의 본래의 왕, 즉 야훼 자신을 반

---

littéraire sur le personnage. EH XXIII, 342 (1988).

[18] 분석에 대해서 Cf. M. Buber, Die Erzählung von Sauls Königswahl. VT 6 (1956) 113-173; J. Boecker, Die Beurteilung der Anfänge des Königtums in den dtr Abschnitten des 1. Samuelisbuches. WMANT 31 (1969); R. E. Clements, The Deuteronomistic Interpretation of the Founding of the Monarchy in I Sam VIII. VT 24 (1974) 398-410; G. Bettenzoli, Samuel und Saul in geschichtlicher und theologischer Auffassung. ZAW 98 (1986) 338-351; idem, Samuel und das Problem des Königtums. Die Tradition von Gilgal. BZ. NF 30 (1986) 222-236; D. Edelman, The Deuteronomist's Story of King Saul: Narrative Art or Editorial Product? BETL 94 (1990) 207-220; idem, King Saul in the Historiography of Judah. JSOT, Suppl. Ser. 121 (1991); N. Na'aman, The Pre-Deuteronomistic Story of King Saul and its Historical Significance. CBQ 54 (1992) 638-658.

[19] 사무엘상 7장을 순전히 역사적인 것으로 받아들인다면, 이것은 반드시 필요한 것은 아니다. 위 각주 16번을 보라.

대하는 것이었다. 그럼에도 불구하고 야훼는 사무엘에게 백성들의 부탁을 들어주라고 명하신다. 그러니까 야훼는 왕정을 용인하신 것이다. 이스라엘은 이를 통해 무엇을 경험하게 될지 곧 알게 될 것이다! 물론 야훼는 그것이 매우 괴로운 경험이 될 것임을 아신다. 그래서 야훼는 사무엘의 입을 통해 이스라엘에게 경고하기를 놓치지 않는다.

> 너희를 다스릴 왕의 제도는 이러하니라 그가 너희 아들들을 데려다가 그의 병거와 말을 어거하게 하리니 그들이 그 병거 앞에서 달릴 것이며 그가 또 너희의 아들들을 천부장과 오십부장을 삼을 것이며 자기 밭을 갈게 하고 자기 추수를 하게 할 것이며 자기 무기와 병거의 장비도 만들게 할 것이며 그가 또 너희의 딸들을 데려다가 향료 만드는 자와 요리하는 자와 떡 굽는 자로 삼을 것이며 그가 또 너희의 밭과 포도원과 감람원에서 제일 좋은 것을 가져다가 자기의 신하들에게 줄 것이며 그가 또 너희의 곡식과 포도원 소산의 십일조를 거두어 자기의 관리와 신하에게 줄 것이며 그가 또 너희의 노비와 가장 아름다운 소년과 나귀들을 끌어다가 자기 일을 시킬 것이며 너희의 양 떼의 십 분의 일을 거두어 가리니 너희가 그의 종이 될 것이라 그 날에 너희는 너희가 택한 왕으로 말미암아 부르짖되 그 날에 여호와께서 너희에게 응답하지 아니하시리라(삼상 8:11-18).

이러한 경고에도 불구하고 이스라엘은 배울 줄을 모르는 것으로 드러났고, 야훼는 거듭 이를 용인하신다. 이로써 보도는 종결된다.[20] 이 본문의 신명기 사가의 성격에 대하여는 어떠한 의심도 있을 수 없다. 이 보도는 신명기 사가의 사상이 풍부하며, 단어 하나까지 신명기 사가의 왕의 법을 따르고 있으며(신 17:14-20), 이스라엘이 나중에 이르러서야 왕정을 통해 겪게 될 경험이 작동하고 있다. 왕정은 처음부터 부정적인 징조를 띤다.

---

[20] 22b절은 삼상 9:1ff.와 연결을 가능하게 한 편집적인 추가이다.

왕정 형성 시에 야훼가 관여하시지만 이스라엘의 불충과 타락에 대하여 왕정으로 반응하는, 징벌로서의 왕정이다.[21] 이것은 구약성서의 고전적인 반(反)왕정 본문 중 하나와 관련 있다. 이 보도는 믿을 만한 역사자료에서는 배제되어야 한다. 다른 두 개의 단편인 사무엘상 10장 17-27절과 11장 12-14절도 더 낫지는 않다. 사무엘상 10장 17-27절은 미스바에서 제비뽑기의 복잡한 탈락 과정을 거쳐 마침내 베냐민 사람 사울이 남게 되는 왕의 선출에 대해 보도한다. 이 이야기가 단순히 사무엘상 8장 1-22a절의 연속이 아닌 것은 너무나 분명하다. 그러나 이 본문은 8장 1-22a절의 존재를 전제하고, 또한 세부적인 것에 있어서 다른 뉘앙스를 풍김에도 불구하고 거기에 닿아 있다. 여기서 사울이 결코 부정적인 색채로 나타나지 않는다 할지라도 이것도 반왕정 경향의 증거이다. 역사적인 것을 전혀 추적할 수 없다는 것을 분명히 하기 위해 이 과정의 내적 비개연성을 가리킬 필요는 없다. 사무엘상 11장 12-14절은 언젠가 독립적으로 존재했으리라 의심할 만한 단편이다. 이 구절은 10장 27절에 종속되며 11장 15절과 균형을 맞춘 편집적 삽입일 것이다. 11장 15절에 따르면 사울은 길갈에서 왕으로 부름 받는다. 그러나 10장 24절에 따르면 그는 이미 왕이다. 그러므로 편집자의 견해에 따르면 왕정 갱신을 다뤄야 한다. 이러한 구성은 이스라엘의 왕정 논쟁을 밝히려는 역사가에게나 관심이 있을 뿐인 구성이다.

2. 사무엘상 9:1-10:16; 11:1-11,15[22]: 이 본문은 전통사적으로나

---

[21] 사무엘상 12:19-25 참고.

[22] 본문 분석에 대해 B. C. Birch, The Development of the Tradition on the Anointing of Saul in I Sam 9,1-10,16. JBL 90 (1971) 55-68; J. M. Miller, Saul's Rise to Power. CBQ 36 (1974) 157-174; V. Fritz, Die Deutungen des Königtums Sauls in den Überlieferungen von seiner Entstehung, I Sam 9 bis II. ZAW 88 (1976) 346-362.

문학적으로 통일된 전체가 아니다. 11장은 그 자체로 하나의 독립된 단편이다. 그러나 9:1-10:16은 본래 완결된 이야기라는 가정을 부인하게 하는 긴장을 담고 있다. 더 작은 주해(註解)들[23]을 걷어내고 나면 특히 "예언자들 가운데 사울"(10:9-13)에 관한 일화와 이 일화를 준비하는 이야기인데 (10:5-6), 이는 원래 이 이야기가 독립적인 것이었는가 하는 의심을 불러일으킨다.[24] 나머지는 먼저 "어떻게 사울이 나귀를 찾으러 나갔다가 왕관을 얻게 되었는지"의 주제를 가진 동화와 같이 읽히고 그런 다음에는 동화와 매우 동떨어진 이야기 장르로 -카리스마적 구원자의 소명 이야기-로 넘어가는데, 각 요소들을 문학비평적으로 가려낼 수 없다. 특히 이 본문들은 내용적으로 위에서 말한 것과는 완전히 다른 유형이다. 야훼의 주도권이 그 중심에 있으며, 야훼는 필리스티아의 곤경에 대한 자기의 백성의 고통의 소리를 들으셨고 돕기로 결정하셨다(9:16). 먼저 사건들은 사사 시대와 다르지 않게 진행된다. 외부의 위협이 있을 경우 야훼는 곤경을 종결할 카리스마적 지도자를 깨우신다. 그의 이름은 "사울"로, 기스의 아들이며 베냐민 지파의 기브아[25]에서 멀지 않은 작은 마을 출신이다. 그는 잃어버린 아버지의 나귀를 찾던 중 어디서 어떻게 찾을 수 있는지 알아보기 위해 선견자 사무엘에게 가게 된다. 야훼는 사무엘에게 이 사람을 가리키시면서, 야훼께서 그를 지명하셨으니 사무엘에게 그를 -이것은 새로운 것이다!- 이스라엘의 <나기드> nāgīd로 기름 붓게 하신다(9:16; 10:1). <나기드>라는 표현은 "선포자, 지명자, 왕위유력자" 정도를 뜻한다.[26] 이것은 후대 시대로부

---

[23] 사무엘상 9:9은 후대 독자를 위한 해명으로, 10:8은 소위 길갈 에피소드 13:7b-15a의 도입구문으로, 10:12a은 "반예언적" 방주로 간주한다.

[24] 유사한 이야기인 삼상 19:19-24 참고.

[25] 첼라 하엘레프로 불린다. 삼하 21:14과 수 18:28 참고. 지금까지 그 위치를 알지 못한다.

[26] Cf. E. Lipiński, *Nāgīd – der Kronprinz*. VT 14 (1964) 497-499; W. Richter, Die

터 역투사되었을 개연성이 높다. 이 과정은 공개되지 않고 이루어진다. 단지 세 사람만 알고 있다. 야훼, 사무엘, 사울이다. 그러니까 이 단계에서 왕정에 대해 이야기하고 있다면, 그것은 단지 비밀에 부치고 있을 뿐이다. 후대의 왕정 제도는 이 전승에 역 투영되어 있다. 여러 개의 완결된 개별 모티브에서 이를 찾아볼 수 있다. 이야기 전체의 기본적인 전개 과정에 대한 역사적인 신뢰성은 인정되었다. 사울은 바로 왕이 되지 않았다. 먼저 사울은 본질적으로 사사 시대의 카리스마적 인물이다. 그가 공적으로 처음 등장할 때, 즉 검증을 거치는 단계에서도 그는 카리스마적 인물이었다 (11:1-11).[27] 전쟁은 필리스티아 사람이 아니라 자신들의 지배 영역을 확장하기 위하여 이스라엘이 곤경에 처한 상황을 이용한 동요르단의 암몬인을 겨냥한 것이었다. 암몬인이 야베스(와디 야비스의 텔 마크루브) 성읍에 진을 친 것으로 미루어보아 그들은 이미 얍복강 북쪽 지역을 포함한 길르앗을 수중에 넣었을 것으로 추측된다. 암몬인이 이 지역 전체를 지배하는 것을 한 때 입다가 저지했었다. 위기에 직면하자 "사울이 하나님의 영에게 크게 감동된다"(11:6). 그는 지파의 군대를 소집하여 밤에 요르단강을 건너 암몬인을 치고 야베스의 진을 분쇄한다. 이것은 구약성서의 마지막 사사 이야기이다. 여기에서는 대사사들을 두고 언급할 수 있는 모든 말이 다 언급되고 있다. 사무엘이 완전히 빠진 것이 눈에 띄는데, 이스라엘 왕정 초기 역사에서 사무엘이라는 인물의 복합적 역할은 역사적으로 전혀 알아볼 수도 없고, 분명하지도 않다.[28] 아마도 여기서 이제 역사가는 오랜 전승의 중

---

nägid-Formel. BZ.NF 9 (1965) 71-84; T. Ishida, *Nāgīd*: A Term for the Legitimization of the Kingship. AJBI 3 (1977) 35-51.

[27] Cf. K. Möhlenbrink, Sauls Ammoniterfeldzug und Samuels Beitrag zum Königtum des Saul. ZAW 58 (1940/41) 57-70. 비판적인 작품으로는 D. Edelman, Saul's Rescue of Jabesh-Gilead (I Sam 11,1-11): Sorting Story from History. ZAW 96 (1984) 195-209와 U. Hübner, Die Ammoniter (1992) 168-170.

요한 대변자 앞에 대면하게 된다. 다시 말해 사울이 카리스마적 지도자로 부름받은 것은 기술된 것처럼(특히 11:4-8!) 실제로 이 사건들 초기에 있었을 것이다. 그러나 이 이야기는 9:1-10:16과 충돌한다. 그러니까 암몬 전쟁 시작 이전의 소명과 나귀 찾기 에피소드와 연결된 소명과 <나기드>로 기름부음 받음이 서로 경쟁한다. 9:1-10:16은 마치 카리스마적 구원자의 소명 모티브가 더 후대에 그 모습을 갖춘 것처럼 보인다. 아니면 소명과 기름부음 이후 사울에게 잠복해 있던 <루아흐>가 암몬인의 억압을 계기로 소위 폭발했다고 가정해야 하는 것인가? 그렇다면 두 개의 이야기를 —어떤 편집 단계에서— 서로 연결한 사람들은 어쨌든 그렇게 생각했을 것이다. 그러나 암몬 전쟁이 끝난 후에 9:1-10:16의 선상에서는 당연히 뒤이어 일어날 것이 일어났지만, 이것은 11장 1-11절의 틀에서는 전혀 기대치 않은 새로운 것이다. 즉 이스라엘 군대의 대표자들이 사울을 필리스티아의 곤경에서 이스라엘을 해방시킬 수 있는 사람으로 인정한다. 검증 시험을 훌륭하게 통과하였기 때문에 사울이 산지에서 필리스티아인도 거침없이 무찌를 것이라고 기대할 만하였다. 그러나 이것은 다음 조건에서만 가능한 것이었다. 즉 필리스티아와의 전쟁을 지속적으로 수행할 수 있고, 간헐적이며 필요할 때마다 사용할 수 있는 것도 아니고, 야훼가 주셔야만 비로소 가능한 카리스마의 등장에 예속되지 않은 지속적으로 지도할 수 있는 지도자가 있을 때만 말이다. 이스라엘은 확립된 제도와 지속적인 군사 지휘권이 필요했다. 그래서 사울을 예리코에 있는 길갈 성소에서 왕으로 삼을 때 이렇게 선언한다. "모든 백성이 길갈로 가서 거기서 여호와 앞에서 사울을 왕으로 삼고 길갈에서 여호와 앞에 화목제를 드리고 사울과 이스라엘 모든 사람이 거기서 크게 기뻐하니라"(11:15). 백성이나 그 대표자의 인정이 야훼에 의한 지

---

[28] 7절의 그의 대한 언급은 후대의 삽입이다.

명을 대신한다. 지명과 인정이라는 두 가지 요소는 이스라엘 왕정을 근거 짓고, 적어도 이론적으로는 필수적이고 합법적인 것으로 준수된다. 이 모든 것을 볼 때 사울 왕국은 왕정 이전 이스라엘의 생활방식에서 필요하여 발생한 것은 아니지만 분명히 그 가능성에서 성장한 것이다. 그것은 기원전 제2천년기에서 제1천년기로 넘어가는 전환기 직전에 이스라엘 지파들이 직면해 있던 필리스티아의 위협을 통해 야기된, 카리스마에 의한 종신직이다.[29]

사울의 필리스티아 전쟁과 승리는 사무엘상 13장 2-7a,15b-23절과 14장 1-46절에 독립된 에피소드로 기술되어 있다.[30] 사울은 실제로 위험을 막아내고 이스라엘의 지속과 안전을 적어도 일시적으로라도 회복하는 데 성공했다. 그는 더 큰 필리스티아 연합부대와의 전쟁에서 개방된 야전보다는 오히려 산지에 있는 필리스티아 기지를 기습하는 식의 급습을 수행하였다. 이때 특히 중요한 역할을 왕자 요나단이 해냈으며 전승은 요나단을 밝고 호의적으로 그리고 있다. 화자의 호감도 그에게 쏠린다. 요나단이 우정을 맺은 다윗의 호감도 얻었다는 것에 대해 누구도 놀라지 않는다. 그는 왕의 아들로 밝은 성격으로 등장하며, 필리스티아 전쟁의 영웅이다. 전쟁은 베냐민 지파 영토에 집중되어 있다. 믹마스(무흐마스), 게바(제바), 베델(베틴), 기브아(텔 엘-풀)와 같은 장소들이 반복적으로 언급된다.[31] 이스라엘의 첫

---

[29] Cf. W. Beyerlin, Das Königscharisma bei Saul. ZAW 73 (1961) 186-201; A. Soggin, Charisma und Institution im Königtum Sauls. ZAW 75 (1963) 54-65; T. G. C. Thornton, Charismatic Kingship in Israel and Judah. JThSt.NS 14 (1963) 1-11.

[30] Cf. J. Blenkinsopp, Jonathan's Sacrilege. 1.Sam 14,1-46. CBQ 26 (1964) 423-449; Chr.-E. Hauer, The Shape of Saulide Strategy. CBQ 31 (1969) 153-167; D. Jobling, Saul's Fall and Jonathan's Rise. Tradition and Redaction in 1.Sam 14,1-46. JBL 95 (1976) 367-376.

[31] Cf. H.-J. Stoebe, Zur Topographie und Überlieferung der Schlacht von Mikmas, 1.Sam 13 und 14. ThZ 21 (1965) 269-280; J. M. Miller, Geba/Gibeah of Benjamin. VT 25

번째 왕을 세운 지파가 왜 하필 작은 지파 베냐민인가 하는 질문을 제기할
수 있다. 그 이유는 필리스티아인의 전략에서 찾을 수 있을 것이다. 필리스
티아의 관심은 특히 베냐민 땅에 있는 산지의 통행로를 확보하여 팔레스티
나 중앙 산지의 주요 교통로에 대한 통제권을 손에 넣으려는 데 있었다.
베냐민 지파의 영토에서 마찰이 시작되었고, 이 마찰에서 불씨가 일었다.
사울이 자기의 관저를 베냐민 땅 기브아에 세운 것(삼상 22:6; 23:19; 26:1)
은 이 그림에 들어맞는다. 그 후로 "사울의 기브아"로 불린(삼상 11:4;
15:34; 사 10:29)[32] 그곳에서 미국 발굴팀이 발굴할 때 네 모퉁이에 망대가
갖춰진 성의 기초가 드러났다.[33] 이제 이곳에 새로운 도시가 들어선 이후로
는 현장에서 그중 아무것도 볼 수 없게 되었다.

사울 왕정과 왕국 제도의 성격에 대해서는 이미 충분히 기술하였다.[34]

(1975) 145-166; G. Schmitt, BTAVO B 44 (1980) 58-71.

[32] 그가 나중에 기브온(엘-지브)을 자기의 수도로 삼았다는 가정은 별 설득력이 없다.
이 가정의 예는 K.-D. Schunck, Ibid, 132-133; J. Blenkinsopp, Did Saul Make Gibeon
his Capital? VT 24 (1974) 1-7.

[33] Cf. W. F. Albright, Excavations and Results at *Tell el-Fûl* (Gibeah of Saul). AASOR
4 (1924) 1-160; L. A. Sinclair, An Archaeological Study of Gibeah (*Tell el-Fûl*).
AASOR 34/ 35 (1960) 1-52. H. J. Franken, A Primer of OT Archaeology (1963)
81-85는 텔 엘-풀과 동일시하는 것에 회의적이다. P. M. Arnold, Gibeah. The Search
for a Biblical City. JSOT, Suppl. Ser. 79 (1990)는 게바(Geba')를 고려한다. 이것은
역사적으로 또 지형적인 이유 때문에 전혀 개연성이 없는 것이다.

[34] 간추린 참고문헌: A. Alt, Die Staatenbildung der Israeliten in Palästina [1930]. KS
2, 1-65; W. A. Irwin, Samuel and the Rise of the Monarchy. AJSL 58 (1941) 113ff.;
G. Wallis, Die Anfänge des Königtums in Israel [1962]. Geschichte und Überlieferung
(1968) 45-87; A. Weiser, Samuel. Seine geschichtliche Aufgabe und religiöse
Bedeutung. FRLANT 81 (1962); K.-D. Schunck, Benjamin. BZAW 86 (1963) 80-138;
A. Soggin, Das Königtum in Israel. BZAW 104 (1967) 29-57; G. Buccellati, Cities
and Nations of Ancient Syria. An Essay of Political Institutions with Special
Reference to the Israelite Kingdom. Studi Semitici 16 (1967); H. Bardtke, Samuel
und Saul. Gedanken zur Entstehung des Königtums in Israel. BiOr 25 (1968) 289-302;
L. Schmidt, Menschlicher Erfolg und Jahwes Initiative. WMANT 38 (1970); D. M.

그것은 한 민족의 군대왕국으로 그 유일한 과제는 필리스티아의 침입을 효과적으로 막는 데 있었다. 이 왕국이 언급할 만한 내정 기능을 가진 것으로 보이지는 않는다. 어쨌든 전승에는 사울이 판결을 내리고 법을 반포하거나, 그 왕국 내 통일된 지파들의 영토소유관계에 대해 처리하거나 재편해야 했다는 표시가 전혀 존재하지 않는다. 이는 사울의 국가 제도가 국가적 기구를 필요로 하지 않았다는 것과 관계된다. 사울의 국가 제도의 기초는 징집된 지파들의 군대였다. 자료 가운데 유일하게 언급되는 관직은 사울의 삼촌이거나 조카인 아브넬로서, 군대장(*śar haṣṣābā*)의 직책에 있었다 (삼상 14:50-51; 17:55 외).[35] 이뿐만 아니라 사무엘상 21장 8절은 <압비르하로임> *'abbīr hārō'īm* "목자장"이라는 직함을 지닌 "도엑"이라는 에돔 사람을 언급한다. 그의 직책에 관해서는 잘 알려져 있지 않지만, 일급관직은 아닐 것이다. 왕국의 규모가 작았음을 가정해야 할 것이다. 왕국 운영을 위한 자금은 전적으로는 아니라 하더라도 주로 군사경비의 지출에 사용되었을 것이다. 사울이 개인 사병단을 모집하기 시작한 사실도 군사적 이유에서였다. 그것은 신속한 필리스티아 순찰병들에 대응하기 위해서뿐만 아니라, 또 기동력 없는 지파 군대가 왕국의 군사적 요구에 어쨌든 충분하지 않다는 바른 통찰에서 나왔다(삼상 14:52). 이 사병단의 일원에게 사울은 왕 소유의 봉토를 주었고(삼상 22:7) 그들을 군사적으로 등용하였다(삼상 18:13). 그뿐만 아니라 사울 왕국에는 국가기구와 행정기구가 없었다. 그것

Gunn, The Fate of King Saul. JSOT, Suppl. Series 14 (1980); W. L. Humphreys, The Rise and Fall of King Saul. JSOT 18 (1980) 74-90; F. S. Frick, The Formation of the State in Ancient Israel. A Survey of Models and Theories. The Social World of Biblical Antiquity Series 4 (1985); I. Finkelstein, The Emergence of the Monarchy in Israel: The Environmental and Socio-Economic Aspects. JSOT 44 (1989) 43-74; P. Mommer, Samuel. Geschichte und Überlieferung. WMANT 65 (1991).

[35] Cf. D. R. Ap-Thomas, Saul's „Uncle". VT 11 (1961) 241-245.

은 필요하지 않았고 그래서 창설하지 않았다. 왕국의 내적 안정성에 대해, 가령 사울의 권위가 도처에서 동일하게 또 논쟁의 여지 없이 통하였는지에 대해서 우리는 알지 못한다. –지파들과 성읍들이 서로 상이한 정도로 통합되어 있었기 때문에– 그렇지 않았을 것이라는 추측, 그리고 사울이 서서히 지파들의 인정을 받았을 것이라는[36] 추측은 자료가 우리에게 알려주는 것을 넘어선다. 사울이 살아 있는 동안 단일 군주정으로 왕조를 강화하는 방향으로 계획이 추진되었는지 분명하지 않다. 사울이 아들 중 하나가 –요나단?– 자신의 후계자가 될 것이라는 생각을 가지고 행동했을 것이라는 것은 당연히 배제할 수 없다. 그러나 사울 가문의 왕조적 통치권에 대한 사상을 희미하게나마 보여주는 흔적들(삼상 18:17ff.; 20:31; 삼하 3:20ff.; 2:8-9)은 모두 다윗 전승에서 유래한 것이며 주로 사울이 죽은 이후의 시대와 관련된다.

사울 왕국의 영토 상태에 대한 질문도 제기되어야 한다. 사울 왕국의 영토 범위는 어느 정도였을까? 왕정 이전 이스라엘 모든 지파의 영토가 여기에 속하였을까? 아니면 몇 지파의 영토만 속하였을까? 유감스럽게도 이를 분명히 확인할 수 없다. 그러나 적어도 특정한 가정에 부합하는 간접 증거가 있다. 특히 중요한 것은 사무엘하 2장 8-9절이다.

> 사울의 군사령관 넬의 아들 아브넬이 이미 사울의 아들 '에쉬바알'[37]을 데리고 마하나임으로 건너가 길르앗과 '아셀'과 이스르엘과 에브라임과 베냐민과 온 이스라엘의 왕으로 삼았더라

---

[36] 이와 같이 M. Clauss, Die Entstehung der Monarchie in Juda und Israel. Chiron 10 (1980) 1-33.

[37] 역대상 8:33이나 9:39, 그리고 일부 고대 역본에 따라 마소라 본문의 이쉬보쉣(*'īšbošet*) "수치의 사람" 대신에 이렇게 읽는다.

파행을 보여주는 종결 구절에 이르기까지 "온 이스라엘"에 대한 특히나 구체적인 정보를 제공해주는 이 본문은 사울이 죽은 후이기는 하지만 여전히 다윗이 이스라엘의 왕으로 등장하기 이전의 왕국의 영토 상태를 기술하고 있다. 에쉬바알의 나라에 속한 곳은 이스라엘 족속들이 거주한 데까지의 동요르단(=길르앗), 갈릴리 산지(='아셀', 전체 중에 일부?)[38], 중앙팔레스티나 산지의 북쪽 부분(=에브라임, 베냐민), 그리고 이스르엘 평원이다. 이스르엘 평원은 사울이 죽은 이후에는 이론적으로만 속했을 뿐, 권력이나 주권 관계에 따르면 실제로는 아니었다. 므낫세가 빠진 것은 에브라임이 지파 이름이 아니라 지명이기 때문이라고 보면 설명된다. 그러나 유다의 남쪽이 누락된 것, 즉 시므온에 대해 완전히 침묵하는 것은 설명할 수 없어 보인다. 유다는 이 시기에 헤브론에서 독립적으로 유다 왕국을 세운 다윗의 수중에 이미 들어갔다고 주장할 수 있다. 그러면 유다는 사울 왕국에서 분리해 나간 것인가? 다윗의 유다 왕국 수립에 대한 보도(삼하 2:1-4)는 이에 대해서 아무것도 알려주지 않는다. 이 보도에 따르면 유다는 그전에 아직 국가적으로 기초되지 않았던 것으로 보인다. 다른 한편으로 유다가 사울 왕국에 속하였다면, 이스르엘 평원의 경우와 같이 명목상의 통치권에 지나지 않는다 하더라도 왜 사무엘하 2장 8-9절에서 유다는 언급되지 않는 것인가? 이러한 검토들은 팔레스티나의 유다 남쪽이 사울 통치하에 있던 이스라엘 왕국에 속하지 않았다는 가정을 정당화하는 것으로 보게 한다.[39] 사울의 이스라엘은 드보라 노래의 이스라엘과 일치한다(삿 5). 그 영토 상

---

[38] D. Edelman, The "Ashurites" of Eshbaal's State (2 Sam 2. 9). PEQ 117 (1985) 85-96은 부정적으로 평가한다. 다음도 참고하라. N. Na'aman, The Kingdom of Ishbaal. BN 54 (1990) 33-37.

[39] Cf. K.-H. Hecke, Juda und Israel. Untersuchungen zur Geschichte Israels in vor- und frühstaatlicher Zeit. Forschungen zur Bibel 52 (1985).

태는 대략 솔로몬 이후 후대 북왕국 이스라엘의 영토와 일치한다. 그 원인은 무엇보다도, 팔레스티나 남북을 가른 남쪽 가나안 횡목의 존재 때문일 것이다.[40]

그 외 유다가 사울 왕국에 속한다고 주장할 수 있거나 주장했던 것은 사무엘하 2장 8-9절과 반대되지 않는다. 유다 구릉지에서의 사울의 군사적 작전 수행은 –사무엘상 17장의 소고(에쉬-슈웨케)에서 필리스티아에 맞선 것이나 사무엘상 23장의 그일라(텔 퀼라)에 다윗에 맞선 것이나– 주권 관계에 대하여 아무것도 말해주지 않는다. 게다가 다윗과 골리앗의 전쟁 이야기(삼상 17)는[41] 사무엘하 21장 19절에 따르면 다윗이 아니라 그의 추종자인 엘하난이 골리앗을 죽였기 때문에 역사적인 것이 아니다. 마찬가지로 사울이 다윗을 추격하는 중 유다에 등장한 것도(삼상 23; 24; 26) 영토정치적인 결론에 대해 별말을 해주지 않는다. 사울이 유다의 군대를 징집했다면 다를 것이다. 그러나 이에 대해 한 마디도 전해주는 게 없다. 사울은 자신의 용병들과 작전을 수행한다. 베들레헴 사람 다윗이 사울의 궁정에 있다는 것(삼상 16:14-23)도 마찬가지로 별로 수긍이 가지 않는다. 에돔 사람까지도 사울의 주변에 있었다(삼상 21:8). 소위 사울의 아말렉 원정(삼상 15)으로도 더 잘 논증해낼 만한 것이 없다. 이것은 역사가 아니며 다윗의 아말렉 전쟁 모델을 따르고 있음을 뚜렷하게 보여주고 있다. 사무엘상 15장이 사울의 실패와 야훼에게 버림받음에 대한 신학적 근거를 제시하려는 후대의, 포로기 이후의 시도를 기술하고 있듯이 말이다.[42] 여기서 남는 것은, 유다가 사울의 왕국에 속하지 않았다는 것이 매우 개연성 높다는 것이다. 이러한 가정은 사울이 죽은 후 일어난 사건들과 초기 왕정 시대 이스라엘 역사

---

[40] 위 186-187쪽을 보라.
[41] Cf. H. Barthélemy – D. W. Gooding – J. Lust – E. Tov, The Story of David and Goliath. Textual and Literary Criticism. OBO 73 (1986). D. Kellermann, Die Geschichte von David und Goliath im Lichte der Endokrinologie. ZAW 102 (1990) 344-357는 학문적이며 흥미롭고, 고도의 아이러니가 없는 것도 아니다.
[42] 아래 292-293쪽을 보라.

의 많은 특징에 대해 쉽게 이해할 수 있게 해준다.

당연히 사울의 왕국 제도는 "세속적인" 체제가 아니었는데 다음과 같은 점에서 더더욱 그러했다. 즉 고대 오리엔트의 민족들에게 성(聖)과 속(俗)의 영역은 서구 세계의 의식에 있는 것과는 달리 서로 관계 있으면서 서로 구별된다는 점에서 그렇다. 사울 왕국의 국가 신은 야훼였다. 왕국 형성 시기에 이스라엘 종교 전통과의 단절을 말하는 것이 아니다. 야훼에게 주어지는 왕국 형성에서의 역할, 왕 선발에서의 야훼의 주도권, 왕국 이전 카리스마적 전통과의 밀접한 연관이 이를 분명하게 인식할 수 있게 해 준다. 그래서 이미 사울 때에 소박하고도 느린 **종교 정책의 단초**가 만들어졌을 것이라는 것이 개연성이 있다.[43] 구약성서의 전승에서 그에 대해 많은 것을 끌어낼 수 없다. 적어도 사울은 사무엘상 21장 2-10절과 22장 6-23절에 따르면, 더 자세히 정의할 수는 없지만 예루살렘(라스 엘-무샤리프)의 북쪽 **스코푸스산**에 있는 놉 제사장과 특정한 관계를 가졌다. 이를 통해 결론 지을 수 있는 것은 사울이 성소와의 연결을 통해 자신의 통치에 특별한 종교적 존엄을 부여하고, 심지어 어쩌면 왕국의 제사장단을 조직하고 일종의 "사교회"를 만들 의도를 가졌을 것이라는 것이다. 마치 나중에 다윗 왕조가 예루살렘을 그렇게 하는 것처럼 말이다. 사울이 이러한 방향으로 시도했다고 한다면, 그것은 실패였다. 놉 제사장들이 적수인 다윗을 숨겨주고 그에게 호의를 베풀자 사울은 진노하여 그들을 학살한다. 놉 제사장들이 시대의 징조를 인식하고 적시에 ─매우 적시에─ 떠오르는 별 다윗 편으로 전향

---

[43] 종교 정책에 대한 기본적인 것: W. Dietrich, David, Saul und die Propheten. Das Verhältnis von Religion und Politik nach den prophetischen Überlieferungen vom frühesten Königtum in Israel. BWANT 122 (1987, 1992²). 사무엘상 21/22장에 대하여 다음을 보라. P. T. Reis, Collusion at Nob: A New Reading of 1 Samuel 21-22. JSOT 61 (1994) 59-73.

한 것일까? 알 수 없는 일이다. 어쨌든 사울은 이스라엘의 종교 전통을 다룰 때 전반적으로 성공적인 선택을 전혀 하지 못했다. 사울의 실패와 사울이 야훼로부터 버림받음에 대한 신학적 근거를 제공하려는 여러 시대에 행해진 시도들이 이를 보여준다. 반사울적 제사장 집단에서 생겨났음직한 사무엘상 13장 7b-15a절의 길갈 에피소드, 신명기 사가 이전의 이야기로 추측되는 사무엘상 28장 사울의 엔돌 여인 방문, 포로기 이후 작품인 사무엘상 15장의 사울 유기(遺棄)가 그 시도들이다. 이 원인이 매우 다양한 것처럼 보이지만, 이 모든 것은 야훼가 사울을 버린 원인인 사울의 종교적 과실에서 야기된 것이다.[44] 매우 오래된, 사무엘상 14장 23b-46절의 이야기에서 그것은 특히나 인상적으로 기술되고 있는데, 이 이야기는 어떻게 사울이 자신의 개인적인 무결과 신앙에도 불구하고 심각한 종교적 갈등에 빠지게 되었는지 묘사한다. 그는 필리스티아와의 전투가 벌어지는 동안 자기가 직접 선포한 금식 계명을 관철할 수 없게 되자, 필리스티아 전투의

---

[44] Cf. H. Donner, Die Verwerfung des Königs Saul [1983]. BZAW 224 (1994) 133-164. 이 주제에 관해 서로 매우 상이한 입장을 가진 기타 문헌들: T. R. Preston, The Heroism of Saul: Patterns of Meaning in the Narrative of the Early Kingship. JSOT 24 (1982) 27-46; W. L. Humphreys, From Tragic Hero to Villain: A Study of the Figure of Saul and the Development of 1 Samuel. JSOT 22 (1982) 95-117; M. Sternberg, The Bible's Art of Persuasion: Ideology, Rhetoric and Poetics in Saul's Fall. HUCA 54 (1983) 45-82; F. Foresti, The Rejection of Saul in the Perspective of the Deuteronomistic School (1984); T. E. Fretheim, Divine Foreknowledge, Divine Constancy, and the Rejection of Saul's Kingship. CBQ 47 (1985) 595-602; Th. Seidl, David statt Saul. Göttliche Legitimation und menschliche Kompetenz des Königs als Motive der Redaktion von I Sam 16-18. ZAW 98 (1986) 39-55; D. Edelman, Saul's Battle against Amaleq (1 Sam 15). JSOT 35 (1986) 71-84; V. P. Long, The Reign and Rejection of King Saul. A Case for Literary and Theological Coherence. SBL, Diss. Ser. 118 (1989); U. Berges, Die Verwerfung Sauls. Eine thematische Untersuchung. Forschung zur Bibel 61 (1989); V. Peterca, Der Bruch zwischen Samuel und Saul und seine theologischen Hintergründe (1 Sam 15,24-31). BETL 94 (1990) 221-225.

영웅인 자신의 친아들 요나단에 대한 군인들의 사랑에도 불구하고 고대의 제비뽑기를 고수한다. 의심의 여지 없이 이러한 이상한 무능력은 특히 보수적인 집단 사이에서, 또한 당연히 새 시대의 대표자들에게서도 사울의 명성에 해가 되는 것이었다. 어쩌면 사울의 종말의 시작에 대한 여러 원인 중 하나가 여기에 있을 것이다. 즉 야훼가 사울에게서 자신의 영을 거두어들이고 악령이 그를 사로잡게 한(삼상 16:14-15; 18:10,12) 것이 사울 몰락의 시작으로 이스라엘의 의식 속에 객관적 사실로 자리 잡게 된 것 말이다. 이는 왕정의 "세상적" 기능들이 이스라엘의 종교적 전통과 갈등을 빚고, 또 사울은 이 갈등을 대처할 능력이 없었다는 것을 의미한다. 다윗의 전승들(삼상 16:14-23; 18:10-12; 19:9-10)은 사울이 광기를 수반한 정신병, 우울증에 빠졌음에 대해 보도한다. 이로부터 야훼가 더 이상 그와 함께하지 않는다는 결론을 끌어낼 수 있었다. 이것은 카리스마가 바로 평생 주어지는 선물이 아니라는 것을 보여준다. 심지어 왕에게 있어서도 카리스마는 주어지기도 하고 또 거두어질 수 있는 것이었다. 바로 여기서 카리스마적 지도권과 왕정의 연결에 대한 모든 문제점이 분명히 드러난다. 이 문제점은 후에 여러 번에 걸쳐 북이스라엘 왕국의 존속에 대해 질문을 제기한다. 이 문제점이 사울이라는 인물에게 맨 먼저 작용한 것은 그를 비극적인 인물로, 이스라엘의 실패한 통치자의 원형이 되게 하였다.

사울의 실패와 그의 왕국의 멸망에 대한 주원인 가운데 하나는 틀림없이 사울 왕의 개인적인 타락이며, 그의 심리적, 육체적 능력이 소진되고, 초창기에 그에게서 발산된 매력이 시들어간 것이다. 그러나 이를 넘어서 그 원인으로 제도적 기구와 행정, 내정적인 기능을 갖추지 못한 민족적 군사왕정이 자신의 역사적 사명을 전혀 견뎌낼 수 없었다는 것을 생각할 수 있다. 이 사명은 성취되었다. 그러니까 필리스티아인의 지속적 위협을 이스라엘은 물리친 것이다. 바로 이 사명을 이루는 그 이상의 것이 사울 왕국에는 결여되었던 것이다.[45] 이것은 왕이라는 한 인물에 달렸다. 왕이 무너지면, 모든 것이 붕괴될 수밖에 없는 것이다. 그래서 결국 재앙은 피할 수 없는 것이 되었는데, 이는 사울 왕정의 본래 사명인 필리스티아와의 투쟁이 하필이면 멸망의 동인이었다는 것은 피할 수 없는 섭리라는 느낌을 자아낸다.

사무엘상 31장에서 길보아산(제벨 푸쿠아) 전투에 대한 이야기가 이에 대하여 보도한다. 이야기의 결말 상황은 지형적으로 더 이상 자세하게 재구성할 수 없는데, 이는 사무엘상 31장을 사울-다윗 전승의 전체 맥락에 삽입해 넣은 기록이 모든 점에서 맞지 않기 때문이다.[46] 그러나 필리스티아인이 메기도/이스르엘 평원으로 진군한 것은 이스라엘을 남북으로 나누는 평원과 가나안 북쪽 횡목 지역을 군사적·정치적으로 자신에게는 유리하게, 이스라엘에게는 불리하게 활용하려 했다는 것을 분명히 알 수 있다. 우리가 알고 있듯이 사울은 중앙 산지에서 필리스티아인을 쫓아내었다. 그러나 그는 필리스티아인과 군사-정치적 균형을 이뤄내지 못했는데, 하물며 그들에 대한 지배권을 장악했겠는가! 이제 사울은 그들과 전쟁을 벌이지 않을 수 없었다. 그가 그렇게 하지 않았다면, 중앙팔레스티나의 갈릴리 북쪽은 차단되었을 것이다. 상황은 드보라 전투(삿 4/5장) 시작 전의 상황과 유사하다. 사울은 큰 근심과 음울한 직감으로 전투에 나간다. 사무엘 28장 3-25절이 사울의 실패 원인을 제시하려는 신명기 이전의 추가적 시도라 할지라도, 기본 정보를 날조할 필요는 없다. 그에 따르면 사울은 전투 전날 밤에

---

[45] J. H. Hayes, Saul: The Unsung Hero of Israelite History. Trinity University Studies in Religion 10 (1975) 37-47는 이 사실을 과소평가한다.

[46] 필리스티아인의 원정은 사무엘상 28:1에서 시작한다. 28:4에 따르면 그들은 하부 갈릴리 산지 남쪽 변방의 수넴 (슈넴, 솔렘)에 진영을 쳤다. 반면에 사울의 군대는 길보아산지에 섰다. 29:1에 따르면 필리스티아인은 여전히 아펙(텔 라스 엘-아인)에 있고, 사울은 이스르엘 샘(아인 쟐루드) 옆에 진을 친다. 29:11에 따르면 "블레셋인은 이스르엘로 올라가니라" –이 이름의 평원 또는 도시로?

은밀히 엔돌(엔두르)의 신접한 여인을 찾아가서 신탁을 요구한다. 엔돌 여인은 사무엘의 망령을 지하에서 올라오게 하고, 그는 사울의 가장 큰 근심을 확인해준다. 아침에 결전이 벌어진다. 전투는 이스라엘의 치명적인 패배로 끝난다. 필리스티아인은 도주하는 군대를 길보아산지까지 추적한다. 그들은 요나단을 포함한, 달아나는 사울의 아들들을 추격하여 죽이는 데 성공한다. 사울은 처음에는 이를 모면했으나 바로 절망하여 자살한다. 필리스티아인들은 그의 시체를 찾아 그의 목을 베고 왕자들의 시체와 함께 벳스안의 성벽에 달아맴으로써 복수심을 달랜다. 얼마 되지 않아 길르앗 야베스 사람들이 밤에 그들의 시체를 수습하여 화장하고 나무 아래 장사 지낸다. 다윗은 유다와 이스라엘의 왕이 되자 사울과 그의 아들들의 유해를 사울 가문의 가족묘에 이장하게 하고 장사를 성대하게 치르게 한다(삼하 21:12-14).

제2장 다윗의 유다 왕국 건국과
유다와 이스라엘의 군합국

사무엘하 2장 1-5절은 사울과 왕자들의 죽음 이후에 벌어진 사건들에 대하여 보도한다. 이 단락은 본래는 통일되지 않은, 더 긴 성장 과정에서 생긴 다윗의 등장에 관한 서사 작품이다.[1] 이 작품은 생각할 계기를 마련해 준다. 일반적으로 –타당하고 정당한 이유에서– 다윗이라는 이름으로 칭해지는 왕국 형성의 제2단계에서 이스라엘 역사 서술이 탄생하게 된 전제 조건이 발전했을 것이라는 말이 있다. 즉 –다른 오리엔트 민족의 유사한 작품들과는 전혀 다르게– 실제 다윗이라는 이름에 걸맞고 처음으로 당대의 역사를 다룬 작품이라는 점에서 매우 당당하게 그 모습을 드러낸 역사 서술

---

[1] Cf. H. U. Nübel, Davids Aufstieg in der Frühe israelitischer Geschichtsschreibung (Diss Bonn 1959); A. Weiser, Die Legitimation des Königs David. Zur Eigenart und Entstehung der Geschichte von Davids Aufstieg. VT 16 (1966) 325-354; J. H. Grønbaek, Die Geschichte vom Aufstieg Davids (1. Sam 15-2. Sam 5). Tradition und Komposition. Acta Theologica Danica 10 (1971); F. Langlamet, David et la maison de Saül. RB 86 (1979) 194-213. 385- 436. 481-513; 87 (1980) 161-210; T. N. D. Mettinger, King and Messiah. The Civil and Sacral Legitimation of the Israelite Kings. Coniectanea Biblica, OT Series 8 (1976); A. van der Lingen, David en Saul in I Samuel 16 - II Samuel 5. Verhalen in politiek en religie (1983); S. Herrmann, King David's State. In: In the Shelter of Elyon, Fs G. W. Ahlström (1984) 261-275; F. S. Frick, The Formation of the State in Ancient Israel (1985); I. Finkelstein, The Emergence of the Monarchy in Israel. JSOT 44 (1989) 43-74.

의 전제 조건 말이다.[2] 단순히 그리스인과 그들을 뒤이은 로마인들이 남긴 것으로부터 역사 서술 개념을 끌어와서는 안되며 고대 오리엔트의 역사적 저작의 고유한 문화적 특이성에 특히 주의를 기울여야 한다는 경고를 진지하게 받아들여야 함에도 불구하고,[3] 이 말에는 의심의 여지 없이 옳은 점이 있다. 실제로 역사가가 이스라엘의 선사나 초기 역사를 재구성하기 위해 사용하는 민담 자료와 왕국 형성 시대와 그 이후 시대를 재구성하기 위해 사용하는 이야기 사이에는 근본적인 차이가 존재한다. 예를 들면 족장 민담들과 다윗의 왕위 계승 기술 사이에 존재하는 여러 차이는 누구도 간과할 수 없는 것이다. 이것이 바로 금후 역사가가 서서히 단단한 발판을 얻고 있는 이유이다. 역사가는 주로 전통사로 우회하던 방법을 더 이상은 택하지 않고, 더 가치 있는 역사적 기초 자료를 소유하고 있는데, 이 역사적 기초 자료가 가지고 있는 역사적 가치는 이스라엘의 선역사와 초기 역사를 그 대상으로 삼는 모든 문학적 기념물이 지닌 가치보다 훨씬 더 높게 산정되어야 한다. 이제 한편으로는 지나친 경계를, 다른 한편으로는 일괄적인 평가를 삼가하여야 한다. 다윗에 대한 이야기들은 대개 가정하는 것보다 그렇게

---

[2] 많은 참고문헌 가운데 다음을 참고하라. G. v. Rad, Der Anfang der Geschichtsschreibung im alten Israel [1944]. GS 148-188; R. Smend, Elemente atl Geschichtsdenkens. ThSt 95 (1968); R. Rendtorff, Beobachtungen zur altisraelitischen Geschichtsschreibung anhand der Geschichte vom Aufstieg Davids. Probleme biblischer Theologie, Fs G. v. Rad (1971) 428-439; H. Tadmor － M. Weinfeld (ed.), History, Historiography and Interpretation. Studies in Biblical and Cuneiform Literatures (1983). 자료의 역사적 가치에 대하여 매우 비판적으로는 J. W. Flanagan, David's Social Drama. A Hologram of Israel's Early Iron Age. JSOT, Suppl. 73 (1988). 또 Th. C. Römer, Transformations in Deuteronomistic and Biblical Historiography. On "Book-Finding" and Other Literary Strategies. ZAW 109 (1997) 1-11도 보라.

[3] 예를 들면 Cf. B. H. Cancik, Grundzüge der hethitischen und atl Geschichtsschreibung. ADPV (1976).

많이 다르지는 않다. "다윗의 출세"와 "다윗의 왕위 계승"의 차이는 일반적으로 주장하는 것보다 훨씬 적다. 투키디데스의 눈에는 양자 간의 차이가 거의 없을 것이다. 게다가 사울이나 대사들에 대한 이야기들과의 차이들도 첫눈에 보이는 것보다 훨씬 적다. 이것은 역사적 신빙성의 정도에도 적용된다. 이 모든 것은 이스라엘의 역사적 작품이 하늘에서 떨어지거나 자고 일어나보니 그렇게 된 것이 아니라, 이미 왕정 이전 시대에 존재한 역사적 사고 능력에서 발전되었다는 것을 말해준다. 이러한 사고(思考)는 그리스 역사학의 "역사를 위한 의미"와 단순히 같을 수 없다. 이것은 민담과 민담적 특징을 지닌 이야기에 언제나 지속적으로 표현된 사고이다. 이것은 저 유명한 왕위 계승 이야기에까지 이르며 당연히 다윗의 출세에 관한 서사 작품에도 해당된다. 역사가에게 권장되는 것은 전거로 삼는 자료의 역사적 가치를 각 경우마다 조심스럽게 검토하고, 그때마다 가능한 한 자료에 들어 있는 의도와 목적을 고려해야 하는 것이다.[4]

사울이 죽은 후 무슨 일이 일어났는가? 먼저 사울이 길보아산에서 재앙을 당한 후에 필리스티아인이 이전 상태(*status quo ante*)를 회복하려고 시도했는지에 대한 확실한 흔적이 전승에는 없다. 사무엘상 31장 7절이 "골짜기 저쪽과 요단 건너쪽"의 성읍들, 즉 갈릴리와 길르앗을 필리스티아인이 점령한 것에 대하여 약간은 의심쩍게 언급하고 있지만, 이것은 역사적

---

[4] 문헌을 벗어나는 추측을 할 위험이 상당히 높다. 승격 이야기가 후대 다윗 왕조가 북왕국의 왕권에 대한 청구권 문서라는 가정에 대한 증거가 충분한 것인가? 가령 F. Schicklberger, Die Davididen und das Nordreich. Beobachtungen zur sog. Geschichte von Davids Aufstieg. BZ.NF 18 (1974) 255-263. 그것은 다윗 왕권의 변호라는 이해도 위기의 시대에 생겨났다(삼하 16:20)는 것도 의문시된다. 가령 P. C. McCarter, The Apology of David. JBL 99 (1980) 489-504. 다윗 상의 상이한 단계들의 발전에 대하여 Cf. T. Veijola, David. Gesammelte Studien zu den Davidüberlieferungen des AT. Schriften der Finnischen Exegetischen Gesellschaft 52 (1990).

으로 맞지 않는 기록이거나 아니면 필리스티아의 "점령"이 일시적이었거나 둘 중 하나이다. 왜냐하면 그 이후 시대에 필리스티아인은 팔레스티나 중앙 산지 그 어디에도 모습을 드러내지 않기 때문이다. 그들은 그 이후 사울 이전 시대와 같이 산지에서의 헤게모니를 회복하려고 전혀 노력하지 않은 것으로 보인다. 왜 그리하지 않은 것일까? 능력이 부족했던 것일까? 아니면 의도적이었던 것일까? 후자일 가능성이 크며 뿐만 아니라 그랬을 개연성도 있다. 왜냐하면 사울 왕국이 사울의 죽음으로 바로 멸망한 것이 아니기 때문이다. 빈약하고 희망이 없는 것이긴 하지만 그래도 사울 가문의 후속 연주가 있었던 것이다. 사무엘하 2장 8-10절에 따르면 이스라엘의 군대장관인 아브넬은 남은 사울의 아들 에쉬바알[5]을 동요르단 마하나임(텔 헷자즈)에서 왕으로 삼는다.[6] 그는 실제로 거기서 2년간 통치한 것으로 알려져 있다. 이것은 등극한 해를 일 년으로 계산한 것이기 때문에 그의 통치 기간은 몇 달에 불과했을 것이다. 그러나 이러한 사실을 단순하게 보도하고 있는 것으로부터 미루어 짐작해 보건대, 이러한 시도가 사울 왕국을 합법적으로 계승한 것으로 중대하게 여기고 있지 않다는 것이다. 이 시도는 요르단 서쪽 산지의 사울 왕국의 중심에서 멀리 떨어진 동요르단 땅에서 일어났다. 야훼가 아니라 아브넬이 에쉬바알을 왕으로 옹립하고 그의 아버지의 후계자로 선포한 것이다. 민족적 군사 왕정에 대해서는 전혀 언급되지 않는다. 우리가 알 수 있는 한 지파들과 군대가 전혀 참여하지 않았다. 에쉬바알의 왕국에는 사울의 왕적 통치의 토대를 이루었던 입헌적인 요소

---

[5] 이 이름에 대하여 위 288쪽 각주 37을 보라.

[6] Cf. K.-D. Schunck, Erwägungen zur Geschichte und Bedeutung von Mahanaim. ZDMG 113 (1963) 34-40. 마하나임의 위치 문제에 관한 것은 다음을 참고하라. Z. Kallai, Historical Geography of the Bible. The Tribal Territories of Israel (1986) 264-65. 또 위 101쪽, 각주 5을 보라.

가 결여되어 있다. 즉 야훼의 지명과 백성의 지지이다. 에쉬바알은 이름뿐인 왕이며, 능력과 패기 넘치는 아브넬이 조종하는 실에 매인 꼭두각시에 지나지 않으며, 잠시 그의 아버지의 카리스마를 이용하려는 일개 후계자에 지나지 않는다. 역사는 경우에 따라 실질적이고 확실한 진전이 더디 이루어지면 잠시나마 이를 메워줄 대체물을 찾는다. 만약 에쉬바알이 군사를 통솔하는 능력이 있는 왕임을 보여주었더라면 적어도 몇 지파만이라도 그를 지지하기 위해 왔을 것이며, 야훼의 지명에 대한 전승도 생겨났을 것이다. 그러나 에쉬바알은 별 하는 일 없이 마하나임에 체류하며 서요르단 땅으로 자기의 용병을 보냈는데, 그것은 필리스티아인에 대항하기 위함이 아니라 다윗에 대항하기 위함이었다. 에쉬바알은 어리석게도 다윗을 자신의 맞수로 전혀 여기지 않았던 것이다(삼하 2:12–3:1). 이와 같이 해서는 지지를 이끌어낼 수도, 또 합법적인 왕정을 세울 수도 없는 것이었다. 필리스티아인들이 산지 지역을 피하였다면 그들은 이 상황을 제대로 평가하고 지혜롭게 행동하였다고 볼 수 있다. 필리스티아인이 다시금 세력을 확장하게 되면, 이는 이스라엘 지파들의 군대를 자극할 수 있고 전쟁에 나올 위험을 배제할 수 없었던 것이다. 에쉬바알의 영향력이 검증될 경우 이는 다시금 사울의 군대왕국의 부활로 이어질 수 있었을 것이다. –이것은 분명 필리스티아가 원하던 것은 아니었다.[7]

이런 상황에서 –특히 서요르단 땅에서– 지파들이 파산한 사울 왕가를 점점 멀리하게 되고, 이스라엘 식으로 말한다면, 야훼로부터의 새로운 지명을 기다리는 것은 불가피한 것이었다. 왜냐하면 이스라엘에서의 왕정은 –지금까지 그래왔던 것처럼– 유일한 선거권을 가진 야훼에 의해 선출되는

---

[7] Cf. A. Soggin, The Reign of 'Ešba'al, Son of Saul. OT Studies (1975) 31-49 (이탈리아어 RSO 40, 1965, 89-106).

왕정이었기 때문이다. 그래서 아브넬의 시도는 이미 희망이 없었던 것이다. 웅대한 뜻을 품은 사람이라면 이러한 것을 미리 예상했어야 했다. 그러나 그는 이를 예상하지 못했고, 비교적 짧은 시간이 지난 후에야 비로소 깨닫게 된 것이다. 별일도 아닌 계기로[8] 아브넬은 에쉬바알을 보호하던 손을 거두고 다윗에게로 전향한다(삼하 3:6-39). 부분적으로는 정치적인 이유로, 부분적으로는 다윗의 군대장관인 요압과의 개인적인 불화로 인해 전향한 지 오래지 않아 그는 목숨을 잃게 된다. 요압은 헤브론에서 아브넬을 죽임으로써 그의 손에 죽은 자기 동생 아사헬에 대한 피의 복수를 단행했던 것이다. 이것은 분명 다윗이 의도한 것은 아니었다. 다윗은 아브넬의 능력을 자기 왕국을 세우는 데 사용할 수 있었다. "오늘 이스라엘의 지도자요 큰 인물이 죽은 것을 알지 못하느냐?"(삼하 3:38). 아브넬의 죽음에 대한 다윗의 당혹감을 단지 정치 게임에서의 교묘한 책략으로만 보아서는 안 된다. 그러니까 예를 들면 다윗이 그렇게 함으로써 북지파 사람들의 호의를 얻고자 하는 의도로 했다는 식으로 말이다. 그럼에도 이것이 어느 정도 작용한 것은 분명하다. 그러나 그 이상으로 다윗은 아브넬이 살해된 것을 실제 손실로 여겼다고 보아야 한다. 아무튼 에쉬바알은 예상한 대로 아브넬이 죽은 후 오래 살지 못했다. 그는 마하나임에서 두 명의 용병에게 살해된다(삼하 4장). 이렇게 사울 왕국은 명예롭지 못한 후속 연주와 함께 종국을 맞이 하고, 이제 길은 새로운 사람에게 활짝 열렸으며 온 이스라엘의 미래가 그에게 속하였다.

다윗은 전 이스라엘을 통치하는 왕으로 추대된다. 전례 없는 다윗의 이러한 추대는 그의 선역사를 알지 못하고는 이해할 수 없다. 다윗의 선역사

---

[8] 그렇지 않으면 아브넬은 스스로 왕의 통치권을 넘보고 그 때문에 에쉬바알과의 갈등을 야기했을까? 사무엘하 3:7은 이렇게 추측하게 한다. 전임자들의 하렘 여인들과 "후계자"의 관계에 대하여 삼하 16:21-22와 왕상 2:13ff. 참고.

는 이새로 불리는 베들레헴[9] 농부의 아들로 사울 왕의 궁정에 처음에는 사울의 우울증을 치료하는 일종의 민간치료사로서, 오늘날 우리가 음악치료사라고 일컫는 악기 다루는 자로(삼상 16:14-23) 부름 받는 것으로 시작한다. 그러나 그는 여기서 머물지 않고 바로 왕자 요나단과 우정을 나누고(삼상 18:1-4; 20; 삼하 1:23,25-26)[10] 용병대장으로 승진한다(삼상 18:5,13). 이 초기 단계에서 이미 군사적인 것이 음악적인 것을 완전히 압도한다. 마침내 그는 몇몇 어려움을 극복하고 공주 미갈과 결혼하여 사울 왕의 사위가 된다(삼상 18:17-27). 궁정과 사울 바로 옆에서 쌓은 다윗의 이런 경력들이 갖는 의미를 단순히 과대평가해서는 안 된다. 이것은 소위 다윗 개인의 일이었지, 베들레헴의 그 가족과는 직접적인 관계가 없었다. 그는 자기 부친의 가문에서 떨어져 나와 왕의 피보호민(클라이언트)으로 들어간 것이다. 그는 "왕의 시종"(*'ebed hammelek*)이 되었고, 이로써 그는 사울이 처음에 그를 선택했던 것과는 완전히 다른 길로 접어들게 된다. 이스라엘 고대 질서의 틀에서 성공한 사울이라는 사람과 비교할 때 다윗은 현대적 인물이며, 왕국 형성의 제2세대 인물이다. 만일 사울과 다윗 사이에 갈등이 있지 않았더라면, 그는 길보아산에서 사울의 재앙에 휘말리고 친구인 요나단과 함께 전사했을 것이다.

그런 일은 결코 일어나지 않았다. 왜냐하면 사울은 시간이 흐르면서 처음에는 심기가 불편했고, 이후에는 공개적으로 다윗을 두려워하였기 때문이다. 그는 이 젊고 총명한 사람에게서 처음부터 왕위를 두고 그런 것은

---

[9] 다윗의 고향이 베들레헴이라는 것에 대한 회의와 그가 북이스라엘 어딘가 출신이라는 추측은 E. Schwab, Bethlehem Efrata. Zur Überlieferung von Davids Herkunft. In: Gottes Recht als Lebensraum, Fs H. J. Boecker (1993) 117-128에 있다.

[10] 다윗-요나단-전통에 관한 문학적 분석에 대하여 Cf. O. Kaiser, David und Jonathan. Tradition, Redaktion und Geschichte in 1 Sam 16-20. Ein Versuch. ETL 66 (1990) 281-291.

아니었겠지만 분명 백성들의 호의를 두고는 경쟁심을 느꼈던 것이다. 의심의 여지 없이 인간의 마음을 사로잡는 것은 다윗이 가진 큰 은사였을 것이며, 바로 이것이 늙어가고 정신 착란을 일으키고 야훼로부터 버림받은 사울 왕에게는 눈엣가시였을 것이다.

> 다윗이 그의 모든 일을 지혜롭게 행하니라 여호와께서 그와 함께 계시니라 사울은 다윗이 크게 지혜롭게 행함을 보고 그를 두려워하였으나 온 이스라엘과 유다는 다윗을 사랑하였으니 그가 자기들 앞에 출입하기 때문이었더라(삼상 18:14-16).

다윗의 성공은 주로 군사적인 종류의 것이며, 이스라엘의 여인들이 원정에서 귀환하는 다윗을 부르며 "사울이 죽인 자는 천천이요 다윗은 만만이로다"(삼상 18:7)라고 노래하는 것을 들었을 때 사울의 분노가 배가하였음을 알 수 있다. 사태를 막을 수는 없었다. 마침내 파탄이 나고 다윗은 왕을 섬기는 일에서 배제된다. 그뿐만 아니라 다윗은 심지어 사울의 추적을 피해 도피하게 된다. 이 사건들은 다윗의 출세 이야기에서 매우 생생한 색채로 기술되어 있다. 즉 가끔은 민담식으로 또 다윗이 이미 오래 전에 그의 생애의 정상에 오른 후 전설이 다윗이라는 인물을 타고 휘감아 올라가기 시작하던 때를 회고하는 식으로 기술되어 있다(삼상 18:28–26:25). 화자가 의도한 것으로, 독자는 불안한 질문을 강요받게 된다. 불쌍하지만 담대한 이 도망자에게서 어떤 무엇이 어떻게 나오겠는가? 이런 사람이 어떻게 왕이 되겠는가? 독자가 이미 답을 알고 있다고 해서 그 흥분과 긴장이 조금이라도 줄어드는 것은 아니다.

이 상황에서 다윗의 인생 경로의 초기 단계에서 결정적인 전환이 일어난다. 마땅히 기대하게 되는 바로 그것이 일어나지 않는다. 다윗이 사울에게서 도피한 후에 베들레헴의 자기 가족의 품으로 돌아가 그의 아버지가 그랬던 것처럼 농부가 되는 것보다 더 논리적인 것은 없을 것이다. 그가 자기의 정치적 경력이 끝난 것으로 여길 이유가 충분했다. 그러나 그는 무엇을 하였는가? 그는 유다 산지로 가서 거기서 사울 아래 있을 때 갈고 닦았던 전술을 자신의 책임하에 계속 연마해 간다. 이를 위해 그는 용병군대를 만든다. 이에 대해 사무엘상 22장 2절은, "환난 당한 모든 자와 빚진 모든 자와 마음이 원통한 자가 다 그에게로 모였고, 그는 그들의 우두머리가 되었는데 그와 함께 한 자가 사백 명 가량이었다"고 기술한다. 이들은 신뢰를 불러일으키는 사람들이 아니라 오히려 가난한 하층민이었으며, 경제적으로 파산한 사람들, 사회적인 영락을 경험한 오갈 데 없는 사람들이었다. 그러나 이들에게 미덕이라는 게 있다면, 그것은 그들이 자신들의 대장을 신뢰하고 그와 함께 고락을 같이한다는 것이었다.[11] 그들과 함께 다윗은 자신을 보호할 곳을 찾아 불안하게 구릉지와 유다 산지를 떠돌아 다녔다(삼상 23–26). 그는 유다의 농부들을 그들의 대적, 특히 유목민의 공격으로부터 보호해주었다. 이것은 유다인과 가능한 한 우호적이고 원만한 관계를 얻기 위함이었을 것이다. 그가 이 일에 얼마나 목적 지향적으로 임했는지는 그가 혼인 정책을 능숙하게 펼침으로써 이 관계를 공고하게 한 사실이 잘 보여준다. 그는 남쪽 이스르엘(위치 불명)의 아히노암과 결혼하고(삼상 25:43), 또 다윗이 나서지 않았더라면 과부가 되지 않았을 것이지만, 바로 다윗이 행동에 나서주기를 원했던, 마온(텔 마인)의 지혜로운 과부 아비가일과도 결혼한다(삼상 25:2-42). 이 두 여자는 남쪽 산지 산비탈의 명망 있는 가문 출신의 유다인이다. 이들과 이제 다윗은 사적으로뿐만 아니라 또한 가문으로 결합하였다.[12] 다윗의 생애 가운데 이 시기는 이탈리아 르네상

---

[11] 시간이 흐르면서 군대의 수가 증가하였다(600명; 삼상 27:2). 사무엘하 23:8-39의 일화는 다윗의 초기 시절에 대해 이야기해주며 그 가운데 탁월한 자의 명단을 제공한다. Cf. K. Eiliger, Die dreißig Helden Davids (1935). KS 72-118; B. Mazar, The Military Elite of King David (1963). The Early Biblical Period. Historical Studies (1986) 83-103.

스의 콘도티에리[13]와 비교할 수 있다. 이들은 자신의 군대로 영주들을 섬겼으며 명예로운 일이든 명예롭지 못한 일이든 그 모든 일에 선악에 관계없이 이용되었던 사람들이었다. 다윗은 일정 기간은 독립적이었지만, 그의 모든 노력에도 불구하고 자신의 용병들과 산지 농부들과의 갈등을 완전히 피할 수 없게 된 후부터 다윗 또한 바로 그렇게 하였다. 그는 가드의 필리스티아 영주 아기스를 위해 일하고(삼상 27), 필리스티아의 봉신이 됨으로써 자기에게는 민족적 복수심 밖에는 아무것도 없음을 보여준다. 사울의 국가제도가 과거에 필리스티아에 대항해 설립되었다는 것이 다윗에게는 결코 문제가 되지 않았다. 다윗이 섬기는 주인은 그에게 남쪽 해안 평야의 동쪽 가장 오지에 있었을 것으로 보이는 성읍 시글락을 봉토로 주었다.[14] 그리하여 땅 정복 시기에 필리스티아가 이집트의 군사식민지였던 것처럼, 다윗은 필리스티아인의 군사차지인이 된다. 그러나 필리스티아인들은 다윗의 정치적 군사적 능력을 그리 정확하게는 알 수가 없었다. 만약 알았다면 그들은 계속해서 다윗에게, 그가 이전에 이미 스스로 수행했던 임무를 수행하도록 하지 않았을 것이다. 농경지의 남쪽 국경을 유목민으로부터, 특히 아말렉으로부터 보호하는 것이 다윗의 일이었다(삼상 30). 틀림없이 이것은 필리스티아인의 궁극적인 관심거리였던 것이다. 그러나 다윗은 이를 유다인과의 관계를 유지하고 개선하는 기회로 삼았다. 다윗의 명성이 산지에서

---

[12] Cf. J. D. Levenson, 1. Samuel 25 as Literature and as History. CBQ 40 (1978) 11-28; J. D. Levenson - B. Halpern, The Political Import of David's Marriages. JBL 99 (1980) 507-518 (아비가일은 다윗의 누이요 아히노암은 사울의 아내였다고 하지만 어떤 근거도 대지 않는다).

[13] [역주] 중세 후기부터 르네상스 시대까지 이탈리아 상업도시들이 적의 침략을 막기 위해 고용한 외국인 직업 용병군의 지도자들.

[14] Cf. J. D. Seger, The Location of Biblical Ziklag. BA 47 (1984) 47-53; V. Fritz, Der Beitrag der Archäologie zur historischen Topographie Palästinas am Beispiel von Ziklag. ZDPV 106 (1990) 78-85.

순식간에 자자해졌다. 사람들은 그가 필리스티아를 섬기고 있다는 도덕상 결점은 너그러이 봐주었을 것이다. 다윗은 자기 마음이 어디에 있는지를, 또 자기가 언젠가 반드시 필리스티아 봉신직을 내던져버릴 사람임을 분명히 암시해 주었다. 그래서 다윗이 승승장구하는 것을 더 이상 막을 수 없었으며, 왕위에 오르는 것이 임박하였다. ―필리스티아 사람들이 여기에 일조한 사람으로서 작지만 실제적인 기여를 했다는 것은 아이러니가 아닐 수 없다.

사태가 이에 이르자 북쪽에서는 사울로 인한 위기가 일어났다. 다윗은 필리스티아인의 불신으로 인해 사울과 맞서 싸우는 전쟁에 나가지 못하게 되었는데(삼상 29), 이는 그에게 최소한 북쪽 지방에서의 정치 경력의 종말을 의미하는 것이었다. 그는 남쪽의 아말렉에 대한 징벌 원정에 있었다(삼상 30). 그 후 그는 시글락으로 돌아와 아주 잠깐 거기 머무르다가 바로 헤브론 산지로 발행하였다. 다윗은 상당한 정치적 예지력이 있어 사울이 죽은 이 시점에 북과 남의 해묵은 경쟁이 다시 되살아날 것이며 이것이 자신에게 유리할 수도 있다고 예감할 수 있었다. 실제 그는 오래 기다릴 필요도 없었다.

> 그 후에 다윗이 여호와께 여쭈어 아뢰되 내가 유다 한 성읍으로 올라가리이까 여호와께서 이르시되 올라가라 다윗이 아뢰되 어디로 가리이까 이르시되 헤브론으로 갈지니라 다윗이 그의 두 아내 이스르엘 여인 아히노암과 카르멜 사람 나발의 아내였던 아비가일을 데리고 그리로 올라갈 때에 또 자기와 함께 한 추종자들과 그들의 가족들을 다윗이 다 데리고 올라가서 헤브론 각 성읍에 살게 하니라 유다 사람들이 와서 거기서 다윗에게 기름을 부어 유다 족속의 왕으로 삼았더라(삼하 2:1-4).

이로써 남쪽 지파의 고대 이익 집단이 유다의 지휘 아래 이제 정치적으로도 결성되었다. 다윗의 국가 제도는 대-유다를 포괄하였다.[15] 다윗이 왕위에 오른 것은 사울의 경우와는 완전히 다른 전제 아래에서 완전히 다른 방식으로 일어났음을 분명히 해야 한다. 역사적으로 진지하게 받아들일 만한 어떠한 말도 다윗의 카리스마적 소명에 대해 언급하고 있지 않다. 선견자 사무엘이 사울이 아직 살아 있을 때 다윗에게 기름 부었다고 하는 사무엘상 16장 1-13절의 이야기는, 누락된 지명이라는 요소를 유효하게 하려는 훨씬 후대의 북이스라엘의 시도이다.[16] 다윗은 카리스마적 인물에서 왕이 된 것이 아니다. 그는 세력을 기반으로 한 용병지도자였으며 유다의 장로들은 틀림없이 이를 참작하였을 것이다. 이것은 곤경에 처하게 되자 왕을 세우는 즉흥적 행위가 아니라, 오랜 기간에 걸쳐 준비된 과정에 마침표를 찍는 것이었다.

필리스티아 사람들은 유다 산지에서 일어난 일을 처음에는 별로 위험한 것으로 여기지 않았던 것으로 보인다. 어쨌든 전쟁은 일어나지 않았다. 이러한 상황은 다윗이 유다의 왕으로서도 우선은 필리스티아의 봉신 상태에서 탈퇴하지 않았다는 추측을 하게 한다. 필리스티아 사람들은 다윗 치하의 유다라는 왕국이 이스라엘 북 왕국과 경쟁 관계에 있었기 때문에 "분할해서 통치하라"(divide et impera!)라는 필리스티아인의 정책에 딱 들어맞는 경우라고 생각했을 것이다. 필리스티아는 더욱이 다윗이 봉신으로서 필리스티아에 영향을 받아 문호를 개방할 것이며, 필리스티아 사람들이 자신들이 상실했다고 생각하지 않는 산지에 대한 자신들의 헤게모니를 다윗이라는 우회로를 거쳐 다시 회복할 수 있으리라는 희망을 가졌는데, 이는 결코 근거 없는 것은 아니었다. 이와 유사한 희망이 아브넬과 에쉬바알 주변에서도 생동하였을 것이다. 즉 다윗이 필리스티아의 감시 아래 있는 세상물정 모르는 유약한 왕이기를 바랐던 것이다. 그러나 그것은 오산이요, 빛나

---

[15] 이에 대하여 삼상 30:26-31을 보라. Cf. H.-J. Zobel, Beiträge zur Geschichte Groß-Judas in früh- und vordavidischer Zeit. SVT 28 (1975) 253-277.
[16] 이 이야기에는 신명기 사가의 유래를 말해주는 분명한 표시가 없다.

간 예상이었다. 이 초기 몇 년 동안 다윗의 능력은 야훼 외의 모든 사람들에게는 상당히 평가 절하 되었던 것으로 보인다.

유다 왕 다윗이 당시 전개된 팔레스티나의 정치적 소용돌이의 한 요인으로 자리 잡기까지는 그리 오랜 시간이 걸리지 않았다. 그는 이제 더 이상 용병에 의지하지 않고, 경우에 따라 유다 군대를 사용했다. 그의 신망은 점점 두터워졌고, 그의 왕국은 정치적 힘의 장에서 자석처럼 작용하기 시작한 것은 피할 수 없는 일이었는데, 이는 특히 사울 왕국에 속했던 북쪽과 남쪽의 지파에게 그러했다. 전승은, 다윗이 아무 일도 하지 않고 사태가 자기에게 유리해지기만을 기다리고 있었던 것이 아니라 사울이 죽은 후 자신에게 더 유리해진 기회를 인식하고 이용하였다는 것을 알려준다. 다윗은 북쪽에 대한 자신의 세력을 얻기 위하여 설득하거나 압력을 주거나 무력을 사용할 만큼 그렇게 어리석지 않았다. 그는 이스라엘 형제들로부터 자신이 지명 받지 못한, 권력에 굶주린 찬탈자라는 비난을 받지 않도록 하였다. 이를 위해 그는 헤브론에 머물며 두 가지 술책을 실행했는데 다른 어느 누구보다도 이를 완벽하게 실천에 옮겼다. 다윗은 기다렸으며 동시에 자신의 명성을 이스라엘 지파 가운데 확고히 하면서 이름뿐인 왕 에쉬바알을 눈에 띄지 않게 소외시킬 기회를 그냥 넘기지 않았다. 예를 들면, 그는 칭찬과 보상을 바라고 자기에게 와서 자기가 길보아산에서 이미 죽음의 고통에 빠진 사울을 찔러 죽였다고 보고하며 허풍 떠는 아말렉 소년을 죽인다(삼하 1:1-16).[17] 이 행동이 사울 왕국의 지파들에 큰 영향을 미쳤음은 의심의 여지 없다. 왜냐하면 그것은 다윗이 사울을 합법적인 통치자로 간주하였고 또 그런 인물을 해하는 것은 죄라는 것을 가르쳐주기 때문이다.

---

[17] Cf. B. Arnold, The Amalekite's Report of Saul's Death: Political Intrigue or Incompatible Sources? JEThS 32/3 (1989) 289-298.

다윗은 자신에 대한 사울의 적대감과 추격을 잊었다는 것을 넌지시 알리고 사울과 특히 요나단의 죽음에 대해 진정한 슬픔과 비탄을 보이며(삼하 1:17-27)[18] 이를 우선적인 정치적 이슈로 공공연히 부각시킨다. 그는 사울과 그의 아들들의 시신을 수습하여 경건히 장사 지내준 것을 길르앗 성읍 사람들에게 전하게 하면서 자신이 새로 떠오르는 인물임을 상당히 노골적으로 드러내 보인다(삼하 2:4b-7). 나중에 그는 유골을 서요르단으로 이장하여 사울의 가족 묘지에 영예롭게 묻게 한다(삼하 21:11-14). 다윗은 아브넬이 에쉬바알의 용병들과 싸우도록 자신에게 강요한 전쟁에서 남북 간의 골이 깊어지지 않도록 의도적으로 유다 군대를 투입하지 않는다. 그는 용병의 일부 "결투자"(remis)가 출전하여 전쟁이 일반적인 학살로 끝나는 것을 감수하였다(삼하 2:12–3:1). 이러한 유형의 정책은 반드시 열매를 거둘 수밖에 없다. 첫째 열매는 아브넬이 다윗에게로 전향해 온 것이었다. –다시 언급할 만한 것은 다윗은 자기와 결혼하였지만 다윗이 없는 사이에 사울이 재혼시킨 사울의 딸 미갈을 다시 데려올 것을 아브넬과의 담판에서(삼하 3:12-21) 요구하였다는 것이다.[19] 이 요구는 교묘한 정치적 한 수였다. 왜냐하면 공주는 말하자면 북쪽과 사울 가문으로 이어주는 다리가 되었기 때문이다. 결국 아브넬과 다윗 사이에 계약이 체결되었다. 아브넬은 전쟁 없이 이스라엘을 다윗의 편에 넘기겠노라고 약속한다. 아브넬을 죽인 요압의 피의 복수가 다윗의 마지막 계획을 망쳐놓았다. 다윗은 자기의 군대장관을 버리지 않으면서도 공개적으로 신랄하게 비난하기를 주저하지 않았다

---

[18] 최소한 사울과 요나단에 대한 조가의 기본 상태가 실제로 다윗에게로 귀속된다는 가정에 반대할 합리적인 이유가 없다.

[19] H.-J. Stoebe, David und Michal. Überlegungen zur Jugendgeschichte Davids [1958]. BZAW 77 (19612) 224-243는 필자 생각에 충분한 근거 없이 다윗의 젊은 시절의 결혼에 문제를 제기한다.

(삼하 3:28-39).[20] 얼마 되지 않아 에쉬바알이 마하나임에서 살해되었을 때 다윗은 사울이 죽었을 때와 같은 반응을 되풀이한다. 그는 에쉬바알의 목을 헤브론으로 가져온 암살자들을 참수하게 하고, 그 머리를 아브넬의 무덤에 매장하게 한다(삼하 4:8-12).

이제 모든 일이 그 끝을 향해 무르익었다. 에쉬바알의 죽음 이후 간신히 살아남은 사울 집안의 마지막 권위자는 더 이상 존재하지 않게 되었다. 이스라엘 왕국의 지파들에게는 이제 다윗에게 귀의하는 것 외에 다른 선택은 없었다.

(1) 이스라엘 모든 지파가 헤브론에 이르러 다윗에게 나아와 이르되 보소서 우리는 왕의 한 골육이니이다 (2) 전에 곧 사울이 우리의 왕이 되었을 때에도 이스라엘을 거느려 출입하게 하신 분은 왕이시었고 여호와께서도 왕에게 말씀하시기를 네가 내 백성 이스라엘의 목자가 되며 네가 이스라엘의 주권자(nāgīd)가 되리라 하셨나이다 하니라 (3) 이에 이스라엘 모든 장로가 헤브론에 이르러 왕에게 나아오매 다윗 왕이 헤브론에서 여호와 앞에 그들과 언약(bᵉrīt)을 맺으매 그들이 다윗에게 기름을 부어 이스라엘 왕으로 삼으니라(삼하 5:1-3).

이 본문에서 3절만 의심의 여지 없이 역사적인 것으로 진지하게 받아들일 수 있다. 1절과 2절은 문학적으로 3절에 대한 중복이며 지명에 대한 암시를 통해 후대의 해석임을 알 수 있다. 다윗은 법적인 쌍방 계약을[21] 통해

---

[20] J. C. Vanderkam, Davidic Complicity in the Deaths of Abner and Eshbaal: A Historical and Redactional Study. JBL 99 (1980) 521-539은 다윗이 이스바알의 죽음은 아닐지라도 아브넬의 죽음을 직접 야기했다는 견해를 대변한다. 이것은 자료들이 다른 데서 제공해주는 다윗의 상, 즉 다윗이 북쪽에 대하여 보여주는 태도에 맞지 않는다. 그 밖에 다음을 참고하라. F. Ch. Fensham, The Battle between the Men of Joab and Abner as a Possible Ordeal by Battle? VT 20 (1970) 356-57; F. H. Cryer, David's Rise to Power and the Death of Abner. VT 35 (1985) 385-394; T. Ishida, The Story of Abner's Murder: A Problem Posed by the Solomonic Apologist. A. Malamat Volume (1993) 109-113.

[21] Cf. G. Fohrer, Der Vertrag zwischen König und Volk in Israel. ZAW 71 (1959) 1-22.

이스라엘의 왕이 되었으며 이 계약에는 서로의 권리와 의무가 정확하게 정해졌다. 이스라엘 장로들은 민감한 지명(指名)이 누락된 문제를 다음과 같이 생각함으로써 극복한 것 같다. 즉 미래는 이제 다윗에게 속해 있음이 분명히 증명되었다고 말이다. 야훼는 그와 함께 하였고, 누구도 의심할 수 없는 이 사실은 옛 고전적인 형식으로 된 지명을 대체하였다.

다윗에 의해 형성된 전 이스라엘 왕국이 통일된 왕국이었다는 생각은 하지 말아야 한다. 전혀 그렇지가 않다. 다윗은 서로 다른 시기, 서로 다른 환경에서 두 차례 왕으로 등극했다. 유다와 이스라엘을 통치하는 그의 왕정은 각각 상이한 협약에 기초해 있다. 이렇게 전개된 국가법적 결과는 군합국 외에 다른 것이 될 수 없었다. 두 왕국의 성격과 개성은 융합될 수 없는 것이었다. 북과 남은 서로 분리된 체제를 유지했고, 유일한 정치적 통일점은 다윗이라는 인물, 즉 머리에 두 개의 왕관을 쓴 다윗이라는 인물뿐이었다.[22] 화해할 수 없는 이 두 왕국의 병존은, 특히 군합국의 주인인 다윗이라는 인물이 빠지면 언제라도 해체될 수 있는 위험으로 가득 찼다.[23] 다윗은 이러한 위험을 미리 인지했을 가능성이 있고, 또 충분히 그랬을 것이다. 이를 막기 위해 그가 할 수 있는 것이라고는 없었는데, 왜냐하면 북과 남의 대립은 이미 너무 골이 깊어서 다윗 왕국이 형성될 때에도 드러날 수밖에 없었다. 군합국은 북과 남이 공동으로 할 수 있는 최선의 것이었다.

---

[22] 다윗이 "유다와 이스라엘"을 통치하였다는 형태가 여러 차례 사용된다. 왕국의 법적인 정확한 형태는 여기에 상응한다. 삼하 5:5; 11:11 외 참고.
[23] 이에 대하여 비판적으로는 Z. Kallai, Judah and Israel. A Study in Israelite Historiography. IEJ 28 (1978) 251-261.

제3장 다윗 대제국

다윗이 유다와 이스라엘의 왕이 되고 나자 사태를 낙관했던 필리스티아인들에게는 자신들이 필리스티아 봉신인 다윗에게 걸었던 희망이 다윗이라는 인물을 과소평가하고 상황을 오판한 데서 비롯되었다는 생각이 분명서서히 들었을 것이다. 다윗은 자신의 봉신 상태를 공식적으로 파기해야 할 필요성을 느끼지 않았을 것이다. 그러나 이스라엘의 왕으로서 그는 북왕국의 정치적 전통 편에 가담했다. 이 왕국이 반필리스티아 성격의 체제였다는 것을 필리스티아 사람들은 필시 잊지 않았을 것이다. 다윗이라는 우회로를 거쳐 필리스티아의 헤게모니를 회복하겠다는 꿈은 환상에 불과했다. 상황이 악화되는 것을 막으려면, 다윗을 꼼짝 못하게 수세에 몰아넣어야만 했다. 그래서 필리스티아는 선제공격을 결정한다(삼하 5:17-25). 그들이 과거 사울과 전투할 때와는 달리 가나안의 북쪽 횡목으로 진군하지 않고, 산지에 나타나서 남쪽으로 여부스의 예루살렘을 습격하는 방향으로 진군한다. 이 계획은 상당히 지혜로운 전략이었다. 왜냐하면 남쪽 횡목 지역이 다윗의 통일 왕국에서 가장 취약한 지점으로 북과 남을 이어주는 지역이었기 때문이다. 만약 필리스티아가 먼저 이 지역을 수중에 넣는 데 성공하게 된다면 그다음에는 북남의 교통로를 마음대로 차단할 수 있고, 그러면 다윗의 군합국은 유명무실하게 될 것이다. 그러나 이 시도는 실패로 돌아갔다. 왜냐하면 다윗은 전략적 요충지를 잘 알고 있었기 때문이다. 그는 필리스티아라는 학교를 그저 다니기만 한 것이 아니었다. 다윗은 자기의 스승인 필리스티아인들보다 용병 편대라는 전략을 더 잘 이용할 줄 알았다. 연대 및 지형적 세부 사항은 분명하지 않다. 구약성서는 이 전쟁이 다윗의 예루살렘 정복 이후에 일어난 것으로 기술하고 있다.[1] 그러나 이것은 전체적인 정치적 전개 양상과도 잘 들어맞지 않고, 다윗이 필리스티아 전쟁 이전에 –아둘람(히르벳 에쉬-셰 마드쿠르)일 것으로 추정되는– "요새로" "내려갔다"고 하는 사무엘하 5장 17절에도 잘 들어맞지 않는다. 다윗이 이미 예루살렘에 있는 것이 아니라 헤브론에 있을 때에만 그 의미가 통한다. 어쨌든 그는 바알 브라심이라는 이름의 장소 또는 성소에서 멀지 않은 르바임 골짜기에서 짧은 기간 두 차례에 걸친 필리스티아와의 전쟁에서 승리를 거둔다.[2] 두 번째 승리 후에 필리스티아는 북쪽으로 도망한다. 다윗은 그들을 기브온(엘-지브)을 넘어 구릉지를 훨씬 지나 게제르(텔 제제르)까지 추격한다. 필리스티아는 이곳을 지배하려던 자신들의 계획을 단념하고 그 후부터는 해안 평야의 펜타폴리스에 웅거하며 이스라엘 및 유다와 대치하였다.

이러한 일들이 일어난 후 정치적으로 이미 오래 전에 준비하였던 다음과 같은 절차가 뒤따랐다. 다윗은 칠 년 반 동안 체류했던 헤브론에 여전히

---

[1] 삼하 5:6-9; Cf. Chr.-E. Hauer, Jerusalem, the Stronghold and Rephaim. CBQ 32 (1970) 571-578.

[2] 르바임 평원 = 엘-바카는 구 예루살렘의 남서쪽(오늘날 기차역 뒤)이다. 바알 브라심 (사 28:21도 참조)의 위치는 확실히 알 수 없다. A. Alt, PJB 23 (1927) 15-16쪽은 엘-바카 평원의 남쪽 변두리에서 바알 브라심을 찾았다. F.-M. Abel, Geographie de la Palestine II (1967³) 259는 리프타 지역 라스 엔-나디르의 셰흐 바드르를 생각하였다. 그러나 이것은 예루살렘 북서쪽에 위치한다. 최근에는 A. Mazar, Giloh: An Early Israelite Settlement Site Near Jerusalem. IEJ 31 (1981) 1-36은 벳 잘라의 위치를 주장한다. 길로에 대하여 다음도 참고하라. G. W. Ahlström, Giloh: A Judahite or Canaanite Settlement? IEJ 34 (1984) 170-172.

머무르고 있었다(삼하 5:5). 다윗이 이스라엘과 유다를 다스리기에 이스라엘 중심에서 거리가 먼 헤브론은 적절하지 않았다. 게다가 그는 헤브론에서 유다의 왕이 되었다. 북쪽 지파들은 유다 왕에 의한 통치를 원하지 않았고, 자신들이 직접 이스라엘의 왕으로 선택한 다윗의 통치를 받기 원했다. 북과 남의 이원 체제에서 보자면, 다윗이 계속 헤브론에 머무는 것은 문제가 되었다. 여기에다가 추가적으로, 필리스티아의 대응 방식으로 인해 다시금 분명해졌듯이, 남쪽 가나안 횡목은 지속적인 위험에 놓여 있었다. 그래서 다윗은 두 가지 정치적 문제에 적합한 해답을 모색한다. 다윗은 그 해답을, 이스라엘에도 유다에도 속하지 않으면서 남쪽 횡목의 동쪽 끝에 해당하는, 아직은 가나안 도시왕국인 예루살렘에서 찾았다. 터키 성벽 바깥, 현대의 예루살렘 남동쪽 구릉지에 위치한 고대 여부스 성은 그때까지는 역사의 그늘에 가려 있었다. 이 성읍은 성읍이 드문 산지에 위치한, 그리 많지 않은 촌락 가운데 하나로서 이미 이집트의 저주문서[3]와 아마르나 편지[4]에 언급되고는 있지만, 이 여부스 성은 그때까지 그리 큰 의미를 갖지는 않았다.[5] 그러나 이제는 달라졌다. 다윗은 용병을 이끌고 절벽 같은 이 요새로 쳐들어가 자기의 개인 소유로 삼고 그곳에 자기의 관저를 세운다(삼하 5:6-9).[6] 그는 예루살렘에서 여부스 도시 영주의 자리를 승계하고[7], 이로써

---

[3] 위 6쪽을 보라. K. Sethe (e 27. 28; f 18)와 G. Posener (E 45)에서는 *3wšmm* = *(u)rušalimum*(?). 이 이름의 의미는 전혀 확실하지가 않다. Cf. H. Donner, BRL², 157.

[4] 위 7-8쪽을 보라. Cf. EA 285-290; Briefe des Stadtfürsten Abdigepa an Amenophis IV Echnaton; AOT², 374- 378; ANET³, 487-489; TGI³, 25-26.

[5] Cf. K.-D. Schunck, Juda und Jerusalem in vor- und frühisraelitischer Zeit [1971]. BEATAJ 17 (1989) 97-104.

[6] 예루살렘의 지형, 역사, 고고학에 관한 간추린 참고문헌: K. M. Kenyon, Jerusalem. Die HI. Stadt von David bis zu den Kreuzzügen. Ausgrabungen 1961-1967 (1968); J. Gray, A History of Jerusalem (1969); E. Otto, Jerusalem - die Geschichte der HI. Stadt. Von den Anfängen bis zur Kreuzfahrerzeit. Urban-Taschenbücher 308 (1980).

자기 지위에다가 예루살렘의 도시 왕의 지위를 추가한다.[8] 분명히 해야 할 점은 예루살렘을 정복하고 그곳에 왕의 관저를 세움으로써 다윗은 자신이 대면하였던 여러 정치적 문제를 천재적이면서도 이상적으로 해결하였다는 점이다. 예루살렘은 이스라엘과 유다 사이에 있는 독립된 단위였다. 다윗은 예루살렘 성읍 영주로서, 소위 북과 남의 이원 체제하에 왕위에 오른 것이다. 말하자면 역사는 다윗을 위해 예루살렘을 남겨 두었던 것이다. 여부스

다윗의 정복에 대하여 다음을 참고하라. V. Scippa, Davide conquista Gerusalemme. BeO 27 (1985) 65-76; J. P. Floss, David und Jerusalem. Ziele und Folgen des Stadteroberungsberichts 2 Sam 5, 6-9 literaturwissenschaftlich betrachtet. Münchener Universitätsschriften, Arbeiten zu Text und Sprache im AT 30 (1987); N. Na'aman, Canaanite Jerusalem and its Central Hili Country Neighbours in the Second Millennium B.C.E. UF 24 (1992) 275-291; Chr. Schäfer-Lichtenberger, David und Jerusalem – ein Kapitel biblischer Historiographie. A. Malamat Volume (1993) 197-211. 정복보도에 대하여 다음을 보라. M. Oeming, Die Eroberung Jerusalems durch David in dtr und chron Darstellung (II Sam 5,6-9 und I Chr 11, 4-8). ZAW 106 (1994) 404-420; T. Kleven, Up the Waterspout: How David's General Joab Got inside Jerusalem. BAR20, 4 (1994) 34-35; S. Holm-Nielsen, Did Joab Climb "Warren's Shaft"? History and Tradition of Early Israel, Fs E. Nielsen (1993) 38-49; R. Gelio, David conquista la "Rocca di Sion". Lateranum 61 (1995) 11-77. 예루살렘의 급수시설에 대하여 Z. Abells – A. Arbit, Same New Thoughts on Jerusalem's Ancient Water Systems. PEQ 127 (1995) 2-7; D. Ussishkin, The Water Systems of Jerusalem during Hezekiah's Reign. Meilenstein, Fs H. Donner, ÄAT 30 (1995) 289-307.

[7] 미국이나 다른 곳의 상황에 유비하여 예루살렘을 일종의 연방 구역(Federal District) 또는 연방 수도(Federal Capital)로 보는 다른 개념으로 A. Soggin, in: Israelite and Judaean History, ed. by J. H. Hayes and J. M. Miller (1977) 353-356. 여기서 소긴 (Soggin)이 알트(A. Alt)에 대한 부첼라티(G. Buccellati)의 비판과 벌이는 신중한 논쟁이 강조되어 언급된다.

[8] 이러한 소유를 적절하게 표현하기 위하여 그는 개명을 추진하려 했던 것으로 보인다. 그러니까 이 도시는 이제부터 더 이상 예루살렘이 아니라 "다윗성"이라 불려야 했다 (삼하 5:9). 그러나 이 개명된 이름도, 또 후대의 새 이름(아일리아 카피톨리나 [역주: 하드리안 황제가 예루살렘 자리에 세운 로마 식민지, 638년까지 예루살렘 공식적 이름이었음]나 엘-쿠즈 [역주: 아랍어로 예루살렘을 일컬음])조차도 이 옛 이름을 대체하지 못했다.

족 부락지가 점점 더 그 중요성을 획득하고, 이스라엘 역사와 사상계에서 예가 없는 상승을 경험하게 된 것은 오직 다윗이 놓은 토대 덕분이었다.[9] 군합국으로 통일된 두 왕국이 예루살렘에 관심을 기울이고 후원하도록 하기 위해 다윗은 왕국 이전 이스라엘의 종교적 전통을 살아 움직이게 하였다. 이를 위해 그는 고대의 이동 가능한 제의 대상이자 전쟁수호신인 야훼의 언약궤를 이용한다. 소위 "언약궤 이야기"(삼상 4-6; 삼하 6)는 민담 소설 형태로 그 흥미진진한 이야기를 보도해준다.[10] 한때 실로에 있었던 궤는 아펙 전투에서(삼상 4) 필리스티아인에게 빼앗긴 후 아슈도드, 가드, 에크론, 벳스안으로 잘못 갔다가 마침내 기럇여아림(아부 고쉬의 데르 엘 아즈하르)에 안착하였고, 곧바로 잊힌 것은 아니지만 기약 없이 그곳에서 가까운 미래를 위해 보관되었다.[11] 사무엘하 6장에 따르면, 다윗은 잊혀졌던 언약궤를 예루살렘으로 옮겨와 그것을 위해 처음에는 기혼 샘(엔 싯티 마르

---

[9] Cf. A. Alt, Jerusalems Aufstieg (1925). KS 3,243-257; M. Noth, Jerusalem und die israelitische Tradition (1950). GS 172-187.

[10] Cf. A. Bentzen, The Cultic Use of the Story of the Ark in Samuel. JBL 67 (1948) 37-53; A. F. Campbell, The Ark Narrative (1.Sam 4-6; 2.Sam 6): A Form-Critical and Traditio-Historical Study. SBL, Diss. Series 16 (1975); J. Maier, Das altisraelitische Ladeheiligtum. BZAW 93 (1965); H. Timm, Die Ladeerzählung (1.Sam 4-6; 2.Sam 6) und das Kerygma des dtr Geschichtswerkes. EvTheol 29 (1966) 509-526; J. T. Willis, An Anti-Elide Narrative Tradition from a Prophetie Circle at the Ramah Sanctuary. JBL 90 (1971) 288-308; H. A. Brongers, Einige Aspekte der gegenwärtigen Lage der Lade-Forschung. NTT 25 (1971) 6-27; J. Dus, Zur bewegten Geschichte der israelitischen Lade. AION 41 (1981) 351-383; Ch. Leong Seow, Myth, Drama, and the Politics of David's Dance. HSM 44 (1989); K. A. D. Smelik, The Ark Narrative Reconsidered. New Avenues in the Study of the OT. OTS 25 (1989) 128-144.

[11] Cf. J. Dus, Die Länge der Gefangenschaft der Lade im Philisterland. NTT 18 (1963/64) 440-452; J. Blenkinsopp, Kiriath-Jearim and the Ark. JBL 88 (1969) 143-156. 비판적으로는 G. W. Ahlström, The Travels of the Ark: A Religio-Political Composition. JNES 43 (1984) 141-149.

얌)에, 나중에는 솔로몬이 제1성전을 세웠던 도시 북쪽의 거룩한 구역에, 오늘날의 하람 에쉬-셰리프에 언약궤에 마땅한 자리를 마련한다. 왕정 이전 유다 지파와 언약궤 사이에 어떠한 연결 고리도 구약성서에서 찾아볼 수 없다는 점에 주목할 만하다. 언약궤 전통은 본래 북쪽, 특히 에브라임과 베냐민에 속하는 것이었다. 이것은 다윗이 특히 북쪽 지파로 하여금 종교적으로 예루살렘에 관심을 갖게 하기 위함이었다는 결론을 가능하게 해준다. 이렇게 예루살렘은 이스라엘에게, 그리고 다음으로 유다에게 이전에 전혀 갖지 않았던 종교적인 의미를 띠게 되었다.[12] 예루살렘이 세계 3대 종교인 유대교, 기독교, 이슬람교의 거룩한 도시라는 것이 의식 속에 뿌리내리게 된 연원이 여기에 있다.

정확히 말해 예루살렘 정복은 이미 왕국 형성의 민족적 성격을 넘어서는 첫 단계였다. 그러나 두 왕국 이스라엘과 유다는 이로부터 별 영향을 받지 않았는데, 그 까닭은 예루살렘이 자립적인 성읍국가였고 이후에도 계속 그러했기 때문이다. 그러나 이후의 시대에 다윗은 이미 성취한 것을 훨씬 넘어서게 된다. 그에 대한 전제는 이미 제시되었다. 민족적 이스라엘 성격의 사울 왕국이 지파 군대로부터 출발한 것이었다면, 이제는 완전히 새로운 방식으로, 즉 다윗이라는 인물에 의존하고 주로 왕 소유의 용병군에 의해서 그다음으로는 유다와 이스라엘의 군대에 의해 유지되는 국가 기관이라는 것이다. 그러니까 이 왕국은 이스라엘의 민족적 요구에 의해서만 조직된 것이 아니다. 다윗 즉위가 갖는 의미는 그의 머리에 "유다-이스라엘-예루살렘"이라는 세 개의 왕관이 통합되어 있다는 데 있었다. 군합국은 대외 정치적으로 개방적이었다. 영토 합의와 세력 확장에 대한 관심에서 "이스

---

[12] J.-M. de Tarragon, David et l'arche: II Samuel, VI. RB 86 (1979) 514-523는 이 이야기의 역사적 가치에 대한 의문을 드러낸다.

라엘이 아닌" 지역들도 이 군합국에 이런저런 방식으로 병합될 수 있었다. 이런 일은 다윗 통치 아래 일어났다. 즉 사울에게서는 여전히 유지되었던 민족국가성이라는 원칙을 의식적으로 포기하고서 말이다. 민족적 의식이 그에게 관심 밖의 일이었다는 것을 다윗은 필리스티아 봉신이 됨으로써 이미 스스로 보여주었다.

수순에 따라 그 첫 단계는 해안 평야의 필리스티아 도시들을 정복하는 것이었다(삼하 8:1). 다윗은 필리스티아 펜타폴리스의 정치적 독립성을 박탈하였지만, 도시국가적 통치 형태는 유지하게 한 것 같다. 그리고 필리스티아 지역을 점점 더 복합적인 자신의 왕국에 봉신 국가로 병합시킨다.[13] 그런 다음에 이스라엘과 가나안의 묵은 관계 문제에 착수해야 했다. 그러니까 지파경계 목록의 증거에 따라 이스라엘 몇몇 지파로부터의 이론상의 영토권이 존재하는 한 그만큼 이 문제는 더 절박한 것이었는데, 민족 연합이라는 원칙을 부과하는 국가 기관은 이러한 이론상의 영토권 문제를 단순하게 지나칠 수 없었다. 유감스럽게도 다윗이 가나안 성읍을 어떻게 처리했는지에 대하여 구약성서는 어디에서도 직접 증거하고 있지 않다. 그러나 그 결과는 솔로몬의 지방행정관 목록(왕상 4:7-19)에, 소위 "미정복 지역 목록"에 나오는 "이스라엘이 강하게 되었을 때"(삿 1:28)라는 양식에[14] 나타나 있으며, 기브온(엘-지브)에 대해서는 사무엘하 21장 1-10절에 간접적으로 나타나 있다.[15] 이 모든 것으로부터 다윗이 가나안 성읍국가의 정치적 독립을 해체하였고 이스라엘과 유다 왕국에 병합시켰다는 결론을 끌어낼

---

[13] 사무엘하 8:1 본문은 확실히 본래의 형태로 보존되지 않았으며 매우 이해하기 어렵다. O. Eißfeldt, KS 2, 455-54를 참고하라. 그래서 필리스티아인에 대한 다윗의 통치 형태에 대한 안전한 판단은 할 수 없다. S. Mittmann, Die "Handschelle" der Philister (2. Sam 8, I)도 참고하라. Fantes atque Pontes, Fs H. Brunner, ÄAT 5 (1983) 327-341.
[14] 위 183-188쪽을 보라.
[15] 이 맥락에서 곧잘 언급되는 사무엘하 24:5-7은 배제되어야 한다. 아래 320쪽을 보라.

수 있다. 이렇게 해서 두 개의 가나안 횡목의 독립성이 제거되고, 유다, 에
브라임, 갈릴리가 방해받지 않고 또 방해할 수도 없게 연결되었다. 그러나
이것이 횡목 지역의 역사적 영향이 이때부터 사라졌다는 것을 뜻하지는
않는다. 어쨌든 남쪽 횡목 지역은 오래 전부터 남북 사이를 양분하였기 때
문에 이후의 역사에서도 지속적으로 결정적 역할을 하였다.

이에 더 나아가 다윗의 영토정치적 수완은 전체 이스라엘 왕정 시대의
문화, 사회, 종교사에 비교할 수 없을 만큼의 지대한 성과를 보여주었다.[16]
왜냐하면 가나안인과 이스라엘인의 관계 문제가, 이러한 성과를 통해 완전
히 해결된 것은 아니라 하더라도, 다른 차원으로 옮겨갔기 때문이다. 이스
라엘 내적 문제의 차원으로 말이다. 솔로몬 치세 아래의 군대법 영역에서
그 첫 결과를 언급할 수 있다. 솔로몬은 징집군의 전투단과 다윗이 창설한
용병대에 왕의 전차 부대를 추가하였는데(왕상 5:6,8), 이러한 전차 부대는
고대로부터 전차 기술을 연마해온 당시 가나안 지역이 아닌 다른 지역에서
는 모집할 수 없는 것이었다. 이런 식으로 고대 가나안 성읍국가의 귀족
중에는 이스라엘 군대 제도에서 일종의 특권을 가진, "기사제도"가 생겨났
는데, 이것은 제2천년기의 용어로 "마리얀누"(maryannu)라고 부를 수 있는
것이다. 다윗이 가나안 지역을 이스라엘-유다 왕국으로 합병한 직후 이스
라엘 군대조직 내에서 가나안 유산이 무시하지 못할 정도로 우위를 보였다.
다윗의 가나안 정책이 가져온 영향이 이것으로 끝난 것이 아니라는 것은
나중에 설명할 것이다.

아무튼 필리스티아와 가나안 정복은 대제국이 형성되는 첫 단계에 속한
다. 비록 해당 지역이 아직은 이론적으로 이스라엘 지파들의 영토에 속한

---

[16] Cf. W. Dietrich, Israel und Kanaan. Vom Ringen zweier Gesellschaftssysteme. SBS
     94 (1979).

다 할지라도 말이다.[17] 땅 정복 시대와 사사 시대의 상황과 비교할 때 다윗에 속하게 된 땅은 이미 지파들이 본래 소유한 땅을 훨씬 넘어선다. 대제국 형성의 두 번째 단계에서 다윗은 팔레스티나 경계를 넘어 이웃한 정치적 집단들을 상이한 방식으로 자기 왕국에 병합한다. 유감스럽게도 이 사건이 일어난 시대적 순서에 대하여는 알 수 없다. 그래서 이 지역은 지리적 순서로 설명하는 게 낫다.

1. 페니키아 해안: 흔히 가정하는 바는 다윗이 북쪽으로 페니키아 해안에서 시돈까지 확장했으며, 이때 티로는 병합되지는 않았지만 그 성읍 영주인 히람과 일종의 경제와 관련된 계약을 맺었다는 것이다.[18] 이 가정은 포기되어야 한다. 이것은 사무엘하 5장 11절과 24장 5-7절에 기초하고 있다. 그러나 사무엘하 24장 5-7절은 포로기 편집자의 삽입으로서 이 편집자는 이미 구약성서의 다른 본문들도 —특히 민수기 32장과 여호수아 13장도 가지고 있었는데, 그는 이 본문을 가정된 다윗 왕국으로의 확장이라는 의미에서 해석하고 있다.[19] 사무엘하 5장 11절은 열왕기상 5장 15ff.절과 다른 솔로몬 전승 본문에 따라 모방되었다.[20] 그래서 두 본문은 역사적으로 신뢰할 만한 정보 자료에서는 배제된다. 페니키아 해안 도시에 대한 다윗 정책

---

[17] 사사기 1:19, 21, 27-35, 그리고 여호수아 14-19장에나 그 뒤에 있는 가장 오래된 지파의 지형 자료 참고.

[18] 예를 들면 Cf. S. Herrmann, Geschichte 202, 205 n.37.

[19] M. Wüst, Untersuchungen zu den siedlungsgeographischen Texten des AT. I. Ostjordanland. BTAVO B 9 (1975) 142-43에서 증명함.

[20] Cf. H. Donner, The Interdependence of Internal Affairs and Foreign Policy during the Davidic-Solomonic Period (with Special Regard to the Phoenician Coast). Studies in the Period of David and Solomon and other Essays, ed. T. Ishida (Tokyo 1982) 205-214 (독일어: JNSL 10, 1983, 43-52); A. R. Green, David's Relations with Hiram: Biblical and Josephan Evidence for Tyrian Chronology. In: The Word of the Lord Shall Go Forth, Fs D. N. Freedman (1983) 373-397.

에 대해 우리가 알 수 있는 것은 아무것도 없지만, 대개 후대의 신아시리아 대제국의 통치자들이 취하였던 것과 같은 일종의 지혜로운 제재 정책이었을 것이다.

2. 아람인의 여러 왕국(삼하 8:3-8): 남부, 중부 시리아의 아람 국가들은 이미 다윗의 암몬 원정에서 다윗과 충돌했다(삼하 10). 그들 가운데 아람-소바 왕국이 헤게모니를 거머쥐었다. 다윗이 아람-소바의 아다드에셀 왕을 무찌르고 정복하였을 때 이 왕국의 모든 체제를 다윗이 해체한 것으로 보이며, 특히 그다음으로 작은 왕국인 아람-다마스쿠스도 그랬던 것으로 보인다. 다윗은 아람-다마스쿠스를 자신의 신하국으로 삼고 총독을 앉힌다. 그가 다른 아람 왕국에게 어떻게 행하였는지 우리는 알지 못한다. 아마도 그는 그 가운데 몇 개를 자신의 왕국에 봉신왕국으로 병합시켰을 것이다. 이것은 전부 추측이다. 사무엘하 8장 3-8절은 아람인들이 바쳐야 했던 조공에 대해 눈에 띨 만큼 강조하여 말하고 있으며, 또한 다윗이 아람인의 지역에서 놋을 가져왔다고 한다. 이것은 다윗이 아람인의 왕국들에게 조공을 부과하고 그들 왕국의 독립을 침해하지 않았음을 시사할 수 있다.[21]

3. 암몬인의 왕국: 우리는 다윗의 암몬 원정에 대한 전쟁 기록을 가지고 있는데, 이것은 다윗의 후계자 이야기에 편입되어 있다(삼하 10:1–11:1,16-27; 12:26-31).[22] 이에 따르면 다윗은 암몬 왕국을 전쟁으로 뒤덮었으며 수도인 랍바 암몬(암만)을 이스라엘과 유다의 군대와 자신의 용병들로 하여금 포위하게 한다. 군사 지휘는 요압이 맡았다. 수도가 함락되자 다윗은 직접 정복을 수행하고 암몬 왕의 왕관을 머리에 쓴다.[23] 암몬은 독립 왕국을 유

---

[21] Cf. K. Elliger, Die Nordgrenze des Reiches Davids. PJB 32 (1936) 34-73.
[22] 문학적인 분석과 비교적 미약한 역사적 수확의 평가에 대하여 Cf. V. Hübner, Die Ammoniter. ADPV 16 (1992) 170-177.

지할 수 있었으나 이제부터 유다, 이스라엘, 예루살렘으로 이루어진 군합국으로 결합된다.

4. 모압인의 왕국(삼하 8:2): 모압인 구절은 난해하고 그 일부는 이해되지 않는다.[24] 다윗이 필리스티아인에게 한 것과 마찬가지로 모압인을 대하였다고 추측할 수 있다. 즉 다윗은 모압인의 왕에게 조공의 의무를 부과한 것이다.

5. 에돔인의 왕국(삼하 8:13-14): 에돔에서 다윗은 왕국을 없애고 그 이 지역을 아람-다마스쿠스처럼 자신의 총독이 통치하는 신하국으로 만들었다.[25]

구체적으로 어떤 이유에서 서로 상이한 방식으로 병합하게 되었는지 더 이상은 알아낼 수가 없다. 다윗은 정복한 지역을 넘어서 시리아까지 차지한 것일까? 이에 대한 역사가들의 견해는 분분하다. 최대주의와 최소주의가 대립해 있다. 최대주의를 대변하는 자들은[26] 다윗이 이전에 아람-소바의

---

[23] Cf. L. Rost, Das kleine Credo (1965) 184-189; H.-J. Stoebe, David und der Ammoniterkrieg. ZDPV 93 (1977) 236-246; 암몬의 왕관에 대하여(삼하 12:30): S. H. Horn, The Crown of the King of the Ammonites. AUSS 11 (1973) 170-180.

[24] Cf. S. Tolkowsky, The Measuring of the Moabites with the Line. JPOS 4 (1924) 118-121; A. H. van Zyl, The Moabites (1960) 134-136.

[25] J. R. Bartlett, The Rise and Fall of the Kingdom of Edom. PEQ 104 (1972) 26-37은 구약성서의 에돔의 역사상을 잘못된 것으로 간주하고 기원전 9세기 중반 이전에 에돔 왕국 존재했다고 생각하지 않는다. 에돔 문제에 대하여 근본적으로 다음을 참고하라. Weippert, Edom 외에도 M. Weippert, TRE 9 (1982) 291-299와 SHAJ 1 (1982) 153-162; J. R. Bartlett, Edom and the Edomites. JSOT, Suppl. Ser. 77 (1989).

[26] 예를 들면, Z. B. A. Malamat, The Kingdom of David and Solomon in its Contact with Egypt and Aram Naharaim. BA 21 (1958) 96-102; idem, Aspects of the Foreign Policies of David and Solomon. JNES 22 (1963) 1-8; idem, Das davidische und salomonische Königreich und seine Beziehungen zu Ägypten und Syrien. Zur Entstehung eines Großreiches. Sitzungsberichte der Österreichischen Akademie d. Wissenschaften, phil.-hist. Kl. 407 (1983).

신하였던 중부 시리아의 아람 왕국들에 대한 통치권을 유프라테스까지 확장했다고 생각한다. 이 경우 사무엘하 8장 9-10절의 기록은 하맛 왕 도이가 스스로 항복했다는 의미로 해석되어야 한다. 그러나 최소주의적 해결을 더 선호해야 할 것 같다. 이 해결은 오론테스, 유프라테스, 지중해안에서의 다윗의 통치권에 대한 긍정적인 증거가 없다는 것에 의지하고 있다. 사무엘하 8장 9-10절은 다윗이 하맛의 도이와 외교적 관계를 유지했고, 이 중부 시리아의 왕국과 교린 정책을 펼치고자 노력했다는 것으로 해석될 수 있다. 그것은 무능력했기 때문이 아니라 의도적인 것이었을 것이다. 왜냐하면 만일 다윗이 계속해서 공격하였다면, 과거에 소아시아의 히타이트족에 의해 통제되고 그 영향 아래 있었던 지역으로 진군할 수 있었을 것이다. 과거 이집트의 영향권에 있었을 때와는 상황이 상당히 달랐기 때문이다. 분수를 지키는 것이 모든 제국주의의 기본 조건 중 하나이며 무분별한 영토 확장은 대제국의 존속을 위태롭게 할 수 있다는 통찰이 다윗에게 있었다고 말해도 될 것 같다.

적어도 다윗 대제국은 기원전 제2천년기 후반기에 이집트의 관심 지역에 속했던 모든 지역을 다 석권했다.[27] 팔레스티나 농경지의 남단에서부터 중부 시리아까지 이르는 이 왕국은 그 영토 확장 측면에서 보면 그렇게 큰 것은 아니었다. 브엘세바에서 하맛까지의 거리는 약 500km에 불과하다. 그 이전이나 이후의 오리엔트 대제국의 영토와 비교가 되지 않는다. 그러나 무엇보다도 이스라엘의 의식 측면에서 이 왕국은 큰 나라였으며, 예루살렘 왕정 양식에 따른 기록에서 볼 때 이 왕국의 크기는 상당한 것이었다.

---

[27] 근본적인 것은 다음을 참고하라. A. Alt, Das Großreich Davids [1950]. KS 2,66-75. 그 밖에 G. Garbini, L'impero di David. Annali della Scuola Superiore di Pisa III, 13 (1983) 1-20; H. Friis, Die Bedingungen für die Errichtung des Davidischen Reiches in Israel und seiner Umwelt. Übersetzt und hrsg. von B. J. Diebner. DBAT, Beiheft 6 (1986).

"솔로몬이 (유프라테스)강에서부터 블레셋 사람의 땅에 이르기까지와 애굽 지경에 미치기까지의 모든 나라를 다스리므로 솔로몬이 사는 동안에 그 나라들이 조공을 바쳐 섬겼더라"(왕상 4:21 [히. 5:1]). 왕정 양식에 따른 이 기록이 현실과 전혀 일치하지 않으며, 아니 더 정확히 말해 결코 일치한 적이 없었음을 보게 된다. 그래도 어쨌든 이 나라는 팔레스티나와 시리아 일부 지역에 있었던 첫 번째 제국이었다. 이러한 제국이 성립될 수 있었던 것은 한편으로는 당시의 유리한 정세 덕분이었다. 시로팔레스티나 지협은 기원전 제2천년기에서 제1천년기로 넘어가는 전환기에 일시적으로 여타 대제국의 통치 아래 있지 않았던 것이다. 제2천년기 후반기에 대제국 체제는 붕괴되었다. 나일강이나 메소포타미아에 있던 고대의 선진문화는 쇠미해진 상태였고 그래서 더 이상 세력을 확장할 위치에 있지 못했다. 이로 인해 생겨난, 팔레스티나 지협의 정치적 진공 상태를 다윗은 자신의 방식으로 채운 것이다. 그러나 다른 한편, 정치적 계산에 있어서 다윗 개인의 천재성이 하나의 요인으로 작용했다. 이러한 요인은 결코 중요하지 않은 것이 아니다. 이스라엘의 역사는 적시에 적합한 사람을 배출해내었으며, 그 이후 모든 세대에게 그의 업적은 이상과 모범으로 간주되었다. 다윗은 이스라엘에 계속 보존되고 관리되었으나 결코 다시는 실현 되지 못한 사상적 이상을 세워주었다. 이스라엘의 두 왕국이 멸망한 이후의 시대에도 여전히 신명기 역사가는 야훼가 자기가 선택한 백성에게 이미 땅 정복 이전에 다음의 지역들을 약속하셨다는 것을 당연한 것으로 받아들였다. "광야와 이 레바논에서부터 큰 강 곧 유브라데 강까지 헷 족속의 온 땅과 또해 지는 쪽 대해까지 너희의 영토가 되리라"(수 1:4). 이 배후에는 다윗 대제국의 이상이 있다. 신명기 역사가는 이 거대한 땅덩어리를 땅 정복 시기에서 그리 멀지 않은 시기에 소유하게 될 것으로 알았을 것이다. 그러나 이 이상은 미리 주어진 것으로 신명기 역사가에게 이스라엘의 영토 확장의 역사는 다윗 시대까지 이 이상이 단계적으로 실현되는 역사였다. 궁정 양식에서는 이 모든 것에서 거의 신화적인 이상이 생겨났다. 다윗 왕국이 와해된 이후에도 유다의 작은 왕들의 즉위식에서 다음과 같은 것이 암송되었다. "그가 바다에서부터 바다까지와 강에서부터 땅 끝까지 다스리리니"(시 72:8).

만약에 성공적인 대외 정치에 덧붙여 국내 정치의 치밀한 세분화, 제도의 공고화, 행정 체제 완비 등이 없었다면 다윗 대제국은 결코 그의 생전에 굳게 서지 못했을 것이라는 것은 자명하다. 사울 왕국이 거의 왕국 기관 없이도 유지될 수 있었다면, 이제 시대가 변하고 상황이 변하였다. 즉 돌발적이거나 고질적인 대외정치적 위협으로부터 벗어난 이후에도 왕국의 질서를 유지하고 영토를 확정하고 확장하고자 하였으며, 이와 더불어 처음부터 왕국 구조의 토대가 되었던 다윗이라는 인물과 분가분리하게 결부되어 있었다는 것이다. 이 모든 것은 국가 기관 조직을 근본적으로 요구하였다. 다양한 군사적, 민사적 사안들에 대한 통제는 왕국의 넓은 공간에서 왕 한 사람에 의해서만 지속적으로 이루어질 수 없는 것이었다. 이렇게 업무분담에 대한 필요에 의해서 군사적, 민사적, 제의정치적 행정 관할 구역이 있는 관리단이 생겨났다.[28] 왕에게서 비롯되어 왕이라는 이 인물을 중심으로 이루어진 행정기구 조직은 당연히 이스라엘 지파들과 그들의 대표자들에게는 권력 상실이라는 민감한 결과를 초래했다. 중요한 모든 것은 이제부터 예루살렘에서 결정되었다. 이 체제의 행정적 정점은 두 개의 "관리 명단"에 나타난다(삼하 8:16-18; 20:23-26). 이를 통해 다윗이 예루살렘에서 다음과

---

[28] 다윗-솔로몬 왕국 기관과 관직의 문제는 다음의 글이 요약적이면서도 개관적으로 다룬다. Cf. T. N. D. Mettinger, Solomonic State Officials. A Study of the Civil Government Officials of the Israelite Monarchy. Coniectanea Biblica, OT Serie-s 5 (1971); 보충하는 것으로 U. Rüterswörden, Die Beamten der israelitischen Königszeit. BWANT 117 (1985).

같은 왕국 최고 관리 제도를 제정하였다는 것을 알 수 있다.

1. 알-핫찻바('al-haṣṣābā) "군대장관": 군대 원수이다. 이 관직은 다윗의 초기 시절 함께 한 옛 전우 요압이 차지했다. 유다와 이스라엘이라는 두 징집군대가 있음에도 불구하고 한 명의 총 지휘관을 두었다는 것은 언급할 만하다. 이것은 다윗이 군대 지휘를 정비하고 견해가 부딪치거나 관심이 분산되는 것을 막고자 했음을 보여준다.

2. 알학크레티 베핫펠레티('al-hakkᵉrētī wᵉhappelētī) "그렛 사람과 블렛 사람을 관할하는 자": 용병대 대장으로서 브나야(후)가 임명된 직이다. 왕 소유의 용병대에 대한 명령권은 독립된 소관 사항이다. 다윗은 용병대가 징집군대와 혼합되거나 그 주특기가 중복되는 것을 피하고자 했다. 특이한 이름으로 보아 이방인도, 특히 필리스티아 사람도 용병에 있었으며(삼하 15:18), 심지어 선호하기까지 하였을 것이다. 필리스티아인은 에게해의 크레타 주위의 여러 섬에서 유래하였다.[29]

3. 소페르(sōfēr) "서기관": 민간 행정 기구의 대표이며, 처음에는 스루야가 나중에는 세야가 –만약에 두 번 다 동일인물이 아니라면–[30] 이 직에 임명되었다. 이 공직의 기능이 무엇이었는지는 그 윤곽만 알 수 있을 뿐이지만 매우 다양했던 것으로 보인다. 이에 대해 "수상, 국무총리, 총리"와 같은 일반적인 개념을 사용하기를 주저하는 이유는 그것이 잘못된 인상을 불러

---

[29] Cf. L. M. Muntingh, The Cherethites and Pelethites - a Historical and Sociological Discussion. OTWSA (1960) 48-53; I. Prignaud, *Caftorim et kerétim.* RB 71 (1964) 215-229; M. Delcor, Les Kerethim et les Crétois. VT 28 (1978) 409-422. J. Strange, Caphtor/Keftiu. A New Investigation. Acta Theologica Danica 14 (1980).

[30] 이 배후에 이집트의 관직명 "편지 쓰는 자"가 숨어 있을까? A. Cody (각주 31) 참고

일으킬 수 있고, 왕국의 수장 역할에만 그 직을 제한할 수 없는 다윗도 이 범주에 넣어야 되기 때문이다.

4. 마즈키르(*mazkīr*) "기억을 불러오는 자"(개역개정: "사관"): 왕에게 예를 들면 접견이나 인물이나 사안에 대해 "기억을 환기시키는" 왕의 총무처 수석이다. 여호사밧이라 이름하는 사람이 이 직에 임명되었다.

3번과 4번의 관직은 다윗이 이집트의 전례를 본떠 만든 것으로 보인다. 소페르는 이집트의 *šš* "서기관"에 해당하고, 마즈키르는 이집트의 *wḥm* "반복하는 자, 포고자"에 상응한다.[31]

5. 코하님(*kōhªnīm*) "제사장": 종교 및 제의 정치 행정을 관할하는 기관을 다윗은 한 사람의 장관에게만 맡기지 않았다. 다윗은 아마도 다양한, 서로 경쟁 관계에 있는 전통들과 관심들을 고려했어야 했을 것이다. 더 오래된 목록(삼하 8:17-18)에서는 1) 다윗 왕국 이전의 예루살렘 여부스 제사장단에 속하였던 것으로 보이는 사독,[32] 2) 사울이 학살한 놉의 야훼 제사장단[33] 가운데서 살아남은 아히멜렉의 아들 아비아달,[34] 3) 왕의 제사장적 특권을 대표하는 왕자들이 언급된다.[35] 그에 반해 후대의 목록(삼하 20:25-26)

---

[31] Cf. J. Begrich, *Sōfēr* und *Mazkīr* [1940/41]. GS 67-98; H.-J. Boecker, Erwägungen zum Amt des *Mazkīr*. ThZ 17 (1961) 212-216; A. Cody, Le tire égyptien et le nom propre du scribe de David. RB 72 (1965) 381-393.

[32] Cf. H. H. Rowley, Melchizedek and Zadok (Gen 14 and Ps 110). Fs A. Bertholet (1950) 461-472; Chr.-E. Hauer, Who was Zadok? JBL 82 (1963) 89-94; J. R. Bartlett, Zadok and his Successors at Jerusalem. JThSt. NS 19 (1968) 1-18.

[33] 사무엘상 23:6과 30:7에 따라 이렇게 읽을 수 있을 것으로 추측된다. 마소라 본문 "아히둡의 아들 사독과 아비아달의 아들 아비멜렉"은 전혀 본래의 것이 아니다. 여기서 사독에게 이스라엘의 귀족 출신임을 증명해주기에 더욱 그렇다.

[34] 위 291-292쪽을 보라.

[35] 칠십인역과 역대상 18:17에 의지하여 *kōhªnīm* 대신 *sōkªnīm*으로 읽자는 J. G.

은 다시 사독과 아비아달을 언급하고, 여기에다가 전혀 알려지지 않았으면서 왕자도 아닌 야일 사람 이라라는 한 인물이 나타난다. 종교 및 제의적 소관이 특히 민감하였음을 알 수 있다. 언급된, 매우 다양한 인물들간의 갈등은 내각에서 오직 다윗의 권위를 통해 해소되거나 균형을 맞출 수 있었을 것이다.

6. 알-함마스('al-hammas) "감역관"[36]: 역군 감독관은 다윗의 두 번째 내각에만 등장하며(삼하 20:24), 아도람이 이 칭호를 지녔다.[37] 다윗은 이방 노역군도 고용하였다(삼하 12:31). 다윗은 역군 조직과 그 행정을 가나안 전례에 따라 정비하였을 것이다.[38]

눈에 띄는 것은 "재판관" 또는 최고의 재판 기관이 없다는 것이다. 입법권은 어차피 야훼에게 있었다. 다윗은 고대로부터 지방 공동체에 의해 규정된 재판 제도를 뒤흔들지 않았으며, 우리가 아는 한 그의 후계자도 그렇게 하지 않았다. 이 점에서 왕정은 뒤늦게야 역사의 무대에 등장하였다. 왕정이 등장하기 전에 이미 지방 공동체가 정한 고정된 형태의 재판관할권이 존재했고, 왕정은 이것을 존중해야 했다. 적어도 다윗 이후로 왕은 특별한 경우에 –가령 피의 복수(삼하 14:1-20)나 소송에서(삼하 15:4)– 항소기

Wenham, Were David's Sons Priests? ZAW 87 (1975) 79-82의 제안은 설득력이 없다.
[36] mas에 대한 번역에 대하여 H. Donner, BZAW 224 (1994) 185-86과 위 218쪽을 보라.
[37] 다른 형태의 이름은 하도람(대하 10:18), 아도니람(왕상 4:6; 5:28).
[38] Cf. I. Mendelssohn, State Slavery in Ancient Palestine. BASOR 85 (1942) 14-17; idem, Slavery in the Ancient Near East (1949); A. F. Rainey, Compulsory Labour Gangs in Ancient Israel. IEJ 20 (1970) 191-202. N. Avigad, The Chief of the Corvee. IEJ 30 (1980) 170-173에 ^{a}šer 'al-hammas라는 문구를 가진 7세기의 풍뎅이 형태의 보석이 있다. 그 밖에 Cf. J. A. Soggin, Compulsory Labor under David and Solomon. Studies in the Period of David and Solomon and other Essays (1982) 259-267.

관이었으며 동시에 이로써 전해져 내려온 법을 해석하고 재교육하는 권위 있는 기관이었다.[39]

내각 목록 외의 전승에서 다음의 관리와 관직명의 흔적을 마주할 수 있다.

a) 요에츠 (다비드) (*yō'ẹṣ [Dāwīd]*) "(다윗의) 고문관": 삼하 15:12; 대상 27:32-33. 고문관은 항상 복수로 나온다(사 1:26; 3:3). 늦어도 르호보암 이후에는 왕의 고문단, 추밀원이 나온다(왕상 12:6-9). 외국의 통치자 고문단도 요아침(*yō*^{a}*ṣīm*)으로 불린다(사 19:11; 스 7:14-15). 여기서도 가나안의 전례가 작용했을 것이다. EA 131,20-23: ^{LÚ}*rābiṣī/ma-lik*^{MEŠ} *šari* "왕의 자문들"을 참고하라. 자문이 관리였는지 아니면 일종의 "부차적 활동"이었는지는 확실히 알 수 없다. 독일의 "각료"와 유사한, 단순한 명예 칭호인 것으로도 볼 수 있을 것이다.

b) 레에 함멜렉(*rē'ẹ hammelek*) "왕의 친구": 삼하 15:37; 16:16; 왕상 4:5; 대상 27:33. 이 칭호가 관직을 나타내는 것인지 정확히는 알 수 없지만, 이 칭호의 기원은 의심의 여지 없이 이집트의 것이다. *śmr w'tj* "(왕의) 유일한 친구"와 *rḫ nśw.t* "왕의 지인"이다. 매우 자주 등장하는 이 이집트 칭호가 밖으로 미친 영향은 지대했다. 이미 아마르나 시대의 예루살렘에서 "왕의 친구"라는 칭호를 볼 수 있으며(EA 288,11: ^{LÚ}*ru-ḫi šari*^{ri}), 나중에는 로

39 Cf. G. Ch. Macholz, Die Stellung des Königs in der israelitischen Gerichtsverfassung. ZAW 84 (1972) 157-182; idem, Zur Geschichte der Justizorganisation in Juda. Ibid. 314-340; K. W. Whitelam, The Just King: Monarchical Judicial Authority in Ancient Israel. JSOT, Suppl. Series 12 (1979); Chr. Schäfer-Lichtenberger, Exodus 18 – Zur Begründung königlicher Gerichtsbarkeit in Israel-Juda. DBAT 21 (1985) 61-85; H. Niehr, Grundzüge der Forschung zur Gerichtsorganisation Israels. BZ.NF 31 (1987) 206-227; idem, Rechtsprechung in Israel. Untersuchungen zur Geschichte der Gerichtsorganisation im AT. SBS 130 (1987); Z. Ben-Barak, The Appeal to the King as the Highest Authority for Justice. BEATAJ 13 (1988) 169-177.

마 황제의 왕궁에서도 *"amicus caesaris"*와 *"φίλος τοῦ καίσαρος"*의 형태로 (요 19:12) 나타난다.[40]

다윗의 관리 명단의 확장된 형태는 마지막으로 역대상 27장 25-34절에 나온 다. 여기에는 왕의 재산 관리에 종사하는 여러 관리가 언급된다. 그럼에도 불구하고 이 목록은 후대 상황이 다윗 시대로 역투사된 것으로 생각해야 한다. 특히 다윗의 두 내각에 왕의 재산과 토지를 관리하는 행정적 수장이 아직 없었기 때문이다.

다윗이 자기 왕국의 기관을 조직하는 데 필요한 사람들을 어디서 구하였 을까? 틀림없이 더 많은 사람들이 있을 것이다. 왜냐하면 예루살렘 궁정의 신하는, 소위 말해 빙산의 일각이기 때문이다. 다윗은 이스라엘과 유다 집 단에서 별 어려움 없이 또 수적으로도 충분하게 노련한 행정실무자들을 등용했던 것일까? 이에 대해 우리는 알지 못한다. 그러나 다윗이 과거 가나 안의 독립 성읍 왕국들을 이스라엘과 유다 조직으로 병합한 후 그 세력을 상실한 가나안의 관료 체제에 속했던 사람들을 자신의 통치 기구에 등용하 였을 가능성도 있다. 이들은 수백 년 지속된 행정 전통을 반추할 수 있었고 다윗이 자신들에게 부여하였을 임무를 능숙하게 다루었을 것이다. 그러나 다윗이 이러한 가능성을 이용했는지는 알 수 없다. 솔로몬은 그렇게 했던 것으로 보인다. 지방관장 명단(왕상 4:7-19)에는 "이름 없는 사람들", 즉 아 버지 이름으로만 언급되는 관리들, 왕명을 수행하는 관리들을 세습적으로 소유한 자가 나온다. 이것은 다윗이 이 관직의 제정을 시작했거나 아니면 가나안 성읍 왕국 출신의 관리 가문들이 왔거나 아니면 두 경우에 해당되거

---

[40] Cf. H. Donner, Der "Freund des Königs" (1961). BZAW 224 (1994) 25-33; A. Penna, Amico del Re. RiBi 14 (1966) 459-466.

나 할 때만 설명이 된다.[41] 아무튼 다윗 때부터 행정 사안에는 경험 많은 가나안 사람들이 다윗 제국의 국가 기관에 유입되었을 가능성을 배제할 수 없다. 이러한 일련의 과정들이 행정 및 사회 역사에 자연히 영향을 미치지 않을 수 없는 것이지만 그렇다고 그 결과가 당장에 나타나는 것도 아니었다.

다윗 대제국의 복잡한 구조는 왕 개인을 중심으로 해서 이루어졌고 왕 개인에 의해 결속되었다. 그래서 다윗이 살아 있는 동안에 이미 그가 죽은 후에 이 왕국은 어떻게 되는 것일까 하는 질문이 이는 것은 어쩔 수 없는 것이었다. 만약에 다윗이 자신의 열조들에게로 돌아간다면, 대제국 전체가 그대로 유지될 수 있을까? 다윗은 죽음에 임하여 그가 군합국으로 통치하였던 지역들이 유다, 이스라엘, 예루살렘, 암몬으로 해체될 수도 있는 상황을 염두에 두어야 했다. 게다가 봉신왕국(필리스티아, 모압)과 신하국가(아람-다마스쿠스와 에돔)가 다시 독립을 쟁취할 경우도 걱정해야 했다. 다윗이 해결한 가나안 문제가 그의 사후에도 지속될 것이라고 누가 예단할 수 있겠는가? 다윗이 이 모든 것을 염두에 두지 않았을 것이라고 생각하려 한다면 이는 다윗을 과소평가하는 것이다. 다윗은 틀림없이 이 모든 위험을 분명히 예견했고, 미래에도 자신의 업적이 지속되도록 진지하게 고민하였다. 당시 상황에서 대제국이 와해하는 것을 막는 데는 오직 한가지 방법만 있었다. 왕국은 더 이상 매번 야훼의 지명 의지에 종속된 기관이 되어서는 안 된다. 왕국의 형태가 고정되고 연속할 때, 즉 왕국이 정해진 바에 따라 연속적인 제도가 될 때 왕국은 유지될 수 있다. 그러나 이러한 연속성은 왕조를 건설하는 것 이외의 방법으로는 유지하기 어려운 것이었다. 다윗이 이룩한 바를 계속 이어갈 적법하고 게다가 능력도 갖춘, 왕후의 아들

---

[41]   Cf. A. Alt, Menschen ohne Namen (1950). KS 3, 198-213. 이에 대하여 비판적으로 J. Naveh, Nameless People. IEJ 40 (1990) 108-123.

이 장래에 다윗의 왕위에 앉도록 조치가 취해져야 했다. 이러한 능력이 부족할지라도 최소한 왕조의 사상만이라도 확실히 보호할 수 있는 사람이어야 했다. 이 모든 것이 근본적으로 야훼의 의도였던 것이 아니었는가? 그렇지 않다면 야훼가 자신의 막강한 도움으로 이룩한 이 업적을 계속 유지하는 데 별 관심이 없는 것이라고 진지하게 생각해보아야 하는 것인가? 매우 분명한 것은 다윗 왕국의 유형과 성격은 바로 왕조적 의미에서 왕정의 제도적 공고화를 요구하였다. 그래서 다윗은 최소한 자신의 왕국이 완성된 시점에서부터 자신의 후계자 문제에 직면하게 되었다. –이 문제는 그의 영광스러운 인생역정에서 만족스럽게 해결하지 못한 유일한 것이 되었다.

다윗의 왕위 계승자에 관한 작품은 기본적으로는 당대의 것이지만, 신명기 사가가 기술한 이스라엘 역사에 삽입된 매우 뛰어난 역사서이다. 사무엘하 (7) 9–20장과 열왕기상 1–2장이 그것이다.[42] 이 작품은 다윗의 생전에,

---

[42] 제일 먼저 L. Rost. Die Überlieferung von der Thronnachfolge Davids. BWANT III, 6 (1926)가 인식하고 분리했다. 간추린 참고문헌: R. N. Whybray, The Succession Narrative. Studies in Biblical Theology, 2nd Series 9 (1968); W. Brueggemann, David and his Theologian. CBQ 30 (1968) 156-181; idem, On Trust and Freedom. A Study of Faith in the Succession Narrative. Interpretation 26 (1972) 3-19; J. W. Flanagan, Court History or Succession Document? A Study of 2 Samuel 9-20 and 1 Kings 1-2. JBL 91 (1972) 172-181; E. Würthwein, Die Erzählung von der Thronfolge Davids - theologische oder politische Geschichtsschreibung? ThSt 115 (1974); F. Langlamet, Pour ou contre Solomon? La redaction prosolomonienne de I Rois, I-II. RB 83 (1976) 321- 379. 481-528; D. M. Gunn, The Story of King David. Genre and Interpretation. JSOT, Suppl. Series 6 (1978); A. R. Bowman, The Crises of King David Narrative Structure, Compositional Technique and the Interpretation of II Samuel 8,15-20,26. Th. D. Diss. Union Theol. Seminary Virginia 1981 (Diss. Abstr. Intern. 42, 1981/82, 3198); J. Conrad, Der Gegenstand und die Intention der Geschichte von der Thronfolge Davids. ThLZ 108 (1983) 161-176; K. W. Whitelam, The Defence of David. JSOT 29 (1984) 61-87; G. L. Perdue, "Is there anyone left of the House of Saul…?" Ambiguity and the Characterization of David in the Succession Narrative. JSOT 30 (1984) 67-84; J. S. Rogers, Narrative Stock and Deuteronomistic Elaboration in 1 Kings 2. CBQ 50 (1988) 398-413; O. Kaiser, Beobachtungen zur sog.

그리고 그의 사후에 일어난 왕위 승계 문제를 기술하고 있으며, 다윗 왕조가 얼마나 심한 어려움과 우회를 거쳐 설립되었는지에 대한 질문에 답변하고 있다. 여기서 눈에 띄는 것은 익명의 저자가 다음과 같은 어려운 결합을 매우 뛰어나게 수행해냈다는 점이다. 즉 행위자와 그들의 운명에 대한 관심과 역사적 질문에 관한 대답에 대한 관심을 결합한 것이다. 역사서의 문헌 가치는 높게 산정할 수 있다. 과거에 그러한 경향이 있었던 것처럼 비록 우리가 "펠레폰네소스 전쟁"과 혼동하지 않는다 할지라도 이는 사실이다. 그 문학적 형태에서 볼 때 역사적 작품이 다름 아닌 특정한 관심에서 나온 역사 소설이라고 할지라도 이는 사실이다. 주된 관심을 정확하게 인식하는 것은 그렇게 간단하지 않다. 그것은 그 작품을 얼마나 통일된 것으로 간주하느냐 또는 편집 단계에서 새로운 관심사에서 이루어진 어느 정도의 편집적 손질을 가정해야 하느냐에 따라 달려 있다. 이 작품에는 가령 솔로몬이 아버지의 후계자로서 적법하며 야훼로부터 그 정당성을 얻고 있음을 보여주고자 하는 관심이 분명히 드러난다. 특히 역사서를 반왕정 경향을 가진, 훨씬 더 짧은 문서의 편집적 개정으로 간주해야 한다고 환기했던 뷔르트봐인(E. Würthwein) 등의 다윗 비판에 대한 관심도 마찬가지로 분명히 있다. 무엇보다 이 작품이 갖는 탁월함은 그 안에 있는 이런저런 관심이 −편집에도 불구하고− 총체적인 전체로 결합되어 있다는 데 있다. 자료로서의 가치에 대한 반박은 이 작품이 역사적 소설 형태라는 데 있다. 이러한 형태의 작품은 이 작품이 보도하고 있는 대로 실제 사건이 항상 그렇게 일어났을 것이라는 단순한 판단을 불가능하게 한다. 실제로 그가 알고 있었을 것

Thronnachfolgeerzählung Davids. ETL 64 (1988) 5-20; 비판적인 것으로 R. C. Bailey, David in Love and War. The Pursuit of Power in 2 Sam 10-12. JSOT, Suppl. Ser. 75 (1990). 이 작품의 전체 성격과 근본적인 세부 사항에 대하여 I. Willi-Plein, Frauen um David: Beobachtungen zur Davidshausgeschichte. ÄAT 30 (1995) 349-361도 보라.

이라고 우리가 이성적으로 가정하는 것보다 저자는 더 많은 것을 알고 있을 수 있다. 주요 인물의 생각, 견해, 감정, 침실의 비밀 등등에 관해서 말이다. 바로 그것이 역사적 소설의 주요 성분이다. 그러나 아무리 우리가 이러한 것에 눈을 감지 않고 그 작품을 있는 그대로, 그러니까 하나의 문학작품으로 간주한다 할지라도, 다음과 같은 것은 여전히 사실이다. 즉 저자는 한편으로는 뛰어난 세부 지식에 기초하고 있고, 다른 한편으로는 내적으로 놀랄 만큼 그 분위기, 모티브, 느낌에 감응하고 있다는 것이다. 이 모든 비판에도 불구하고 다음과 같은 판단을 단순히 지나칠 수는 없다. 즉 기술된 그대로 다 일어나지는 않았을 것은 분명하지만, 전체적으로 그렇게 일어났을 것이다. 이것은 다윗 승계의 역사 작품을 다윗의 성공 이야기 작품과 구별한다. 이 둘의 동질성이 아무리 크다 할지라도 말이다. 현 상황에서 더 이상의 새로운 문학적 자료를 통한 점검 없이는 역사가는 역사 작품을 조심스럽고 비판적으로 다시 이야기하는 것 외에는 달리 할 수 있는 것이 없다.

왕조 사상은[43] 다윗 왕위 계승의 역사 작품에서 추론의 대상이 아니다. 이 사상은 다윗이 아니라 바로 야훼에게서 처음부터 완성되어 존재한 것이다. 왜냐하면 왕위 계승의 문제는 단지 다윗만의 문제가 아니기 때문이다. 야훼는 다윗과 함께 하셨으며, 야훼 없이 대제국은 이룩될 수 없었다. 이렇게 왕국 존립에 대한 염려는 야훼에게 맡겨졌으며, 모든 미래의 사건에 대한 주도권 또한 야훼에게 귀속되었다. 이것은 다윗 왕조의 창설증서인 사무엘하 7장에서 일어난다.[44] 이 역사서의 본래의 시작이 사무엘하 7장에

---

[43] Cf. T. Ishida, The Royal Dynasties in Ancient Israel. A Study on the Formation and Development of Royal-Dynastie Ideology. BZAW 142 (1977); B. Renaud, La prophetie de Nathan: Theologie en conflit. RB 101 (1994) 5-61; L. Eslinger, House of God or House of David. The Rhetoric of 2 Samuel 7. JSOT, Suppl Ser. 164 (1994).

[44] Cf. H. van den Bussche, Le texte de Ja prophétie de Nathan sur la dynastie Davidique. ETL 24 (1948) 354-394; M. Noth, David und Israel in 2. Sam 7 (1957). GS 334-345;

기록된 그대로 일어난 것은 아니라는 데는 의견이 일치되어 있다. 이 역사 작품의 최종 형태는 양식적으로 그리고 내용적으로 신명기 사가의 신학의 증인이다. 그러나 이것은 결코 한 번의 작업을 통해 나온 것이 아니라, ―분석을 통해서도 더 이상 분리할 수 없는― 다양한 개정과 손질의 산물이다. 이스라엘의 메시야 기대에 대한 기본증서로서의 이 본문에 대한 후일담에 매우 전형적으로 나타나는 다양성은 이 본문이 완성되어 가는 과정에도 적용된다. 그 기본 본문은 분석을 통해서도 확실하게 회복할 수는 없지만, 이 역사 작품의 시작점을 이루었을 것이다. 이 작품이 사무엘하 9장으로 시작하는 것이 불가능하기 때문만이 아니라, 특히 왕조 사상의 주도자인 야훼가 이러한 형태의 역사 서술에 없어서는 안 되기 때문이다. 우리가 기댈 수 있는 최종본문에 따르면, 사정은 다음과 같다. 다윗은 궁정예언자 나단의 중개를 통해 야훼께 자신이 예루살렘에 야훼를 위한 "집", 즉 성전을 지어도 될는지를 묻는다. 그는 다음과 같은 대답을 듣는다.

여호와께서 이와 같이 말씀하시되 **네가** 나를 위하여 내가 살 집을 건축하겠느냐? 내가 이스라엘 자손을 애굽에서 인도하여 내던 날부터 오늘까지 집에 살지 아니하고 … 그러므로 이제 내 종 다윗에게 이와 같이 말하라 만군의 여호와께서 이와 같이 말씀하시기를 내가 너를 목장 곧 양을 따르는 데에서 데려다가 내 백성 이스라엘의 주권자(*nāgīd*)로 삼고 네가 가는 모든 곳에서 내가 너와 함께 있어 네 모든 원수를 네 앞에서 멸하였은즉 땅에서 위대한 자들의 이름

G. W. Ahlström, Der Prophet Nathan und der Tempelbau. VT 11 (1961) 113-127; E. Kutsch, Die Dynastie von Gottes Gnaden. Probleme der Nathanweissagung in 2.Sam 7. ZThK 58 (1961) 137ff.; H. Tsevat, Studies in the Book of Samuel III. HUCA 34 (1963) 71-82; H. Gese, Der Davidsbund und die Zionserwählung (1964). Vom Sinai zum Zion (1974) 113-129; A. Weiser, Die Legitimation des Königs David. VT 16 (1966) 325- 354; H. Kruse, David's Covenant. VT 35 (1985) 139-164; G. H. Jones, The Nathan Narratives. JSOT, Suppl. Ser. 80 (1990).

같이 네 이름을 위대하게 만들어 주리라 내가 또 내 백성 이스라엘을 위하여 한 곳을 정하여 그를 심고 그를 거주하게 하고 … 네 수한이 차서 네 조상들과 함께 누울 때에 내가 네 몸에서 날 네 씨를 네 뒤에 세워 그의 나라를 견고하게 하리라 그는 내 이름을 위하여 집을 건축할 것이요 나는 그의 나라 왕위를 영원히 견고하게 하리라 나는 그에게 아버지가 되고 그는 내게 아들이 되리니 그가 만일 죄를 범하면 내가 사람의 매와 인생의 채찍으로 징계하려니와 내가 … 내 은총을 … 그에게서 빼앗지는 아니하리라 … 네 집과 네 나라가 내 앞에서 영원히 보전되고 네 왕위가 영원히 견고하리라 하셨다 하라!(삼하 7:5,6a,8,9,10a,12,14,15a,16).

현재 형태로 남아 있는 이 의심할 여지 없는 신명기 사가의 설명을 통해 다윗 왕조는 처음부터 왕조에 시급히 요구되는 정통성을 얻게 된다. 모든 이스라엘 왕정의 근본 요소인 야훼가 왕을 선택한다는 원칙이 고수된다. 그러나 야훼는 특정 개인을 선택하는 것이 아니라 단번에 다윗 집으로 결정하신다. 이스라엘의 메시야 기대의 뿌리가 여기에 있다. 메시야, 영광스러운 미래 통치자는 다름 아닌 다윗의 후손, 다윗 왕조의 한 일원, 또는 되살아난 다윗으로서의 다윗 자체이다.[45] 하지만 사무엘하 7장은 —우리 앞에 제시된 바대로— 다윗 왕위 계승에 관한 역사 작품이며, 어떤 의미에서는 드라마의 시작을 알리는 팡파르일 뿐이다. 왜냐하면 야훼에 의해 약속된 다윗 가문의 지속성을 통해 왕위 계승 문제가 해결되는 것이 아니라 비로소 제기되기 때문이다. 다윗의 여러 아들 가운데 누가 그의 부친을 잇는 계승자로 적절한 것인가? 기획 성격을 지닌 사무엘하 7장을 통해 계승 문제에 대한 정치적 결정이 선결되는 것이 아니라 오히려 다윗 자신에게 부

---

[45] 사 11:1-9; 미 5:1-5; 렘 23:5-6; 겔 34:23-31; 슥 9:9-10 등 참조. 왕정에 대한 신적, 인간적 합법성의 문제에 대하여 다음을 참고하라. T. N. D. Mettinger, King and Messiah. The Civil and Sacral Legitimation of the Israelite Kings. Coniectanea Biblica, OT Series 8 (1976).

담으로 돌아온다. 역사 작품은 다윗이 그가 요구한 결정에 직면하여 제대로 된 역할을 하지 못하였음을 조금도 의심하지 않는다.

여기서는 왕위 승계 작품의 문학적, 양식적, 아니면 예술적 분석을 다루지 않을 것이다. 이 작품(삼하 9–12)이 매우 짧은 장면을 기술하는 것으로 시작하고 있다는 점에 주목하는 것만으로도 충분하다. 오히려 역사가가 본문에 제기하는 질문에 의거한 역사적 개작이라는 특이한 경우에 해당한다. 적어도 사울 가문의 생존자인 므립바알에 대한 다윗의 관용 에피소드(삼하 9)는[46] 다윗이 사울의 딸 미갈의 아들을 자신의 후계자로 삼으려고 했던 것은 아닌가 하는 생각을 갖게 한다. 그 조건들, 암시들, 결과들을 상상해보는 것은 매우 흥미로울 것이다. 동시에 그것은 수고로운 일일 것이다. 다윗이 미갈과의 결혼에서는 자녀가 없었고 결국에는 결혼도 완전히 파탄이 났기 때문이다(삼하 6). 그렇다면 다윗은 누구를 후계자로 지명해야 할까? 선택의 폭은 컸다. 그는 헤브론에 있을 때 여러 아내에게서 암논, 길르압, 압살롬, 아도니야, 스바댜, 이드르암이라는 여섯 아들을 두었기 때문이다 (삼하 3:2-5). 나중에 예루살렘에서 다윗은 또 다른 아들들을 얻는다(삼하 5:13-16). 그는 누구도 결정하지 않았다. 그는 매우 의도적으로 자기 아들들의 자질이 드러나기를 기다렸고, 그 가운데 누구도 편애하지 않았을지도 모른다. 두 경우 모두 가능하다. 어쨌든 다윗의 망설임은 왕자들이 서로 경쟁하도록 부추겼으며 왕국의 기반을 뒤흔드는 사건을 야기했다.

다윗의 아들 가운데 헤브론에서 태어난 세 사람은 알려진 것이 없기 때문에 고려대상이 아니다. 아마도 그들은 왕위 계승 사건 때에 더 이상 생존하지 않았을 수 있다. 가능한 후계자로 암논, 압살롬, 아도니야가 있다. 이

---

[46] Cf. T. Veijola, David und Meribaal [1978]. In: David. Gesammelte Studien zu den Davidüberlieferungen des AT. Schriften der Finnischen Exegetischen Gesellschaft 5 (1990) 58-83.

들 가운데 제일 먼저 다윗의 장자인 암논이 후계자로 간주되었다. 그런데 그에게 불운이 닥친다(삼하 13). 암논은 자기의 의붓누이인 다말을 사랑하게 되었는데, 그 사랑은 이스라엘 관습을 해칠 정도로 지나치게 강하였다. 그는 다말을 강간하고 이어 곧바로 그녀에 대한 관심이 사라졌음을 전혀 숨기려 하지 않았다. 왕가 내에서 일어난 이러한 수치스러운 근친상간을 다윗은 즉시 그리고 가차 없이 처벌했어야 했다. 그러나 다윗은 그리 하지 않았다. 여기서 처음으로 자기의 자녀들에 대해 다윗이 합당한 판단을 하고 있지 못함이 드러난다. 더 많이 말해야 한다면, 맹목적 사랑으로 자녀들에게 집착하고 이 때문에 다윗은 왕위 계승 문제를 제대로 다루지 못한다. 압살롬의 눈에 암논은 왕위 계승자로 부적격이었다. 압살롬은 그 기회가 자신에게 다가옴을 예감하였다.[47] 그는 유리한 기회가 올 때까지 먼저 두 해 동안 인내하며 기다려야 한다고 생각했다. 그런 다음 압살롬은 수도와 다윗으로부터 멀리 떨어진 에브라임 산지에서 열린, 양털 깎는 축제에서 자기 형제 암논을 살해한다. 이로써 후계를 둘러싼 첫 번째 비극이 그 막을 내린다. 두 번째 막은 매우 조용히 시작된다. 압살롬은 먼저 왕국 밖 자기 외조부에게로 가서 다윗의 진노와 고통이 누그러질 때까지 다시 두 해 동안 기다린다. 이것은 결코 잘못된 계산이 아니었다. 압살롬은 자기 아버지를 매우 정확하게 알았을 것이다. 어쨌든 그는 아주 능란하게 다윗의 감정의 건반을 연주할 줄 알았다. 실제로 다윗은 장자를 상실한 데 대한 위로를 받았고, 아들 압살롬을 그리워하게 되었다. 그래서 군대장관 요압은 어렵지 않게 화해를 성사시켰다. 다윗이 자기 아들을 다시 두 해 동안 왕궁으로

---

[47] 아름다운 청년이었던 압살롬에 대한 생생하고 유려한 기술은 사무엘하 14:25-27에 있다. 이에 대하여 전체적으로 사실적인 것에 대하여, S. Herrmann, Geschichte 212, n. 61: "그의 머리털이 무거우므로 연말마다 깎았으며 그의 머리털을 깎을 때에 그것을 달아본즉 그의 머리털이 왕의 저울로 이백 세겔이었더라는 혁명적인 인물의 유형에 인상적으로 공헌한 바이다."

받아들이지 않았지만 결국 그는 사랑으로 압살롬을 받아들였고 모든 것이 다시 좋아졌다(삼하 14). 정말 그럴까? 어느 날 압살롬은 그렇게 오랜 시간 동안 훈련해온 기다림의 예술인 인내심을 잃고 만다. 이것은 이해가 된다. 다윗은 점점 늙어감에도 불구하고 예전처럼 매우 정정하였다. 암묵적으로 압살롬을 후계자로 간주한 것처럼 보임에도 다윗은 여전히 후계자를 세우지 않았다. 압살롬은 서서히 조바심이 나기 시작한다. 그는 기다림의 시간을 줄이겠다고 생각한다. 현재 상황에서는 아버지의 시체를 넘는 것 외에는 달리 가능한 방법은 없었다. 그러나 그때 이 왕자의 염려는 그리 큰 것이 아니었을 것이다. 결단력이 부족한 것은 그의 잘못이 아니었다. 그래서 결국 그는 자기 부친에 대한 분노, 즉 쿠데타로 나아간다(삼하 15–19).[48] 준비는 비밀리에 이루어진다. 압살롬은 이른 아침마다 전차를 갖추고 예루살렘 성문 중 하나로 가서, 거기에 서서 왕국의 농부들을 붙잡고 환심을 사기 위해 노력한다(삼하 15:1-6). 실제로 그는 자신에게 기대하게 하고, 특히 북왕국의 백성들의 지지를 얻는 데 성공하였다. 이 모든 것이 비밀리에 이루어졌을까? 예루살렘이라는 작은 공간과 장기간의 준비 과정을 고려할 때 다윗이 이 모든 것에 대해 아무 말도 하지 않았다는 사실이 놀랍다. 그의 눈이 멀고 귀가 멀었던 것일까? 다윗에게 아들의 행동에 대해 보고하는 사람들이 있었을 것이다. 여기서 왕위 계승사의 저자는 낭만적으로 기술한다. 우리는 그의 모든 말을 역사적인 것으로 보아서는 안 된다. 어쨌든 압살롬은 4년간의 준비 끝에 이제 공격을 개시할 시점에 이르렀다고 여겼다. 그는 헤브론으로 가서 거기서 왕임을 천명한다(삼하 15:7-11). 헤브론을 선택한 이유는 두 가지가 있다. 한편으로 헤브론은 전통적인 유다 왕의 도읍지이다. 다른 한편으로 압살롬은 예루살렘에 있는 다윗을 남과 북에서 압

---

[48] Cf. J. Weingren, The Rebellion of Absalom. VT 19 (1969) 263-266.

박할 것으로 생각했다. 다윗이 수도 예루살렘에 틀어박힐 것이고, 그러면 그의 생명도 곧 끝날 것으로 예상했다.

그러나 계산은 빗나갔다. 틀림없이 압살롬은 자기의 계획을 주도면밀하게 준비하였을 것이다. 그러나 분명 그는 한 가지를 예상치 못했는데, 그것은 곤경이 유다의 늙은 사자로 하여금 –마지막으로!– 전성기에 자신을 빛나게 하였던 모든 정치적·군사적 역량을 불타오르게 할 것이라는 점이었다. 그것은 늘그막에 타오르는 불이었지만, 그 영향력은 적잖은 것이었다. 자신의 반항적 아들이 일으킨 쿠데타에 대한 다윗의 반응은 매우 아량이 넓은 것이었다. 이 점에 비추어볼 때 압살롬은 서툰 사람이었다. 왜냐하면 다윗은 압살롬의 계획을 꿰뚫어 보고 왕자가 계산하고 있는 바로 그대로 실행하지 않았던 것이다. 다윗은 수도에 틀어박혀 있지도 않았고 전쟁을 관망하고만 있지도 않았다. 그는 예루살렘을 비우고 자기 용병들과 함께 동요르단 마하나임(텔 헷자즈)으로 피했다. 이것은 분명히 쉽지 않은 결정이었을 것이라는 점을 알아야 한다. 그것은 왕궁, 하렘, 재산, 특히 야훼의 언약궤를 포기하는 것을 의미했다. 그러나 다윗은 전쟁이 시작되기 전에 지체하지 않고 이 모든 것을 그대로 놓아두고 (예루살렘을) 떠난다. 압살롬은 칼 한번 뽑지 않고 예루살렘을 정복할 수 있었고 통치권을 접수한 표시로 아버지의 하렘에 들어가지만,[49] 그러나 그는 자신의 혁명이 절반의 성공이었음을 시인해야 했다. 압살롬은 수도를 점령하였으나 다윗은 여전히 생존해 있었다. 압살롬은 이 상황에 대처할 능력이 없었다. 다윗은 자기 아들을 잘 알았고, 이제 압살롬이 노련한 사람들의 조언을 급히 필요로 하게 될 것도 분명히 알고 있었다. 그래서 다윗은 자기에게 충성스러운 사람이자,

---

[49] F. Langlamet, Absalom et les concubines de son père. Recherches sur II Sam., XVI 21-22. RB 84 (1977) 161-209.

지략이 많은 아렉 사람 후새를 예루살렘의 압살롬 주변으로 잠입시킨다. 대회의가 열린다(삼하 16:16–17:14). 다윗의 오랜 자문관이었다가 압살롬에게 전향한 반백의 아히도벨은 짧지만 매우 분명하게 현명한 조언을 하였다. 아히도벨은 다윗이 아직 곤하고 힘이 빠졌을 때, 그리고 전열을 가다듬을 시간을 갖기 전에 급조된 다윗 용병대의 기동대를 바로 따라잡아 급습하자고 제안한다. 실제로 그것은 압살롬의 유일한 기회였다. 그러나 압살롬은 이 기회를 잡지 않고, 미사여구를 늘어놓는 아렉 사람 후새의, 군사적으로 전혀 무의미한 조언을 따른다. 그에 따르면 다음 날 이스라엘과 유다의 전 군대를 움직여 압살롬이 직접 선두에서 다윗을 공개 전투에서 죽이자는 것이었다. 다윗이 공개 전투에 임하지 않고 한 장소로 퇴각할 것이 분명한 경우에 대하여 후새는 그곳의 성벽에 줄을 감아 그 성을 골짜기로 잡아 끌어내리자고 조언한다. 이 납득되지 않는 말에 현혹되어 압살롬은 말도 안 되는 결정을 내린다. 이 장면에서도 매우 노골적으로 기술하고 있는 역사서의 저자는 잠깐 그 베일을 들추고 이 사건의 주인공을 보여준다.

> 압살롬과 온 이스라엘 사람들이 이르되 아렉 사람 후새의 계략은 아히도벨의 계략보다 낫다 하니 이는 여호와께서 압살롬에게 화를 내리려 하사 아히도벨의 좋은 계략을 물리치라고 명령하셨음이더라(삼하 17:14).

이렇게 하여 동요르단 에브라임 수풀에서 결투가 벌어지게 된다(삼하 18:6). 다윗은 마하나임에 머무는 반면, 요압이 용병군과 함께 접근하기 힘든 지형에서 압살롬의 전투부대에게 패배의 일격을 가한다. 나귀에 탄 압살롬은 상수리나무 덤불에 빠지고 그의 목이 가지에 걸려 매달리게 된다. 압살롬의 긴 머리가 그에게 불행을 초래하였다. 이런 압살롬을 요압이 발견하고 다윗의 분명한 명령을 거역하고 그를 찔러 죽인다. 아들의 죽음 소식이 전해지자 다윗은 큰 슬픔에 북받쳐 종일 음식을 거부한다. 요압은 결국 다윗에게 용병군을 열병하게 하고, 왕국 내의 갈등을 없애는 데는 압살롬의 죽음이 최상의 해결책이었다고 다윗은 설득시키는 데 성공한다. 어쨌든 다윗은 예루살렘으로 돌아갈 준비를 하였다(삼하 19). 그는 유다 사람들과 함께 환궁하게 되는데 이는 유다만 일방적으로 총애함으로써 북이스라엘 사람들에게 군합국을 해체하고 떠날 때는 반드시 징벌이 따름을 보여주려는 의도에서였을 것이다. 다윗 또한 아무런 손실 없이 이러한 왕국의 위기에서 빠져나온 것은 아니라는 사실이 이제 드러난다. 새로운 반란이 일어난 것이다(삼하 20). 베냐민 지파의 세바가 다윗과 결별을 선언하고 나섰다. 세바는 참패한 북이스라엘의 군대를 자기편으로 끌어들이고 해산하는 데 성공했다.

> 마침 거기에 불량배 하나가 있으니 그의 이름은 세바인데 베냐민 사람 비그리의 아들이었더라 그가 나팔을 불며 이르되 우리는 다윗과 나눌 분깃이 없으며 이새의 아들에게서 받을 유산이 우리에게 없도다 이스라엘아 각각 장막으로 돌아가라 하매(삼하 20:1).

이 반란을 진압하기 위하여 다윗은 다시 용병과 유다의 군대를 동원해야 했다. 북쪽 고지의 아벨 벳마아가(텔 아빌 엘 캄흐)로 도망간 세바를 잡아 죽인 것은 또다시 요압이었다. 이 사건은 근본적으로 압살롬의 반란보다 훨씬 더 위험한 것이었다. 이 사건은 북이스라엘이 왕조 사상에 호의적이지 않음을 보여주었다. 군대를 사용함으로써 다윗은 자신이 이스라엘의 왕이 되는 데 토대가 되었던 북쪽의 정치적 의지가 무시되는 상황을 감수해야만 했다. 다윗은 이때부터 더 이상 이스라엘의 왕이 아니라 독재자로 통치하였다.

왕위 계승 비극의 셋째 막은 예루살렘에서만 상연된다(왕상 1-2). 다윗은 그 사이 늙고 노쇠하여서 밤에 혼자서 침대에서 따뜻하게 잘 수 없게 되었다. 그래서 옛 가나안 도시이자 하부 갈릴리 남쪽 변두리인 수넴에서 아비삭이라는 아름다운 젊은 여인을 데려다 왕을 돌보는 자로[50] 삼는다.

다윗은 여전히 후계자 문제에 대해 침묵하였다. 그러자 헤브론에서 태어난 왕자요, 서열 네 번째인 아도니야가 자신을 왕위후계자로 여긴다. 그는 다름 아닌 중량감 있는 다윗의 군대장관 요압과 놉 출신의 제사장 아비아달로부터, 즉 왕국의 영향력 있는 두 명의 보수적 장관으로부터 지지를 받았다. 그러나 아도니야의 자칭 후계 선언은 왕궁에서 나온 기대치 않은 저항에 부딪힌다. 추측하건대 과거 여부스 제사장인 사독과 궁정예언자 나단[51]과 용병대장 브나야후의 지휘 아래 반대당이 형성되었을 것이다. 이 당은 지금까지 전혀 논의의 대상이 되지 않은 다윗의 아들을 선호하였으니 바로 다윗이 암몬 전쟁에서 의도적으로 죽음에 이르게 한(삼하 11–12), 예루살렘 출신의 가나안 귀족 우리야의 아름다운 아내 밧세바와의 부적절한 관계에서 태어난 다윗의 아들 솔로몬이다.[52] 솔로몬을 왕의 후계자 후보로 삼게 된 이유를 간파하기에는 어렵다. 쇠약할 때 다윗이 밧세바에게 확약하였던 것일까? 그녀는 나중에 어쨌든 이 점을 인용한다(왕상 1:17). 아니면 솔로몬의 지지자들이 헤브론 출신의 다윗 아들들에게는 충분한 자격이 없다고 생각한 것이었을까? 어쨌든 솔로몬은 "황태자"(πορφυρογέννητος)[53]였다. 그는 다윗이 이미 대제국의 통치자가 되어있을 때 세상에 태어났다. 더욱이 그는 어머니 쪽이 예루살렘의 여부스 성읍의 귀족층 출신이었으며 이들은 사독과 나단과 브나야후의 편에 있었을 것이다. 우리는 정확한 것을 알지 못하며 추측만으로 만족해야 한다. 그러나 분명한 것은 다윗이 이 사태

---

[50] Cf. M. J. Mulder, Versuch der Deutung von *sokènèt* in 1.Kön I,2. 4. VT 22 (1972) 43-54.

[51] Cf. G. H. Jones, The Nathan Narratives. JSOT, Suppl. Ser. 80 (1990).

[52] Cf. H.-J. Stoebe, David und Uria. Überlegungen zur Überlieferung von 2 Sam 11. Biblica 67 (1986) 388-396.

[53] [역주] 문자적으로 "자주색 방에서 태어난"의 의미로 아버지가 통치하는 동안에 황궁에서 태어난 황태자를 가리킨다.

를 제어할 고삐를 손에서 완전히 놓쳐버렸다는 것이다. 그는 단역 배우였으며, 긴장감 넘치는 궁중 음모에서 꼭두각시에 불과했다.

왕세자 아도니야가 예루살렘 가까이 로겔 샘(비르 에윱)에서 반대당을 초대하지 않은 채 제사를 드릴 때 일이 진행되기 시작했다. 그가 이 기회에 자신을 왕으로 선언하게 하고자 했는지 아니면 실제로 그렇게 선언했는지는 확실히 알 수 없다. 반대당은 어쨌든 그와 유사하게 추측하거나 주장했던 것 같다. 실제 일은 전혀 무해한 일이었다. 그러나 솔로몬 지지자들은 이를 필경 목적에 이를 기회로 보았을 것이다. 밧세바와 나단은 연이어 다윗에게 나아가 아도니야를 비난하며 솔로몬을 후계자로 선포하도록 왕을 움직이려 시도하였다. 그들은 압살롬이 했던 것처럼 늙은 통치자를 간단히 무시하지 않고 그의 도덕적 권위를 확보하였다. 다윗의 빛나는 이름이 그들의 권모술수에는 매우 유용한 것이었다. 실제 다윗은 끊임없는 후계 다툼에 지쳐서 솔로몬을 섭정과 후계자로 지명하게 된다. 다윗은 이제야, 너무 늦게, 아마도 자신이 무엇을 했는지도 정확히 알지 못한 채, 결정을 내린 것이다. 다윗은 솔로몬을 기혼 샘(엔 싯티 마르얌)에서 왕으로 기름 붓고 용병들에게 환호로 찬성하게 한다(왕상 1:38-40). 다윗은 곧 죽고 솔로몬이 결국 부왕을 이어 왕위에 오른다. 그는 곧바로 반대당 숙청에 착수한다. 그는 처음에는 형제 아도니야를 살려둔다. 그러나 다윗이 죽었기에 더 이상 할 일이 없게 된 수넴의 아비삭을 요구하자, 솔로몬은 이를 이용하여 잔인한 용병대장 브나야후로 하여금 아도니야를 제거하게 한다. 제사장 아비아달은 그의 땅이 있는 아나돗(아나타에 있는 라스 엘-하룹베 또는 바로 아나타[54])으로 추방되어 그곳에 연금된다. 마지막으로 다윗 왕국의 한 기둥이자 다윗의 초기, 모험의 날의 동반자인 군대장관인 늙은 요압은 성소도

---

[54] 이 위치의 문제에 대하여 Cf. S. Herrmann, BK XII, 1 (1986) 15-17.

피법을 경시하였다고 하여 브나야로 하여금 제단에서 죽이게 한다. 요압을 살해한 자는 희생자의 관직을 이어받는다. 군대와 용병을 더 이상 분리하여 일을 처리할 필요가 없다고 솔로몬은 생각했다. 이리하여 왕위를 둘러싼 승계 비극은 아버지의 왕국 전체를 넘겨받은 솔로몬의 승리로 끝난다. 그가 유산으로 넘겨받은 것을 보존하고 나아가 더 증대할 수 있는 적임자였는지는 다음 장에서 드러나게 될 것이다.

제4장 솔로몬의 통치

   다윗과 밧세바의 아들 솔로몬의 통치에 대해서는 열왕기상 3–11장이 보도한다. 이 장 전체 범위는 솔로몬의 통치를 전체적으로든 부분적으로든 요약한 당대의 서술이 아니어서 그 출처가 상이할 뿐 아니라 서로 다른 시대에서 유래하는, 일치하지 않는 자료들을 모아놓은 것이다. 그래서 분석하기가 특히 어렵다. 왜냐하면 열왕기상 3–11장 내에 솔로몬의 여러 모습이 구분할 수 없을 정도로 서로 혼재하기 때문이다. 즉 기원전 10세기의 역사적 솔로몬, 신명기 사가의 솔로몬, 그리고 포로기 이후 시대까지 내려가는 영향사의 이상적인 솔로몬이 있다. 학문적으로 역사적 솔로몬을 찾아내는 연구는 하나의 생산 과정과 같다. 신명기 사가의 영향사와 더 후대의 영향사가 솔로몬이라는 인물에 덧칠한 것을 제거하는 작업은 매우 고된 일이다. 이 작업은 문학적, 역사적, 신학적 관점이 서로 맞물려 있어서 서로 상충되기 때문에 그만큼 더 힘들어진다. 과거의 연구가 이러한 과제를 항상 제대로 수행했던 것은 아니다. 덧칠한 많은 것을 역사적인 것으로 간주했던 것이다. 특히 뷔르트봐인[1]은 분석적 작업에 있어 괄목할 만한 기여를 하였는데, 다음에 서술하는 내용이 그것이다.[2]

---

[1] E. Würthwein, Die Bücher der Könige. 1.Könige 1-16. ATD 11,1 (1977).

[2] 분석에 대하여 다음도 참고하라. B. Porten, Structure and Theme of the Solomon

솔로몬 이야기인 열왕기상 3–11장의 자료는 여러 단계에 걸쳐 신명기 전통에 입각하여 편집된 성전 건축(6:1–9:9)이라는 주요 부분을 중심으로 배열되고, 시작 부분과 끝부분에 솔로몬 시대의 처음과 끝에 관한 전승들이 배치되어 있다. 기브온 산당에서 꾼 솔로몬의 꿈 이야기(3:4-15)와 11장은 편집 구성의 산물로서 여기서 "지금까지 기술된 영광의 모든 빛에 약간의 그림자가 드리운다."[3] 자료는 바로 여러 유형으로 연대기 비슷한 기록, 목록, 일화, 이야기, 신명기 사가의 해석, 솔로몬의 큰 영광을 위한 해석 수단 등이다. 이들이 어디서 유래한 것인지 말하기는 어렵다. 열왕기상 11장 41절은 "솔로몬의 행적"[4]이라는 작품을 인용하고 있는데 과거에는 이것이 연감이 아니라면 왕의 공식 연대기(실록), 솔로몬 행정부의 정부일지를 묶어 편집한 것이라고 간주했다. 그러나 이것은 전혀 확실하지 않다. 마찬가지로 모든 솔로몬 자료의 신명기 사가 이전의 –이상적 덧칠의 첫 결과를 포함하여– 결합을 생각할 수 있다. 또는 다윗 시대에 전승된 작품들을 바탕으로 한 역사서일 수도 있다. 또한 열왕기상 3–11장에서 보도되는 자료들 가운데 무엇이 이 책에 있었는지 또는 없었는지 누구도 알 수 없다. 최종 형태의 이야기 전체는 어쨌든 솔로몬에 대한 신명기 사가의 기술과 혼동해서는 안 될 것이다. 대부분의 자료는 본래 역사서에 속하지 않았을 것이다.

Narrative. HUCA 38 (1967) 93-128; J. C. Trebolle Barrera, Salomón y Jeroboan. Historia de la recensión y redacción de I Reyes 2-12 (1980); C. Meyers, The Israelite Empire: In Defense of King Solomon. Michigan Quarterly Review 22 (1983) 412-428; V. Fritz, Salomo. MDOG 117 (1985) 47-67; K. I. Parker, Repetition as a Structuring Device in 1 Kings 1-11. JSOT 42 (1988) 19-28; idem, Solomon as a Philosopher King? The Nexus of Law and Wisdom in 1 Kings 1-11. JSOT 53 (1992) 75-91. P. Särkiö, Die Struktur der Salomogeschichte (1 Kön 1-11) und die Stellung der Weisheit in ihr. BN 83 (1996) 83-106.

3   J. Wellhausen, Die Composition des Hexateuchs (1963[4]) 272.

4   J. Liver, The Book of the Acts of Solomon. Biblica 48 (1967) 75-101.

그중에는 나머지 솔로몬의 상을 형성하는 데 중요한 역할을 하는 이야기들이 있다. 즉 솔로몬의 재판(3:16-28), 시바 여왕의 방문(10:1-13), 에돔의 왕자 하다드와 다마스쿠스의 르손(11:14-25)이다. 여기에 추가할 것으로 신명기 역사가는 흔히 후대의 이스라엘과 유다 왕들을 기술하는 방식으로 정형화하여 솔로몬을 기술하는 것이 어려웠다는 점이다. 왜냐하면 솔로몬의 초기 통치가 다윗의 왕위 계승후계자의 작품(왕상 1–2장)에서 이야기되고 있으며, 그 마지막은 "여로보암과 실로의 아히야" 예언자 이야기의 시작(왕상 11:26-40)과 맞물려 있기 때문이다. 어쨌든 신명기 사가의 종결 양식이 있다(11:41-43). 도입 양식으로는 신명기 사가의 평가인 2장 10-12절과 3장 3절을 들 수 있다.

앞 장을 마치면서 제기했던 질문을 재개해 보자. 솔로몬 시대에는 다윗의 대제국 확장에 대하여 전혀 언급되지 않는다. 솔로몬이 이룩했다는 군사적, 대외 정치적 성공에 대하여 한 마디도 들을 수 없다. 암울하고 피로물든 그의 즉위를 제외한다면(왕상 1–2장) 그는 가장 훌륭한 평화의 통치자로 칭해질 것이다. 그의 이름 솔로몬(히브리어 셸로모)은 "샬롬"(번영, 평화)이라는 요소를 담고 있다. 이는 마치 어떤 의도 아래에서 기획된 것처럼 들리는데, 실제로 이 이름은 솔로몬 왕이 통치를 시작하면서 취한 즉위명일 것이다.[5] 하여간 군사 행동은 필요하지 않았다. 먼저는 공격적인 대적이 없었기 때문이고, 또 이미 다윗이 대제국의 영토를 확장하는 것이 매우 타당한 이유로 그리 긴요하지 않다고 보았기 때문이다. 이제는 현상을 유지하고, 필요할 경우, 방어적 태세로 가는 것이 중요했다. 우리가 알 수 있는 한 솔로몬은 그렇게 하였으며, 그는 자기 계승자들이 겪었던 운명을 겪

---

[5] Cf. J. J. Stamm, Der Name des Königs Salomo. ThZ 16 (1960) 285-297. 여디디야 "야훼의 사랑하는 자"는 출생할 때 주어진 이름이었을 것이다(삼하 12: 24-25).

었다. 정지 상태는 대체로 후퇴를 의미한다.

솔로몬은 다윗이 이룩한 지위를 국내정치적으로나 문화적으로 확장하는 데 자기의 온 힘을 모았다. 그의 활동은 주로 왕국 제도를 안정시키고 예술과 학문을 장려하는 것이었고, 이로써 그는 왕실에 상당한 번영을 선사해 주었다. 당대 사람들이 왕실에 대해 놀라고 감탄했다. 이러한 경탄은 후대에 더욱 증가하였고 마침내 전설이 되었다. "솔로몬의 모든 영광"(마 6:29; 눅 12:27)이 천 년 후에도 속담이 되고 오늘날까지 남게 된 데에는 이유가 없는 것이 아니다. 그러나 역사가는 이를 있는 그대로 받아들이지 않고, 최상급적 표현을 어느 정도 완화하며, 오늘날 흔히 하듯이 "영광"이라는 단어를 너무 자주 언급하지 않는 게 좋을 것이다. 왜냐하면 우리가 소유한 신명기 이전의 보도 가운데 상당수가 이상적으로 덧칠해진 솔로몬 상을 보여주고 있기 때문이다. 이러한 경향은 신명기 사가, 그리고 신명기 사가 이후의 문학에서 매우 강하게 지속되었던 것이다. 역사적 솔로몬은 이상적 솔로몬과 쉽게 혼동될 수 있다.

어쨌든 믿을 만한 것도 있다. 솔로몬은 국제 관계를 맺고 유지하는 데 노력하였다. 그는 이것을 특히 하렘을 통해 실행하였다. 다시 말해 수천 년 후에 오스트리아의 합스부르크가가 유명하게 만든 유익하고 정치적인 원칙인 "전쟁은 다른 이에게 하게 하라 ―복된 이스라엘아, 너는 결혼하라!" 라는 원칙을 적용했던 것이다. 솔로몬의 하렘을 가장 아름답게 장식한 것은 이집트 공주였다(왕상 3:1; 7:8; 9:16,24; 11:1). 그러나 유감스럽게도 솔로몬의 장인인 파라오를 역사적으로 규명해내지는 못한다.[6] 훨씬 더 유감

---

[6] Cf. S. Horn, Who was Solomon's Egyptian Father in Law? Biblical Research 12 (1967) 3-17 (Psusennes II.); A. R. Green, Solomon and Siamun: A Synchronism between Dynastie Israel and the 21th Dynasty of Egypt. JBL 97 (1978) 353-367. 타니스 왕조의 파라오 시아문은 기원전 약 978-960년경으로 잡을 수 있다. J. A. Soggin, Einführung in die Geschichte Israels und Judas (1991) 70-71쪽은 매우 비판적이며

스러운 것은 파라오의 딸이 자기 남편에게 가나안의 도시인 게제르를 결혼 지참금으로 가져왔다는 것이다. 이 게제르에 대하여 열왕기상 9장 16절은 파라오가 정복하고 잿더미로 만들었다고 말한다. 제21왕조 때 이집트가 — 필리스티아인 또는 가나안인 또는 이 둘에 대항하여— 팔레스티나 해안 평야로 원정을 했다는 것은 여기 외에서는 듣지 못한다.[7] 그 밖에 신명기 사가 형태의 본문 열왕기상 11장 1-13절은 모압, 암몬, 에돔 출신의 여자들과 또 페니키아 여자들과 팔레스티나의 가나안 여자들을 언급하고 있다. 이것이 일반화된 신명기 전통 사가의 나열이 아닌지는 여전히 해결되지 않은 상태이다. 이것은 하렘에 이방 여인들이 전혀 살지 않았다는 것을 말하는 것이 아니다. 적어도 왕자 르호보암의 어머니는 암몬 여인이었다(왕상 14:21). 전체적으로 솔로몬은 후궁 700명과 첩 300명을 두었다고 한다 (11:3). 이 어림수는 거룩한 수인데, 그렇기 때문에 의심쩍다. 11장 7절은 솔로몬이 예루살렘 동쪽에 있는 감람산에 모압과 암몬의 국가 신을 위한 성소들을 세웠다고 보도한다. 이것은 수백 년간, 그 본래 목적과는 다르게 유지되었다(왕하 23:13). 신명기 사가는 이것을 기록의 위치와 열왕기상 11장 7절을 통해 이 성소들이 하렘의 이방 여인들을 위해, 그러니까 그들이 예루살렘에서도 고향의 제의를 수행할 수 있도록 하기 위한 것이었다고 해석한다. 독특하게도 11장 7절에는 비판이 전혀 담겨 있지 않다. 그래서 솔로몬의 우상 신전은 모압과 암몬 왕국의 신하들을 위해 세운 것으로 수도에서의 종교적 혼합주의에 대한 증거로 간주하는 것이 더 개연성이 있다.

그 전체를 오히려 "전설적인 각색"으로 가정한다.

[7] 솔로몬의 외교정치적인 능력을 여기서 일어난 것보다 훨씬 더 긍정적으로 평가하는 A. Malamat, Aspects of the Foreign Policies of David and Solomon. JNES 22 (1963) 8-17쪽에서 가능성이 설명된다. 다음도 참고하라. K. A. Kitchen, The Third Intermediate Period in Egypt (1100-650 B. C.) (1973) 특히 280-283.

신명기 사가의 해석이 비로소 이것을 솔로몬의 여인들과 결부시켰고 야훼를 배반한 이 왕에게 책임을 전가한 것이다(11:4-6).

페니키아 해안, 본질적으로 항구 도시 티로와의 특별한 관계는 특히나 강력하였다.[8] 이 관계는 도시 티로의 왕 히람과의 적법한 무역 협상이 이루어지게 하였고, 이에 따라 히람은 레바논의 나무들을 솔로몬에게 운송하고 그 대가로 자신의 왕궁에 필요한 산물을 받았다(5:15-26 신명기 사가의 것). 게다가 히람은 예루살렘 성전 건축을 위한 노동력을 공급하였고(5:32), 선박과 선원을 제공하여 솔로몬이 오피르와 타르시스로 무역선을 보내는 데 참여하였다(9:26-28; 10:11,22). 어떤 이유에서인지는 분명히 알 수 없지만 솔로몬은 하부 갈릴리 지역의 가불(카불)에 스무 개의 성읍을 히람에게 양도한다(9:10-14). —이것은 솔로몬의 대외 정책에서 칭찬할 만한 일이 결코 아닌데, 까닭은 솔로몬이 이 막강한 무역도시에 종속된 관계에 있었던 것으로 해석할 수 있기 때문이다.[9] 그러나 솔로몬의 무역은 훨씬 더 광범위했다. 10장 28-29절에 따라, 그다지 양호하게 보존되지 못한 이 본문을 이렇게 해석해도 된다면, 솔로몬은 소아시아의 쿠에에서 말을 수입하고 이집트에서 전차를 수입한다.[10] 이것은 왕의 무역 독점을 시사하는 것 같다. 또 솔로몬이 말과 마차로 이문이 많이 남는 중계 무역을 했다는 것도 배제할

[8] Cf. H. Y. Katzenstein, Hiram I. und das Königreich Israel. Beth-Miqra 11, 4 (1965/6) 28-61; Ch. Fensham, The Treaty between the Israelites and Tyrians. SVT 17 (1969) 71-87.

[9] Cf. H. Donner (위 320쪽, 각주 20). 그 밖에 J. K. Kuan, 3 Kingdoms 5.1 and Israelite-Tyrian Relations during the Reign of Solomon. JSOT 46 (1990) 31-46; Z. Gal, Khirbet Roš Zayit - Biblical Cabul. A Historical-Geographical Case. BA 53 (1990) 88-97.

[10] Cf. H. Tadmor, Que and Musri. IEJ 11 (1961) 143-150; idem, Assyria and the West: The Ninth Century and its Aftermath. Unity and Diversity (1975) 36-48; Y. Ikeda, Solomon's Trade in Horses and Chariots in its International Setting. Studies in the Period of David and Solomon and other Essays (1982) 215-238.

수 없다. 그는 아카바만의 북단에 있는 엘랏에 에지온게베르(제지렛 피라윤)이라는 항구를 건설하고,[11] 전설적인 도시 오피르에[12] 가기 위하여 페니키아의 도움을 받아 무역 함대를 건조했다(9:26-28; 10:11-12,22). 이 함대는 소위 "다시스 선박"으로 이루어져 있었는데 스페인 남쪽의 과달키비르[13] 강변의 페니키아 무역 식민지 타르테소스를 따서 부른 것이다.[14] 이 원양 무역이 가져온 부는 왕실의 곳간으로 들어가 왕실과 건축에 소비되었으며 백성에게는 전혀 유익하지 않았다. 이것이 솔로몬과 신하와의 관계를 돈독히 하고 개선하였다는 것은 그리 개연성이 없다. 부와 명성은 오직 왕 한 사람을 중심으로 한, 예루살렘 왕궁에 집중되었다. 다윗이 유다와 이스라엘 사람들과 가졌던 친숙함과 친밀함은 더 이상 솔로몬에게서는 언급되지 않는다.[15]

마지막으로 솔로몬의 국제 관계도 전설이 되었다. 열왕기상 10장 1-13절

---

[11] Cf. J. R. Bartlett, "Ezion-geber, which is near Elath on the Shore of the Red Sea" (I Kings 9,26). In Quest of the Past, (ed.) A. S. van der Woude. OTS 26 (1990) 1-16. 이 지역에서의 솔로몬의 금 채굴에 대한 이론에 관하여, 근본적인 비판에 대하여는 다음의 글을 참고하라. B. Rothenberg, Were there King Solomon's Mines? Excavations in the Timna Valley (1972).

[12] Cf. H. v. Wissmann, Ōphīr und Hawīla. PW Suppl. 12 (1970) 906-980. 그 밖에 R. Schreiden, Les entreprises navales du roi Salomon. AIPh 13 (1955) 587-590; G. Bunnens, Commerce et diplomatie phéniciennes au temps de Hiram Ier de Tyre. JESHO 19 (1976) 1-31; M. Görg, Ophir, Tarschisch und Atlantis. Einige Gedanken zur symbolischen Topographie. BN 15 (1981) 76-86; idem, Ophir und Punt. BN 82 (1996) 5-8.

[13] [역주] 이베리아반도에 있는 여섯 개의 큰 강 중 하나.

[14] Cf. K. Galling, Der Weg der Phöniker nach Tarsis in literarischer und archäologischer Sicht. ZDPV 88 (1972) 1-18. 140-181; M. Koch, Tarschisch und Hispanien. Historisch-geographische und namenkundliche Untersuchungen zur phönikischen Kolonisation der Iberischen Halbinsel. DAI, Madrider Forschungen 14 (1984).

[15] 이에 대하여 또 W. Thiel, Soziale Auswirkungen der Herrschaft Salomos. Charisma und Institution (1985) 297-314.

은 시바 여왕이 예루살렘 왕궁을 방문한 것과 분명 솔로몬이 —기사로 아닐지라도— 승리한, 저 기념비적 지혜 경합에 대하여 보도한다.[16] 이것을 가지고는 역사적인 것을 전혀 착수할 수 없다. 특히 남아라비아의 사바[17]에 대한 역사적으로 신뢰할 만한 증거는 9/8세기에서야 시작되었고 그곳에 여왕이 있었던 흔적은 없다. 그러나 티글라트필레세르 3세(745-727) 이후에 확인되는 북쪽의 원아라비아인 가운데 몇몇 여왕이 있었으며,[18] 이 가운데 한 여왕이 솔로몬을 방문하였고 그런 다음에 민간의 구전을 통하여 이 여왕이 다스리던 땅이 시간이 흐르면서 남아라비아의 사바와 점점 혼동되었을 것이다.[19] 실제로 나중에 남아라비아와의 무역이 이루어졌으며, 이것이 전설 형성에 날개를 달아주었을 것이다.

전승은 놀람을 금치 못하는, 범례적인 솔로몬의 지혜에 대해 보도한다. 솔로몬의 지혜는 방금 언급된 시바 여왕 방문 전설, 나아가 솔로몬에게 전용(轉用)된 "솔로몬 재판"(3:16-28)의 편력 전설,[20] 마지막으로 신명기 사가의 및 신명기 사가 이후의 손질을 거친 솔로몬이 기브온에서 꾼 꿈 이야기에서 중요한 역할을 한다(3:4-15). 후자는 "솔로몬의 지혜"를 주제로 하

---

[16] 성서 이후의 전설에 따르면, 솔로몬과 시바 여왕의 관계는 지혜를 서류 교류한 것 이상이었다고 한다. 이것은 얼마 전까지만 해도 에디오피아 황제의 가상 족보에서 중요하였다. 솔로몬과 시바 여왕 사이에서 나왔다고 하는 전설적인 왕조는 창립자 메넬릭 1세 이후로 "유다의 사자"라는 칭호를 사용한다.

[17] [역주] 오늘날의 예멘

[18] Cf. N. Abbott, Pre-Islamic Arab Queens. AJSL 58 (1941) 1-22; E. A. Knauf, Ismael (1989²) 4-5.

[19] Cf. E. Ullendorf, The Queen of Sheba. Bulletin of theJohn Rylands Library (Manchester) 45 (1962/3) 486-504; J. B. Pritchard, Solomon and Sheba (1974).

[20] Cf. H. Gressmann, Das salomonische Urteil. Deutsche Rundschau 130 (1907) 212-228; M. Noth, Die Bewährung von Salomos "göttlicher Weisheit" [1955]. GS II, 99-112; H. and M. Weippert, Zwei Frauen vor dem Königsgericht. Einzelfragen der Erzählung vom "Salomonischen Urteil". Door het oog van de profeten, Fs C. van Leeuwen (1989) 133-160.

는 가장 오래된 형태를 담고 있는 것으로 보인다. 즉 이 지혜는 통치자의 지혜인데, 이는 하나님께서 그가 왕으로 즉위할 때 요구한 것에 대한 응답으로 주신 것이다. 이 단편은 유다 왕의 의례식과 관련된 것으로[21] 소위 이집트의 왕의 소설 장르에서 영향을 받았을 개연성이 있다.[22] 여기서부터 솔로몬은 4장 29-34절(히. 5:9-14)에 등장하는 인물과 같은 범례적인 지혜자의 역할을 전승에서 취하였을 것이다. 분석하기 어려운 이 단락에 대해 알트는 매우 인상적인 해석을 하였다.[23] 4장 32절(히. 5:12)에서 솔로몬이 "잠언($m\bar{a}\check{s}\bar{a}l$) 삼천 가지와 노래($\check{s}\bar{\imath}r$) 천다섯 편", 즉 "레바논의 백향목으로부터 담에 나는 우슬초까지", 그뿐만 아니라 "짐승과 새와 기어다니는 것과 물고기에 대하여" 잠언과 노래를 만들었다고 하는데, 이는 고대 이스라엘의 지혜가 제공하는 기타 다른 정보와는 전혀 어울리지 않는다. 이것은 주로 일상생활을 영위하기 위한 실질적인 규칙을 전한다. 그러나 아마도 하늘과 땅, 자연과 인간세계의 현상들이 긴 명사 시리즈의 형태로, 말하자면 백과사전식으로 열거되는 이집트와 메소포타미아의 소위 오노마스틱(전문용어집) 문학작품[24]과 연관이 있을 수 있다. 솔로몬이 여기에 속하는 것일까? 그가 이러한 건조한 지혜 문학을 시적 노래와 잠언의 기초로 삼았고, 그리하여 소위 새로운 문학 장르를 창안한 것일까? 이것은 완전히 배제할 수는 없지만 결국 그다지 개연성이 있는 것은 아니다. 왜냐하면 비신명기

---

[21] G. v. Rad, Das judäische Königsritual [1947]. GS 205-213.

[22] Cf. S. Herrmann, Die Königsnovelle in Ägypten und Israel. Wiss. Zeitschr. d. Karl-Marx-Universität Leipzig 3 (1953/4), Gesellsch.- und sprachwiss. Reihe 1, 51-62; M. Görg, Gott-König-Reden in Israel und Ägypten. BWANT 105 (1975) 16-115. 달리는 E. Würthwein, ATD 11,1 (1977) 31-32.

[23] A. Alt, Die Weisheit Salomos [1951]. KS 2, 90-99.

[24] Cf. A. H. Gardiner, Ancient Egyptian Onomastica (1947); W. v. Soden, Leistung und Grenze der sumerischen und babylonischen Wissenschaft (1936). Nachdruck Wiss. Buchgesellschaft, Darmstadt (1965).

적 단편 4장 29-34절(히. 5:9-14)의 연대와 그 결합 구조에 대해 쉽사리 평가하기 어렵기 때문이다. 이것은 우리가 기대하는 것보다 구체적 정보를 더 적게 담고 있다. 아마도 31-33a절(히. 11-13a절)은 이미 이상화된 솔로몬의 특징에서 발췌된 것으로("솔로몬의 책"에서 11:41?), 후대의 편집자에 의해 비교할 수 없는 이상적 지혜라는 모습으로 확장되었을 것이다. 편집자는 다음과 같은 자료를 통해 후대 사람임을 드러낸다. 즉 창세기의 족장사를 전제하지만 그다지 적합하지 않은 "바닷가의 모래"(29절 [히. 9]절)와의 비교, "동쪽의 사람들"(30절 [히. 10절]; 욥기 1:3에서?), 그리고 제사장문서에서 전형적인 열거 방식을 상기시켜주는 동물 나열(33b[히. 13b]절)에서 말이다. 그렇다면 32[히. 12]절도 편집층에 속할 것이다.[25] 그렇다면 이는 잠언과 노래들이 솔로몬의 위작임을 뜻할 것이다. 즉 후대 사람들이 솔로몬에게 귀속시킨 문학 작품들(잠언, 아가, 전도서, 솔로몬의 지혜서, 솔로몬의 송가 등)임을 암시한다. 한마디로 말해 이것은 솔로몬의 지혜에 대해 역사적으로 신뢰할 만한 보도와 잘 어울리지 않는다.

예루살렘 왕궁이 이스라엘 "문학"의 못자리이자 배양지였다는 가정도 별반 다르지 않다. 어쩌면 우리는 –다윗의 즉위와 왕위 계승사– 초기 이스라엘 역사 서술이 왕궁에서 생겨났다고 생각할 수도 있다. 야훼문서의 모든 내러티브가 다 그런 것은 아니지만, 요셉 이야기(창 37, 39-50장) 역시 그렇게 생겨났다. 그러나 이에 대한 긍정적인 증거는 없으며, 언급된 모든 문학작품도 상당히 후대에 형성된 것으로 받아들여지고 있다. 그래서 우리는 매우 신중해야 하며, 폰라트가 말한 것과 같은[26] "솔로몬의 계몽"에 대해 더 이상 말해서는 안 된다. 솔로몬의 계몽이라는 이 인상적인 말이 바로

---

[25] E. Würthwein, ATD 11, 1 (1977) 48-51도 이와 같다.

[26] Cf. G. v. Rad, Theologie des AT 1 (1957) 56ff., 145, 423, 427.

그렇게 사용되고 있지 않은 경우는 제외하고, 왜냐하면 "계몽"이라는 개념
은 서양 정신사 안에서 자리를 차지하고 있는데, 이는 서양 정신을 자신의
기원에서 해방시키는 것, 즉 "인간이 자신의 잘못된 미성숙으로부터 벗어
나는 것"(I. 칸트)을 뜻하기 때문이다. 솔로몬 시대의 이성과 성숙은 18세기
의 유럽에서 의미하는 것과는 다른 것임은 두말할 것도 없다.

솔로몬은 재위 제4년에 시작하여 제11년에 완성한 "성전" 건축으로 그
명성을 얻는다. 신명기 사가는 놓치지 않고 고대의 성전 건축 연대기에 기
초하여 이에 대해 자세히 보도한다(왕상 6:1–9:9).[27] 왜냐하면 이는 기원전
622년 요시야 개혁 이후 이스라엘 전체의 유일하고 합법적인 야훼성소로
간주된 제의장소에 관한 것이기 때문이다. 솔로몬은 다윗이 존중한바 야훼
의 언약궤는 장막에 있어야 한다는 전통과 단절하고, 야훼의 언약궤를 두
기 위해 페니키아의 건축가와 건축장인들의 도움을 받아 페니키아-시리아
모형에 따라 대표적인 성전을 건축하였다.[28] 레바논의 네모나게 깎은 돌과
긴 나무로 이루어진 이 성전은 또한 새로 지어진 왕궁과 연결되어 있었다.[29]
이 왕궁은 예루살렘의 주거지가 아니라 오늘날 하람 에쉬-셰리프라 불리는
도성 북쪽의 거룩한 구역이 있는 지대에 건축되었다.[30] 솔로몬 성전에 대한

---

[27] 여전히 최고의 분석은 M. Noth, Könige. BK IX, 2/3 (1965/67)에 있다.

[28] 다음의 글은 솔로몬 이전의, 여부스족의 성소 건축과 완성에 대하여 생각한다. K.
Rupprecht, Der Tempel von Jerusalem. Gründung Salomos oder jebusitisches Erbe?
BZAW 144 (1976). 다음도 참고하라. C. Meyers, David as Temple Builder. In: P.
D. Miller – P. D. Hanson – S. D. McBride (ed.), Ancient Israelite Religion, Fs F.
M. Cross (1987) 357-376.

[29] Cf. D. Ussishkin, King Solomon's Palaces. BA 36 (1973) 78-105.

[30] 사무엘하 24:16-25의 이야기는 다윗이 "여부스인 아라우나 타작마당", 즉 후대의 성
전 자리를 매입했다고 주장한다. 이 이야기는 다윗 가문의 사적 재산이 성전 부지에
있다는 근거를 제시하는 기원론이다. 그러나 동시에 이 이야기는 일종의 반-기원론으
로서, 솔로몬 성전의 장소와 이전의 여부스족 성읍 신전과의 실제적인 연관성을 부인
한다. N. Wyatt, "Araunah the Jebusite" and the Throne of David. Studia Theologica

건축사적 세부 사항은 여기서 다루지 않을 것이며 나아가 이는 결코 전부 설명할 수 있는 것도 아니다.[31] 많은 논쟁에도 불구하고 오늘날 분명한 것으로 간주되는 것은 성전이 오늘날의 이슬람 황금돔(쿱벳 에츠-차흐라) 바위 자리에 있었다는 것이다. 언약궤가 있는 밀실(성소)이 거룩한 돌 위에 높이 솟아 있었다.[32] 이것은 뜰 <울람>, 성소 <헤칼>, 지성소 <데비르>가 있는 시리아의 장방형 형태의 신전이다.[33] '헤칼'은 창을 통해 양측 면의 위로부터 빛을 받는 반면, 언약궤는 작은 방에 완전한 어둠 속에 있다 (8:12-13). 여기서도 과장된 상상을 하지 않는 것이 좋다. 솔로몬 성전은 쾰른 성당이나 샤르트르 대성당 또는 웨스터민스터 사원과 같은 것이 아니라 매우 소박한 규모의 건축물이다. <헤칼>은 30×10×15m이며, 뜰은 10×5m로 대부분의 동네 교회보다 작고 또 고대 오리엔트의 수많은 성소보다도 훨씬 작았다. 솔로몬 성전 건축 이후 예루살렘에는 하나님과 왕이 좁은 공간에 나란히 거하게 되었다. 성전은 왕의 성소라는 성격을 지녔으며, 다윗의 소유였고, 소위 다윗 왕조의 "사적 예배당"이었다. 백성들이 여기에 관심을 갖게 되기까지는 어느 정도 시간이 걸렸을 것이다. 특히 어떤 개인도 지성소에 들어갈 수 없었으며 야훼의 언약궤는 단지 순례 행진에서만 볼 수 있었다(시 24). 우선 성전은 이스라엘에서 낯선 것이었다. 성전은 이

---

39 (1985) 39-53의 추측은 공상적이다.

[31] 긴 참고문헌 목록을 제시하는 대신, 비록 조금 자의적이라 할지라도 다음의 요약을 지시하는 것으로 충분할 것이다. Th. A. Busink, Der Tempel von Jerusalem von Salomo bis Herodes. l.Bd.: Der Tempel Salomos (1970); 그 밖에 V. Fritz, Der Tempel Salomos im Licht der neueren Forschung. MDOG 112 (1980) 53-68.

[32] 정확한 자리에 대한 논쟁에 대하여 E. Vogt, Vom Tempel zum Felsendom. Biblica 55 (1974) 23-64와 H. Donner, Der Felsen und der Tempel, ZDPV 93 (1977) 1-11의 상반되는 입장을 참고하라.

[33] Cf. A. Alt, Verbreitung und Herkunft des syrischen Tempeltypus [1939]. KS 2, 100-115; A. Kuschke, BRL², 333-342.

러한 독특한 형태를 예루살렘 성읍과 공유하였으며 그 왕국법적인 특별한 지위는 솔로몬 때에도 전혀 변하지 않았다. 솔로몬 성전 건축 이후 야훼는 왕처럼 유다와 이스라엘이라는 이원체제의 상부에 좌정하였다. 이것은 예루살렘 바깥의 성소들에서 행해지는 제의 행위는 전혀 해치지 않았지만,[34] 그곳에서 지켜지던 남쪽과 북쪽의 전통들에 제3의 전통에 속하는 이야기가 형성되는 것을 촉진하였다. 즉 야훼는 시온산의 왕이자 도성 예루살렘과 다윗 왕조의 수호자가 되었다. 예루살렘, 성전, 야훼 종교가 가진 매력은 시간이 흐르면서 점점 싹을 키우며, 북왕국이 정치적으로 멸망(722년)한 후에야 비로소 본격적으로 성장하였다. 기원전 622년 요시야 왕의 제의 개혁은 오랜 기간에 걸쳐 이루어진 이러한 발전 과정에다 쐐기돌을 박는 것이었다.

물론 어떤 면에서 솔로몬은 자기 왕국 백성의 도움을 포기할 수 없었다. 자신의 수많은 건축 계획[35], 즉 예루살렘의 성전과 왕궁, 제국의 요새 시설뿐만 아니라 채석장과 레바논의 벌목장에서도 노동력이 필요했다. 이미 다윗 때부터 –대규모는 아니지만– 역군을 모집할 필요가 있었다. 그러나 솔로몬 때에 역군 모집은 대대적인 규모로 확장된다. 이미 다윗의 두 번째 내각에서 익히 알려진 감독관 아도람 또는 아도니람이[36] 여기에 적지 않은 기여를 하였음에 분명하다. 세부적인 것은 열왕기상 5장 13-18[히. 27-32]절과 9장 15-23절 단락에서 알 수 있다. 이 두 단락은 역군에 관한 기록을 비체계적으로 결합한 것으로서 일부는 관청 기록에서 연원하고 일부는 신

---

[34] 논문집에 있는 훌륭한 개관: Temples and High Places in Biblical Times. Proceedings of the Colloquium in Honor of the Centennial of Hebrew Union College… 1977 (1981).

[35] Cf. Y. Aharoni, The Building Activities of David and Solomon. IEJ 24 (1974) 13-16.

[36] 위 328쪽을 보라.

명기 사가 이후의 추가(5:13-18[히. 27-32]절)이다. 5장 13-18절에 따르면 솔로몬은 성전 건축에 필요한 인력을 충당하기 위해 특별한 역군 제도를 개발하였다. 그러니까 3만 명의 역군이 각각 1만 명씩 교대로 한 달은 레바논에서, 두 달은 고향에서 노동해야 했다.[37] 이러한 교대 체제가 정비되어 있다는 인상을 주기는 하지만, 다른 한편 이와 같은 체제가 과연 실재했는지 의문이 든다. 어쨌든 솔로몬이 왕국이라는 기계의 나사를 꽉 조였고 신하들에게는 노동력을 공급하는 데 전력을 기울이도록 요구했다는 것이 맞을 것이다. 이때 솔로몬은 9장 20-22절이 그의 잘못이라고 하는 실수를 저지르게 된다. 즉 가나안 사람만 부역에 동원하고 이스라엘 사람은 동원하지 않았다는 것이다.[38] 경우에 따라서 솔로몬은 이스라엘 가운데 싸움에 나갈 만한 자들에게 군역을 요구하지 않았다는 점을 내세울 수 있었다.[39]

이러한 것으로부터 솔로몬 시대에는 국내 정치가 우선적이었음을 알 수 있다. 솔로몬의 관심은 국내 정치에 쏠렸고 그의 모든 역량 또한 이곳에 집중되었다. 그에 반해 대외정치적으로 솔로몬은 대제국들이 더 이상 공격적이지 않고 방어적인 자세를 취하게 될 경우 일반적으로 겪게 되는 것들을 경험하게 된다. 솔로몬은 자신이 통치하는 동안 다윗 제국이 그 변두리에서 점점 더 붕괴되어 가는 것을 막을 수도 없었고 한 번도 이를 막고자 시도하지도 않았다. 11장 23-25절에 따르면 솔로몬은 왕국 가운데 아람 지역 전체를 상실한다. 다윗의 옛 대적이었던 아람-소바(아람-초바)의 아다드

---

[37] 유사하게 Cf. Herodot II, 124.

[38] E. Würthwein, Ibid, 112-13은 9:20-22을 신명기 전통으로 간주한다. 이 정보는 5:27(마찬가지로 신명기 전통임)과 모순된다. 그러나 이스라엘인의 노역은 필수적이었던 것으로 보인다. 그들이 없다면 솔로몬의 죽음 이후 북 지파의 반응이 이해되지 않기 때문이다. 왕상 12:4,10-11 참고.

[39] 군역에 관한 참고문헌은 위 328쪽, 각주 38을 보라. 그 밖에 W. Dietrich, Das harte Joch (1 Kön 12,4). Fronarbeit in der Salomo-Überlieferung. BN 34 (1986) 7-16.

에셀(하닷에셀) 주변에 있던 르손이라는 사람이 독립하고 용병부대를 이용해 다마스쿠스에 대한 통치권을 획득했다. 르손은 이 도시를 독립한 아람 왕국의 중심 도시로 승격시키고 다윗 대제국의 연합체에서 분리해 나갔다. 그는 분명 다른 아람 지역에 대한 헤게모니를 장악하였을 것이다. 이로써 다윗이 관리하였던(삼하 8:9-10) 하맛과 같은 중부 시리아의 아람 왕국과의 특별한 관계가 사라졌다. 솔로몬은 이러한 관계를 그리 진지하게 돌보지 않았던 듯하다. 아람이 공격적이지 않았을 때는 더욱 관심을 기울이지 않았던 것 같다. 그러나 솔로몬이 죽자 마자 아람은 아시리아가 시리아-팔레스티나 지역에 최강 세력으로 등장하기까지 북이스라엘 왕국의 가장 위험하고 호전적인 대적으로 발전하게 된다.[40] 게다가 남동쪽에서도 들끓기 시작했다. 편집자(14절)가 솔로몬 역사에 느슨하게 붙여 넣은 에돔 전승인 11장 14-22절에 따르면, 하다드라는 에돔의 왕자가 다윗을 피해 이집트로 도망가 목숨을 건지고 그곳에서 정치적 망명 생활을 한다. 하다드는 이제 슬슬 움직이며 귀환할 준비를 하였다.[41] 귀환은 솔로몬 생전에는 이루어지지 않았던 것 같다.[42] 솔로몬은 아카바만으로 가는 길을 완전히 장악했다.

---

[40] Cf. M. F. Unger, Israel and the Aramaeans of Damascus. A Study in Archaeological Illumination of Bible History (1957, repr. 1980); G. Garbini, Israele e gli Aramei di Damasco. RiBi 3 (1958) 199ff.; B. Mazar, The Aramaean Empire and its Relations with Israel. BA 25 (1962) 97-120; W. Pitard, Ancient Damascus: A Historical Study of the Syrian City-State from the Earliest Times until its Fall to the Assyrians in 732 B. C. E. (1987); G. Reinhold, Die Beziehungen Altisraels zu den aramäischen Staaten in der israelitisch-jüdäischen Königszeit. EH XXIII, 368 (1989); A. R. Millard, Israelite and Aramaean History in the Light of Inscriptions. Tyndale Bulletin 41 (1990) 261-275.

[41] Cf. Weippert, Edom 295-306; J. R. Bartlett, An Adversary against Solomon, Hadad the Edomite. ZAW 88 (1976) 205-226.

[42] 오직 LXX[B]만 본문을 변경하는데, 25b절을 22절로 앞당긴다. 하다드가 에돔으로 돌아가게 된다. 이러한 처리는 불완전한 역사에 결말을 제공한다.

아니면 하다드가 에돔 왕국의 일부 지역만, 즉 세일 산지만 솔로몬에게서 독립하게 했다고 가정해야 할까? 아무튼 이 사건들은 솔로몬 제국이 대외 정치적으로 허약함을 드러내는 징후였다. 마지막으로 이 맥락에서 다시 한 번 상기해야 할 것은 솔로몬이 무역 대도시인 티로와 맺은 관계는 바로 예속되는 성격을 띠었다는 것이다. 티로의 성읍 영주인 히람은 솔로몬이 무역과 건축 사업에서 페니키아의 "노하우"에 의지하는(5:15-26 신명기 전통의 5:32; 9:26-28; 10:11,22) 상황을 이용했다. 심지어 솔로몬이 아코 평야의 한 지역을 합법적으로 히람에게 양도하기로 결정해야 할 정도였다 (9:11-14). 이에 대한 보도는 기원론적인 요소를 담고 있음이 틀림없는데, "카불 땅"이라는 이름이 설명되어야만 알 수 있다. 만약 문제의 지역에서 솔로몬의 통치가 전혀 논쟁의 여지가 없는 것이었다면, 솔로몬에 대해 그와 같은 것을 이야기할 수 있었을까? 게다가 아코 평야가 솔로몬이 다스리는 지방을 기록한 목록인 열왕기상 4장 7-19절에 나오지 않는다는 점도 지적되어야 한다. 카르멜산은 페니키아 영향권의 경계였던 것으로 보인다. 자세한 상황을 알기는 어렵다. 어쨌든 땅 전체를 양도하는 것은 솔로몬의 외교 정책의 실패였다.

어쨌든 팔레스티나는 완전히 솔로몬의 수중에 있었다. 유다, 이스라엘, 예루살렘 사이의 군합국은 대제국의 주변에서 일어나는 사건에 영향을 받지 않았다. 암몬과 모압에 대해서는 알려진 바가 없다. 그들은 솔로몬 시대에는 아직 독립을 쟁취하지 못한 것 같다. 당시 상황이 이와 같이 묘사되어 있으므로 우리는 솔로몬이 주로 "팔레스티나에서의 관계를 공고히 하는데" 모든 노력을 기울여야 했고 또 실제로 그렇게 했다고 추론할 수 있다.[43]

---

43 Cf. E. W. Heaton, Solomon's New Men: The Emergence of Ancient Israel as a National State (1974). 통치 구조에 대한 통사적 연구의 기본은 Grundsätzlich zur Herrschaftsstruktur mit historischen Längsschnitten H. M. Niemann, Herrschaft,

이에 대한 전승으로부터 잘 알려진 세부 사항은 다음과 같이 요약할 수 있다.

1. 솔로몬의 요새 건축 프로그램(9:15-18)은 솔로몬이 군사적 방어를 목적으로 팔레스티나의 전략 지역을 재편했음을 알려준다. 솔로몬은 다음과 같은 요새들을 건축하였다.

하조르(텔 왓카츠): 북쪽의 교통을 안전하게 하고 아람인을 방어하기 위함이다.[44]

메기도(텔 엘-무테셀림): 메기도 평원(골짜기)을 통과하는 연결 도로를 안전하게 하기 위함이다.[45]

게제르(텔 제제르)[46]와 벳 호론(벳 우르 에트-타흐타): 해안 평야에서부터 예루살렘으로 향하는 도로를 단계적으로 방어하기 위함이다.

남쪽에서는 바알랏(?)과 타마르[47](엔 하츠브)[48]: 에돔인과 남쪽 광야의 유목민 방어를 위함이다.[49] 전부는 아니지만 주로 옛 가나안 성읍의 요새와

Königtum und Staat. Skizzen zur soziokulturellen Entwicklung im monarchischen Israel. Forschungen zum AT 6 (1993).

[44] Cf. Y. Yadin, Hazor. The Head of All Those Kingdoms Oosh. 11:10) (1972) 특히 135-146쪽 (독일어: Hazor. Die Wiederentdeckung der Zitadelle König Salomos (1976).

[45] 새로운 발굴에 대하여 K. M. Kenyon, Archäologie im Hl. Land (1976^2) 305-06; Y. Yadin, Megiddo of the Kings of Israel. BA 33 (1970) 66-96; idem, Hazor 150-164.

[46] Cf. Y. Yadin, Solomon's City Wall and Gate at Gezer. IEJ 8 (1958) 80-86.

[47] [역주] 마소라 본문의 읽기형태이다. 개역개정역은 "다드몰"(타드모르)로 되어 있다.

[48] Cf. Y. Aharoni, IEJ 13 (1963) 30ff.

[49] 솔로몬의 요새 건축 프로그램이 9:15-18에 보도된 것을 상당히 넘어선다는 것을 배제할 수 없다. 가령 브엘세바와 미츠베 림몬 사이에는 철기 시대의 요새의 네트웍이 있고, 이 가운데 가장 오래된 것(I-III 형)은 10/9세기까지 이른다. Cf. R. Cohen, The Israelite Fortresses in the Negev Highlands. Qadmoniot 12 (1979) 38-50; idem, The Fortresses King Solomon Built to Protect his Southern Border. BAR 11, 3 (1985)

관련된 건축이었는데 솔로몬은 이미 존재하는 이 성읍의 요새 시설을 확장하고 강화해야 할 필요가 있었다.[50] 매우 교묘하게 산재된 방어 시스템은 어쨌든 간에 솔로몬이 자신의 위치를 어느 정도로 위태롭게 여겼는지, 또 어떤 잠재적 대적을 염두에 두었는지를 보여준다.

2. 군대 조직의 재편도 같은 맥락에 속한다. 솔로몬은 유다와 이스라엘의 군대 조직과 다윗이 창설한 용병 부대에다가 왕의 전차 부대를 추가하였다(5:6,8; 9:22; 10:26). 전차 부대를 솔로몬은 이미 일찍이 전차 기술을 지녔던 가나안 성읍의 고위층과 함께 소유했을 것이다. 이것은 결국 이스라엘에 있는 군대 조직에 있어 결코 무시할 수 없는 가나안 문화의 우월성을 의미했다. 솔로몬은 전차 부대만을 위한 시설을 설치하였는데, 소위 병거성과 마병성이 그것이다. 이 성들은 아마도 요새 건축 프로그램에 들어 있는 도시 안에 있었을 것이다(9:19).[51] 유다와 이스라엘의 군대는 점점 그 중요성을 상실했으며, 더 이상 징집되지 않고 단지 이론적인 전쟁 수단으로 간주되었다. 상비군은 솔로몬의 최소한의 군대의 필요성을 완전히 충족했다. 일반 장정들은 더 이상 필요하지 않았고, 그들의 군사적 기능이 축소됨으로써 솔로몬은 점점 정치적 입지를 상실했다. 솔로몬 왕국은 백성들로부터 유리되었다. 이 왕국은 소위 이스라엘과 유다의 남자들이라는 절연층으로 분리되었다. 이러한 변화가 이미 다윗의 후기에 나타나기 시작했고 솔로몬

56-70; G. J. Whightman, The Myth of Salomon. BASOR 278 (1990) 5-22.

[50] Cf. M. Gichon, The Defences of the Solomonic Kingdom. PEQ 95 (1963) 113-126.

[51] 메기도의 "솔로몬의 병거성"은 여기에 속하지 않는다. 이것은 마구간이 아니라 아합 시대로부터 유래했을 개연성이 높다. 다음을 참고하라. Y. Yadin, BA 23 (1960) 62-68; J. B. Pritchard, The Megiddo Stahles: A Reassessment. Near Eastern Archaeology (1970) 268-276. 군대 막사(병영)로 해석하는 것을 지지한다. V. Fritz, Bestimmung und Herkunft des Pfeilerhauses in Israel. ZDPV 93 (1977) 30-45.

때에 구체화되었다.

3. 솔로몬은 왕국을 행정상 체계적으로 세분화하는 데 신경 썼다. 이에 관해 우리는 역사적 가치가 높은 문서 보관소의 문서를 갖고 있는데 열두 관장 또는 이스라엘 왕국의 지방 목록이다(4:7-19).[52] 다음의 열두 행정 구역이 언급된다.

1) 에브라임 산지, 즉 에브라임과 므낫세 지파의 영토이다.

2) 구릉지에 있는 다섯 개의 도시로 마가스, 사알빔, 벳세메스(엔 쉠스에 있는 에르-루멜레), 아얄론(얄로), 벳하난인데, 이 중 확인할 수 있는 지역들은 가나안 남쪽의 미정복 횡목 지역이다.

3) 북쪽 구릉지에 있는 세 개의 성읍으로 아룹봇, 소고(에쉬-슈웨케), 헤벨.

4) 도르의 구릉지, 즉 도르(에트-탄투라의 엘-부르즈)에서 동쪽으로 연접해 있다.

5) 이스르엘 평원과 벳 스안 오지에 있는 세 개의 성읍으로 벳 스안(베산의 텔 엘-회츤), 타아나크(텔 타안네크), 메기도(텔 엘-무테셀림), 그러니까 가나안 북쪽의 미정복 횡목 지역이다.

---

[52] 근본적인 것에 대해 다음을 참고하라. A. Alt, Israels Gaue unter Salomo [1913]. KS 2, 76-89. 그 밖에 세부적인 것과 전체적인 해석에서 벗어나는 것으로 W. F. Albright, The Administrative Divisions of Israel and Judah. JPOS 5 (1925) 17-54; F. M. Cross-G. E. Wright, The Boundary and Province List of Judah. JBL 75 (1956) 202-226; G. E. Wright, The Provinces of Solomon. Eretz-Israel 8 (1967) 58-68; F. Pintore, I dodici intendenti di Salomone. RSO 45 (1970) 177-207; Y. Aharoni, The Solomonic Districts. Tel Aviv 3 (1976) 5-15; H. N. Rösel, Zu den "Gauen" Salomos. ZDPV 100 (1984) 84-90; V. Fritz, Die Verwaltungsgebiete Salomos nach 1 Kön. 4,7-19. ÄAT 30 (1995) 19-26. 매우 비판적인 연구는 P. S. Ash, Solomon's? District? List. JSOT 67 (1995) 67-86이다.

6) 길르앗 라못(텔 에르-라미트 또는 에르-람타?).

7) 마하나임(텔 헷자즈).

8) 납달리.

9) 아셀.

10) 잇사갈.

11) 베냐민.

12) 길르앗, 이는 칠십인역(LXX[BL])에 따르면 가드이다.

이 목록에 (아마도 납달리 옆의) 단과 (아마도 아셀 옆의) 스불론, 해안 평야의 남쪽 부분(팔레스티나), 아코 오지(페니키아)와 특히 유다가 빠져 있다. 이로 볼 때 오직 북이스라엘 왕국만 이 지방 목록의 대상이었다고 해석할 수 있다. 유다가 우연히 전승에서 빠졌는지, 아니면 어떤 실제적 이유에서 빠졌는지는 해결되지 않은 채로 남아 있다. 이러한 분류는 이미 다윗에 의해 만들어진 북왕국 지역의 영토 상황을 분명하게 알려준다. 이스라엘 지파의 구역과 가나안 성읍 구역이 동등한 권한으로 나란히 열거되어 있다. 왕국의 이 두 요소는 섞이지 않았다. 솔로몬은 별 문제가 없는 한 이 두 구역을 행정 기술상 분리하여 취급하였다. 각 구역의 정상에는 <닛차브> *niṣṣāb*, 즉 "행정 구역의 장, 총독, 지방관장"이 있었다. 적어도 이 열두 관장 가운데 다섯 명은 "이름 없는 사람"으로 왕을 섬기는 일을 세습했으며, 가나안 출신으로 추측된다.[53] 이와 같이 구역을 분할함으로써 솔로몬은 세금 징수를 원활히 하고자 하였다. 즉 4장 7절에 강조하여 언급된, 매년 매월 예루살렘 왕실에 농산물을 조달하게 하기 위함이었다.[54] 솔

---

[53] 위 330-331쪽을 보라.

[54] Cf. D. B. Redford, Studies in Relations between Palestine and Egypt during the 1st Millennium B. C.: I. The Taxation System of Solomon. Studies on the Ancient

로몬은 세금을 비축하기 위해 "국고성"을 건축하게 하였다(9:19). 솔로몬 왕실에서 필요로 하는 농산물은 틀림없이 상당하였을 것이다. 지방 관장 목록에 있는 후대의 부록 가운데 나오는 숫자가 믿을 수 없을 만큼 큰 것이라 하더라도 말이다(5:2-3). 이것은 "지극히 영광스러운 솔로몬"이라는 주제를 부각하기 위함이다. 유다가 행정 구역 목록에 빠진 것이 솔로몬이 유다 남쪽 지역을 세금 징수 체제에서 제외한 것과 관련 있다고 한다면, 그것은 매우 심각한 결과를 초래한 국내 정치적 실책이었을 것이다. 만일 그렇다면 우리는 왜 북쪽 지방에서 불만이 점점 커져 갔고 이 불만이 왜 솔로몬 사후에 곧바로 폭발해 버렸는지를 더 잘 이해할 수 있을 것이다.

4. 솔로몬 통치 당대에 속하는 관리 명단도 있다(4:2-6). 이것은 다윗 시대의 두 개의 목록(삼하 8:16-18; 20:23-26)[55]과 비교할 때 체계가 확장되고 복잡해져 행정상의 우두머리들이 무시할 수 없을 정도로 달라졌음을 보여준다. 그 가운데 이미 다윗 시대에 세워진 관청 또한 여전히 존재한다.

1) 코헨(*kōhēn*) "제사장": 사독의 아들 아사리아(아사랴후)가 차지한다.[56] 제의 부문은 예루살렘 제사장단의 대표에 의해서만 수행되어야 한다. 이미 늙은 사독은 죽었거나 은퇴했을 것이다. 솔로몬은 야훼 제사장단 내부의 다양한 흐름과 관심을 고려해야 할 이유를 전혀 찾지 못했다.

2) 소페르(*sōfēr*) "서기관, 수상" (개역개정역: 서기관): 다윗의 수상인 세

Palestinian World, Fs Winnett (1972) 141-156.

[55] 위 325-328쪽을 보라.

[56] 4b절에서 "사독과 아비아달, 제사장"은 사무엘하 8:17과 20:25에서 나온 추가된 것으로 삭제되어야 한다. 5b절에서도 단어 *kōhēn* <코헨>은 추가된 것이다. 칠십인역을 참고하라.

라야/쉐야와 동일 인물로 보이는 시사의 아들 엘리호렙과 아히야 형제가 차지하였다. 두 사람이 임명된 것은 솔로몬 때에 민간 행정 업무가 증가했음을 보여준다. 관청 서류를 주고받는 일이 더 증가했다.

3) 마즈키르(*mazkīr*) "비서실장" (개역개정역: 사관): 여전히 다윗의 두 각료단에서 직무를 수행했던 여호사밧이 임명되었다.

4) 알-핫찻바(*'al-haṣṣābā*) "군대장관" (개역개정역: 군사령관): 요압이 살해된 이후에 용병대장 브나야가 차지하였다. 그는 본래 유다와 이스라엘의 군대와는 아무런 관계가 없었다. 솔로몬은 더 이상 두 군대를 서로 분리하여 운용하지 않는다. 그 결과 당연히 알학크레티 베핫펠레티(*'al-hakkᵉrētī wᵉhappelētī*) 용병대장 직책이 폐지된다.

5) 알-함마스(*'al-hammas*) "감역관" (개역개정역: 노동 감독관): 다윗의 두 번째 내각에서 잘 알려진 아도니람이 맡는다.

신설된 것으로는,

6) 알-핫니찻빔(*'al-hanniṣṣābīm*) "지방 위에 있는 자" (개역개정역: 지방 관장): 지방 행정의 수장으로 나단의 아들(예언자 나단의 아들?) 아사리아라는 이름을 가진 사람이 맡았다. 이 관직을 신설함으로써 솔로몬은 지방 행정을 신설함으로써 일어날 수 있는 국가 권력의 탈중심화 위험을 막고자 하였다.

7) 알-핫바이트(*'al-habbyit*) "집을 다스리는 자" (개역개정역: 궁내대신): 왕궁과 왕궁 구역 장관, 왕가 재산을 관리하는 궁내대신으로 아히살이 맡았다.[57] 솔로몬 시대의 왕가 재산에 대해서 우리는 알지 못한다. 그러나 왕

---

[57] Cf. M. Noth, Das Krongut der israelitischen Könige und seine Verwaltung (1927). ABLAK 1, 159-182.

가 재산이 증가했다고 가정할 수 있다. 그렇지 않다면 독립된 장관은 필요하지 않았을 것이다.[58]

8) 레에 함멜렉(*rē'ẹ hammelek*) "왕의 벗": 나단의 아들(예언자 나단의 아들?) 사붓이 맡는다. "왕의 친구"는 내각에서 조언자의 기능, 그러니까 특별한 직무를 띠지 않은 장관, 즉 특보였던 것으로 보인다.

신설된 관직에도 법무장관 또는 상급 재판관은 여전히 빠져 있다. 솔로몬은 자기 아버지와 마찬가지로 지방 공동체에 의해 규정된 재판권은 별로 변경하지 않았다. 솔로몬의 재판 이야기는 반증이 아니다(3:16-28). 왜냐하면 그것은 솔로몬의 지혜를 과시하기 위해 솔로몬에게 전용(轉用)된, 다른 나라에서도 흔히 애용되는 편력 전설이기 때문이다. 이것이 솔로몬 전승으로 삽입된 것이 신명기 사가 이후의 일이라면,[59] 이로부터 실제로 법적 기능을 했을 가능성을 추론해 낼 수 없다. 그에 반해 이전에 삽입되었다면, 솔로몬이 가나안 성읍 왕의 뒤를 잇는 예루살렘의 왕으로서 재판할 수 있는 권한을 가졌다고 생각할 수 있다.

그 특성상 솔로몬이라는 인물과 그의 생애를 알 수 있는 자료로부터 솔로몬과 그의 시대에 대한 포괄적인 역사상을 얻어낼 수 없다. 이는 솔로몬이라는 인물의 영향사가 일찍이 구약성서 전반에 걸칠 뿐만 아니라 열왕기상 3–11장 전체(이야기) 안에서도 벌써 시작된다는 것과 관계 있다. 그것은 두 가지 방향으로 진행되었는데, 한편에서는 근본적으로 그의 영광, 지혜, 성전 건축이라는 관점에 입각하여 급격히 빨라지는 솔로몬 이상화로 나아

---

[58] 더 후대 시기에 대하여 다음을 참고하라. 왕상 16:9; 18:3; 왕하 15:5; 18:18; 19:2; 사 22:15; 36:3; KAI 191.

[59] E. Würthwein, Ibid, 36-38도 이와 같다. 다음도 참고하라. S. Lasine, The Riddle of Solomon's Judgement. JSOT 45 (1989) 61-86.

갔으며, 다른 한편에서는 이스라엘 역사가 신명기 전통의 개념으로 진전해 들어가게 되었다. 신명기의 빛 아래에서 솔로몬은 한편으로는 대성전 건축가로, 달리 표현하자면 신명기 12장의 제의중앙화 요구를 처음으로 이룬 한 사람으로 나타난다. 다른 한편으로는 우상숭배자로 나타난다. 그럼에도 불구하고 사무엘하 7장의 변치 않는 약속은 그에게 머물러 있다. 역사적 솔로몬의 상을 영향사로부터 분리하고자 하는 시도는 어려운 일이다. 세부 사항은 여전히 확실하지 않음에도 이 시도는 적어도 솔로몬은 자신의 실제 인물보다 그 이상의 인물이 되었다는 통찰을 제공해준다. 솔로몬 왕에 대하여 우리는 기원전 10세기의 역사적 인물과 시대적 연관이 없는 영향사의 인물이라는 둘로 분리할 수 없는 인물을 가지고 있다고 할 수 있다. "여기에 솔로몬보다 더한 이가 있다"(마 12:42; 눅 11:31)라고 말할 때는 당연히 전자의 솔로몬이 아니라 단지 후자만을 의미하는 것이다.

부록: 국가 수립 시기의 연대 책정

연대기는 역사가들의 눈이다(Eduard Meyer). 반박할 수 없을 정도로 옳은 이 말은 역사적으로 신뢰할 만한 연대기를 입수할 수 있다는 전제가 가능한 곳에서만 온전한 가치를 갖는다. 유감스럽게도 고대 이스라엘은 그렇지 않다. 왕국 이전 이스라엘 지파 역사의 연대기는 존재하지 않으며, 개략적인 것도 전혀 없다. 왕국 수립 시기의 연대기는 아직도 유동적이며 확실하지 않다. 어쨌든 왕국 수립으로 이스라엘 왕의 (통치) 햇수가 도입되었으며, 이에 대한 것으로 상대적 연대기를 사용하는 신명기 사가의 체계가 있는데, 이것은 허구가 아니라 전승에 기초하고 있다. 이 체계는 즉위 연대, 통치 연한과 동시대의 사건에 대한 기록으로 작동한다. 가령 솔로몬의 네 번째 후계자인 유다 왕국의 여호사밧 왕의 경우를 보면 다음과 같다.

이스라엘의 아합 왕 제사년에 아사의 아들 여호사밧이 유다의 왕이 되니 여호사밧이 왕이 될 때에 나이가 삼십오 세라 예루살렘에서 이십오 년 동안 다스리니라 ... [그 후] 여호사밧이 그의 조상들과 함께 자매 그의 조상 다윗 성에 그의 조상들과 함께 장사되고 그의 아들 여호람이 그를 대신하여 왕이 되니라. (왕상 22:41,42a,50).

이런 형태의 정보는 자세한 연대를 확정할 수 있는 기회를 제공해준다. 그러니까 기원전 853년과 722년 사이 천문학적으로 확실한[60] 아시리아 왕들의 연대기를 통해 상대적 연대를 절대 연대라는 기독교적 시간 계산으로 옮겨놓을 수 있기 때문이다. 그러나 이제 이스라엘 연대에 관한 대표적인 네 편의 연구에서 여호사밧의 통치 시기를 찾는다면 다음의 숫자가 나온다. 베그리히에 따르면[61] 872/1년 가을에서 852/1 가을까지 (868/7-851/1년)이고, 옙센에 따르면[62] 868-847년이며, 틸레에 따르면[63] 870/69(873/2)-848년, 앤더슨을 따르면[64] 874/3-850/49년이다. 이러한 차이들이 어떻게 나오게 된 것일까?

이 차이들은 네 가지 난점에 그 대체적인 원인이 있다.

1. 열왕기서의 상대 연대 체계가 그 차제로 통일된 것이 아니다. 최종적으로 펴내기 이전에 수많은 -베그리히에 따르면 다섯 개의!- 신명기 전통의(dtr) 체계가 있었다. 최종 편집자는 이를 일치시키거나 조정하지 않았다. 이전 체계

---

[60] M. Kudleck – E. H. Michler, Solar and Lunar Eclipses of the Ancient Near East from 3000 B.C. to O with Maps, AOAT (S) 1 (1971).

[61] J. Begrich, Die Chronologie der Könige von Israel und Juda, Beiträge zur historischen Theologie 3 (1929).

[62] A. Jepsen – R. Hanhart, Untersuchungen zur israelitisch-jüdischen Chronologie. BZAW 88 (1964); 보완된 것으로 A. Jepsen, Noch einmal zur israelisch-jüdischen Chronologie, VT 18 (1968) 31-46; idem, Ein neuer Fixpunkt für die Chronologie der israelitischen Könige?, VT 20 (1970) 359-361.

[63] E. R. Thiele, The Mysterious Numbers of the Hebrew Kings (1965^2); 보완된 것으로 다음을 참고하라. idem, The Synchronisms of the Hebrew Kings – a Re-Evaluation. AUSS 1 (1963) 121-138; 2 (1964) 120-136.

[64] K. T. Andersen, Die Chronologie der Könige von Israel und Juda. Studia Theologica 23 (1969) 69-114; 보완된 것으로 다음을 참고하라. idem, Noch einmal: Die Chronologie der Könige von Israel und Juda, SJOT 2 (1989) 1-45.

는 모두 오류와 불확실을 담고 있으며, 알아내기도 가려내기도 어렵고 많은 경우 가망이 없다. 잘못된 자료들은 과거로 돌아가면 그 수가 더 많아진다.

2. 섭정과 서로 경쟁하는 왕국이 비교적 적은 경우 신명기 사가의 상대 연대는 상당히 뒤섞여 있고 연대 순서에 불확실한 요소가 더 추가된다.[65] 결코 유일한 경우는 아니지만 가장 잘 알려진 경우는 요담이 피부병에 걸린 아버지 아사랴/웃시야와 공동 통치한 것(왕하 15:1-2,5,7,32-33,38)과 이스라엘 디브니와 오므리의 경쟁 왕국이다(왕상 16:21-22,23,28).

3. 고대 오리엔트 왕국의 관리들은 부분적으로는 전 연대법을, 부분적으로는 후 연대법을 사용했다. 전 연대법은 신년에서 사망일까지의 시기를 이전 왕의 마지막 완전한 통치 연도로 계산하고 즉위에서 신년까지의 시기를 새로 즉위한 왕의 첫 완전한 통치 연도로 계산한다. 적어도 부분적으로 이집트에서는 이렇게 하였다. 후 연대법의 경우 후계자의 원년은 왕위 즉위 후의 신년(설날)에서부터 센다. 그 사이의 기간은 고려하지 않는다. 이것은 바빌로니아의 연대 관행이었다. 이스라엘과 유다가 어떻게 했는지에 대해 우리는 알지 못한다. 베그리히는 왕국 초기와 중기에 약 722/1년까지는 전 연대법을 사용하고, 그 이후에는 후 연대법을 사용하였다고 생각한다. 엡셴은 전 연대법에서 후 연대법으로의 교체가 팔레스티나의 두 왕국이 아시리아의 봉신국이 된 이후에 생겼다고 가정한다. 그러니까 이스라엘은 브가히야 때에, 유다에서는 히스기야 때가 된다. 앤더슨은 왕정 시대 전체에 걸쳐 지속적으로 전 연대법을 사용했다는 가정에서 출발한다.

4. 마지막으로 한 해의 시작 날짜의 문제를 들 수 있다. 고대 팔레스티나의 농경력은 가을에 시작하였으며 바빌론-아시리아의 한 해는 봄에서 출발했다.

---

[65] Cf. E. R. Thiele, "Coregencies and Overlapping Reigns among the Hebrew Kings", JBL 93 (1974) 174-200. 이에 대하여 또한 L. McFall, Same Missing Coregencies in Thiele's Chronology. AUSS 30 (1992) 35-58.

베그리히에 따르면 한 달력에서 다른 달력으로의 교체는 유다 왕 요시야 시대에, 엡센에 따르면 3번에서 말한 바와 같이 620년 이전에 이루어졌다. 반면에 앤더슨은 왕정 시기 전체에 걸쳐 농경력을 적용하였다.[66] 상황이 이러하므로 유다와 이스라엘 왕의 정확한 절대 연대를 제시할 수 없다. 앤더슨의 단순화는 유감스럽게도 별로 개연성이 없기 때문에 이제부터 베그리히의 연대를 수용하여 이를 검토하고 개선한 엡센의 연대를 기초로 할 것이다.[67]

상대 연대 체계에서 가장 오래된 연대는 이스라엘 여로보암 1세와 유다의 르호보암의 즉위 연대이다. 당연히 위에서 기술한 차이들이 여기에도 해당한다. 또 다른 어려움이 추가된다. 베그리히는 전 연대법이 철저히 하나의 동일한 기본방정식을 기반으로 한다는 것을 설득력 있게 제시하였다. 즉 르호보암의 첫해 = 여로보암 1세의 제2년이다. 이 동일화는 여로보암의 통치 기간이, 수포로 돌아갔지만 그의 첫 왕위 계승 시도가 있었던 해부터, 즉 솔로몬 재위 마지막 전전년 또는 전년부터 (왕상 11:26-40) 계산되었다는 것에서 성립한다. 우리가 이 동일시를 고려하느냐, 아니면 열왕기상 12장 2-19절의 사건이 있었던 해의 여로보암의 통치를 르호보암의 통치와 동시에 시작하게 하느냐에

---

[66] E. Auerbach, "Der Wechsel des Jahres-Anfangs in Juda im Lichte der neugefundenen Babylonischen Chronik", VT 9 (1959) 113-121.

[67] 간추린 참고문헌: D. N. Freedman, The Chronology of Israel and the Ancient Near East. The Bible and the Ancient Near East, FS W. F. Albright (1961) 203-228; A. L Otero, Chronologia e Historia de los Reinos Hebreos (1028-587 a. C.) (1964); J. Finegan, Handbook of Biblical Chronology (1964); V. Pavlovskf - E.Vogt, Die Jahre der Könige von Juda und Israel. Biblica 45 (1964) 321-343; J. M. Miller, Another Look at the Chronology of the Early Divided Monarchy. JBL 86 (1967) 276-288; K. Matthiae und W. Thiel, Biblische Zeittafeln (1985); A. Laatto, New Viewpoints on the Chronology of the Kings of Judah and Israel. ZAW 98 (1986) 210-221; D. Henige, Comparative Chronology and the Ancient Near East: A Case of Symbiosis. BASOR 261 (1986) 57-68; P. J. James, Syro-Palestine: Conflicting Chronologies. Studies in Ancient Chronology I (1987) 58-67; J. H. Hayes – P. K. Hooker, A New Chronology for the Kings of Israel and Judah and its Implications for Biblical History and Literature (1988); J. Hughes, Secrets of the Times. Myth and History in Biblical Chronology. JSOT, Suppl. Ser. 66 (1990); W. H. Barnes, Studies in the Chronology of the Divided Monarchy of Israel. HSM 48 (1991).

따라 또다시 1~2년의 차이가 나온다. 현재와 같은 상황에서는 상이한 연대 책정을 고려하는 것 외에 달리 할 수 있는 게 없다.

	여로보암 1세	르호보암
베그리히	(927/6) 926/5-907/6	926/5-910/9
옙센	927-907	926-910
틸레	931/0-910/9	931/0-913
앤더슨	932/1-911/10	932/1-916/5

이러한 연대 책정은 다음과 같이 도식적으로 요약할 수 있다. 짧은 연대기(베그리히, 옙센 =A)와 긴 연대기(틸레, 안데르센 =B).

다시 더 산정해보고 싶은 사람은 토대가 약한 가설에 기초하고 있음을 알게 될 것이다. A 연대기에 따르면 솔로몬은 926-5년에 사망했다. B 연대기에 따르면 932/1 또는 931/0년에 사망했다. 열왕기상 11장 42절에서 솔로몬의 통치 기간은 40년으로 주어진다. 그러나 이 수를 보증해주는 그 어떤 것도 없다. 특히 다윗도 사무엘하 5장 4-5절에 따르면 40년간 통치하였는데, 그 가운데 7년 6개월은 헤브론에서 다스렸다고 하기 때문이다. 40이라는 수는 반올림한 수이며 거룩한 수이다. 40일 낮과 밤은 모세가 시내산에 있었던 기간이다(출 24:18; 34:28), 40일 밤낮을 예언자 엘리야는 호렙산으로 간다(왕상 19:8). 이스라엘이 광야에 체류한 시간은 40년이었다(민 14:33). 40일 동안 예수는 광야에서 금식하였다(막 1:13과 평행 본문). 그럼에도 불구하고 –다른 정보가 없기 때문에– 어림수를 진지하게 받아들인다면, 솔로몬의 경우 A연대기에 따르면 965/4-926/5년, B연대기에 따르면 970/69-931/0년 또는 971/0-932/1년이다. 다윗의 경우에는 A연대기에 따르면 1004/3-965/4년, B에 따르면 1009/8-970/9년 또는 1010/9-971/0년이다. 이로써 계속해서 가상의 연대를 늘려갈 가능성도 사라진다. 왜냐하면 사무엘상 13장 1절에서 사울에게 귀속되는 2년은 완전히 불확실하고 어떻게 보더라도 너무 짧기 때문이다.[68] 이들은 더더욱 신빙성이

---

[68] 사무엘상 13장 1절은 LXX^{BA}에는 없다.

없는데, 이는 사무엘상 13장 1절에서는 단수형 <쉐테 샤님> $s^e t\bar{e}\ \check{s}\bar{a}n\bar{\iota}m$이 쓰여 있는 반면, 신명기 사가의 연대기에서는 쌍수형 <쉐나타임> $s^e n\bar{a}tayim$으로 표현되고 있기 때문이다. 게다가 사무엘상 13장 1절의 연대는 사울이 즉위할 때의 나이에 대해 알고 있지 않은 것이 확실하며, 어떤 도식에 얽매여 있지 않고 사울이 <벤-샤나> ben-šānā "몇 년의 아들"이었다고 표기하고 있다. 에쉬바알 2년이라고 쓰는 사무엘하 2장 10절에서와 마찬가지로 이런 식으로는 그 어떤 것도 시작할 수 없다. 우리는 사울이 죽고 다윗이 유다 왕으로 즉위할 때까지 얼마만큼의 시간이 얼마나 흘렀는지 알 수 없다. 게다가 솔로몬의 더 짧은 통치 기간을 가정하게 되면 추정할 수 있는 모든 수는 아래로 밀려난다.

▌저자약력▐

저자 헤르베르트 돈너(1930-2016, Dr. Dr. h.c.)

돈너는 독일의 개신교 신학자이다. 1949년부터 알브레흐트 알트(Albrecht Alt)의 제자로 수학하였다. 철기시대 이스라엘과 유다의 법 및 행정 역사에 관한 논문으로 신학박사 학위를(1957년), 북시리아 성읍국가 알랄라흐의 경제 및 행정에 관한 쐐기문자 문서에 대한 연구로 철학박사 학위(1958년)를 받았다. 교수자격논문에서는 이스라엘과 유다 왕들의 외교정책에 대한 기원전 8세기 예언자들의 입장을 다루었다. 튀빙엔 대학(1968-1980)과 킬 대학(1980-2016)에서 교수하였으며, 구약성서와 고대오리엔트 역사, 그리고 팔레스틴 지리지형학에 관한 수많은 논문과 단행본이 있다. 가장 잘 알려진 책은 이스라엘 역사에 관한 *Geschichte des Volkes Israel und seiner Nachbarn in Grundzügen* (^{4}2008)이다. 특히 1983년부터 2010년까지 게제니우스 히브리어-아람어 사전(*Hebräischen und Aramäischen Handwörterbuchs über das Alte Testament von Wilhelm Gesenius*) 18판(1983-2013) 개정 작업을 주도하였다.

역자 배희숙

덕성여자대학교에서 영어영문학을 공부하고, 장로회신학대학교에서 교역학 및 신학 석사 과정을 마친 후 독일 뮌스터대학교에서 라이너 알베르츠(Rainer Albertz) 교수의 지도 아래 신학박사 학위를 받았다. 저서로 *Vereinte Suche nach JHWH. Hiskianische und Josianische Reform in der Chronik* (BZAW 355; Berlin et al.: Walter de Gruyter, 2005, repr. 2012)과 성서주석『역대하 13』(서울: 대한기독교서회, 2010), 역서로는 클라아스 R. 빈호프의『고대오리엔트역사 – 알렉산더 대왕까지』(서울: 한국문화사 2015)가 있다. 현재 장로회신학대학교 구약학 교수이다.

고대 이스라엘 역사 ❶

이스라엘 태동기부터 통일왕국 시대까지

1판 1쇄 발행 2019년 9월 5일
1판 2쇄 발행 2022년 3월 2일

원   제 | Geschichte des Volkes Israel und seiner Nachbarn in Grundzügen
Teil 1: Von den Anfängen bis zur Staatenbildungszeit
지 은 이 | 헤르베르트 돈너(Herbert Donner)
옮 긴 이 | 배희숙
펴 낸 이 | 김진수
펴 낸 곳 | 한국문화사
등   록 | 제1994-9호
주   소 | 서울시 성동구 아차산로49, 404호(성수동1가, 서울숲코오롱디지털타워3차)
전   화 | 02-464-7708
팩   스 | 02-499-0846
이 메 일 | hkm7708@daum.net
홈페이지 | http://hph.co.kr

ISBN 978-89-6817-794-1 94910
ISBN 978-89-6817-793-4 (전2권)

오류를 발견하셨다면 이메일이나 홈페이지를 통해 제보해주세요.
소중한 의견을 모아 더 좋은 책을 만들겠습니다.